本研究得到中国地质调查"我国重点矿业经济区资源环境承载力评价与差异性研究"（编号：1212011220302）项目和教育部发展报告项目（编号：13JBGP016）资助

中国矿产资源发展报告（2014）
——我国典型矿业经济区资源承载力评价

成金华　汤尚颖　王小林　王　然 等 编

科学出版社

北京

内 容 简 介

本书基于矿产资源赋存特点、矿业经济区发展阶段、主体功能区划分等标准，从我国 75 个矿业经济区中选取 30 个典型矿业经济区为研究对象，围绕我国矿业经济区社会经济发展所面临的矿产、土地和水资源安全问题，按照生态文明建设和可持续发展的要求，以资源承载力构成要素及其内在的作用机理为突破口，从矿产资源保障程度、土地资源承载力、水资源承载力等方面构建指标体系评价比较不同区域（东部、中部、西部）、不同类型（成熟型、衰退型、再生型、成长型）矿业经济区资源承载力，对寻求有效解决资源约束的管理途径，提高矿业经济区资源利用效率和生态文明建设水平，出台统筹区域发展、改善人地关系的政策提供决策依据，具有较强的理论与现实意义。

本书可供资源环境类研究生、本科生和关心资源承载力、生态文明建设的人士阅读和参考。

图书在版编目（CIP）数据

中国矿产资源发展报告.2014：我国典型矿业经济区资源承载力评价/成金华等编. —北京：科学出版社，2015.12

ISBN 978-7-03-046498-9

Ⅰ. ①中… Ⅱ. ①成… Ⅲ. ①矿产资源–研究报告–中国②矿业经济–经济区–矿产资源–承载力–评价–中国–2014 Ⅳ. ①F426.1

中国版本图书馆 CIP 数据核字（2015）第 285599 号

责任编辑：高 嵘 王晓丽 / 责任校对：贾娜娜
责任印制：高 嵘 / 封面设计：苏 波

科 学 出 版 社 出版
北京东黄城根北街 16 号
邮政编码：100717
http://www.sciencep.com
湖北卓冠印务有限公司 印刷
科学出版社发行 各地新华书店经销

*

2015 年 12 月第 一 版 开本：787×1092 1/16
2015 年 12 月第一次印刷 印张：14 1/2
字数：333 000

定价：70.00 元
（如有印装质量问题，我社负责调换）

前　言

　　矿产资源是人类生存发展的基础性资源,其有效开发利用已成为我国经济社会持续稳定发展的重要保障,对国家资源安全也起着举足轻重的作用。随着我国工业化、城市化的快速推进,我国能源、铁矿、锰矿、铜矿等多种矿产资源需求规模已超过国内供给,对外依存度高。2012 年,我国能源消费占全球的 20%,钢铁消费占全球的 43%,铜消费占全球的 40%,铝消费占全球的 41%,均居世界第一;在已探明的 45 种主要矿产资源中,2020年能保障国内需求的仅有 5 种。作为矿产资源采选冶主要基地的矿业经济区越来越受到国家及政府部门的关注。第二轮矿产资源规划《全国矿产资源规划(2008—2015 年)》明确我国共有 75 个矿业经济区,各矿业经济区资源禀赋、基础设施等不尽相同。在资源存量愈发紧张的现实压力下,如何评价矿业经济区资源承载能力,寻求资源承载差异特征,实现矿业经济区的可持续发展,是当前面临的现实挑战和紧迫任务。

　　本书基于矿产赋存特点、矿业经济区发展阶段、主体功能区划分等标准,从我国 75个矿业经济区中选取 30 个典型矿业经济区作为研究对象,紧密围绕我国典型矿业经济区社会经济发展所面临的矿产、土地可供性和水资源安全问题,以尊重自然、节约资源、保护环境、改善生态和提高人民生活质量为原则,按照生态文明建设和可持续发展的要求,以资源承载力构成要素及其具体表征和内在的作用机制为突破口,主要从矿产资源保障程度、土地资源承载力、水资源承载力等方面构建指标体系,评价比较不同区域(东部地区、中部地区、西部地区)、不同类型(成熟型、衰退型、再生型、成长型)矿业经济区资源承载力,对寻求加快实现资源节约、环境友好社会目标以及缓解我国矿业经济区资源环境约束的管理途径与政策方法,为国土资源参与宏观调控,提升全国资源承载力和生态文明建设水平,出台统筹区域发展、改善人地关系的政策提供决策依据,具有较强的理论与现实意义。

　　本书的研究思路和总体框架如下:第 1 章为绪论,从研究背景及意义提出本研究的必要性及迫切性,并界定研究的区域范围,从矿产、土地、水等方面对资源承载力相关研究进行综述,在此基础上,构建资源承载力评价指标体系,确定研究方法。第 2 章为矿产资源承载力评价,首先简要阐述各矿业经济区主要矿产资源种类、储量等基本情况,结合矿产资源承载力评价指标体系评价各矿业经济区矿产资源承载力,并比较分析不同区域、不同类型矿业经济区矿产资源承载力差异性特征,进而针对不同类型以及各矿业经济区提出增强矿产资源保障能力的对策与建议。第 3 章为土地资源承载力评价,首先简要阐述各矿业经济区土地资源的基本情况,结合土地资源承载力评价指标体系评价各矿业经济区土地资源承载力,并比较分析不同区域、不同类型矿业经济区土地资源承载力差异性特征,进而针对不同类型以及各矿业经济区提出增强土地资源承载能力的对策与建议。第 4 章为水资源承载力评价,首先简要阐述各矿业经济区水资源基本情况,结合水资源承载力评价指标体系评价各矿业经济区水资源承载力,并比较分析不同区域、不同类型矿业经济区水资源承载力差异性特征,进而针对不同类型以及各矿业经济区提出增强水资源承载能力的对策与建议。

本书由成金华教授负责章节设计、调研组织、统稿、定稿,汤尚颖教授、王小林副教授、王然博士生负责协调和稿件修改。写作分工情况如下:第1章,成金华、汤尚颖、尤喆;第2章,成金华、王然、陈军;第3章,王小林、戴胜、申俊;第4章,成金华、皮庆。

本书可供资源环境类研究生、本科生和关心资源承载力、生态文明建设的人士阅读和参考。我们希望竭尽所能,用数据为大家呈现一个客观的矿业经济区资源承载力比较图。当然,数据缺失和统计口径的变动是影响动态评价科学性的重要因素。希望随着大数据技术的应用和统计工作的完善,能有更多、更准确的指标和数据可用,那样,资源承载力评价将发挥更大的作用。需要说明的是,对于引用部分,本书列出了主要参考文献,疏漏之处,敬请谅解。

成金华

2014 年 11 月

目　　录

第1章 绪 论

在我国社会经济快速发展过程中，自然资源消耗增长速度快、总量供给规模大，矿业经济区资源承载力状况趋紧。对典型矿业经济区资源承载力进行研究是科学管理矿业经济区矿产资源开发过程、保护矿业经济区资源环境的重要依据。

1.1 研究背景和意义

1.1.1 研究背景

矿产资源是人类生存发展的基础性资源。在我国，90%以上的一次性能源、80%以上的工业原材料、70%以上的农业生产资料和 30%以上的生活用水来自矿产资源。矿产资源开发利用难免会对生态环境产生不利影响。伴随着矿产资源的大规模开发利用，我国环境污染和生态破坏也逐渐加剧。经统计，当前，我国采矿业固体废弃物产生及排放量已占全国工业废弃物排放总量的 40%左右。矿产资源开发利用是我国二氧化硫、化学需氧量等主要污染物产生的主要原因，这些主要污染物排放总量已经居世界第一位。矿产资源开发利用过程中产生粉尘、扬尘等空气颗粒物也是导致近年来雾霾天气的重要原因。

矿业经济区是矿产资源赋存、生产和供应的基地，是以矿产资源勘查、开采及后续选冶加工为主体，具有自身特点和一定规模的配套条件，按照资源赋存特点和开发利用布局集聚，具有矿业开发优势，并能带动和支持所在地区经济和社会发展的区域。矿业经济区与常说的矿区是有区别的，矿区一般指曾经开采、正在开采或准备开采的含矿地段，包括若干矿井或露天矿的区域，有完整的生产工艺、地面运输、电力供应、通信调度、生产管理及生活服务等设施，其范围常视矿床的规模而定。前者是有矿业开发优势的区域，而后者是含矿地带。伴随持续快速的工业化进程，我国已经形成了为数众多、遍布全国各地区的矿业经济区。但是，从现有的国情来看，在一些矿业经济区内，采矿业发展虽然带来了矿业经济区的经济繁荣，但也使当地面临了资源耗竭、环境污染、生态破坏的巨大冲击。

矿业经济区的稳定和协调发展，不但影响着矿业经济区健康发展，而且将直接影响我国矿业持续、稳定和协调发展，进而影响全国经济社会可持续发展。近年来，我国不断调整矿业发展战略和区域发展政策，出台了一系列促进矿业与矿业经济区发展的对策和措施，这是全面提高矿业与矿业经济区发展水平、全面促进和谐可持续发展的重要举措。然而，矿业经济区的发展必须科学把握自身资源变化，特别是其资源承载能力变化的规律和发展实际，必须以生态系统管理方法协调矿业经济区内资源、环境、经济、人口和社会等系统管理，实施区内矿产、土地、水等资源的有序开发与节约利用以及环境质量控制，并以资源承载能力的大小寻求符合其经济社会发展特征的生态系统管理模式和资源管理政策组合。这是落实科学发展观、贯彻节约资源和保护环境国策，提高矿业经济区和全国生态文明建设水平的重要思路。

资源承载力是指一个国家或一个地区资源的数量和质量，对该空间内人口的基本生存和发展的支撑力，是可持续发展的重要体现。资源的数量、质量和空间分布，是承载力的决定性因素。承载力的大小决定了承载对象活动的范围、强度、规模等，具体体现在可支撑的人口数量、经济总量、排放总量等。随着人口增长和经济社会快速发展，人类社会面临的资源短缺问题日益严重，已成为各国经济社会发展的严重制约因素。因此，资源承载力对于一个国家或地区的综合发展的速度、规模与质量至关重要。社会经济发展必须控制在资源承载力之内，这样才能通过资源的可持续利用实现社会经济的可持续发展。

1.1.2　研究意义

本书将紧密围绕我国典型矿业经济区社会经济发展所面临的矿产、土地供求问题，能源安全问题和水资源安全问题，以尊重自然、节约资源、保护环境、改善生态和提高人民生活质量为原则，按照生态文明建设和可持续发展的要求，以资源承载力构成要素及其具体表征和内在的作用机制为突破口，选择和发展资源承载力评价模型，对寻求加快实现资源节约、环境友好社会目标以及缓解我国矿业经济区资源环境约束的管理途径与政策方法，为国土资源参与宏观调控，提升全国资源承载力和生态文明建设水平，出台统筹区域发展、改善人地关系的政策提供决策依据，具有较强的理论与现实意义。

1.2　研究区范围界定

1.2.1　研究区范围选取原则

矿业经济区是以矿产资源勘察、开采及后续选冶加工为主体，具有自身特点和一定规模的配套条件，按照资源赋存特点和开发利用布局集聚且具有矿业优势的经济区域。《全国矿产资源规划（2008—2015年）》结合矿产资源禀赋、开发利用情况等，在我国确定75个重点发展的矿业经济区。矿业经济区是根据不同区域的矿业发展潜力与资源承载能力，按区域分工与协调发展的原则划定的具有特定主体功能的规划区域。本书将矿业经济区区域范围界定为《全国矿产资源规划（2008—2015年）》中各矿业经济区所属行政区域范围。显然，矿业经济区与矿区的概念是不同的，通常矿业经济区的范围比矿区更广，可能包含矿区所属的整个行政区域。本书从《全国矿产资源规划（2008—2015年）》75个矿业经济区中选取了30个典型矿业经济区作为研究对象，具体选取原则如下。

（1）依据赋存特点，锁定优势矿种。所选矿业经济区覆盖了我国主要优势战略矿产资源和我国大部分主要矿产资源。30个典型矿业经济区覆盖了稀土、钒、钨、钛、锡、石墨、钼7种优势战略矿产资源；同时，将我国矿业经济区主要矿产资源与我国45种主要矿产资源叠加发现30多种矿产资源可以重合，本书选取的矿业经济区覆盖了其中25种主要矿产资源，故可以说所选矿业经济区覆盖了大部分主要矿产资源。

（2）按照分布格局，突出特色区域。《全国矿产资源规划（2008—2015 年）》确定的 75
个矿业经济区分布在我国 26 个省份（图 1.1），本书选取的 30 个矿业经济区覆盖我国 24 个
省份，仅青海省及西藏自治区没有涉及。《全国矿产资源规划（2008—2015 年）》确定青海
省仅有青海柴达木油气钾盐矿业经济区，柴达木位于青海湖西边，是我国第二大盆地，石
油、天然气及盐矿十分丰富，然而柴达木盆地所覆盖的行政区域范围尚不明确。西藏自治
区矿业经济区数据获取的准确性有待商榷。基于以上原因，本书剔除青海省及西藏自治区
矿业经济区，选取其他 24 个省份的 30 个矿业经济区作为研究对象（图 1.2），说服力更强。

（3）参照发展阶段，兼顾比例平衡。2013 年，国家发展和改革委员会（简称国家发
改委）发布了《全国资源型城市可持续发展规划（2013—2020 年）》，确定了 262 个资源
型城市（矿业城市和森工城市），结合产业结构、就业结构、资源市场占有率、资源开发
能力等指标，将其分为 31 个成长型、141 个成熟型、67 个衰退型和 23 个再生型城市。本
书将 75 个矿业经济区与 262 个资源型城市在空间上进行叠加，重庆巫山—奉节煤赤铁、
海南西部铁油页岩、湖北宜昌磷矿、宁夏银川煤炭、云南昆明—玉溪铁磷矿等 5 个矿业经
济区无法叠加，结合矿业经济区发展阶段特点及资源型城市类型，将所选 30 个矿业经济
区划分为 16 个成熟型矿业经济区、5 个衰退型矿业经济区、7 个再生型矿业经济区、2 个
成长型矿业经济区。

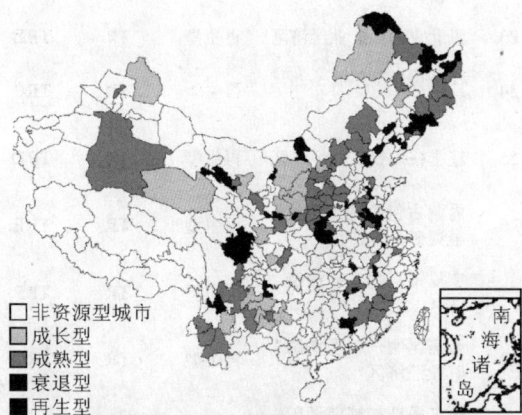

图 1.1 我国资源型城市分布图　　　　图 1.2 30 个矿业经济区分布图

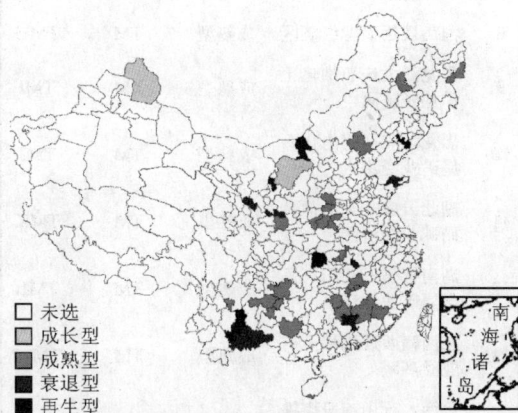

（4）结合矿产战略，强调主体功能。矿业经济区选取需要遵循全国矿产资源战略的总
体部署，符合国家主体功能区规划要求。以矿产资源保护和合理利用为主线，所选对象主
要在其自身的资源承载能力、现有开发强度和发展潜力，以及其在统筹规划人口分布、经
济布局、国土利用和城镇化格局等方面体现出典型性，以明确矿产资源开发方向、完善开
发政策、控制开发强度、规范开发秩序、推进主体功能区的形成，逐步形成人口、经济、
资源环境相协调的国土空间开发格局。

1.2.2　研究区范围的确定

基于以上原则，本书选取 30 个矿业经济区为研究对象，如表 1.1 所示，字母"TM，

TD，TR，TG"分别表示成熟型（Type of Mature）、衰退型（Type of Declining）、再生型（Type of Regeneration）、成长型（Type of Growth）矿业经济区类型代码，字母"A，B，C…"表示不同类型矿业经济区序号。

表1.1　本项目拟研究矿业经济区一览表

序号	矿业经济区	类型	区号类型	代码	序号	矿业经济区	类型	区号类型	代码
1	安徽淮南煤-煤化工矿业经济区	成熟型	TM	TMA	16	四川攀枝花钒钛矿业经济区	成熟型	TM	TMP
2	重庆巫山—奉节煤赤铁矿业经济区	成熟型	TM	TMB	17	甘肃兰州—白银煤炭铜矿业经济区	衰退型	TD	TDA
3	福建龙岩市马坑铁矿业经济区	成熟型	TM	TMC	18	广东粤北韶关铜多金属矿业经济区	衰退型	TD	TDB
4	广西南丹有色金属矿业经济区	成熟型	TM	TMD	19	湖北鄂州—黄石铁铜金矿业经济区	衰退型	TD	TDC
5	贵州黔中磷铝煤矿业经济区	成熟型	TM	TME	20	山东烟台贵金属矿业经济区	衰退型	TD	TDD
6	海南西部铁油页岩矿业经济区	成熟型	TM	TMF	21	云南个旧—文山多金属矿业经济区	衰退型	TD	TDE
7	河北承德钒钛磁铁矿业经济区	成熟型	TM	TMG	22	安徽马鞍山钢铁矿业经济区	再生型	TR	TRA
8	河南煤铝矿业经济区	成熟型	TM	TMH	23	湖北宜昌磷矿业经济区	再生型	TR	TRB
9	黑龙江大庆石油化工矿业经济区	成熟型	TM	TMI	24	江苏徐州煤炭矿业经济区	再生型	TR	TRC
10	黑龙江鸡西煤电化石墨矿业经济区	成熟型	TM	TMJ	25	辽宁鞍山铁矿业经济区	再生型	TR	TRD
11	湖北云应—天潜盐膏硝矿业经济区	成熟型	TM	TMK	26	内蒙古包头稀土黑色金属矿业经济区	再生型	TR	TRE
12	湖南郴州—衡阳有色金属矿业经济区	成熟型	TM	TML	27	宁夏银川煤炭矿业经济区	再生型	TR	TRF
13	江西赣西煤钨稀土矿业经济区	成熟型	TM	TMM	28	云南昆明—玉溪铁磷矿业经济区	再生型	TR	TRG
14	山西太行山南段煤铁矿业经济区	成熟型	TM	TMN	29	鄂尔多斯盆地能源矿业经济区	成长型	TG	TGA
15	陕西凤太铅锌金矿业经济区	成熟型	TM	TMO	30	新疆阿勒泰铜多金属矿业经济区	成长型	TG	TGB

1.3　资源承载力评价方法

1.3.1　矿产资源承载力评价方法

关于矿产资源承载力的研究还处于初步探讨阶段，定量评价矿产资源承载力的文献并不多见。已有文献主要从人口承载力和经济承载力两个方面评价矿产资源对社会经济活动的承载力。矿产资源经济承载力是指在一定时期内某种矿产资源的剩余可采储量所能支撑的经济规模。矿产资源人口承载力是指在一定的社会经济条件下，一定区域的矿产资源存量用间接的方式可以维持人类消费的人口数量,它建立在对矿产资源的人均消费量的正确预测基础上。而人类对矿产资源的消费主要是间接消费,即生产消费。矿产资源消费数量的大小主要取决于生产规模或经济规模。所以矿产资源人口承载力实际上由矿产资源经济承载力决定。鉴于此,本书选择评价矿产资源经济承载力。本书借鉴侯华丽(2007)的评价方法,通过两个途径评价典型矿业经济区的矿产资源经济承载力。第一个评价途径是直接测算现状矿产资源的经济承载力,第二个评价途径是测算矿产资源保证年限。

(1)现状矿产资源经济承载力。

$$C_E = \frac{R}{R_G}$$

式中,C_E 为现状矿产资源经济承载力;R 为某一时期矿产资源剩余可采储量;R_G 为单位国内生产总值矿产资源消费量。C_E 值越大表示矿产资源对经济的承载力越大。

(2)矿产资源保证年限。

矿产资源保证年限是指某一时期的矿产资源剩余可采储量可以维持当前的生产消费规模的年限,在一定程度上可以反映矿产资源承载潜力。计算公式为

$$Y = \frac{R}{C}$$

式中,Y 为矿产资源保证年限;R 为矿产资源剩余可采储量;C 为当前的矿产资源年消费量。

(3)矿产资源贡献度 P_G、P_H。

矿产资源开采对 GDP 贡献度:$P_G = \frac{M}{GDP}$

矿产资源开采对就业人口贡献度:$P_H = \frac{H_M}{H_T}$

式中,P_G 为矿产资源开采对 GDP 贡献度;M 为矿业产值;GDP 为国内生产总值;P_H 为矿产资源开采对就业人口贡献度;H_M 为矿业从业人数;H_T 为总从业人口。

1.3.2　土地资源承载力评价方法

土地资源承载力要综合反映一个区域土地的经济、社会承载状况,因此,在进行指标体系设计时必须遵循可操作性、系统性、层次性和地区性等原则。土地资源承载力评价指标体系的建立必须考虑数据收集的难易程度,考虑数据统计的实用性和真实性,只有建立在数据收集渠道畅通基础上的指标体系才具有实际可操作性。同时,土地资源承载力在时空上是变化的,具有动态特征,这就要求在评价指标筛选过程中合理选择一些具有动态特征的量化指标。根据土地资源的构成及特点,参考相关研究中已经建立的土地资源承载力综合评价指标体系,在综合考虑众多影响因素的前提下,选择能够定量表达资源系统与社会经济、生态环境系统之间的物质、能量和信息交换复杂关系的指标。综上分析,本书选取了以下土地资源承载力评价指标,对所选取的 6 个土地承载力的指标进行计算分析,主要选择了以建设用地和人口数量为主的指标因子,其目的是掌握目前各矿业经济区的建设用地所容纳的人口数量程度。如表 1.2 所示。

表 1.2　土地资源承载力评价指标

目标层	准则层	指标层	指标计算
土地资源综合承载力	土地资源人口承载力	非农人口比例 A1/%	非农人口数量/常住总人口数量
		人均建设用地 A2/（m²/人）	建设用地面积/非农人口数量
		人均住房面积 A3/（m²/人）	年底实有住房建筑面积/常住人口总量
		人均耕地面积 A4/（亩/人）	年底拥有耕地面积/农村人口数量
	土地资源经济承载力	单位面积建设用地 GDP B1/（元/m²）	城市市区 GDP/建成区面积
		单位面积固定资产投资 B2/（元/m²）	城镇建设用地固定资产投资/建成区面积

注：1 亩≈666.67m²

1.3.3　水资源承载力评价方法

由于水资源承载力涉及社会、经济、环境、生态和资源在内的一个复杂的庞大系统。在这个庞大系统内既有自然因素的影响，又有社会、经济、文化等因素的影响，这决定了影响水资源承载力的因素很多，各因素之间存在着复杂的关系。因此为了更容易弄清楚它们之间的本质联系，首先要建立起一套能反映目标地区水资源承载力的指标体系，然后根据该指标体系对目标地区水资源承载力进行监测、评价和预测等研究。同时在选取评价指标时要依据目标地区的水资源特点，同时要遵循综合性、层次性、协调性及可操作性的原则，从环境学和社会经济学角度选取能突出反映该目标地区水资源问题的综合指标。本书在综合考虑以上因素的基础上，选取了水资源承载力评价指标体系，介绍如下所示。

1. 水资源人口承载力

在此，水资源人口承载力被定义为一个区域在现有水资源消耗标准下，水资源所能容纳的人口数量，计算公式为

$$C_p = \varepsilon W_r / W_p$$

式中，C_p 为水资源人口承载力；W_r 为水资源总量；ε 为将水资源转化为供水量的系数，简称供水能力系数；W_p 为人均综合用水量指标。

水资源人口承载力取决于水资源总量、供水能力系数和人均综合用水指标 3 个变量。一般来说，供水能力系数取决于经济技术条件。例如，2000 年我国水资源量为 $2.74603 \times 10^{12} \text{m}^3$，供水量为 $5.567 \times 10^{11} \text{m}^3$，供水能力系数为 0.2。

2. 水资源对工业和农业承载能力

将水资源根据每年的消耗量按工业用水、农业用水、生活用水进行分配，由每年的水资源公报的数据，将可获得的各水资源分量除以各地区的用水指标，即可求得水资源对不同行业的承载能力。

水资源工业承载能力计算为

$$C_I = W_{rI} / W_{pI}$$

式中，C_I 为水资源工业发展承载能力；W_{rI} 为用于工业的水资源量；W_{pI} 为万元工业产值用水量，万元工业产值用水量各地区因技术水平差异各有不同。

水资源农业发展承载能力计算为

$$C_A = W_{rA} / W_{pA}$$

式中，C_A 为水资源灌溉面积的承载能力；W_{rA} 为用于灌溉的水资源量；W_{pA} 为单位面积农田灌溉用水量。

3. 水资源环境承载能力

水资源不仅提供水源，满足人类社会经济中的生活用水、工业用水、农业用水、生态用水，同时它还要发挥容纳污水、环境自净的功能。一般来说，一个区域水资源越丰富，能够容纳污水并将其净化的能力越强。本书的估算假设条件如下。

（1）我国的年降水总量为 $5.8122 \times 10^{12} m^3$，其中一部分形成地表径流，一部分补给地下水，降水总量的 46% 形成我国的水资源总量。

（2）设污水量占总水量（降水总量）的 10% 为水自净能力的阈值，那么污水容纳量为降水总量的 10%、水资源总量的 21.7%（10%/46%）。依此可计算出各地水环境承载能力。

4. 水资源支撑的最大经济规模

区域水资源支撑的经济规模可用单位水资源承载的经济规模表示，即区域国内生产总值 GDP 与区域用水总量之比。其表达式为

$$F_e = GDP / W_D$$

式中，F_e 为单位水量支撑的经济规模，是研究区域生产出的全部最终产品和劳务的价值与支撑其得以实现的所用水量之比，单位为元/m³；W_D 为社会系统用水量、经济系统用水量与生态环境系统用水量（指生态环境用水中的城市园林绿地用水量）的总和，单位为万立方米；GDP 为用水为 W_D 时所生产的国内生产总值，单位为万元。

在这种用水水平下，区域水资源可支撑的最大经济规模的计算表达式为

$$F_{e,max} = GDP / W_D \cdot W_S$$

式中，$F_{e,max}$ 为区域水资源承载的最大经济规模，单位为万元；W_S 为区域本地水资源可利用量与非传统水资源利用量之和；其他符号同前。

5. 水资源支撑的最大人口规模

水资源支撑的人口规模可以根据该阶段区域所处的社会发展水平和该阶段最大经济规模进行计算。其表达式为

$$F_{p,max} = F_{e,max} / [GDPP]_D$$

式中，$F_{p,max}$ 为某一社会发展水平下，区域本地水资源可利用量与非传统水资源利用量的总和全部转化成产品所能供养的人口规模，即水资源承载的最大人口规模；$[GDPP]_D$ 为某一社会发展水平的人均 GDP 的下限指标，即可用现状发展或规划发展指标（指人均 GDP）。

1.4　研　究　内　容

本书以科学发展观为指导，在统筹人与自然关系协调和区域发展协调的视角下，以资

源经济学、环境经济学有关资源承载力研究的理论为依托，结合生态系统管理的技术与方法，对我国典型矿业经济区域资源承载力及其生态系统管理问题展开综合研究，为进一步促进矿业经济区经济社会可持续发展提供参考依据。联系矿产资源开发利用的实际，本书对矿业经济区资源承载力的研究内容作如下安排。

本书共有 4 章，具体包括：

第 1 章为绪论，从研究背景及意义提出本研究的必要性及迫切性，并界定研究的区域范围，从矿产、土地、水等方面对资源承载力相关研究进行综述，在此基础上，构建资源承载力评价指标体系，确定研究方法。

第 2 章为矿产资源承载力评价，首先简要阐述各矿业经济区主要矿产资源种类、储量等基本情况，结合矿产资源承载力评价指标体系评价各矿业经济区矿产资源承载力，并比较分析不同区域、不同类型矿业经济区矿产资源承载力差异性特征，进而针对不同类型以及各矿业经济区提出增强矿产资源保障能力的对策与建议。

第 3 章为土地资源承载力评价，首先简要阐述各矿业经济区土地资源的基本情况，结合土地资源承载力评价指标体系评价各矿业经济区土地资源承载力，并比较分析不同区域、不同类型矿业经济区土地资源承载力差异性特征，进而针对不同类型以及各矿业经济区提出增强土地资源承载能力的对策与建议。

第 4 章为水资源承载力评价，首先简要阐述各矿业经济区水资源基本情况，结合水资源承载力评价指标体系评价各矿业经济区水资源承载力，并比较分析不同区域、不同类型矿业经济区水资源承载力差异性特征，进而针对不同类型以及各矿业经济区提出增强水资源承载能力的对策与建议。

第2章　矿产资源承载力评价

矿产资源承载力是指在一个可预见的时期内,在当时的科学技术自然环境和社会经济条件下,矿产资源的经济可采储量或其生产能力对社会经济发展的承载能力。这里需要说明的是,矿产资源对经济和社会发展的主要作用是保障功能,与土地、水等资源属性明显不同,但国内王玉平、孟旭光、侯华丽、严也舟等学者多将其称为矿产资源承载力,故本书仍沿用矿产资源承载力的概念,代指矿产资源保障能力。本章基于构建的指标体系,分别从矿产资源承载力现状、承载力潜力两个维度,经济承载力、保证年限、GDP 贡献度、就业人口贡献度四个方面评价比较 30 个矿业经济区矿产资源承载力状况。

2.1　主要数据来源

本研究矿业经济区矿产资源承载力的数据收集主要来源于:
(1)《中国矿业年鉴》;
(2)《中国城市统计年鉴》;
(3)《全国矿产资源规划》;
(4)《全国矿产资源储量通报》;
(5)《国民经济和社会发展统计公报》;
(6)《山西年鉴》《江西年鉴》《内蒙古年鉴》《湖南年鉴》等;
(7)《湖北省矿产资源总体规划》《辽宁省矿产资源总体规划》等;
(8)部分数据不全,可利用已有年份的数据通过趋势外推法、指数平滑法预测获取。

2.2　各矿业经济区矿产资源承载力评价

本节借鉴中国国土资源经济研究院孟绪光、侯华丽等提出的评价方法,通过两个途径评价典型矿业经济区的矿产资源经济承载指数;一个途径是直接测算矿产资源的经济承载力,另一个途径是保证年限。

2.2.1　成熟型矿业经济区

1. 安徽淮南煤-煤化工矿业经济区

1)矿产资源基本情况

淮南市地处华东腹地,安徽省中北部,是安徽省及华东地区煤炭资源最丰富、分布最集中的地区之一。矿产资源主要有煤炭、石灰石、磷矿石、白云岩、铁矿石、黏土、紫砂、矿泉水等。淮南市煤田远景储量 444 亿吨,探明储量 180 亿吨,占安徽省的 70%,占华东地区的 32%,2012 年淮南原煤产量 7106 万吨;磷矿主要分布在凤台县境内,其资源量为 235.4 万吨，累积查明资源量为 307 万吨。淮南市现已形成了以煤炭资源为依托，以煤电化产业为支柱，其他多种工业发展的综合经济体系，已成为国家重要开发建设的能源、原材料、化工生产基地。

2）承载力评价指标测算

随着安徽省工业化、城镇化的快速发展，以及经济总量、人口的不断增长，对矿产资源的需求仍然呈现持续增长趋势。结合该地区矿产资源储量的实际情况，对淮南煤-煤化工矿业经济区矿产资源承载力进行评价（图 2.1），主要选取了煤炭和磷矿资源，可得出以下结论。

（1）2002～2008 年，安徽淮南煤-煤化工矿业经济区煤炭资源经济承载力处于上升趋势，2008 年之后又逐渐下降；磷矿资源经济承载力上升较快，到 2011 年略有下滑。同时，矿产资源保证年限却在快速降低。结果表明，近年来该地区矿产资源承载力形势不容乐观。

（2）该矿业经济区靠近我国经济发达的华东地区，是煤炭的主要消费区和调入区。2008 年之前，煤炭资源能充分地保证经济社会的需求。2008 年之后，长三角经济区矿产资源消费总量呈快速上升态势，开采量不断加大，煤炭资源的保证年限日益降低。磷矿资源在化工、能源行业应用日益广泛，对经济社会的支撑能力显著提升。

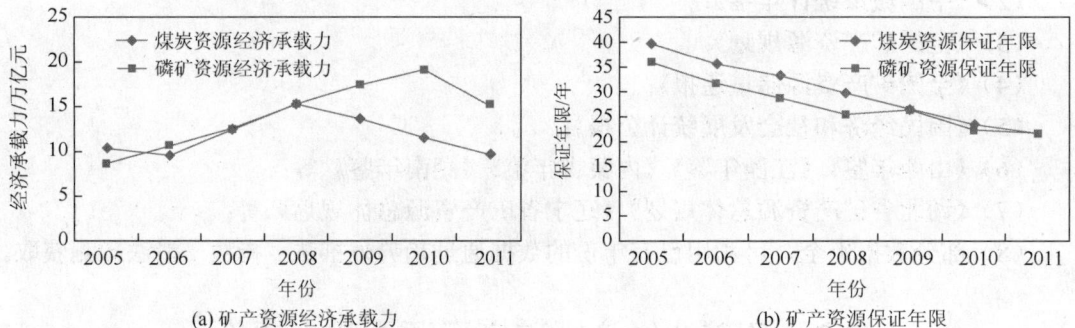

图 2.1　安徽淮南煤-煤化工矿业经济区承载力评价指标

2. 重庆巫山—奉节煤赤铁矿业经济区

1）矿产资源基本情况

该矿业经济区位于渝东北地区的巫山县和奉节县，分布有铁、煤中型矿床 5 处，现已探明重型赤铁矿床两处，煤炭资源具有较大的找矿潜力，矿山企业有 206 家。

2）承载力评价指标测算

该矿业经济区主要矿产资源为煤炭、铁矿，故选取两种主要矿产资源经济承载力及保证年限评价该矿业经济区矿产资源承载力情况，如图 2.2 所示。可得出以下结论。

（1）主要矿产资源经济承载力均呈上涨趋势，保证年限总体呈上升趋势。

该矿业经济区煤矿储量、产矿量均呈上涨趋势，铁矿储量基本保持不变，但铁矿产矿量在 2005～2007 年上涨，2008 年骤降至 38.53 万吨/年，故两者保证年限总体上均上涨趋势；另加上经济发展水平的迅速提升，使两者经济承载力呈上涨趋势。

（2）煤矿承载力优于铁矿。

无论从经济承载力还是保证年限来看，煤矿承载力优于铁矿。该矿业经济区煤矿具有有较大的找矿潜力，磁铁矿应以提高资源级别为主，兼顾外围找矿工作，扩大资源愿景，以延长铁矿衰竭。

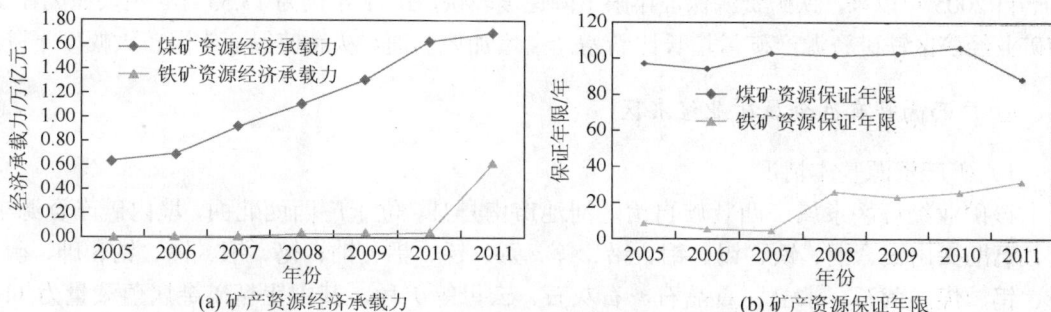

(a) 矿产资源经济承载力　　　　　(b) 矿产资源保证年限

图 2.2　重庆巫山—奉节煤赤铁矿业经济区承载力评价指标

3. 福建龙岩市马坑铁矿业经济区

1）矿产资源基本情况

该矿业经济区位于福建西部龙岩市，地处闽粤赣三省交界，东临厦门、漳州、泉州，南邻广东梅州，西连江西赣州，北接三明。龙岩市已探明的矿物种类 64 种，其中金、铜、铁、煤、高岭土等 16 种矿产储量居全省首位。马坑铁矿是华东第一大铁矿，探明铁矿储量为 47728.7 万吨，占全省探明储量的 72%，占全区的 88.8%，属于大型铁矿床。马坑铁矿区具有储量大、矿石类型为磁铁矿、可选性好、矿床埋藏深度大、矿坑涌水量大等特点，开采条件相对复杂。全省经济增长的需求，钢铁、水泥等高耗能产业的增长，导致煤炭、铁矿、水泥用灰岩等矿产资源的消耗和需求进一步增加。

2）承载力评价指标测算

该矿业经济区主要矿产资源为铁矿，故选取铁矿资源经济承载力及保证年限评价该矿业经济区矿产资源承载力情况，如图 2.3 所示。可得出以下结论。

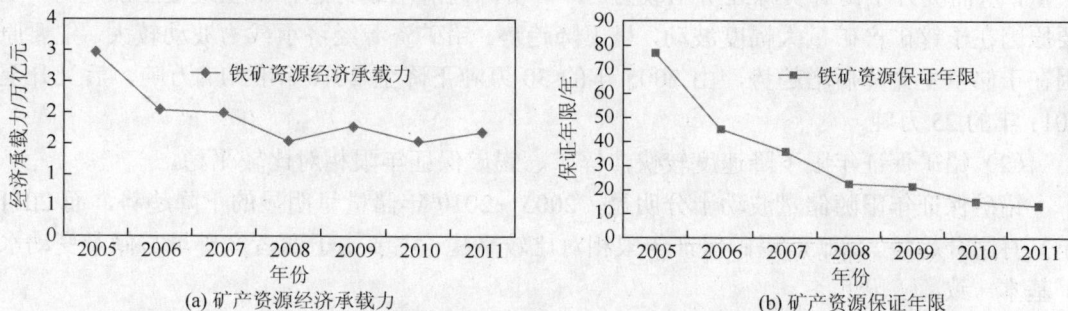

(a) 矿产资源经济承载力　　　　　(b) 矿产资源保证年限

图 2.3　福建龙岩市马坑铁矿业经济区承载力评价指标

（1）铁矿资源经济承载力下降比较平缓。

该矿业经济区铁矿资源经济承载力由 2006 年的 2.03 万亿元下降至 2011 年的 1.68 万

亿元，六年平均增长率仅为 3.47%。主要原因是虽然该矿业经济区铁矿产矿量保持上涨态势，但龙岩市国内生产总值大幅度上涨，使单位国内生产总值产矿量降低，故随着储量小幅度下降，铁矿资源经济承载力下降比较平缓。

（2）铁矿资源保证年限下降速度较快。

自 2005 年以来，铁矿资源保证年限下降速度较快，2011 年仅为 13.55 年。主要原因在于该矿业经济区铁矿资源产矿量增长比新增储量增加要迅速，从而使保证年限较大幅度下降。

4. 广西南丹有色金属矿业经济区

1）矿产资源基本情况

该矿业经济区隶属广西壮族自治区河池市南丹县，位于广西西北面，境内矿产资源丰富，已勘探出银、铜、铁、锡、钼、铅、锌、汞、锑、铝、铀、铋、铟、镉、钴、砷、硫、磷、钨、煤、萤石、水晶、重晶石、石灰石、云母等矿种，其中锡精矿金属蕴藏量为 116 万吨，铅锌精矿金属量为 14.4319 万吨，锑金属量为 10 万吨，铝金属量为 6.46 万吨，硫储量 61 万吨，铜金属量 12.45 吨，金金属量 0.56 吨，煤储量 4119.4 万吨，汞储量 0.2251 吨，银金属量 200 吨。南丹被誉为"有色金属之乡""中国的锡都""矿物学家的天堂"。该矿业经济区作为广西壮族自治区首个矿产资源综合利用示范基地，是一个集采选业、冶炼业和深加工业于一体的有色金属生产基地，通过大力推进科技进步和技术创新，加快大厂矿区锡多金属贫矿和难利用复杂尾矿采选关键技术、工艺的突破，南丹大厂示范基地锡多金属开采和综合利用规模将于 2015 年达到 500 万吨/年以上，同时，增加和盘活锡多金属资源金属量 230 万吨，开采回采率 83%以上，选矿回收率 72%以上。

2）承载力评价指标测算

该矿业经济区主要矿产资源有铅矿、锌矿、锡矿，故选取这三种矿产资源经济承载力及保证年限评价该矿业经济区矿产资源承载力情况，如图 2.4 所示。可得出以下结论。

（1）主要矿产资源经济承载力没有呈现明显减弱的趋势。

很明显，锡矿资源经济承载力呈上涨趋势，主要原因在于近年来锡矿资源产矿量、储量没有明显变动，但该矿业经济区国内生产总值大幅度上涨，降低了单位国内生产总值产矿量，从而提升了锡矿资源经济承载力。锌矿资源经济承载力总体上呈缓慢上涨趋势，主要原因在于锌矿产矿量大幅度波动，呈下降趋势。铅矿资源经济承载力波动较大，主要原因在于储量呈先降后增趋势，由 2005 年的 30 万吨下降至 2010 年的 17 万吨，后又升至 2011 年的 25 万吨。

（2）铅矿保证年限下降速度较快，锌矿、锡矿保证年限相对比较平稳。

铅矿保证年限随储量波动十分明显，2005～2010 年储量呈明显的下降趋势，而 2011 年又有回升趋势。锌矿、锡矿保证年限相对比较平稳，主要由于两者产矿量与储量变动水平基本一致。

（3）锡矿承载力明显优于铅矿、锌矿。

2011 年锡矿、铅矿、锌矿资源经济承载力分别为 3.48 万亿元、1.64 万亿元、0.61 万亿元，保证年限分别为 67.96 年、31.94 年、11.83 年。所以无论从经济承载力还是保证年限来看，锡矿资源承载力明显优于铅矿和锌矿。

(a) 矿产资源经济承载力

(b) 矿产资源保证年限

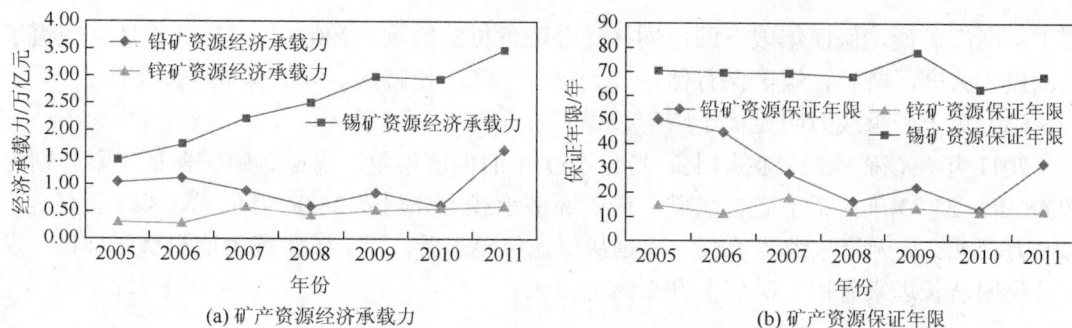

图 2.4　广西南丹有色金属矿业经济区承载力评价指标

5. 贵州黔中磷铝煤矿业经济区

1) 矿产资源基本情况

该矿业经济区包括贵阳市、安顺市东部、黔南北部。区内有磷、铝、煤等矿产，资源分布集中，磷矿品质佳。重点矿产分布区有：①开阳磷矿区；②瓮福磷矿分布区；③清镇铝土矿分布区；④清镇煤矿区；⑤安顺北部煤矿区；⑥镇宁—紫云重晶石分布区。其资源开发利用已形成一定规模。该区重点开发利用磷矿及铝土矿资源，以国有大型企业为基础，建设磷化工产业带和铝工业基地。

2) 承载力评价指标测算

该矿业经济区主要矿产资源有磷矿、铝土矿、煤矿，故选取这三种矿产资源经济承载力及保证年限评价该矿业经济区矿产资源承载力情况，如图 2.5 所示。可得出以下结论。

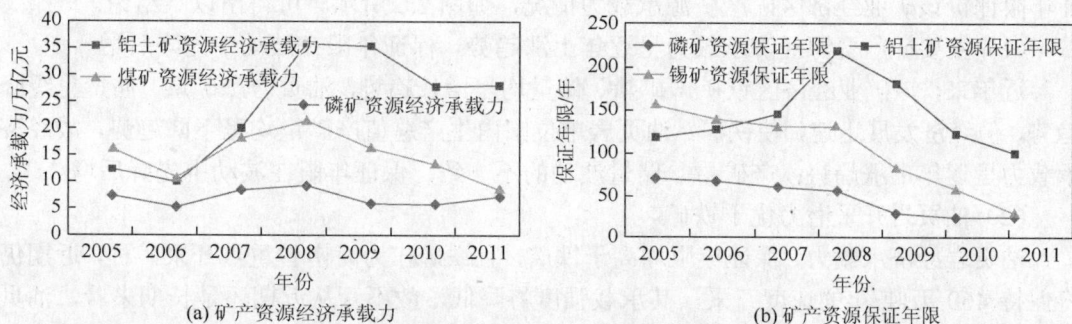

(a) 矿产资源经济承载力

(b) 矿产资源保证年限

图 2.5　贵州黔中磷铝煤矿业经济区承载力评价指标

（1）铝土矿经济承载力波动幅度较大，磷矿、煤矿经济承载力相对平稳。

近年来，铝土矿储量波动幅度较小，但 2008 年和 2009 年铝土矿产矿量大幅度下降，使其经济承载力波动幅度较大。磷矿、煤矿经济承载力波动相对较平稳，主要原因在于虽然该矿业经济区国内生产总值增长，但磷矿、煤矿产矿量同样增长，从而减缓了单位国内生产总值产矿量的下降。

（2）主要矿产资源保证年限均呈下降趋势。

总体而言，三种主要矿产资源保证年限均呈下降趋势。2008 年和 2009 年，受金融危机的影响，铝土矿产矿量大幅度下跌，使这两年铝土矿保证年限突发增长，其他年份随着铝土矿高产矿量，保证年限下跌；同样受金融危机的影响，2009 年该矿业经济区减缓了勘探投入力度，磷矿、煤矿保有储量较大幅度下降，使磷矿、煤矿保证年限下降。

（3）铝土矿承载力明显优于磷矿、煤矿。

2011 年，该矿业经济区铝土矿尚有 100 年的保证年限，煤矿、磷矿保证年限分别为 30.48 年、25.73 年；铝土矿、煤矿、磷矿经济承载力分别为 28.06 万亿元、8.51 万亿元、7.18 万亿元。故无论从经济承载力还是从保证年限来看，铝土矿承载力明显优于磷矿、煤矿，说明从长远来看铝土矿资源开采潜力更大。

6. 海南西部铁油页岩矿业区

1）矿产资源基本情况

该矿业经济区位于祖国的最南端，具有独特的地质地理特征，蕴藏着丰富多样的矿产资源，是我国矿产资源相对丰富且种类比较齐全的矿业经济区之一，具有建成优势特色资源开发的战略要地和勘查、开发南海油气的前沿战略基地，以及矿产品进出口加工贸易的重要基地的资源优势和区位优势。该矿业经济区铁矿石预测储量 12000 万吨，是我国冶金部大型露天矿之一，因铁矿品位高著称，是我国最大的富铁矿。石碌铁矿经过三期的发展，现在年产铁矿石达 460 万吨。不仅为海南经济发展作出重要贡献，而且为我国武钢、湘钢、包钢、鞍钢、太钢、水钢、首钢、上钢、重钢等 73 家钢铁公司提供了优质的原料。

2）承载力评价指标测算

该矿业经济区主要矿产资源有铁矿、油页岩，故选取这两种矿产资源经济承载力及保证年限评价该矿业经济区矿产资源承载力情况，如图 2.6 所示。可得出以下结论。

（1）主要矿产资源经济承载力呈逐年上涨趋势，保证年限在波动中先降后增。

近年来，该矿业经济区铁矿产矿量、储量均呈增长趋势，油页岩产矿量、储量呈缓降趋势，但经济发展迅速，使铁矿、油页岩单位国内生产总值产矿量均呈下降趋势，故经济承载力呈逐年上涨趋势；产矿量、储量波动的不一致，保证年限在波动中先降后增。

（2）油页岩开采潜力优于铁矿。

油页岩经济承载力、保证年限均高于铁矿，且铁矿作为海南省重点开采矿种，近期仍将保持 460 万吨/年的速度开采，其承载强度将降低，故不管从近期还是长期来看，油页岩开采潜力均优于铁矿。

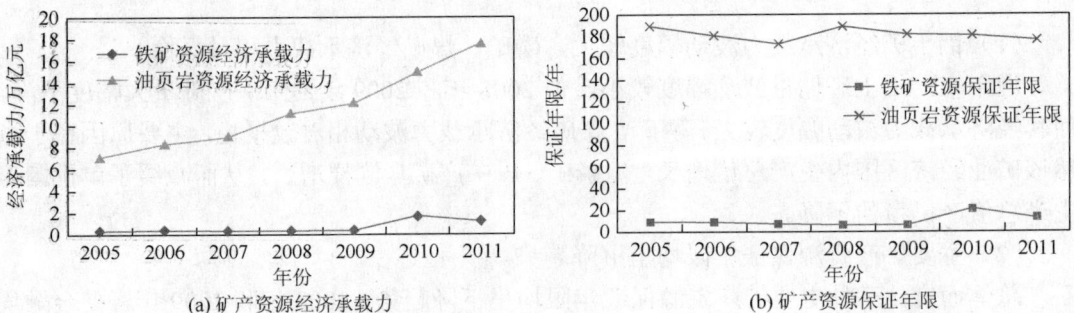

图 2.6　海南西部铁油页岩矿业区承载力评价指标

7. 河北承德钒钛磁铁矿业经济区

1）矿产资源基本情况

该矿业经济区位于河北省东北部的承德市，资源丰富，目前已发现的矿产有 98 种，已探明储量的矿种 55 种，开发利用 50 种，是我国除攀枝花外唯一的大型钒钛磁铁矿资源基地，已探明钒钛磁铁矿资源储量 3.57 亿吨，超贫钒钛磁铁矿资源量 75.59 亿吨。2010年，矿业经济实现增加值 263.3 亿元，占全市国民经济生产总值 880.5 亿元的 29.9%，占规模以上工业总产值的 75.9%。全市矿山采选业增速连续攀升，年均增长达 36.87%，矿业已成为推动承德市经济快速发展的支柱产业。该矿业经济区钒钛资源储量丰富，并具有一定的产业基础，发展钒钛制品产业具有得天独厚的优势条件。特别是"十二五"以来，承德钒钛资源产业化开发与综合利用已上升到国家战略层面，一定要紧紧抓住机遇，加快钒钛制品产业发展，不断延伸产业链条，将其打造成真正的支柱产业。

2）承载力评价指标测算

该矿业经济区主要矿产资源有钒矿、钛矿、铁矿，鉴于近年钛矿产矿量极少，故选取钒矿、铁矿资源经济承载力及保证年限评价该矿业经济区矿产资源承载力状况，如图 2.7所示。可得出以下结论。

（1）主要矿产资源经济承载力呈下降趋势。

该矿业经济区钒矿、铁矿经济承载力均呈下降趋势，钒矿由 2005 年的 1.18 万亿元下降至 2011 年的 0.7 万亿元，铁矿由 2005 年的 4.94 万亿元下降至 2011 年的 3.02 万亿元，主要由于该矿业经济区产矿量增加的同时，储量并没有增加，说明该矿业经济区应适当加大勘探投入力度，提升新增探明储量。

（2）主要矿产资源保证年限均呈下降趋势。

伴随着钒矿、铁矿产矿量的增加和储量的减少，两种主要矿产资源保证年限均下降。2011年，钒矿资源保证年限仅为 6.38 年，已处于预警状态，应控制开采钒矿资源；铁矿资源保证年限下降速度极快，从 2005 年的 137.09 年下降至 2011 年的 27.35 年。

（3）铁矿承载力优于钒矿，但铁矿承载力下降速度较快。

铁矿资源经济承载力、保证年限均高于钒矿资源，说明目前铁矿承载力优于钒矿；然而铁矿承载力下降速度极快，警示铁矿资源开采现状有待调整。

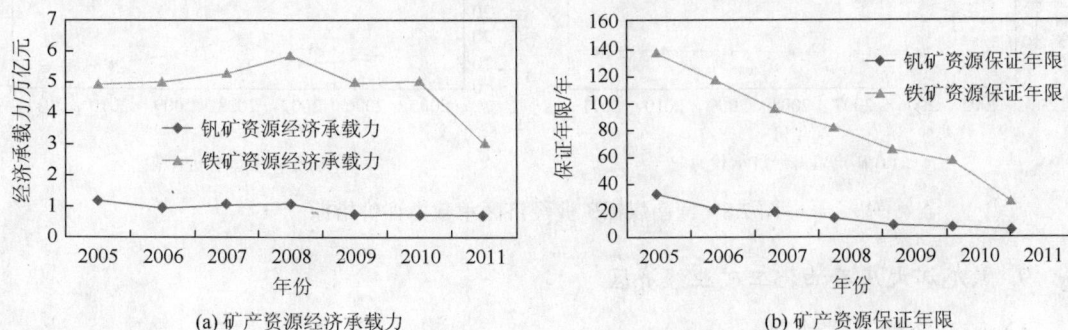

(a) 矿产资源经济承载力　　　　　　　　　　(b) 矿产资源保证年限

图 2.7　河北承德钒钛磁铁矿业经济区承载力评价指标

8. 河南煤铝矿业经济区

1）矿产资源基本情况

截至 2009 年年底，河南全省累计探明煤炭资源储量 284.54 亿吨，保有资源储量 243.97 亿吨，累计探明储量和保有资源储量均居全国第十位，河南省煤炭主要集中在平顶山、郑州等地。河南省铝土矿资源同样十分丰富，目前已探明的铝土矿区 38 处，保有储量 3.74 亿吨，居全国第二位；工业储量 1.9 亿吨，居全国第一位；铝土矿集中分布在郑州、洛阳、三门峡、平顶山一带。

2）承载力评价指标测算

研究选取煤炭、铝土矿作为该矿业经济区的主要矿产资源，分别从经济承载力及保证年限评价其承载力的强弱，如图 2.8 所示。该矿业经济区矿产资源承载情况主要有以下两个特征。

（1）主要矿产资源承载力均有好转趋势。

该矿业经济区煤矿、铝矿两种主要矿产资源经济承载力均呈上涨趋势，主要是由于两者每年均有新增探明储量，近年来，煤炭、铝矿累计查明资源储量分别增加 42%、73%，但煤炭开采量大幅度上涨，使煤炭剩余可采储量下降；铝矿剩余可采储量小幅度增加。该矿业经济区两种主要矿产资源承载情况较好，并有逐步好转的趋势。

（2）煤矿承载力明显优于铝矿承载力。

煤炭资源经济承载力、保证年限均明显优于铝矿资源，尤其是 2007～2011 年，煤矿资源经济承载力持续上涨，主要是由于煤矿资源相对于铁矿有更多新增探明绝对储量，虽然煤炭资源开采利用效率不如铝矿开采利用效率，2011 年煤炭资源开采回采率为 84%，铝土矿开采回采率为 93%；选矿回收率为 71%，综合利用率为 67%。

（3）应减缓铝矿资源的开采速度。

铝矿资源开采速度极快，保证年限从 2002 年的 68.6 年下降至 2011 年的 7.9 年，过快的开采速度使铝矿资源保证年限骤减，应减缓该矿业经济区铝矿资源的开采速度，并寻求替代资源。

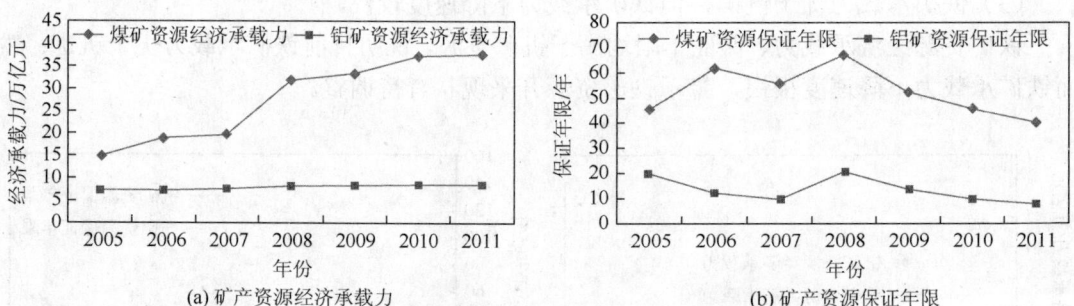

(a) 矿产资源经济承载力　　　　　(b) 矿产资源保证年限

图 2.8　河南煤铝矿业经济区承载力评价指标

9. 黑龙江大庆石油化工矿业经济区

1）矿产资源基本情况

该矿业经济区是我国第一大油田、世界第十大油田大庆油田所在地，是一座以石油、石化为支柱产业的的著名工业城市。大庆的石油勘探范围，包括黑龙江省全部和内蒙古自治区呼伦贝尔盟共 72 万平方公里的广大地区，占据中国陆地面积的 1/13。据科学预测，这个地区至少蕴藏着 100 亿～150 亿吨石油储量，可供开采的石油储量为 80 亿～100 亿吨；天然气总储量为 8580 亿～42900 亿立方米。大庆油田自 1960 年开发以来，探明含油面积 4415.8 平方公里，石油地质储量 55.87 亿吨，探明含气面积 472.3 平方米，天然气含伴生气储量 574.43 亿立方米。区内有丰富的石油、天然气资源。2007 年大庆地区工业总产值 2746 亿元，占全省的 44.7%，其中 97.3%为油气工业产值，在全省的经济地位十分重要。2012 年，大庆油田在综合含水率超过 90%、可采储量采出程度超过 80%的情况下，连续 10 年实现 4000 万吨稳产。大庆对全国经济发展作出了重要贡献，为全国重要石化产业基地。

　　2）承载力评价指标测算

　　研究选取石油作为该矿业经济区的主要矿产资源，分别从经济承载力及保证年限评价其承载力，如图 2.9 所示。该矿业经济区矿产资源承载情况主要有以下两个特征。

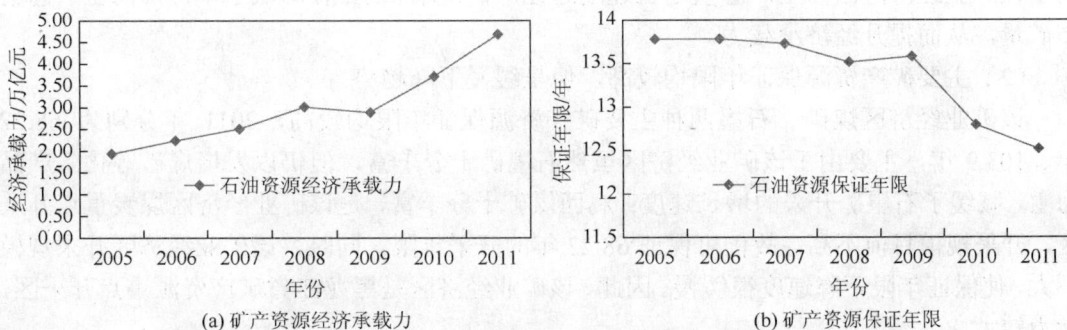

(a) 矿产资源经济承载力　　　　　　　(b) 矿产资源保证年限

图 2.9　黑龙江大庆石油化工矿业经济区承载力评价指标

　　（1）石油资源经济承载力呈上升趋势。

　　2005～2011 年，该矿业经济区石油资源产矿量、储量均小幅度减小，而国内生产总值大幅度上涨，使单位国内生产总值产矿量大幅度下跌，从而较大幅度提升经济承载力，从 2005 年的 1.94 万亿元增长至 2011 年的 4.69 万亿元，增长约 1.5 倍。说明该矿业经济区石油资源虽已开采 40 年，但开采规模仍有能力保持，可在较长一段时间内维持我国石油产量第一的地位。

　　（2）石油资源保证年限呈缓慢下降趋势。

　　近年来，该矿业经济区仍继续保持产矿量约 4000 万吨/年的规模开采，但矿产勘查程度显著提高，新增探明储量提升了石油资源的基础储量，故延缓了该矿业经济区石油资源的衰竭速度。

　　10. 黑龙江鸡西煤电化石墨矿业经济区

　　1）矿产资源基本情况

　　该矿业经济区位于黑龙江东部鸡西市，鸡西市是东北老工业基地主要城市之一，东北最大煤城、黑龙江省"四大煤城"之首，是一座拥有百年历史的综合性工业城市。区内主要有鸡西煤矿区，柳毛、石场、三道沟等石墨矿区，柳毛、三道沟夕线石矿区，柳毛—土顶子白云岩矿区等，包含鸡西煤炭重点开采区和鸡西石墨重点开采区。2007 年地区矿业产值约 106 亿元。鸡西市矿产资源比较丰富，截至 2010 年，已发现矿产资源 54 种，查明储量的有 28 种，主要有煤炭、石墨等，其中煤炭储量 63.9 亿吨，煤田分布广、煤种齐全，有焦煤、气煤、肥煤等 7 个煤种，石墨查明矿石量 4.9 亿吨，储量居亚洲之首。

2）承载力评价指标测算

本研究选取煤矿、石墨作为该矿业经济区的主要矿产资源，分别从经济承载力及保证年限评价其承载力，如图 2.10 所示。该矿业经济区矿产资源承载情况主要有以下两个特征。

（1）主要矿产资源经济承载力呈上升趋势。

近年来，该矿业经济区煤矿、石墨两种主要矿产资源经济承载力均呈上涨趋势，主要由于该矿业经济区国内生产总值增长速度远比产矿量增长迅速，降低了单位国内生产总值产矿量，从而提升经济承载力。

（2）主要矿产资源保证年限均较高，但呈缓慢下降趋势。

该矿业经济区煤矿、石墨两种主要矿产资源保证年限均较高，2011 年分别为 68.22 年、103.9 年，主要由于该矿业经济区虽然石墨矿十分丰富，但仍以发展煤矿等化工产品为主，减缓了石墨矿开采的增长速度；鸡西煤矿十分丰富，是该矿业经济区煤炭重点开采区，开采规模目前不高，故仍可保证 68.22 年的开采年限。同时，该矿业经济区开采规模不大，使保证年限下降速度很缓慢。因此，该矿业经济区是黑龙江省矿产资源重点开采区，潜力较大。

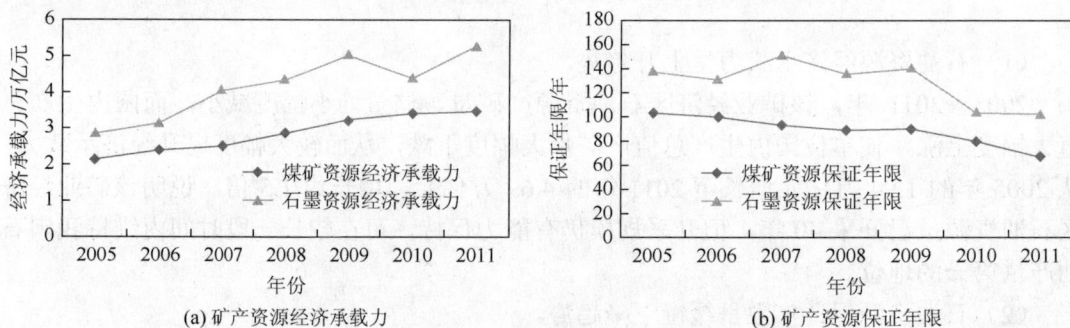

(a) 矿产资源经济承载力　　　　　　　　　(b) 矿产资源保证年限

图 2.10　黑龙江鸡西煤电化石墨矿业经济区承载力评价指标

11. 湖北云应—天潜盐膏硝矿业经济区

1）矿产资源基本情况

湖北云应—天潜盐膏硝矿业经济区自然资源得天独厚，地上盛产粮棉油等生物资源，为全国重要的粮、棉、林、水产生产基地；地下富藏石油、天然气、地热、石膏、盐、芒硝、硼、溴、碘等多种矿产。其中，孝感矿产资源与能源主要有地热、岩盐（含芒硝）、石膏等；潜江矿产资源与能源主要有石油、天然气、盐、硼、溴、碘等；天门矿产资源与能源主要有石油、地热、矿泉水、非金属固体矿产等。2012 年，该矿业经济区石膏资源产量 166.18 万吨，较 2007 年的 175.09 万吨减少了 5.09%，盐矿产量861.69 万吨。

2）承载力评价指标测算

研究重点对该矿业经济区盐矿、石膏、芒硝三种主要矿产资源进行评价及比较分析，具体数据如图 2.11 所示。该矿业经济区盐矿、石膏、芒硝三种主要矿产资源变化特征主要体现在以下两个方面，具体如下。

（1）总体而言，主要矿产资源经济承载力波动幅度较大，保证年限下降均较为平缓。

2002～2011 年，盐矿、石膏、芒硝三种主要矿产资源经济承载力均有一定幅度的波动，保证年限下降比较平稳，石膏、芒硝的经济承载力、保证年限波动趋势基本一致。

（2）盐矿资源经济承载力波动幅度最大，保证年限下降速度最快。

三种主要矿产资源中，盐矿资源经济承载力波动幅度最大，2002～2005 年持续上涨，2005～2008 年持续降低，近四年又上下波动；盐矿保证年限持续降低，变动趋势接近一条直线，说明保证年限每年下降速度基本一致。石膏、芒硝两种矿产资源经济承载力及保证年限波动相对盐矿波动更加平稳，故应适当加大对盐矿资源开采量的控制。

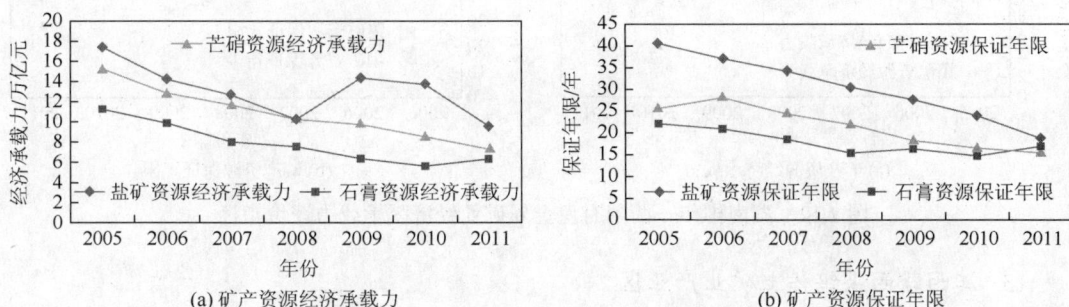

(a) 矿产资源经济承载力　　　　　　(b) 矿产资源保证年限

图 2.11　湖北云应—天潜盐膏硝矿业经济区承载力评价指标

12. 湖南郴州——衡阳有色金属矿业经济区

1）矿产资源基本情况

郴州是湖南省重要的能源基地，也是全国主要的有色金属原材料基地。矿产资源丰富，具有矿种多、分布广、储量大等特点，铋产量占全国 60%以上。现已发现的矿产达112 种，已探明储量的有 50 多种。全市已探明各种金属矿物 7 类，共 70 多种，有色金属储量占湖南全省总储量的 2/3。其中，钨、铋、钼储量居全国第一位，锡、锌储量居全国第三位、第四位。衡阳市境内矿产资源丰富，已发现的有：煤、铁、铅、锌、钨、锰、铜、锡、高岭土、萤石、重晶石、硼、石膏、盐、钠长石、大理石等 50 余种。衡阳市素有"有色金属之乡"和"非金属之乡"之称，矿业产值占全市工业总产值的46.41%，其中采选业占了全市工业总产值的 12.22%，矿业属于衡阳市支柱产业之一，矿业的发展带动和促进了全市社会经济的发展，形成了耒阳、常宁等县以矿产资源为支撑的矿业城镇。

2）承载力评价指标测算

以下根据矿产资源经济承载力和保证年限指标，主要选择钨矿、铋矿和钼矿三种主要矿产资源对该地区矿产资源承载力进行评价，如图 2.12 所示，可得出以下结论。

（1）2002～2011 年，该地区的三种矿产资源（钨矿、铋矿、钼矿）承载力不断提高，对经济和社会发展的支撑能力显著增强，而矿产资源的保证年限日益下降。主要是该地区有色金属储量丰富，能较好地满足当地的需求，单位国内生产总值矿产资源消费量下降。但是经济的发展对矿产资源需求量加大，矿产资源开采规模日益加大，导致该地区矿产资源的保证年限降低。

（2）单位国内生产总值矿产资源消费量下降，矿产资源经济承载力提高。矿产资源综合利用水平逐步提高，铜、铅、锌、锡、钨矿的采矿回收率高于全国水平（0.32%～16.35%），钨、铅、芒硝等深加工水平能力明显提高，都促进了矿产资源承载力的增强。同时，加强矿产资源勘查，集约节约利用矿产资源，提高开发利用技术水平，提高利用效率，也可以提高矿产资源经济承载力。

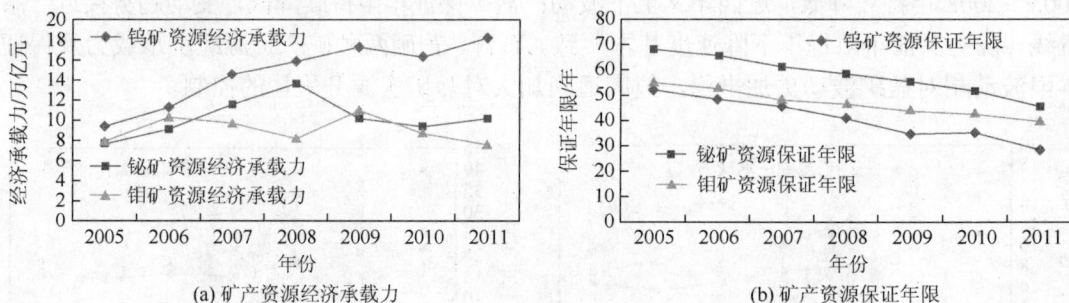

(a) 矿产资源经济承载力　　　　　　(b) 矿产资源保证年限

图 2.12　湖南郴州—衡阳有色金属矿业经济区承载力评价指标

13. 江西赣西煤钨稀土矿业产业区

1）矿产资源基本情况

赣西地区自然资源十分丰富，蕴藏着丰富的矿产资源。宜春市内有金属矿产 24 种，非金属矿产 29 种。以稀有金属钽、铌，非金属矿产煤炭、石灰岩、高岭土和建筑材料矿产为优势，主要有铜、铅、锌、锂、钴、铝、汞、锑、铯、铍、铷、银、金、铌、钽、钨等有色金属（含贵金属），铁、锰等黑色金属，煤、泥炭、油页岩等燃料矿产，以及岩盐、高岭土、石灰岩、硫铁矿、钾长石、大理石、花岗石、硅灰石、粉石英等其他非金属矿产。宜春四一四矿藏有锂、钽、铌、铷、铯等多种贵重金属，是世界上最大的锂云母矿，其开采量占世界 70%以上。其中，钽储量 16119 吨，占全国的 19.06%，占世界的 12.43%。随着矿山的开采，该矿业经济区对煤、钨、稀土等矿种进行了调整，煤矿石从 2007 年的 2997.24 万吨调整为 2013 年的 2461.20 万吨，钨矿石从 2007 年的 3.73 万吨调整为 2013 年的 3.2 万吨，稀土产量从 2007 年的 15644 吨调整为 2013 年的 3622 吨，矿产资源开采量均有一定幅度的下降，稀土资源产量下降尤为明显。

2）承载力评价指标测算

这里仍从经济承载力、保证年限两方面评价该矿业经济区三种主要矿产资源煤矿、钨矿、稀土矿的承载情况，具体分析如下（图 2.13）。

（1）三种主要矿产资源承载指数均下降。

该矿业经济区煤矿、钨矿、稀土矿三种主要矿产资源经济承载力均呈下降趋势，主要是由于近年来新增探明储量较大幅度下降，虽然开采效率有所提高，煤矿平均开采回采率达到 90.2%，比 2007 年的 86.5% 提高了 4 个百分点，钨矿平均开采回采率达到 91.6%，比 2007 年的 89.6% 提高了 2 个百分点，选矿回收率达到 79.34%，比 2007 年的 77.77% 提高了 1.6 个百分点，稀土矿平均开采回采率达到 91.5%，比 2007 年的 88.5% 提高了 3 个百分点，选矿回收率达到 80.5%，比 2007 年的 76% 提高了 3.5 个百分点。该矿业经济区目前实施的是控制管理目标，逐步减少三种主要矿产资源的开发，故适当减少地质勘探工作是可行的。

（2）稀土矿承载指数明显优于煤矿及钨矿。

该矿业经济区稀土矿资源剩余储量丰富，但国家对稀土矿开采有十分严格的控制，延长了稀土矿的开采寿命，提升经济承载力及保证年限。因此，就目前指标来看，稀土矿资源承载指数优于煤矿及钨矿。

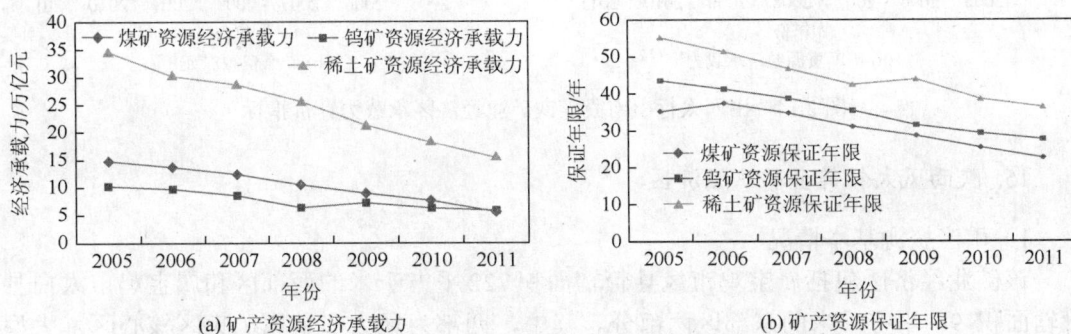

(a) 矿产资源经济承载力　　　　　　　　(b) 矿产资源保证年限

图 2.13　江西赣西煤钨稀土矿业经济区承载力评价指标

14. 山西太行山南段煤铁矿业经济区

1）矿产资源基本情况

该区位于山西东南部，行政隶属于长治、晋城市管辖，两市矿藏尤其以煤、铁最为丰富，素称"煤铁之乡"。北起襄垣，南至阳城，西到沁水，东达平顺、陵川，南北长 145km，东西宽 95～150km，面积 17239km²，煤、煤层气资源丰富。区内是我省优质的无烟煤生产基地，规划该区煤矿产能 2015 年 1.33 亿吨。长治市煤炭保有储量 262.16 亿吨，勘探面积 2824.7km²，铁矿储量为 69145 万吨；2010 年，晋城市含煤面积 5350km²，占总面积的 56.4%，总储量 808 亿吨，探明储量 271 亿吨。该区已完成了 180 口煤层气井，实现了 1.2 亿～1.5 亿立方米的产气能力，到 2010 年在地面形成 500 口左右的煤层气井，井上下实现年 5 亿立方米的产气能力。该区煤炭、煤层气资源分布集中，矿产资源配套程度较高，矿业经济已达到一定规模，具有较大资源开发和深加工潜力。

2）承载力评价指标测算

运用经济承载力、保证年限等指标对该矿业经济区煤炭、铁矿等主要矿产资源承载力进行评价，如图 2.14 所示，可得出如下结论。

（1）该地区煤炭资源经济承载力开始上升，到 2007 年之后开始下降；铁矿资源在 2002~2007 年是上升的，2008 年之后也开始下降；两种矿产资源的保证年限 10 年间迅速下降。这表明，随着资源需求量加大，开采规模也在扩大，该地区煤炭和铁矿资源量逐渐减少，对社会经济发展的支撑能力在下降。

（2）矿产资源承载力迅速下降，主要原因是资源储量锐减和单位国内生产总值矿产资源消费量增加。因此，在今后的发展中，要进一步加大勘探开发力度，合理提高资源的开采；提高资源的综合利用率，降低单位国内生产总值矿产资源消费量。

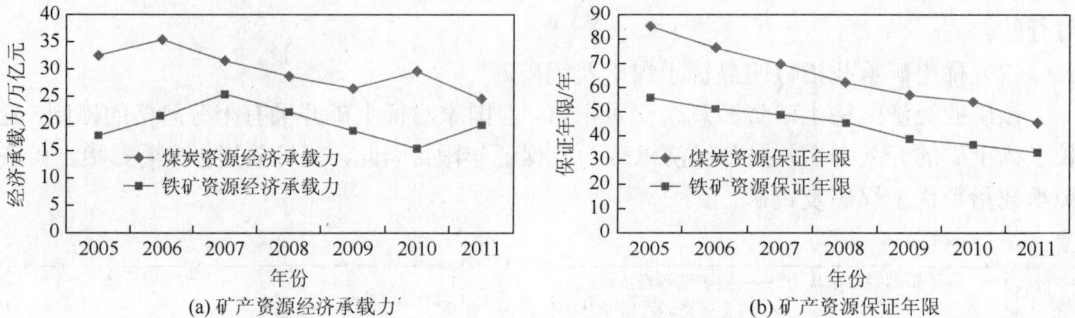

(a) 矿产资源经济承载力   (b) 矿产资源保证年限

图 2.14　山西太行山南段煤铁矿业经济区承载力评价指标

15. 陕西凤太铅锌金矿业经济区

1）矿产资源基本情况

该矿业经济区包括属宝鸡市凤县管辖面积 722 平方千米的西部区和属宝鸡市太白县管辖面积 98 平方千米的东部区两部分。其中，西部为凤太多金属矿集区核心区，大型锌矿床 1 个，中型锌矿床 6 个，大型金矿床 1 个。区内保有资源储量：铅 51.03 万吨，锌 194.07 万吨，金 14.30 吨。区内主要矿区已进行开发利用，现有主要金属矿山 9 个。西区矿业产值预计 2010 年达 80 亿元，2015 年达 120 亿元，2020 年达 140 亿元。东区中型金矿床 4 个（含 1 个未上表矿床）。金保有资源储量 32.86 吨。区内有 2 个大型金矿山，1 个小型金矿山，矿山设计总规模 64 万吨/年，该区金矿资源开发利用前景广阔，矿业产值预计 2015 年达 30 亿元，2020 年达 45 亿元。

2）承载力评价指标测算

本研究选取铅矿、锌矿、金矿作为该矿业经济区的主要矿产资源，分别从经济承载力及保证年限评价其承载力，如图 2.15 所示。该矿业经济区矿产资源承载情况主要有以下两个特征。

（1）三种主要矿产资源经济承载力均呈上涨趋势，且金矿经济承载力上涨趋势最为明显。

该矿业经济区近年来经济发展水平迅速提升，2011 年国内生产总值比 2005 年翻了两番，且铅矿、锌矿、金矿均属于该矿业经济区鼓励勘查矿种，是保证程度高的矿种，基础储量不断上升，故三种主要矿产资源经济承载力均呈上涨趋势。金矿由于价值最高，其经济承载力上涨幅度最大。

（2）三种主要矿产资源保证年限在波动中缓慢下降。

该矿业经济区不仅属于重点勘查区，同样属于重点开采区，即铅矿、锌矿、金矿在储量增加的同时，产矿量也在上涨，产矿量上涨幅度高于储量增加幅度，故会出现保证年限总体上呈缓慢下降的趋势。

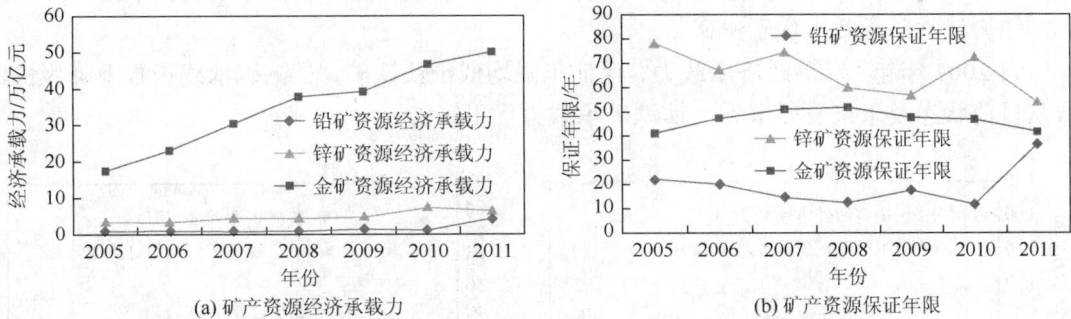

(a) 矿产资源经济承载力　　　　　　(b) 矿产资源保证年限

图 2.15　陕西凤太铅锌金矿业经济区承载力评价指标

16. 四川攀枝花钒钛矿业经济区

1）矿产资源基本情况

该矿业经济区隶属于四川省省辖市攀枝花市，位于中国西南川、滇交界处，北距成都749km，南距昆明351km，西连丽江，东接昭通，是四川通往华南、东南亚沿边、沿海口岸的最近点，为"南方丝绸之路"上重要的交通枢纽和商贸物资集散地。攀枝花市已探明铁矿（主要是钒钛磁铁矿）73.8亿吨，占四川省铁矿探明资源储量的72.3%，是中国四大铁矿之一。至2007年年底，市境内共发现矿种76种，其中查明资源储量矿产39种，主要矿产地296处，其中铁、钒、钛等矿产的保有资源储量居全国前五位。全市钒钛磁铁矿保有储量66.94亿吨，其中，伴生钛保有储量4.25亿吨，占全国的93%，居世界第一位；伴生钒保有储量1038万吨，占全国的63%，居中国第一位、世界第三位。攀枝花市成矿地质条件十分有利，在占全国国土面积千分之一的区域内，蕴藏着丰富的铁、钒、钛、石墨、花岗石、石灰石、煤等矿产资源。其中钒钛磁铁矿储量巨大，无论在储量上还是经济价值上都有其突出的优势。2010年，全市原矿年产量达到6136万吨左右，其中原煤约1000万吨，铁矿石4500万吨，钛精矿200万吨，五氧化二钒5万吨，镍矿石28万吨。到2015年，全市原矿年产量达到11854.5万吨左右，其中原煤约900万吨，铁矿石9900万吨，钛精矿400万吨，五氧化二钒5.5万吨，镍矿石40万吨。

2）承载力评价指标测算

研究选取钒矿、钛铁矿作为该矿业经济区的主要矿产资源，分别从经济承载力及保证年限评价其承载力，如图2.16所示。该矿业经济区矿产资源承载情况主要有以下两个特征。

（1）钛铁矿经济承载力逐渐好转，钒矿经济承载力稳中有降。

该矿业经济区钛铁矿产量在波动中呈缓慢增长趋势，钒矿产量逐年上涨，而产矿量对应的国内生产总值迅速上涨，使两者单位国内生产总值产矿量下降，且钛铁矿下降更加明显；另外，钒矿储量不断下降，钛铁矿储量上涨，故钛铁矿经济承载力明显好转，钒矿经济承载力稳中有降。

（2）钛铁矿保证年限基本平稳，钒矿保证年限下降。

该矿业经济区属于重点勘查区，钛铁矿储量总体上呈上涨趋势，但钒矿储量逐年下降，另加上两者产矿量的影响，使钛铁矿保证年限基本平稳，钒矿保证年限快速下降。

（3）钛铁矿承载力优于钒矿。

自 2007 年起，钒矿经济承载力、保证年限均低于钛铁矿，且钒矿承载指数下降极快，故从目前状态及未来发展来看，钛铁矿承载力优于钒矿。

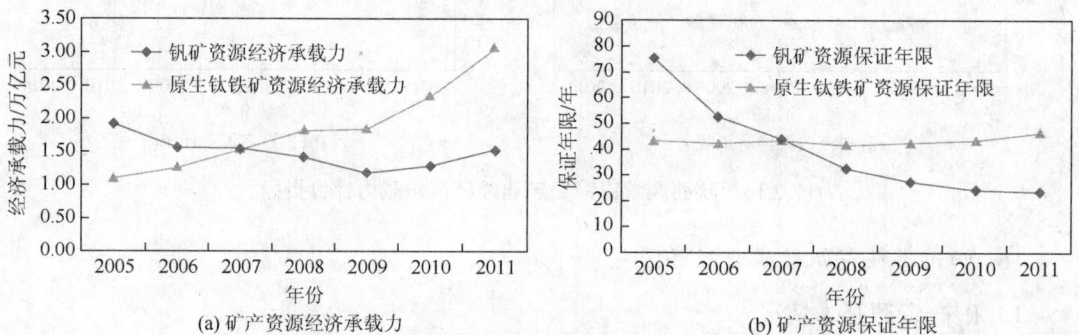

(a) 矿产资源经济承载力　　　　　　(b) 矿产资源保证年限

图 2.16　四川攀枝花钒钛矿业经济区承载力评价指标

2.2.2　衰退型矿业经济区

1. 甘肃兰州—白银煤炭铜矿业经济区

1）矿产资源基本情况

甘肃兰州—白银煤炭铜矿业经济区地处我国西陇海兰新经济带和呼包银兰经济带交汇处，是西部地区极具发展潜力的重点开发地区。区内主要矿产资源有煤炭 192454 万吨，铜 21.08 万吨，铅锌 63.57 万吨，水泥灰岩 23467.6 万吨。矿业产值 31.99 亿元。以靖远、窑街煤炭开发，白银公司有色金属产业，中石油兰州分公司石油炼制、化工和祁连山水泥集团的建材，连城能源铝产业为依托，实施矿业开发和产品深加工大集团战略，发挥科技优势，带动能源、化工、有色冶金和建材非金属资源开发，大力发展有色金属、稀土冶炼深加工，提高产品技术含量。

2）承载力评价指标测算

研究选取该矿业经济区主要矿产资源煤矿、铜矿为主要研究对象，分别从经济承载力及保证年限评价其承载力，如图 2.17 所示。该矿业经济区矿产资源承载情况主要有以下两个特征。

（1）煤矿经济承载力、保证年限波动均较大，铜矿经济承载力、保证年限变动相对平稳。

煤矿经济承载力呈先上升后下降趋势，上升的原因主要在于该矿业经济区国内生产总值增长迅速，2011 年经济承载力猛降，主要是煤矿储量大幅度降低所致；煤矿产矿量上涨、储量降低的共同作用，使煤矿保证年限在波动中下降。铜矿储量下降速度不及煤矿快，加上国内生产总值的作用，使铜矿经济承载力缓慢上升；铜矿产量上涨速度较小，使保证年限稳中有降。

（2）铜矿承载力优于煤矿。

虽然前几年煤矿经济承载力、保证年限均高于铜矿，但铜矿储量的迅速下降使其承载力明显减弱，2011 年煤矿经济承载力已低于铜矿，故从长远来看，铜矿承载力优于煤矿。

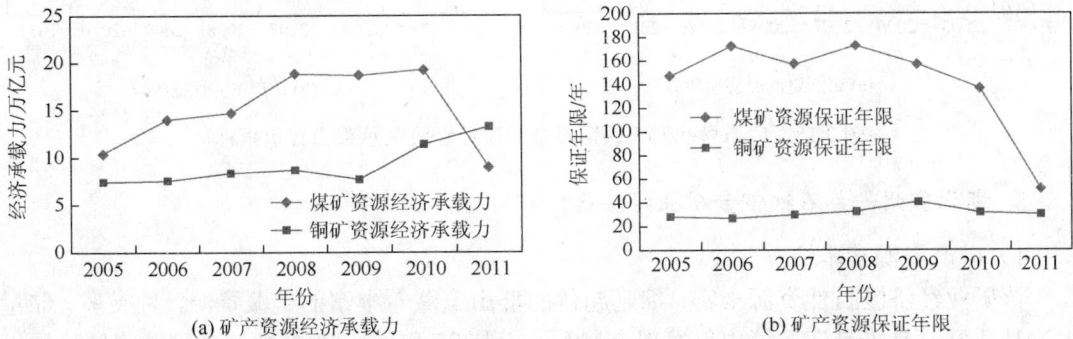

图 2.17　甘肃兰州—白银煤炭铜矿业经济区承载力评价指标

2. 广东粤北韶关铁铜多金属矿业经济区

1）矿产资源基本情况

该矿业经济区地处广东省北部韶关，北江上游，浈、武、南三水交会处，与湖南省、江西省交界，毗邻广西，素有"三省通衢"之称，韶关是粤北地区的政治、经济、交通、文化中心，也是广东省规划发展的六大都市圈、九个区域性中心城市之一和省域副中心城市。韶关是"中国有色金属之乡"，有"中国锌都"称号，全市已探明储量的矿产有煤炭、铅、锌、铜等 55 种，保有储量位居全省第一的有 23 种。2012 年，在已探明的矿产资源储量中，煤 13115 万吨，铁矿石 3233 万吨，锰矿石 74 万吨，铜矿石 8487 万吨，铅矿石 9841 万吨，锌矿石 13811 万吨，钨矿石 18688 万吨，钼矿石 11500 万吨，锑矿石 247 万吨，铋矿石 12818 万吨。

2）承载力评价指标测算

研究选取该矿业经济区主要矿产资源铁矿、铜矿为主要研究对象，分别从经济承载力及保证年限评价其承载力，如图 2.18 所示。该矿业经济区矿产资源承载情况主要有以下两个特征。

（1）铜矿、铁矿经济承载力均在波动中上涨。

该矿业经济区铜矿产矿量呈缓慢下降趋势，铁矿产矿量呈上升趋势，而两者储量呈下降趋势，说明该矿业经济区经济发展水平对经济承载力起着决定性作用，经济发展水平的迅速提升推动了经济承载力的上涨。

（2）铁矿保证年限在波动中下降，而铜矿保证年限在波动中呈增长趋势。

目前，该矿业经济区属于广东省鼓励开采区，铁矿为鼓励开采矿种，铁矿产矿量上涨，使铁矿保证年限在波动中下降；而铜矿产矿量在波动中下降，故铜矿保证年限在波动中呈增长趋势。

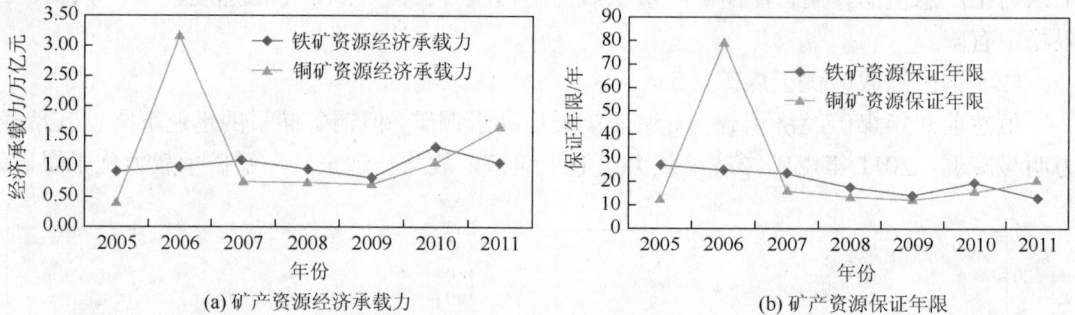

(a) 矿产资源经济承载力   (b) 矿产资源保证年限

图 2.18　广东粤北韶关铁铜多金属矿业经济区承载力评价指标

3. 湖北鄂州—黄石铁铜金矿业经济区

1）矿产资源基本情况

该矿业经济区自然资源丰富，绵延起伏的群山蕴藏着丰富的矿藏资源，种类多、储量大、品质好、易采易选。境内已发现金属和非金属矿 4 大类 60 余种，多种矿藏储量居湖北第一，已开发利用的有数十种。沉积地层完备，地质构造复杂，岩浆活动频繁，并有由区域变质而大面积分布的变质岩系，成矿条件优越，矿产资源丰富。现已发现矿产 131种，其中磷、红金石、硅灰石、石榴子石、泥灰岩居全国首位；铁、铜、石膏、岩盐、金、镍等储量也很丰富。在矿床的组成成分中，一般伴生或共生有多种有益成分，除大冶铁矿，除铁矿外，还伴生有铜、钴、金、银等，可供综合利用。煤炭资源较少，质量较差。非金属矿产、金属矿产较多，能源、水气矿产等较少。其中查明资源储量的矿产 18 种，包括能源矿产 2 种、金属矿产 8 种、非金属矿产 7 种、矿泉水 1 种，见表 2.1。有 11 种矿产资源的储量列居全省前五位。其中，居全省第一位的有镁、锑、独居石、钽、地热 5 种矿产，居第二位的有金、铌、冶金用白云岩 3 种，居第四位的有煤、钒、锰 3 种。

表 2.1　2011 年和 2012 年年底主要矿产查明资源储量

矿产名称	单位	年底保有资源储量		矿产名称	单位	年底保有资源储量	
		2011 年	2012 年			2011 年	2012 年
铁矿	矿石千吨	145149.73	139655.90	钨矿	钨吨	28201.18	16667.89
铜矿	铜吨	1458778.81	1517873.12	钼矿	钼吨	21552.43	21293.50
金矿	金千克	75460.75	79680.85	锰矿	矿石千吨	138.00	138.00
天青石	矿石千吨	5542.86	11105.00	银矿	银吨	1368.98	5827.76
硅灰石	矿石千吨	2178.35	2519.09	铅矿	铅吨	50492.00	68883.00
锌矿	锌吨	203407.00	369111.00	煤炭	千吨	48586.53	45414.24

数据来源：《湖北省矿产资源总体规划（2008—2015 年）》和黄石市国土资源公报（2012）

2）承载力评价指标测算

结合前面提及的矿产资源经济承载力、保证年限计算模型，计算 2002～2011 年铁矿、铜矿、金矿三种矿产资源承载力指数如图 2.19 所示。该矿业经济区矿产资源承载力特征主要体现在两个方面,具体如下。

(1) 主要矿产资源经济承载力指数总体均呈下降趋势。

近十年来,铁矿、铜矿、金矿三种矿产资源经济承载力总体上均呈下降趋势,铁矿剩余可采储量在前几年持续递减,近两年有一定幅度的增长,铜矿、金矿剩余可采储量持续降低,主要是由于该矿业经济区矿产资源经过多年的开采,现已进入资源枯竭期,多种矿产资源储量锐减,同时矿产资源剩余可采储量增长幅度低于矿产资源开采量。可从两方面提高经济承载力,一方面可加大勘探投入,加速新增探明储量,从而增加剩余可采储量;另一方面,可适当减少矿产资源消费量,寻找替代资源。

(2) 铁矿经济承载力最优,但保证年限下降迅速。

该矿业经济区铁矿承载情况相对较好,经济承载力及保证年限明显高于铜矿及金矿。然而自 2006 年以来,铁矿资源保证年限大幅度下降,与金矿保证年限比较接近,这主要是由铁矿资源大规模开采造成的。虽然该矿业经济区铁矿资源经济承载力最优,但同样需要延长保证年限,以期达到代际公平。在一定程度上同样说明铁矿资源经济承载力仍然高于铜矿和金矿。

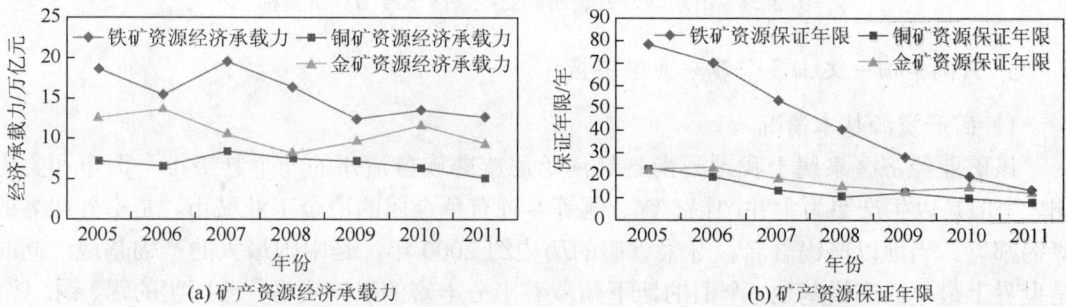

图 2.19　湖北鄂州—黄石铁铜金矿业经济区承载力评价指标

4. 山东烟台贵金属矿业经济区

1) 矿产资源基本情况

该矿业经济区隶属于山东省的一个地级市烟台市,地处山东半岛东北部,东连威海,南邻青岛,西接潍坊,北濒渤海、黄海,与辽东半岛对峙,与大连隔海相望,共同形成拱卫北京的海上门户。全市已发现 68 种矿产(79 个矿种、亚矿种),1182 处矿床、矿点。其中,探明资源储量的矿产有 40 个矿种、亚矿种,矿产地 207 处。在探明资源储量的矿产中,能源矿产有煤、油页岩和地热 3 种;金属矿产有铁、岩金、砂金、银、铜、铅、锌、钼、钨、镉、硒、碲、铼 13 种;岩金保有资源储量居全国首位,菱镁矿保有资源储量居全国第二位,钼居全国第四位,滑石居第五位。其中,金矿,勘探量占 54%,详查量占 21%,普查量占 25%,总体勘查程度较高;有色金属矿,勘探量占 25%,详查量占 75%,总体勘查程度较高。在矿产品开发总量中,煤及油页岩产量 353 万吨,产值 55091 万元,占全市矿产品总产值的 17.9%;采选岩金矿石 950 万吨,产金 35400 公斤,综合回收银 52 吨、铜 2000 吨、硫铁矿精矿折标矿 70 万吨,产值 205335 万元,占总产值的 66.8%。

2）承载力评价指标测算

　　研究选取该矿业经济区主要矿产资源金矿为主要研究对象，分别从经济承载力及保证年限评价其承载力，如图 2.20 所示。金矿经济承载力呈逐年上涨趋势，主要是由于金矿价值较高且该矿业经济区经济发展快，国内生产总值自 2005 年已翻了两番，说明金矿经济承载力强。金矿保证年限稳中有降，主要由于金矿勘查力度大，储量不断提升，减缓了保证年限的下降速度。

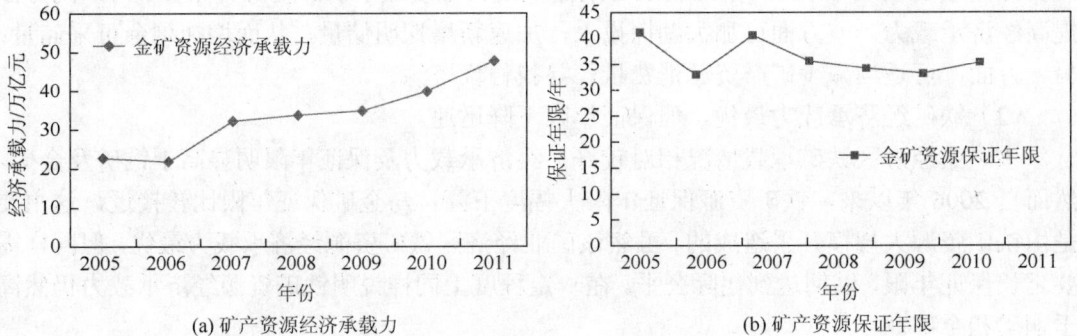

(a) 矿产资源经济承载力　　　　　　　　(b) 矿产资源保证年限

图 2.20　山东烟台贵金属矿业经济区承载力评价指标

5. 云南个旧—文山多金属矿业经济区

1）矿产资源基本情况

　　该矿业经济区隶属于我国云南省红河哈尼族彝族自治州的一个县级市个旧市和文山州。个旧是以生产锡为主并产铅、锌、铜等多种有色金属的冶金工业城市，是中外闻名的"锡都"。当地以产锡著名，开采锡矿的历史约 2000 年，是中国最大的产锡基地，同时是世界上最早的产锡基地。个旧的地下蕴藏着十分丰富的矿产资源，已探明的锡、铜、锌、钨等有色金属储量达 650 万吨，其中锡的保有储量 90 多万吨，占中国锡储量的 1/3。此外还有铍、铋、镓、锗、镉、银、金等稀有贵重金属，霞石储量约 30 亿吨，为全国霞石储量之冠。个旧不仅锡矿储量丰富，其他有色金属资源也十分丰富，个旧的矿藏资源种类多达 28 种。文山也有着极其丰富的地下宝藏。现已探明和发现的黑色、有色、稀有贵重金属、非金属矿已达 11 类 55 种 670 个矿点，其中锑、锡储量分别居全国第二、第三位，锰储量居全国第八位，铝土储量居云南首位。矿种多、储量大、品种也较为齐全，因此，文山被誉为"有色金属王国中的王国"。该矿业经济区矿产多、储量大、品位高，有多种有色金属，其中锡、锑、锰矿储量分居全国第二、第三、第八位。

2）承载力评价指标测算

　　本研究选取该矿业经济区主要矿产资源锡矿、铜矿为主要研究对象，分别从经济承载力及保证年限评价其承载力，如图 2.21 所示。该矿业经济区矿产资源承载情况主要有以下两个特征。

　　（1）两种主要矿产资源经济承载力变化趋势一致，均呈上涨趋势。

　　该矿业经济区经济发展水平并不高，2011 年国内生产总值仅为 645 亿元，但该矿业经济区锡矿、铜矿均实行开采总量调控，产矿量呈下降趋势，且储量稳中有增，故锡矿、铜矿经济承载力保持上涨态势。

（2）两种主要矿产资源保证年限变化趋势基本一致，呈先增后降趋势。

2010～2011 年，锡矿、铜矿产矿量上涨幅度较大，高于储量增长，使保证年限较大幅度降低，说明该矿业经济区应严格控制锡矿、铜矿开采总量，并着力勘查。

（3）锡矿承载力优于铜矿。

锡矿经济承载力、保证年限均优于铜矿，说明该矿业经济区锡矿比铜矿更具开发潜力。

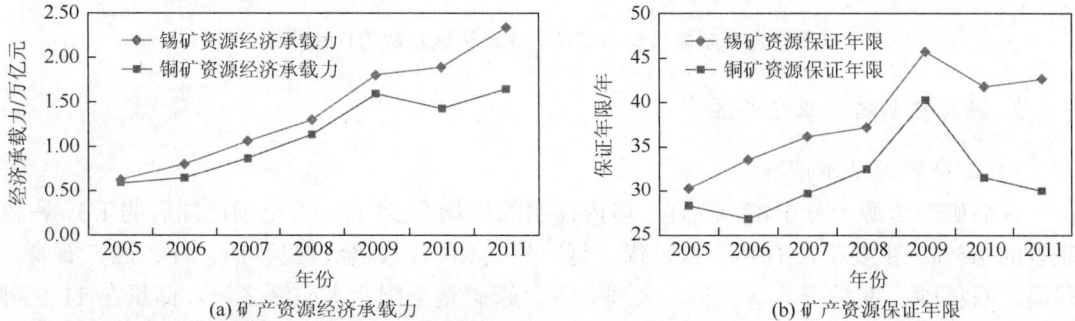

(a) 矿产资源经济承载力　　　　　　　　　　(b) 矿产资源保证年限

图 2.21　云南个旧—文山多金属矿业经济区承载力评价指标

2.2.3　再生型矿业经济区

1. 安徽马鞍山钢铁矿业经济区

1）矿产资源基本情况

该矿业经济区隶属于中国安徽省省辖市马鞍山市，位于安徽省东部，长江下游南岸，是中国十大钢铁基地之一，马鞍山港是长江十大港口之一，是中国重要的钢铁流通基地。马鞍山矿区地处长江下游宁芜—罗河成矿带，是中国七大铁矿区之一，截止到 2006 年 10 月，矿区内铁矿山有马钢（集团）控股有限公司所属南山、姑山、桃冲铁矿及待开发的罗河铁矿，已探明的铁矿产地有 31 处，伴生矿产地 10 处，铁矿总储量 16.35 亿吨，占安徽全省铁矿总储量的 57.32%，其中能满足工业开采的有 10 亿吨以上。矿床规模以大中型为主，矿体较大，储量亿吨以上的有 5 处，矿石平均品位 36.55%，多属易选的磁铁矿石，经过选别流程可获得精矿品位 53%～64%。马鞍山郊区的高村、陶村、和尚桥，当涂县境内的白象山，庐江县境内的罗河是潜力很大的后备矿山。硫铁矿集中分布在马鞍山郊区的向山、马山地区，总储量约 2.62 亿吨。伴生的磷资源储量大，品位高，仅以南山铁矿凹山矿采场和尾矿坝中含磷计算，储量达 1427 万吨。

2）承载力评价指标测算

研究选取该矿业经济区主要矿产资源钢铁矿为主要研究对象，分别从经济承载力及保证年限评价其承载力，如图 2.22 所示。该矿业经济区经济承载力不断上下波动，保证年限在波动中下降，主要原因在于该矿业经济区钢铁矿储量呈明显波动趋势。铁矿作为安徽省支柱性金属矿种之一，该矿业经济区应将钢铁矿作为重点勘查及开采矿种，以缓解供需失衡的矛盾。

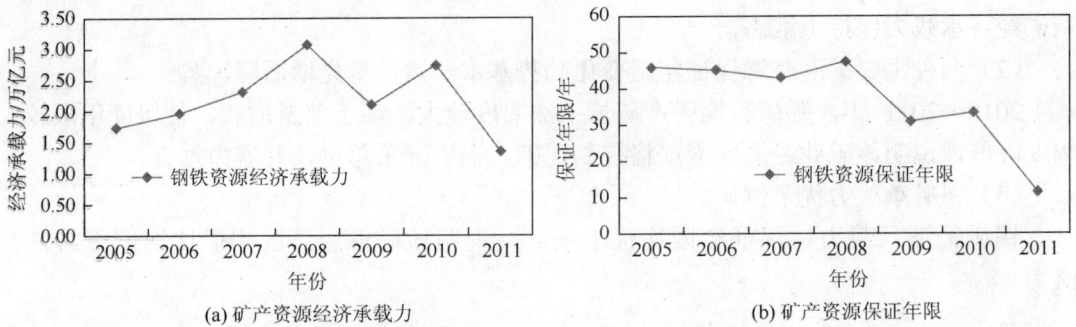

图 2.22　安徽马鞍山钢铁矿业经济区承载力评价指标

2. 湖北宜昌磷矿业经济区

1）矿产资源基本情况

宜昌矿产资源十分丰富，现宜昌境内探明的矿物有 53 种，占全国已知矿的 1/3，占湖北省的 45%。主要矿产有磷、铁、煤、锰、铬、铅、汞、金、银、铜、锌、硅、石膏、石墨、石英砂、重晶石、石灰石、大理石等。磷矿是全国六大矿区之一，储量在 11 亿吨以上，是全国第三大矿区，占湖北省的 50%。已探明铁矿储量约 10 亿吨以上，锰矿储量达 1167 万吨以上，硅石储量达 3499 万吨，银钒矿储量 639 万吨，石灰石矿储量在 8 亿吨以上，石墨矿储量在 7 万吨以上，煤炭累计查明储量在 3 亿吨以上。宜昌重点矿产资源量见表 2.2。

表 2.2　宜昌重点矿产资源量

矿产	储量	备注
磷矿	11 亿吨以上	全国六大矿区之一，是全国第三大矿区
石墨矿	1552 万立方米	矿石品位全国第一，储量全国第三
石膏	1 亿吨	湖北省仅有的雪花型矿

2）承载力评价指标测算

研究选取磷矿、煤炭资源对宜昌磷矿业经济区经济承载力、保证年限进行评价及比较，如图 2.23 所示，该矿业经济区主要有以下两个方面的特征。

（1）磷矿及煤炭矿产资源承载力逐年下降。

该矿业经济区磷矿及煤炭资源经济承载力、保证年限均呈下降趋势，说明该矿业经济区矿产资源承载力指数是下降的，可适当加快研发技术，促进低品位磷矿及煤炭的开采，增加技术经济可采储量，进而提升承载力指数。

（2）磷矿经济承载力下滑速度极快，近年与煤炭经济承载力基本持平。

磷矿经济承载力下滑速度极快，2002～2006 年磷矿经济承载力明显优于煤炭经济承载力，2007～2011 年两种主要矿产资源经济承载力基本持平。主要原因在于宜昌的磷矿多为中低品位磷矿，矿石品位低、难选，选矿技术需突破。煤炭资源也不能充分满足市场上工业和农业的需求。

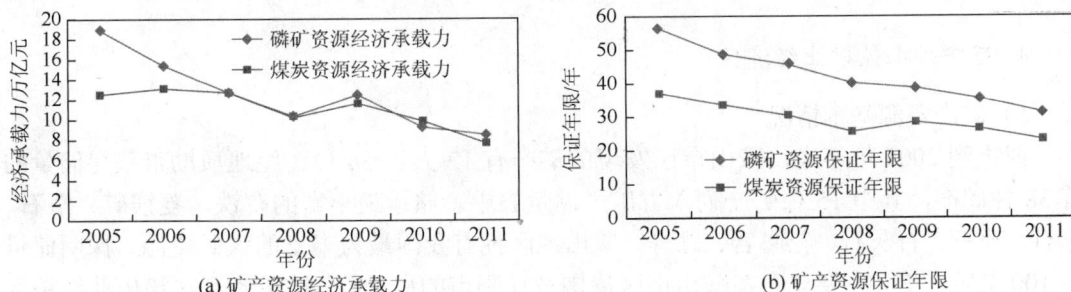

(a) 矿产资源经济承载力　　　　　　(b) 矿产资源保证年限

图 2.23　湖北宜昌磷矿业经济区承载力评价指标

3. 江苏徐州煤炭矿业经济区

1) 矿产资源基本情况

该矿业经济区位于江苏徐州,是资源富集且组合条件优越的地区之一。煤、铁、钛、石灰石、大理石等 30 多种矿产储量大、品位高,其中煤炭储量 69 亿吨、石膏 44.4 亿吨、岩盐 21 亿吨、铁 8300 万吨、石灰石 250 亿吨。徐州年产煤炭 2500 多万吨,是江苏唯一的煤炭产地,也是中国重要的煤炭产地、华东地区的电力基地。徐州含煤地层分布面积约 2400 平方千米,占全市国土面积的 20%多。主要集中在丰县、沛县、市区、贾汪区和铜山县境内。徐州共有煤矿矿床 72 处,其中大型 15 处、中型 4 处和小型 53 处。依其构造和含煤性的差异划分为丰沛矿区(又称大屯矿区)和徐州矿区,徐州矿区又分为东部贾汪矿区和西部九里山矿区。丰沛矿区有矿床 18 处,东部贾汪矿区有矿床 26 处,西部九里山矿区有矿床 28 处。2007 年年底,累计查明资源储量 44.3 亿吨(占江苏省煤炭资源储量的 99%以上),保有储量 9.3 亿吨、基础储量 17.1 亿吨及资源量 18.3 亿吨,预测资源量 69.1 亿吨。2007 年,煤矿的产量和产值为 2279.6 万吨和 853574.97 万元,分别占矿石总产量和矿业总产值的 41.82%和 92.63%。

2) 承载力评价指标测算

研究选取该矿业经济区主要矿产资源煤矿为主要研究对象,分别从经济承载力及保证年限评价其承载力,如图 2.24 所示。该矿业经济区煤矿经济承载力呈上涨趋势,保证年限在波动中下降;经济承载力的上升主要是由经济发展水平提升所推动的;保证年限在波动中下降主要是由于该矿业经济区储量下降速度比单位国内生产总值产矿量下降迅速。煤矿作为江苏省短缺的矿种,该矿业经济区应加大煤矿勘查力度,以缓解煤矿短缺。

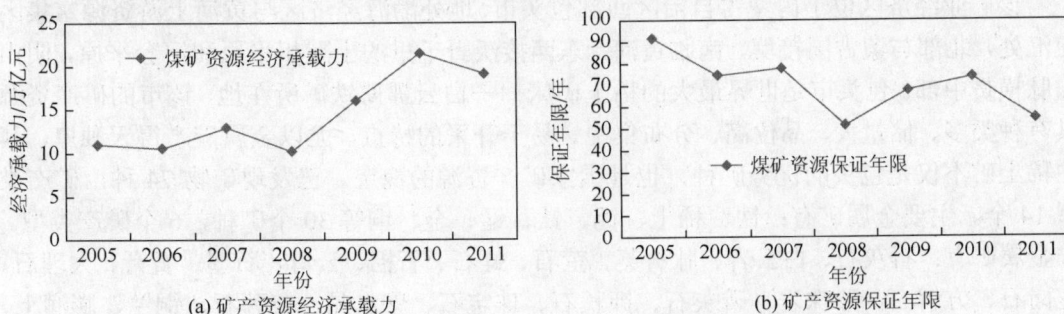

(a) 矿产资源经济承载力　　　　　　(b) 矿产资源保证年限

图 2.24　江苏徐州煤炭矿业经济区承载力评价指标

4. 辽宁鞍山铁矿业经济区

1）矿产资源基本情况

截止到 2005 年年底，鞍山市已发现的矿产有 12 大类 58 种。经地质勘查获得储量的有 38 种矿产，其中 15 种矿产列入省矿产储量表中。储量最丰富的有铁、菱镁矿、滑石、玉石、理石、石灰石、花岗岩、硼等。鞍山地区拥有我国最为丰富的铁矿资源，探明储量为 100 亿吨左右，主要分布在鞍山市区周围及辽阳市的弓长岭；铁矿资源在该矿业经济区以鼓励开采为主，限制开采为辅，鼓励大矿规模开采，限制小矿发展。铁矿产量连年上升，2012 年，年产量为 14741.47 万吨，年均增长率为 7.76%。目前，铁矿的供应能力基本上能保证辽宁省国民经济发展的需求。

2）承载力评价指标测算

研究选取该矿业经济区主要矿产资源铁矿作为承载力评价的对象，如图 2.25 所示，铁矿资源经济承载力呈现明显的上涨趋势，原因在于铁矿资源利用效率较高，2012 年该矿业经济区铁矿有大中型矿山企业 53 家，铁矿开采回采率为 92.8%，选矿回收率为 84.16%，综合利用率为 74.4%；铁矿资源保证年限下跌较快，主要是由于剩余可采储量变动不大，年铁矿产量及消费量稳步上升。

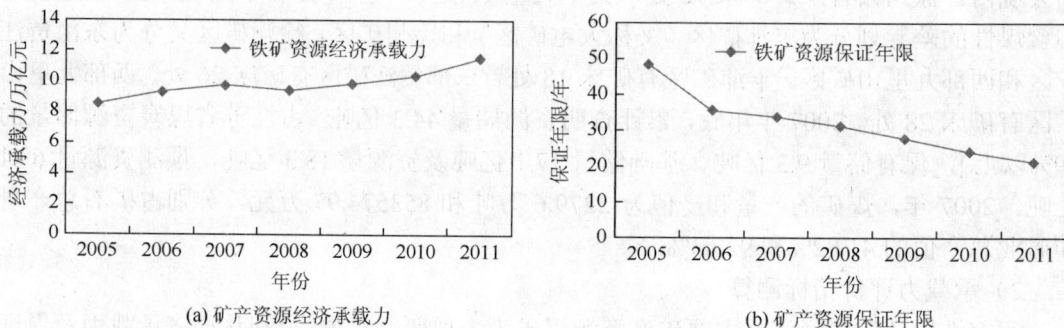

(a) 矿产资源经济承载力　　　　　　　　　(b) 矿产资源保证年限

图 2.25　辽宁鞍山铁矿业经济区承载力评价指标

5. 内蒙古包头稀土黑色金属矿业经济区

1）矿产资源基本情况

该矿业经济区位于内蒙古自治区西部包头市，地处渤海经济区与黄河上游资源富集区交汇处，北部与蒙古国接壤，南临黄河，东西接沃野千里的土默川平原和河套平原，阴山山脉横贯中部。包头市是世界最大的稀土矿床——白云鄂博铁矿所在地，该市的矿产资源具有种类多、储量大、品位高、分布集中、易于开采的特点，尤以金属矿产得天独厚，其中稀土矿不仅是包头的优势矿种，也是国家矿产资源的瑰宝。已发现矿物 74 种，矿产类型 14 个。主要金属矿有：铁、稀土、铌、钛、锰、金、铜等 30 个矿种，6 个矿产类型。非金属矿有：石灰石、白云岩、脉石英、萤石、蛭石、石棉、云母、石墨、石膏、大理石、花岗石、方解石、珍珠岩、磷灰石、钾长石、珠宝石、紫水晶、芙蓉石、铜兰、膨润土、高岭土、增白黏土、砖瓦黏土等 40 个矿种。能源矿有：煤、油页岩等。

2）承载力评价指标测算

本研究选取该矿业经济区主要矿产资源铁矿、锰矿、铬矿、稀土矿为主要研究对象，分别从经济承载力及保证年限评价其承载力，如图 2.26 所示。该矿业经济区矿产资源承载情况主要有以下两个特征。

（1）稀土矿经济承载力呈下降趋势，黑色金属矿经济承载力总体呈上涨趋势。

近年来，稀土矿大规模出口，产矿量高，且我国规定限制勘查稀土矿，故其经济承载力呈下降趋势；黑色金属矿经济承载力受经济发展水平影响较大，故其经济承载力呈上涨趋势。

（2）铬矿保证年限在波动中上涨，其他主要矿产资源保证年限呈下降趋势。

该矿业经济区稀土矿具有明显优势且较长时间内可充分保证供应，其开采量也呈上涨趋势，且稀土矿属于我国规定的限制勘查矿种，其储量并没有增加，使其保证年限缓慢下降；铁矿、锰矿、铬矿等黑色金属属于我国重点勘查矿种，前两者储量总体上呈上涨趋势，铬矿储量在 2010～2011 年骤降，且铁矿属于优势矿种，产矿量大幅度上涨，而锰矿、铬矿属于短缺矿种，产矿量增幅不明显，故铬矿保证年限波动中上涨，而铁矿、锰矿保证年限呈下降趋势。

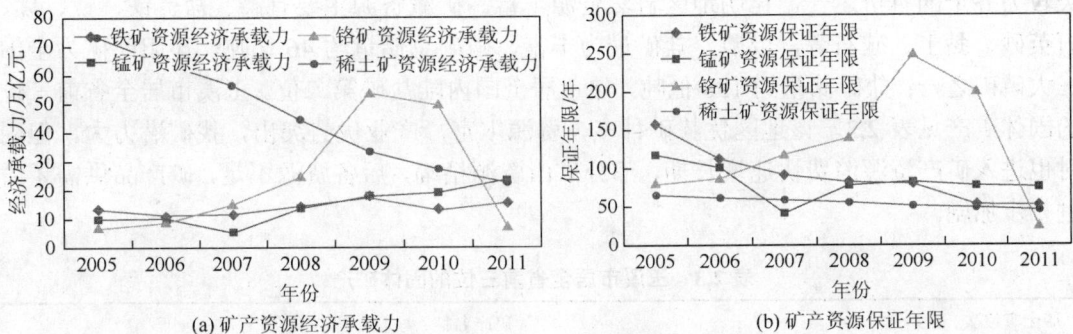

图 2.26 内蒙古包头稀土黑色金属矿业经济区承载力评价指标

6. 宁夏银川煤炭矿业经济区

1）矿产资源基本情况

该矿业经济区位于宁夏银川，银川地区矿产资源有煤炭、赤铁矿、熔剂石灰岩、熔剂白云岩、熔剂硅石、磷块岩、水泥石灰岩、辉绿岩等。灵武矿区的煤炭、石油、天然气储量丰富，特别是煤炭，不仅储量，而且具有高发热量、低灰、低硫、低磷等品质，在全自治区乃至全国也占有十分重要的地位。

2）承载力评价指标测算

本研究选取该矿业经济区主要矿产资源煤矿为主要研究对象，分别从经济承载力及保证年限评价其承载力，如图 2.27 所示。该矿业经济区煤矿经济承载力、保证年限均呈下降趋势，尤其保证年限下降十分迅速，一方面原因在于煤矿产矿量的提升，另一方面原因在于储量较大幅度地下降，该矿业经济区过低的经济承载力、保证年限，以及单一的主要矿种，可能使其从《全国矿产资源规划（2008～2015 年）》中除名，该矿业经济区应做好产业转型准备。

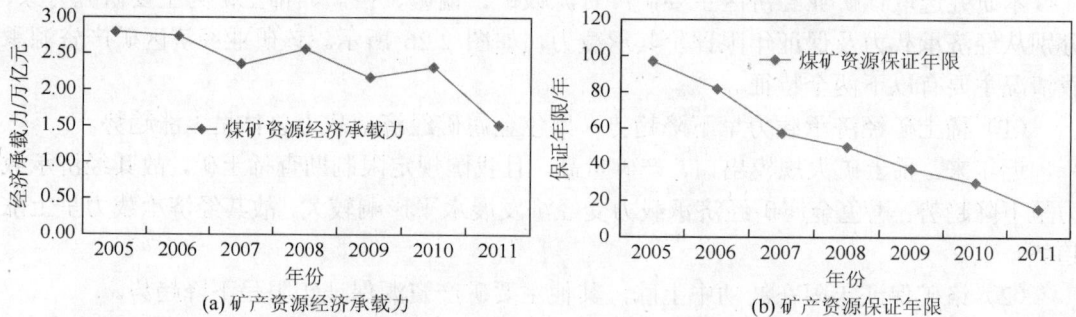

(a) 矿产资源经济承载力　　　　　　　　　　(b) 矿产资源保证年限

图 2.27　宁夏银川煤炭矿业经济区承载力评价指标

7. 云南昆明—玉溪铁磷矿业经济区

1）矿产资源基本情况

昆明—玉溪铁磷矿业经济区位于滇中地区，主要包括了云南昆明、玉溪两个地级市的部分地区，属于滇东高原盆地。云南省成矿地质条件优越，矿产资源丰富，是我国矿产种类较为齐全的省份之一。昆明地区自然资源丰富。矿藏资源主要有磷、盐、铁、钛、煤、石英砂、黏土、硅石等，以磷、盐矿最为丰富，磷矿总储量约 46 亿吨，昆阳磷矿为全国三大磷矿之一；盐矿储量约 138 亿吨，储量居全国内陆盐矿第二位。玉溪市居全省前三位的固体矿产见表 2.3。该地区优势矿种多，资源丰富，产业优势突出，找矿潜力大，但同时也进入矿产资源消费快速增长期，部分矿山资源枯竭，后备资源不足，矿产品供需矛盾进一步加剧。

表 2.3　玉溪市居全省前三位的固体矿产

居全省位次	矿产名称
第一位	铬、长石、镍、化肥蛇纹岩
第二位	铁、铜、熔剂灰岩、耐火黏土、砖瓦黏土、建筑用砂、饰面大理岩、水泥配料用泥岩、水泥配料用页岩
第三位	磷、钴、铂族、冶金石英岩、水泥用灰岩、高岭土、陶瓷土、硅藻土、石棉
第四位	金、铝土矿、水泥配料用黏土

2）承载力评价指标测算

根据地区的矿产资源剩余可采储量和年消费量数据来计算，可得出铁矿和磷矿资源经济承载力和保证年限，如图 2.28 所示。从计算结果来看，可以得出以下结论。

（1）该矿业经济区铁矿资源经济承载力在逐年下降，铁矿资源的保证年限也在下降。目前云南省部分城市已进入矿产资源消费快速增长期，对铁矿等资源需求量增加，导致对矿产资源的开采力度加大。另外，小型矿山占矿山总数的 99%，资源利用水平低，资源损失严重，造成大量资源浪费。

（2）磷矿资源经济承载力逐渐上升，但是随着开采量不断加大，磷矿资源的保证年限下降。主要原因是该地区的磷矿高品位富矿比例大，开发价值较高。近年来，磷矿精深加工不断加强，实行集约化经营，产品附加值提高，磷化工业发展日益壮大，对经济社会的支撑能力增强。

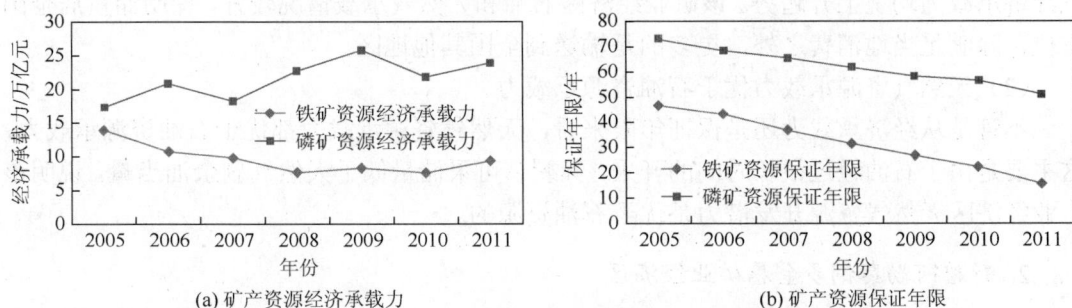

(a) 矿产资源经济承载力　　　　　　　(b) 矿产资源保证年限

图 2.28　昆明—玉溪铁磷矿业经济区承载力评价指标

2.2.4　成长型矿业经济区

1. 鄂尔多斯盆地能源矿业经济区

1）矿产资源基本情况

鄂尔多斯盆地位于中国中西部地区，为中国第二大沉积盆地，天然气、煤层气、煤炭三种资源探明储量均居全国首位，石油资源居全国第四位。此外，还含有水资源、地热、岩盐、水泥灰岩、天然碱、铝土矿、油页岩、褐铁矿等其他矿产资源。盆地具有地域面积大、资源分布广、能源矿种齐全、资源潜力大、储量规模大等特点。盆地内石油总资源量约为 86 亿吨，主要分布于盆地南部 10 万平方公里的范围内。天然气总资源量约 11 万亿立方米，储量超过千亿立方米的天然气大气田就有 5 个。

2）承载力评价指标测算

本研究选取该矿业经济区石油、天然气两种主要能源作为研究对象，评价该矿业经济区矿产资源经济承载力及保证年限，如图 2.29 所示。结合图 2.29 分析，该矿业经济区矿产资源承载主要有两个特征，具体如下。

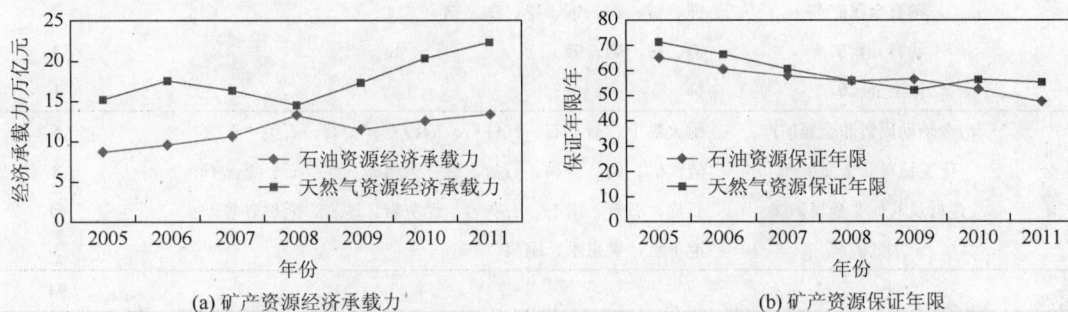

(a) 矿产资源经济承载力　　　　　　　(b) 矿产资源保证年限

图 2.29　鄂尔多斯盆地能源矿业经济区承载力评价指标

（1）能源资源承载力处于上升趋势。

该矿业经济区石油资源、天然气资源经济承载力总体呈上升趋势，2007 年和 2008 年受到金融危机的冲击，两种主要矿产资源经济承载力有波动；每年新增可采储量较高，天然气产量直线递增，石油产量缓慢增长，使剩余可采储量有较大幅度上升，故石油、天然气经济承载力均呈上升趋势。该矿业经济区石油和天然气承载情况较好，探明储量居全国首位，除满足当地消费之外，更多的是输送到全国其他地区。

（2）天然气资源承载力优于石油资源承载力。

不管是从经济承载力还是保证年限来看，天然气资源承载力都优于石油资源承载力，这主要是由于石油经过很长时间的开采，其剩余可采储量低于天然气剩余油当量，说明该矿业经济区天然气资源开发潜力是优于石油资源的。

2. 新疆阿勒泰铜多金属矿业经济区

1）矿产资源基本情况

阿勒泰地区位于中国—哈萨克斯坦—蒙古世界级黑色、有色、稀有、贵金属成矿带中段，地跨两大构造单元，地质构造复杂多样，岩浆活动频繁，变质作用强烈，成矿地质条件优越，矿产资源丰富，矿种齐全，配套性好。区内以额尔齐斯构造挤压带为界，总体上分为北部阿尔泰成矿区和南部准噶尔成矿区，区内探明了大量国家急需或优质特色矿种，其中铜、镍、铅、锌、金、铁、稀有金属（铍、锂等）、白云母、钾长石等资源总量大。截至 2012 年年底，阿勒泰地区已发现 4 大类 94 个矿种，占全国已发现 171 个矿种数的54.97%，占新疆维吾尔自治区已发现矿种数的68.2%。近年来，铁、铜、铅锌等矿石开采量大幅度增加，2007 年开采量分别为 1054.5 万吨、194.6 万吨、68.5 万吨，分别是 2000年开采量的 6 倍、24 倍、15.2 倍。如表 2.4 所示。

表 2.4　新疆阿勒泰地区已发现矿种统计表

矿类		矿种	数量
金属矿产	能源矿产	石油、天然气、煤、泥炭、铀、天然沥青、地热	6
	黑色金属矿产	铁、锰、铬、钛	4
	有色金属矿产	铜、镍、铅、锌、镁、钴、钨、锡、铋、钼	11
	贵金属矿产	金、银、铂、钯（铑、铱、钌、锇）	4
	稀有金属矿产	锂、铍、钽、铌、铯、铷、锆	7
	稀有元素矿产	镉、镓、硒、碲	4
	稀土金属矿产	铈	1
非金属矿产	冶金辅助原料非金属矿产	耐火黏土、蓝晶石、红柱石、矽线石、萤石、石英	5
	化工原料非金属矿产	硫铁矿、磷、芒硝、石盐、硼、天然碱、蛇纹石、重晶石	8
	建材及其他非金属矿产	石棉、石膏、滑石、石灰岩、泥灰岩、砂岩、天然砂等	41
	水气矿产	地下水、矿泉水、温泉	3
合计			94

2）承载力评价指标测算

这里以该矿业经济区四种主要矿产资源铜矿、铁矿、铅矿、锌矿为研究对象，分析该矿业经济区的承载情况，如图 2.30 所示。该矿业经济区承载特征主要有以下两个方面。

（1）铜矿、铁矿资源经济承载力总体呈下降趋势，铅矿、锌矿资源经济承载力呈上升趋势。

近年来，该矿业经济区铜矿、铁矿、铅矿、锌矿四种主要矿产资源剩余可采储量均呈增长趋势，然而铜矿、铁矿资源经济承载力仍呈下降趋势，说明铜矿、铁矿资源使用效率不如铅矿及锌矿，应减少单位国内生产总值铜矿、铁矿消费量。

（2）铜矿、铅矿资源保证年限均高于铁矿、锌矿资源。

铜矿、铁矿、铅矿、锌矿四种矿产资源均为该矿业经济区重点勘查的矿产，就保证年限而言，铜矿、铅矿资源开采潜力高于铁矿、锌矿资源。

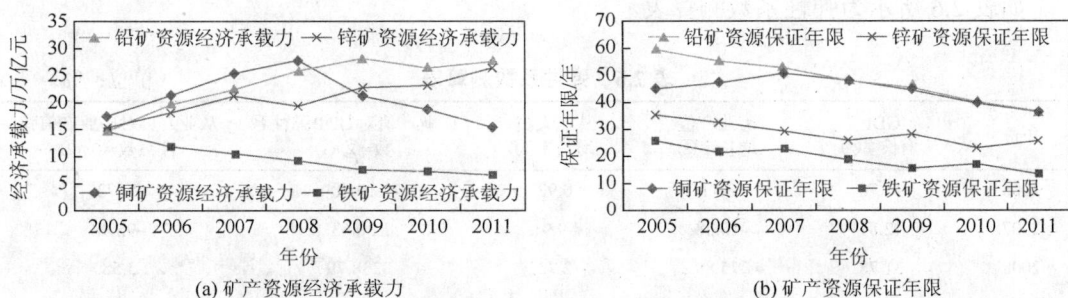

(a) 矿产资源经济承载力　　　　　　　　　　(b) 矿产资源保证年限

图 2.30　新疆阿勒泰铜多金属矿业经济区承载力评价指标

2.3　各矿业经济区矿产资源承载力潜力预测

如何预测未来 5 年、10 年矿产资源开发对矿业经济区 GDP、就业人口的贡献，是承载力研究需解决的关键问题之一。本节以 2005～2011 年数据为基期数据，运用弹性系数法预测 2012～2020 年矿产资源开发对矿业经济区 GDP、就业人口的贡献，其中 2011 年和 2012 年数据可用来校验误差，证明弹性系数法预测的可行性。鉴于篇幅限制，仅列出安徽淮南煤-煤化工矿业经济区详细计算过程，其余矿业经济区主要列出分析结果。

2.3.1　成熟型矿业经济区

1. 安徽淮南煤-煤化工矿业经济区

该矿业经济区 2005～2010 年 GDP、矿业产值、矿业从业人员基础数据如表 2.5 所示，GDP 保持持续增长，矿业产值、矿业从业人数基本呈持续增长趋势。总体而言，GDP、矿业产值、矿业从业人数平均每年以 18.12%、24.72%、0.02% 的幅度增长。

表 2.5　2005～2010 年 GDP、矿业产值、从业人员基础数据

年份	GDP		矿业产值		矿业从业人员	
	金额/亿元	增长率/%	金额/亿元	增长率/%	人数/万人	增长率/%
2005	263.6		122.70		8.81	
2006	304.98	15.70	126.51	3.11	8.89	0.92
2007	344.23	12.87	139.64	10.38	8.01	-9.91

年份	GDP		矿业产值		矿业从业人员	
	金额/亿元	增长率/%	金额/亿元	增长率/%	人数/万人	增长率/%
2008	453.62	31.78	245.61	75.88	8.23	2.72
2009	508.78	12.16	275.61	12.22	7.81	−5.03
2010	603.55	18.63	437.25	58.65	7.86	0.57
平均	455.47	18.12	247.48	24.72	8.33	0.02

1）弹性系数测算

如表 2.6 所示为弹性系数测算表。

表 2.6　弹性系数测算表　　　　　　　　　（单位：%）

年份	GDP 增长率①	矿业产值 增长率②	从业人员 增长率③	矿业产值对 GDP 弹性系数=②/①	从业人员对矿业产值弹性系数=③/②
2006	15.70	3.11	0.92	19.80	29.72
2007	12.87	10.38	−9.91	80.63	−95.48
2008	31.78	75.88	2.72	238.79	3.58
2009	12.16	12.22	−5.03	100.47	−41.15
2010	18.63	58.65	0.57	314.83	0.97
2011	17.56	−11.94	10.83	−67.99	−90.74
平均	18.23	32.05	−2.14	74.33	−20.47

结合以上数据可计算平均弹性系数 e 分别为：矿业产值对 GDP 的弹性系数 $e=②/①=74.33\%$；从业人员对矿业产值的弹性系数为 $e=③/②=-20.47\%$。

2）误差统计

如表 2.7 所示为该矿业经济区的模型预测相对误差。

表 2.7　模型预测相对误差

年份	矿业产值			从业人员		
	实际/万元	预测/万元	误差/%	实际/人	预测/人	误差/%
2011	385.04	354.83	−7.85	8.71	7.86	−9.76

从表 2.7 可知，弹性系数法对矿业产值及矿业经济区从业人口的预测结果，两者平均误差分别为−7.85%、−9.76%，均在可接受的范围内，故运用以上测算的平均弹性系数分别预测 2012～2020 年矿业产值及就业人口。

3）贡献度预测

据《淮南十二五规划》预测，该矿业经济区在 2020 年 GDP 将增长至 1600 亿元，即预计将以 10.46%的平均增长率增长。经计算，矿业经济区总就业人口近年波动幅度约为 5.09%，故本研究取 2011 年总就业人口数为基数，以平均增长率 5.09%为增长速度预测后期几年总就业人口数。结合上述预测弹性系数预测矿业产值及就业人口值，从而预测矿产资源开发对 GDP 及就业人口的贡献度，具体预测数据如图 2.31 所示。预计 2012～2020 年矿产资源开发对 GDP 贡献度呈下降趋势，对就业人口贡献度基本保持不变，这主要是由于该矿业经济区 GDP 增长速度明显高于矿业产值增长速度，而就业人口近年来几乎无大幅度波动。

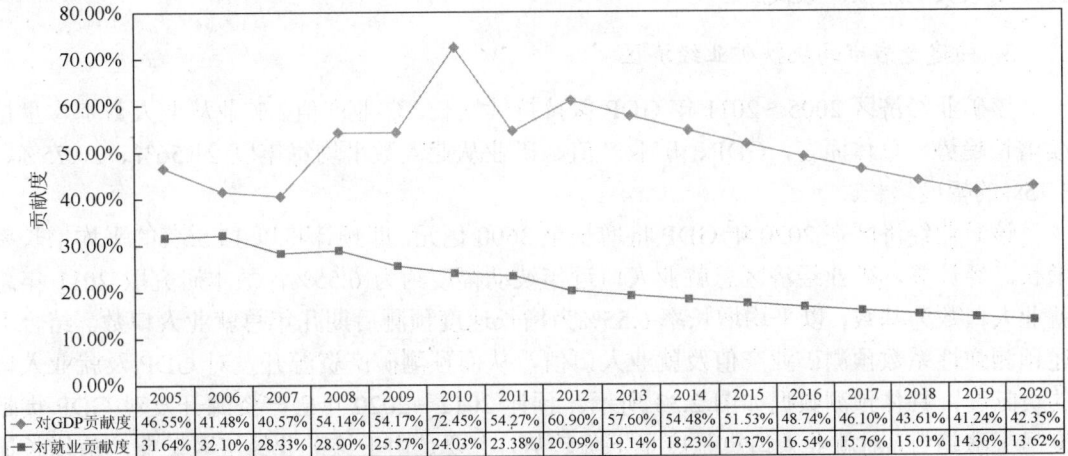

	2005	2006	2007	2008	2009	2010	2011	2012	2013	2014	2015	2016	2017	2018	2019	2020
对GDP贡献度	46.55%	41.48%	40.57%	54.14%	54.17%	72.45%	54.27%	60.90%	57.60%	54.48%	51.53%	48.74%	46.10%	43.61%	41.24%	42.35%
对就业贡献度	31.64%	32.10%	28.33%	28.90%	25.57%	24.03%	23.38%	20.09%	19.14%	18.23%	17.37%	16.54%	15.76%	15.01%	14.30%	13.62%

图 2.31　安徽淮南煤-煤化工矿业经济区贡献度指标

2. 重庆巫山—奉节煤赤铁矿业经济区

该矿业经济区 2005～2011 年 GDP 保持持续增长，矿业产值、矿业从业人数基本呈持续增长趋势。总体而言，GDP、矿业产值、矿业从业人数平均每年以 19.69%、10.23%、2.87%的幅度增长。

据预测，该矿业经济区 2020 年 GDP 将增长至 400 亿元，即预计将以 8.34%的平均增长率增长。经计算，矿业经济区总就业人口近年波动幅度约为 0.25%，故本研究取 2011 年总就业人口数为基数，以平均增长率 0.25%为增长速度预测后期几年总就业人口数。结合上述预测弹性系数预测矿业产值及就业人口值，从而预测矿产资源开发对 GDP 及就业人口的贡献度，具体预测数据如图 2.32 所示。预计 2012～2020 年矿产资源开发对 GDP 贡献度、

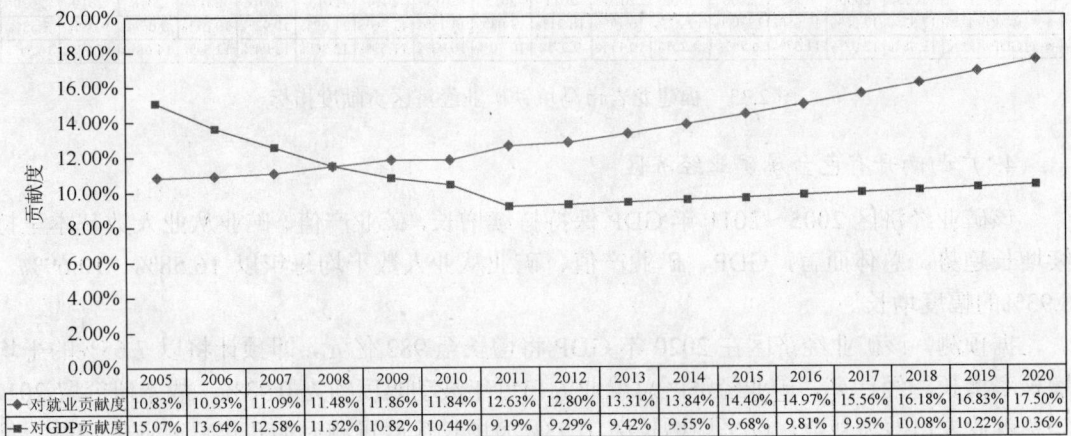

	2005	2006	2007	2008	2009	2010	2011	2012	2013	2014	2015	2016	2017	2018	2019	2020
对就业贡献度	10.83%	10.93%	11.09%	11.48%	11.86%	11.84%	12.63%	12.80%	13.31%	13.84%	14.40%	14.97%	15.56%	16.18%	16.83%	17.50%
对GDP贡献度	15.07%	13.64%	12.58%	11.52%	10.82%	10.44%	9.19%	9.29%	9.42%	9.55%	9.68%	9.81%	9.95%	10.08%	10.22%	10.36%

图 2.32　重庆巫山—奉节煤赤铁矿业经济区贡献度指标

对就业人口贡献度基本稳定，主要是由于该矿业经济区已进入矿产资源开采成熟期，煤矿供应已基本稳定，铁矿开采量有一定幅度的上涨。该矿业经济区矿产资源开采对 GDP 贡献度比就业人口贡献度高约 3.5%，幅度并不是很大，但同样能说明该矿业经济区矿产资源开采人员利用效率较高。

3. 福建龙岩市马坑铁矿业经济区

该矿业经济区 2005～2011 年 GDP 保持持续增长，矿业产值、矿业从业人数基本呈持续增长趋势。总体而言，GDP、矿业产值、矿业从业人数平均每年以 21.56%、20.75%、5.75% 的幅度增长。

该矿业经济区在 2020 年 GDP 将增长至 3600 亿元，即预计将以 13.56% 的平均增长率增长。经计算，矿业经济区总就业人口近年波动幅度约为 6.55%，故本研究取 2011 年总就业人口数为基数，以平均增长率 6.55% 为增长速度预测后期几年总就业人口数。结合上述预测弹性系数预测矿业产值及就业人口值，从而预测矿产资源开发对 GDP 及就业人口的贡献度，具体预测数据如图 2.33 所示。预计 2012～2020 年矿产资源开发对 GDP 贡献度呈上涨趋势，对就业人口贡献度呈下降趋势，主要是由于该矿业经济区矿业产值增长速度明显高于 GDP 增长速度，矿业从业人口基本平稳，但总从业人口较大幅度上涨。在一定程度上说明矿业经济区矿业人员利用效率提升。

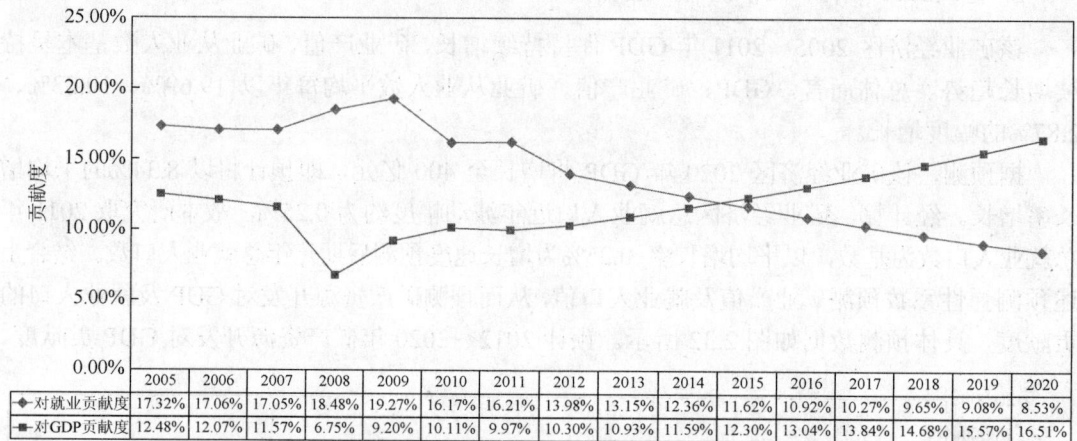

	2005	2006	2007	2008	2009	2010	2011	2012	2013	2014	2015	2016	2017	2018	2019	2020
对就业贡献度	17.32%	17.06%	17.05%	18.48%	19.27%	16.17%	16.21%	13.98%	13.15%	12.36%	11.62%	10.92%	10.27%	9.65%	9.08%	8.53%
对GDP贡献度	12.48%	12.07%	11.57%	6.75%	9.20%	10.11%	9.97%	10.30%	10.93%	11.59%	12.30%	13.04%	13.84%	14.68%	15.57%	16.51%

图 2.33　福建龙岩市马坑铁矿业经济区贡献度指标

4. 广西南丹有色金属矿业经济区

该矿业经济区 2005～2011 年 GDP 保持持续增长，矿业产值、矿业从业人数基本呈持续增长趋势。总体而言，GDP、矿业产值、矿业从业人数平均每年以 16.58%、10.69%、8.93% 的幅度增长。

据预测，该矿业经济区在 2020 年 GDP 将增长至 982 亿元，即预计将以 7.65% 的平均增长率增长。经计算，矿业经济区总就业人口近年波动幅度约为 0.93%，故本研究取 2011 年总就业人口数为基数，以平均增长率 0.93% 为增长速度预测后期几年总就业人口数。结合上述预测弹性系数预测矿业产值及就业人口值，从而预测矿产资源开发对 GDP 及就业人口的贡献度，具体预测数据如图 2.34 所示。预计 2012～2020 年矿产资源开发对 GDP 贡献度、对总从业人口贡献度均呈增长趋势，尤其是对就业人口贡献度增长幅度较大，主要是由于总从业人口数量基本平稳，而矿业就业人口增长幅度较大，说明该矿业经济区的发展正逐步依赖本地优势矿产资源的开采，有色金属工业正逐步成为广西重要支柱产业之一。

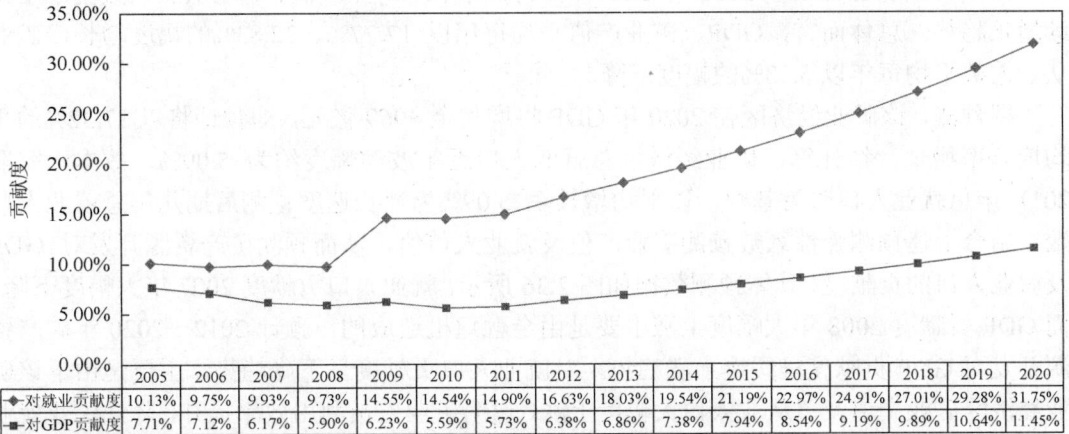

	2005	2006	2007	2008	2009	2010	2011	2012	2013	2014	2015	2016	2017	2018	2019	2020
对就业贡献度	10.13%	9.75%	9.93%	9.73%	14.55%	14.54%	14.90%	16.63%	18.03%	19.54%	21.19%	22.97%	24.91%	27.01%	29.28%	31.75%
对GDP贡献度	7.71%	7.12%	6.17%	5.90%	6.23%	5.59%	5.73%	6.38%	6.86%	7.38%	7.94%	8.54%	9.19%	9.89%	10.64%	11.45%

图 2.34　广西南丹有色金属矿业经济区贡献度指标

5. 贵州黔中磷铝煤矿业经济区

该矿业经济区 2005～2011 年 GDP 保持持续增长，矿业产值基本呈持续增长趋势，而矿业从业人数基本呈下降趋势。总体而言，GDP、矿业产值平均每年以 16.03%、26.62% 的幅度增长，矿业从业人数平均每年以 4.04% 的幅度下降。

据预测，该矿业经济区在 2020 年 GDP 将增长至 9000 亿元，即预计将以 15.02% 的平均增长率增长。经计算，矿业经济区总就业人口近年波动幅度约为 3.22%，故本研究取 2011 年总就业人口数为基数，以平均增长率 3.22% 为增长速度预测后期几年总就业人口数。结合上述预测弹性系数预测矿业产值及就业人口值，从而预测矿产资源开发对 GDP 及就业人口的贡献度，具体预测数据如图 2.35 所示。预计 2012～2020 年矿产资源开发对

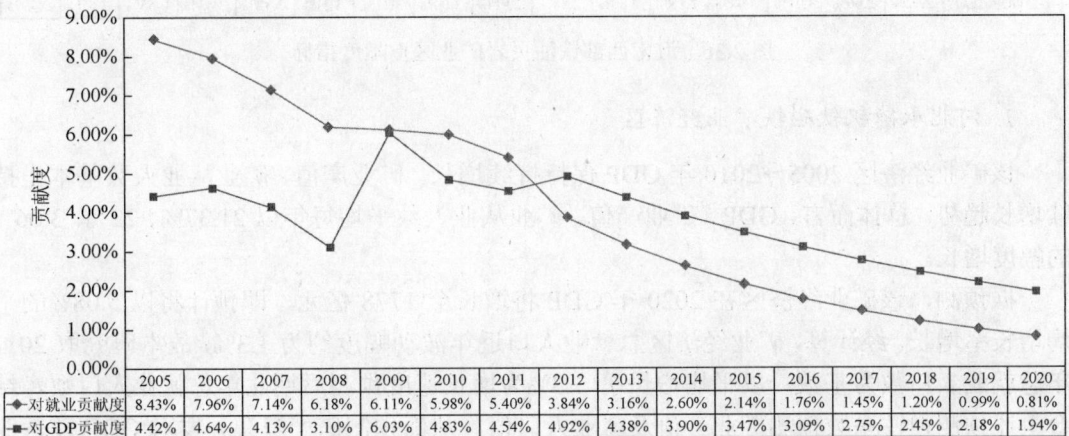

	2005	2006	2007	2008	2009	2010	2011	2012	2013	2014	2015	2016	2017	2018	2019	2020
对就业贡献度	8.43%	7.96%	7.14%	6.18%	6.11%	5.98%	5.40%	3.84%	3.16%	2.60%	2.14%	1.76%	1.45%	1.20%	0.99%	0.81%
对GDP贡献度	4.42%	4.64%	4.13%	3.10%	6.03%	4.83%	4.54%	4.92%	4.38%	3.90%	3.47%	3.09%	2.75%	2.45%	2.18%	1.94%

图 2.35　贵州黔中磷铝煤矿业经济区贡献度指标

GDP 贡献度、对总从业人口贡献度均呈下降趋势，主要是由于该矿业经济区对矿产资源开采的依赖度正逐步降低，矿产资源开采量呈下降趋势。

6. 海南西部铁油页岩矿业区

该矿业经济区 2005～2011 年 GDP 保持持续增长，矿业产值、矿业从业人数基本呈持续增长趋势。总体而言，GDP、矿业产值平均每年以 17.77%、22.83%的幅度增长，矿业从业人数平均每年以 5.33%的幅度下降。

据预测，该矿业经济区在 2020 年 GDP 将增长至 4969 亿元，即预计将以 17.32%的平均增长率增长。经计算，矿业经济区总就业人口近年波动幅度约为 5.09%，故本研究取 2011 年总就业人口数为基数，以平均增长率 5.09%为增长速度预测后期几年总就业人口数。结合上述预测弹性系数预测矿业产值及就业人口值，从而预测矿产资源开发对 GDP 及就业人口的贡献度，具体预测数据如图 2.36 所示。就业人口贡献度 2007 年大幅度下降，而 GDP 贡献度 2008 年大幅度上涨主要是由金融危机造成的；预计 2012～2020 年矿产资源开发对 GDP 贡献度呈缓慢上涨趋势，对就业人口贡献度呈下降趋势，主要是由于该矿业经济区矿业产值及总从业人口大幅度上涨，说明矿业人员利用效率提升，降低矿业就业人口数量，增加矿业产值。

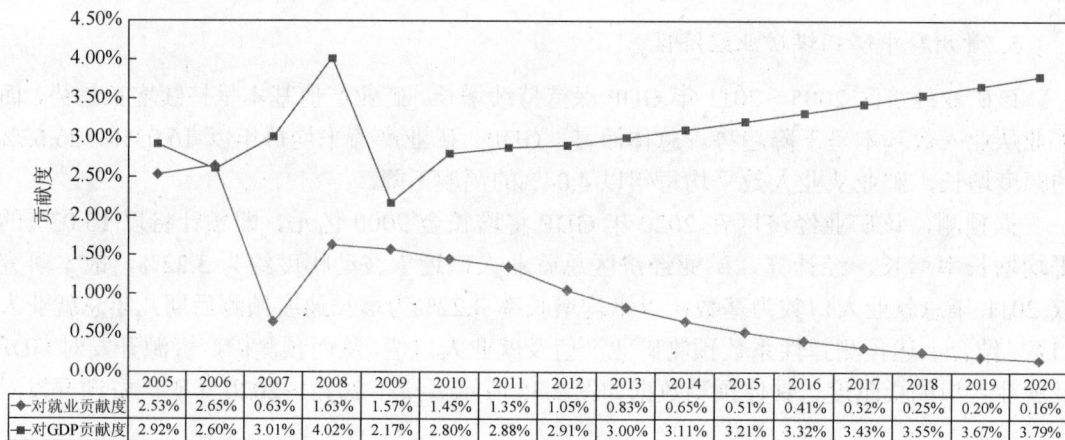

	2005	2006	2007	2008	2009	2010	2011	2012	2013	2014	2015	2016	2017	2018	2019	2020
对就业贡献度	2.53%	2.65%	0.63%	1.63%	1.57%	1.45%	1.35%	1.05%	0.83%	0.65%	0.51%	0.41%	0.32%	0.25%	0.20%	0.16%
对GDP贡献度	2.92%	2.60%	3.01%	4.02%	2.17%	2.80%	2.88%	2.91%	3.00%	3.11%	3.21%	3.32%	3.43%	3.55%	3.67%	3.79%

图 2.36　海南西部铁油页岩矿业区贡献度指标

7. 河北承德钒钛磁铁矿业经济区

该矿业经济区 2005～2010 年 GDP 保持持续增长，矿业产值、矿业从业人数基本呈持续增长趋势。总体而言，GDP、矿业产值、矿业从业人数平均每年以 21.37%、22%、3.66%的幅度增长。

据预测，该矿业经济区在 2020 年 GDP 将增长至 1778 亿元，即预计将以 5.08%的平均增长率增长。经计算，矿业经济区总就业人口近年波动幅度约为 1.3%，故本研究取 2011 年总就业人口数为基数，以平均增长率 1.3%为增长速度预测后期几年总就业人口数。结合上述预测弹性系数预测矿业产值及就业人口值，从而预测矿产资源开发对 GDP 及就业人口的贡献度，具体预测数据如图 2.37 所示。2005～2011 年矿产资源开采对 GDP 贡献度、就业人口贡献度基本保持不变；预计 2012~2020 年矿产资源开采对就业人口贡献度仍处于稳定状态，而 GDP 贡献度呈上涨趋势，主要是由于该矿业经济区钒钛磁铁矿价格将上涨，使矿业产值较大幅度上涨，矿产资源加速推动该矿业经济区经济增长。

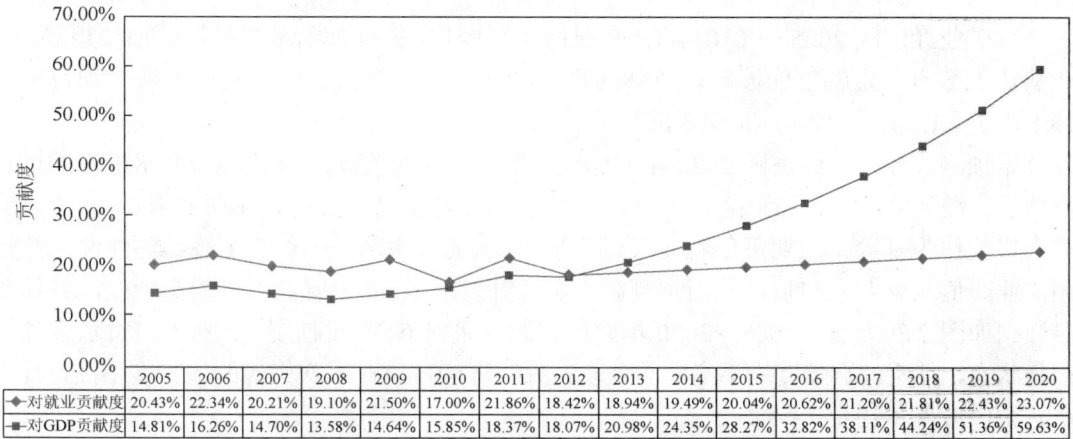

	2005	2006	2007	2008	2009	2010	2011	2012	2013	2014	2015	2016	2017	2018	2019	2020
对就业贡献度	20.43%	22.34%	20.21%	19.10%	21.50%	17.00%	21.86%	18.42%	18.94%	19.49%	20.04%	20.62%	21.20%	21.81%	22.43%	23.07%
对GDP贡献度	14.81%	16.26%	14.70%	13.58%	14.64%	15.85%	18.37%	18.07%	20.98%	24.35%	28.27%	32.82%	38.11%	44.24%	51.36%	59.63%

图 2.37　河北承德钒钛磁铁矿业经济区贡献度指标

8. 河南煤铝矿业经济区

该矿业经济区 2005~2010 年 GDP 保持持续增长，矿业产值基本呈持续增长趋势，矿业从业人数有一定幅度的波动。总体而言，GDP、矿业产值、矿业从业人数分别平均每年以 18.96%、22.35%、12.95%的幅度增长。

据《河南十二五规划》预测，该矿业经济区 GDP 平均以每年 9%的增长率增长。经计算，矿业经济区总就业人口近年波动幅度约为 4.31%，本研究取 2011 年总就业人口数作为基数，后期每年就业人口均按 4.31%的速率增长。结合上述预测弹性系数预测矿业产值及就业人口值，从而预测矿产资源开发对 GDP 及就业人口的贡献度，具体预测数据如图 2.38 所示。预计 2012~2020 年矿产资源开发对 GDP 贡献度、就业人口贡献度均呈下

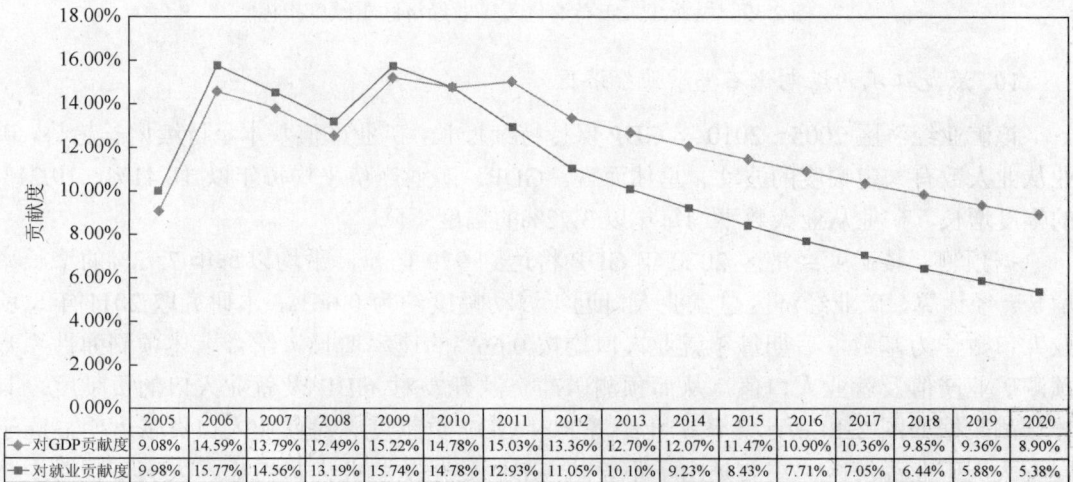

	2005	2006	2007	2008	2009	2010	2011	2012	2013	2014	2015	2016	2017	2018	2019	2020
对GDP贡献度	9.08%	14.59%	13.79%	12.49%	15.22%	14.78%	15.03%	13.36%	12.70%	12.07%	11.47%	10.90%	10.36%	9.85%	9.36%	8.90%
对就业贡献度	9.98%	15.77%	14.56%	13.19%	15.74%	14.78%	12.93%	11.05%	10.10%	9.23%	8.43%	7.71%	7.05%	6.44%	5.88%	5.38%

图 2.38　河南煤铝矿业经济区贡献度指标

降趋势，且变化趋势基本吻合，但就业人口贡献度下降幅度略大，可能是由于技术改进等措施提高了矿产资源人员利用效率。

9. 黑龙江大庆石油化工矿业经济区

该矿业经济区 2005～2010 年 GDP 保持持续增长，矿业产值基本呈持续增长趋势，矿业从业人数有一定幅度的波动。总体而言，GDP、矿业产值、矿业从业人数平均每年以18.55%、7.12%、1.95%的幅度增长。

据预测，该矿业经济区 2020 年 GDP 将增长至 7920 亿元，平均以每年 8.59%的增长率增长。经计算，矿业经济区总就业人口近年波动幅度约为 2.9%，本研究取 2011 年总就业人口数作为基数，后期每年就业人口均按 2.9%的速率增长。结合上述预测弹性系数预测矿业产值及就业人口值，从而预测矿产资源开发对 GDP 及就业人口的贡献度，具体预测数据如图 2.39 所示。2005～2020 年矿产资源开采对 GDP 贡献度、就业人口贡献度处于平稳状态，且两者贡献度均不高，说明该矿业经济区发展对矿产资源的依赖度不高，且矿产资源供应基本稳定。

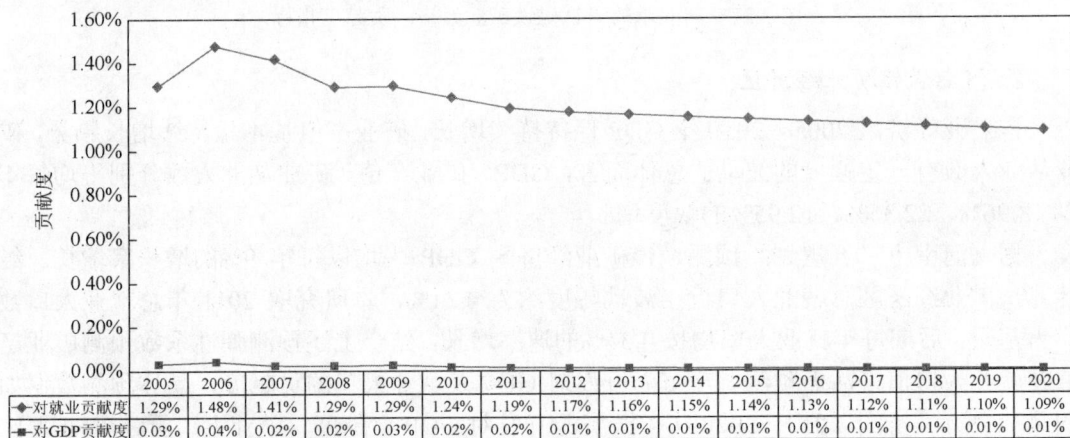

	2005	2006	2007	2008	2009	2010	2011	2012	2013	2014	2015	2016	2017	2018	2019	2020
对就业贡献度	1.29%	1.48%	1.41%	1.29%	1.29%	1.24%	1.19%	1.17%	1.16%	1.15%	1.14%	1.13%	1.12%	1.11%	1.10%	1.09%
对GDP贡献度	0.03%	0.04%	0.02%	0.02%	0.03%	0.02%	0.02%	0.01%	0.01%	0.01%	0.01%	0.01%	0.01%	0.01%	0.01%	0.01%

图 2.39 黑龙江大庆石油化工矿业经济区贡献度指标

10. 黑龙江鸡西煤电化石墨矿业经济区

该矿业经济区 2005～2010 年 GDP 保持持续增长，矿业产值基本呈持续增长趋势，矿业从业人数有一定幅度的波动。总体而言，GDP、矿业产值平均每年以 16.41%、19.21%的幅度增长，矿业从业人数平均每年以 3.72%的幅度下降。

据预测，该矿业经济区 2020 年 GDP 将达到 979 亿元，平均以每年 7.73%的增长率增长。经计算，矿业经济区总就业人口近年波动幅度约为 0.66%，本研究取 2011 年总就业人口数作为基数，后期每年就业人口均按 0.66%的速率增长。结合上述预测弹性系数预测矿业产值及就业人口值，从而预测矿产资源开发对 GDP 及就业人口的贡献度，具体预测数据如图 2.40 所示。该矿业经济区对 GDP 贡献度、对就业人口贡献度明显高于同省大庆矿业经济区，主要是由于不管从 GDP 还是从就业人口考虑，大庆市相对于鸡西市都是规模更大的城市。预计 2012～2020 年矿产资源开发对 GDP 贡献度呈上涨趋势，对就业人口贡献度波动极小，可能是由于石墨材料所生产的水泥等产品价格上涨带来 GDP 贡献度上升。

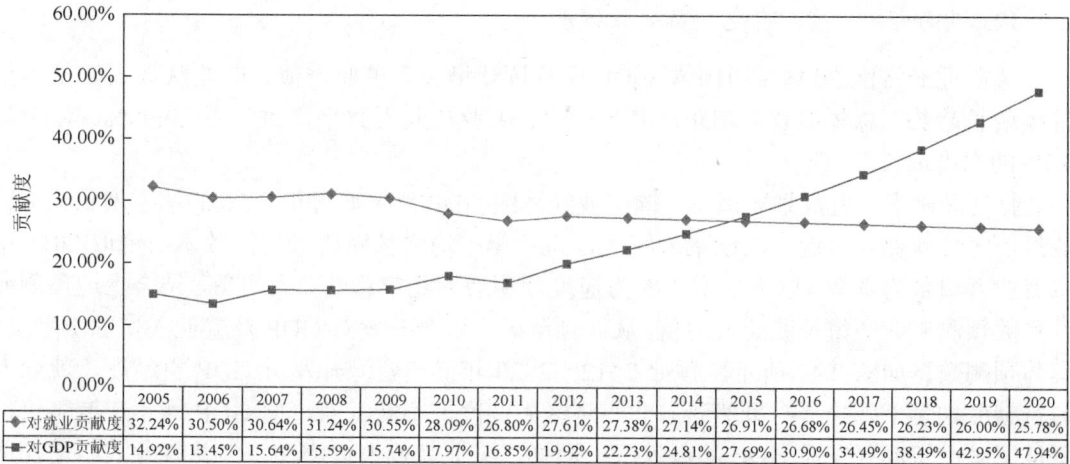

	2005	2006	2007	2008	2009	2010	2011	2012	2013	2014	2015	2016	2017	2018	2019	2020
对就业贡献度	32.24%	30.50%	30.64%	31.24%	30.55%	28.09%	26.80%	27.61%	27.38%	27.14%	26.91%	26.68%	26.45%	26.23%	26.00%	25.78%
对GDP贡献度	14.92%	13.45%	15.64%	15.59%	15.74%	17.97%	16.85%	19.92%	22.23%	24.81%	27.69%	30.90%	34.49%	38.49%	42.95%	47.94%

图 2.40　黑龙江鸡西煤电化石墨矿业经济区贡献度指标

11. 湖北云应—天潜盐膏硝矿业经济区

该矿业经济区 2005～2010 年 GDP 保持持续增长，矿业产值基本呈持续增长趋势，矿业从业人数基本持续降低。总体而言，GDP、矿业产值分别平均每年以 18.04%、11.58% 的幅度增长，矿业从业人数平均每年以 9.24% 的幅度降低。

据《孝感十二五规划》及《天潜十二五规划》预测，该矿业经济区 2020 年 GDP 将增长至 2634 亿元，推测年均增长率为 4.55%，即可预测每年 GDP 值。经计算，矿业经济区总就业人口近年波动幅度很小，变动仅为 0.1% 左右，故本研究取 2013 年总就业人口数作为后期几年总就业人口的预测值。结合上述弹性系数预测矿业产值及就业人口值，从而预测矿产资源开发对 GDP 及就业人口的贡献度，具体预测数据如图 2.41 所示。预计 2013～

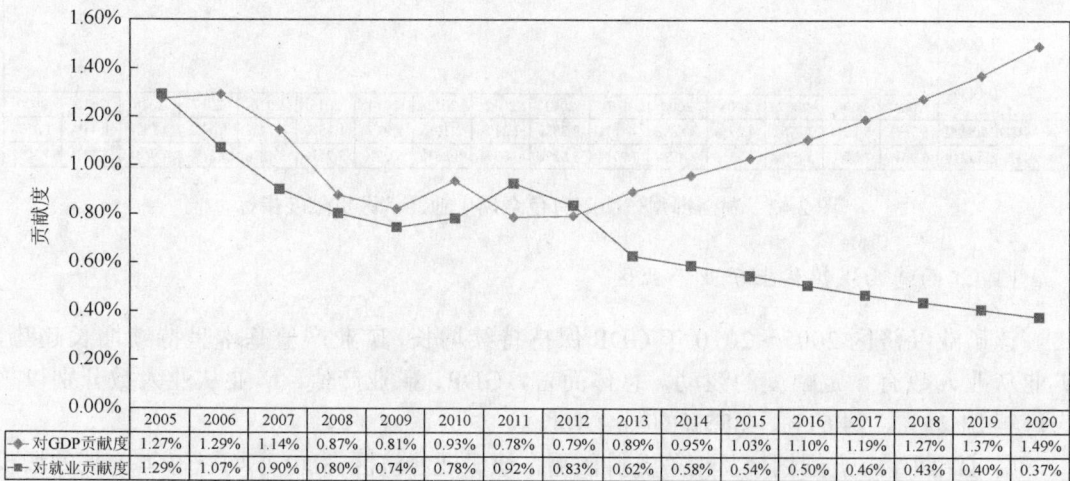

	2005	2006	2007	2008	2009	2010	2011	2012	2013	2014	2015	2016	2017	2018	2019	2020
对GDP贡献度	1.27%	1.29%	1.14%	0.87%	0.81%	0.93%	0.78%	0.79%	0.89%	0.95%	1.03%	1.10%	1.19%	1.27%	1.37%	1.49%
对就业贡献度	1.29%	1.07%	0.90%	0.80%	0.74%	0.78%	0.92%	0.83%	0.62%	0.58%	0.54%	0.50%	0.46%	0.43%	0.40%	0.37%

图 2.41　湖北云应—天潜盐膏硝矿业经济区贡献度指标

2020 年矿产资源开发对 GDP 贡献度呈增长趋势，对就业人口贡献度呈下降趋势，整体而言，该矿业经济区矿产资源开发对 GDP、就业人口贡献度均不高。

12. 湖南郴州—衡阳有色金属矿业经济区

该矿业经济区 2005～2010 年 GDP 保持持续增长，矿业产值、矿业从业人数基本呈持续增长趋势。总体而言，GDP、矿业产值、矿业从业人数平均每年以 20.93%、4.57%、4.7% 的幅度增长。

据《湖南十二五规划》预测，该矿业经济区 GDP 以年均每年 7.5% 的速度增长。该矿业经济区总就业人口近年波动幅度较大，近三年平均增长率达 11%，故本研究取 2011 年总就业人口数为基数，以平均增长率为速度预测后期几年总就业人口数。结合上述预测弹性系数预测矿业产值及就业人口值，从而预测矿产资源开发对 GDP 及就业人口的贡献度，具体预测数据如图 2.42 所示。预计 2012～2020 年矿产资源开发对 GDP 贡献度、就业人口贡献度均呈下降趋势；虽然该矿业经济区矿业产值不断上涨，但 GDP 增长速度飞快，降低了矿产资源开发对 GDP 的贡献度；同样，矿业就业人口增加，但总就业人口增加速度更快。产生这种结果的原因可能主要在于郴州、衡阳作为我国湘南承接产业转移示范区，正向我国中南地区工商业中心以及湘粤赣边际中心城市发展，故其他产业的加速发展降低了矿业产值对 GDP、就业人口的贡献。

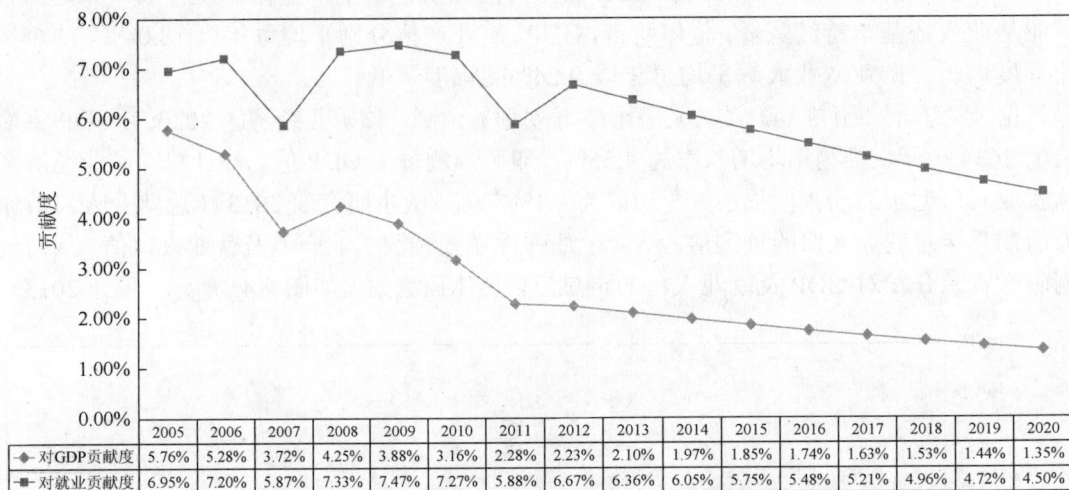

	2005	2006	2007	2008	2009	2010	2011	2012	2013	2014	2015	2016	2017	2018	2019	2020
对 GDP 贡献度	5.76%	5.28%	3.72%	4.25%	3.88%	3.16%	2.28%	2.23%	2.10%	1.97%	1.85%	1.74%	1.63%	1.53%	1.44%	1.35%
对就业贡献度	6.95%	7.20%	5.87%	7.33%	7.47%	7.27%	5.88%	6.67%	6.36%	6.05%	5.75%	5.48%	5.21%	4.96%	4.72%	4.50%

图 2.42　湖南郴州—衡阳有色金属矿业经济区贡献度指标

13. 江西赣西煤钨稀土矿业产业区

该矿业经济区 2005～2010 年 GDP 保持持续增长，矿业产值基本呈持续增长趋势，矿业从业人数有一定幅度的波动。总体而言，GDP、矿业产值、矿业从业人数分别以平均每年 21.15%、24.61%、2.85% 的幅度增长。

据《江西十二五规划》及相关资料预测，该矿业经济区 GDP 平均以每年 12% 的增长率增长。经计算，矿业经济区总就业人口近年波动幅度很小，变动仅为 0.1% 左右，故本研究取 2012 年总就业人口数作为后期几年总就业人口的预测值。结合上述预测弹性系数预测矿业产值及就业人口值，从而预测矿产资源开发对 GDP 及就业人口的贡献度，具体预测数据如图 2.43 所示。预计 2012～2020 年矿产资源开发对 GDP 贡献度呈增长趋势，而对就业人口贡献度呈下降趋势，一方面是可能是由于价格上涨使矿业产值大幅度上涨，另一方面可能是由于人员使用效率提升，减少了矿业就业人口数。

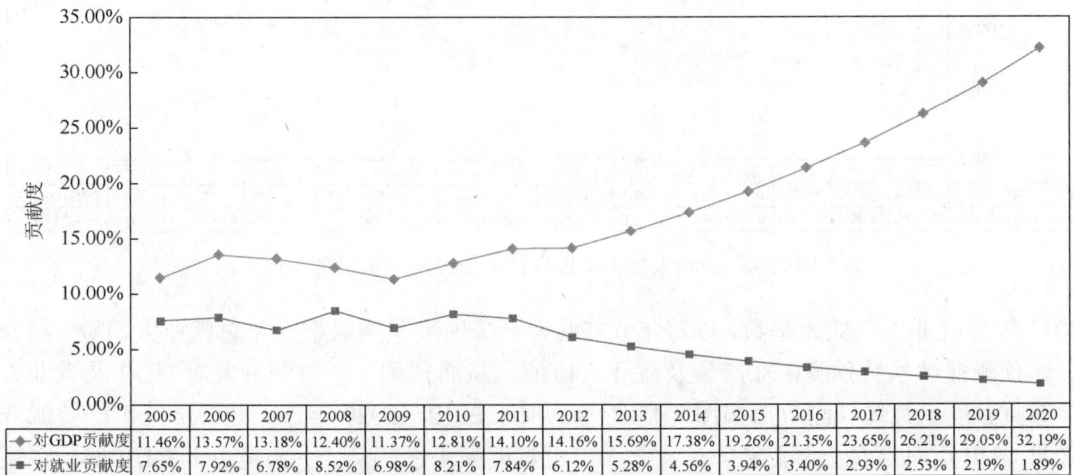

	2005	2006	2007	2008	2009	2010	2011	2012	2013	2014	2015	2016	2017	2018	2019	2020
对GDP贡献度	11.46%	13.57%	13.18%	12.40%	11.37%	12.81%	14.10%	14.16%	15.69%	17.38%	19.26%	21.35%	23.65%	26.21%	29.05%	32.19%
对就业贡献度	7.65%	7.92%	6.78%	8.52%	6.98%	8.21%	7.84%	6.12%	5.28%	4.56%	3.94%	3.40%	2.93%	2.53%	2.19%	1.89%

图 2.43　江西赣西煤钨稀土矿业产业区贡献度指标

14. 山西太行山南段煤铁矿业经济区

该矿业经济区 2005～2010 年 GDP 保持持续增长，矿业产值、矿业从业人数基本呈持续增长趋势。总体而言，GDP、矿业产值、矿业从业人数平均每年以 18.28%、28.97%、7.75% 的幅度增长。

据《山西十二五规划》及《山西年鉴》预测，该矿业经济区 GDP 平均以每年 9% 的增长率增长。经计算，矿业经济区总就业人口近年平均增长率为 3.56%，故本研究取 2011 年总就业人口数为基数，以平均增长率为速度预测后期几年总就业人口数。结合上述预测弹性系数预测矿业产值及就业人口值，从而预测矿产资源开发对 GDP 及就业人口的贡献度，具体预测数据如图 2.44 所示。预计 2012～2020 年矿产资源开发对 GDP 贡献度、就业人口贡献度均呈增长趋势，说明该矿业经济区对矿产资源开发的依存度呈逐年加大趋势。该矿业经济区应考虑向其他产业转移，避免过分依赖矿产资源开采。

15. 陕西凤太铅锌金矿业经济区

该矿业经济区 2005～2010 年 GDP 保持持续增长，矿业产值、矿业从业人数基本呈持续增长趋势。总体而言，GDP、矿业产值、矿业从业人数平均每年以 18.98%、7.98%、1.29% 的幅度增长。

据预测，该矿业经济区在 2020 年 GDP 将增长至 3500 亿元，即预计将以 16.47% 的平均增长率增长。经计算，矿业经济区总就业人口近年波动幅度约为 –0.32%，故本研究取

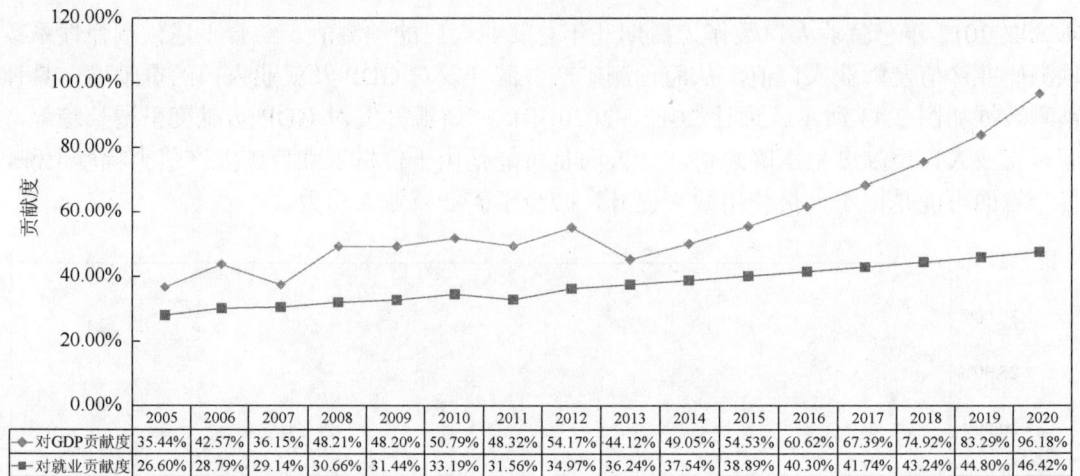

	2005	2006	2007	2008	2009	2010	2011	2012	2013	2014	2015	2016	2017	2018	2019	2020
对GDP贡献度	35.44%	42.57%	36.15%	48.21%	48.20%	50.79%	48.32%	54.17%	44.12%	49.05%	54.53%	60.62%	67.39%	74.92%	83.29%	96.18%
对就业贡献度	26.60%	28.79%	29.14%	30.66%	31.44%	33.19%	31.56%	34.97%	36.24%	37.54%	38.89%	40.30%	41.74%	43.24%	44.80%	46.42%

图 2.44　山西太行山南段煤铁矿业经济区贡献度指标

2011 年总就业人口数为基数，以每年 0.32%为下降速度预测后期几年总就业人口数。结合上述预测弹性系数预测矿业产值及就业人口值，从而预测矿产资源开发对 GDP 及就业人口的贡献度，具体预测数据如图 2.45 所示。预计 2012～2020 年该矿业经济区矿产资源开采对 GDP 贡献度呈下降趋势，对就业人口贡献度呈上涨趋势，主要是由于 GDP 增长幅度较大，为 16.74%，同时总就业人口的小幅度下降，使两个贡献度差距较大；另外，说明该矿业经济区矿产资源人员利用效率有待提高。

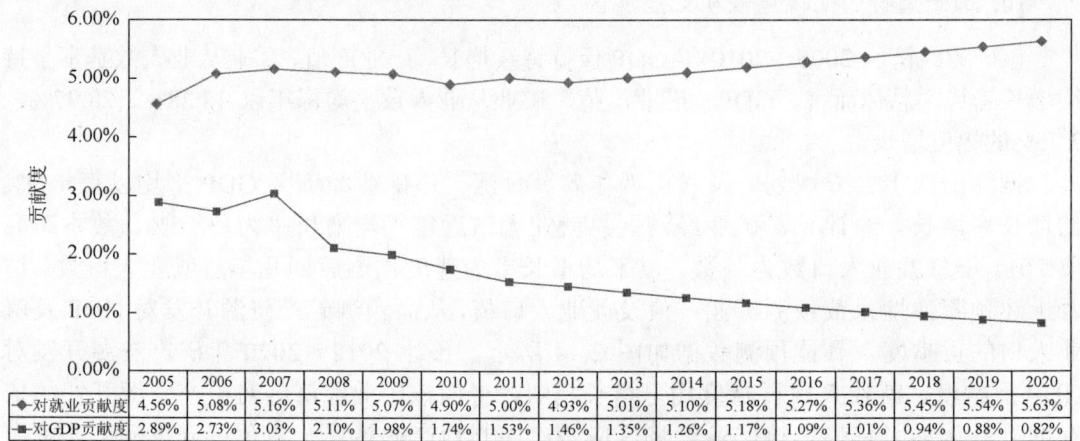

	2005	2006	2007	2008	2009	2010	2011	2012	2013	2014	2015	2016	2017	2018	2019	2020
对就业贡献度	4.56%	5.08%	5.16%	5.11%	5.07%	4.90%	5.00%	4.93%	5.01%	5.10%	5.18%	5.27%	5.36%	5.45%	5.54%	5.63%
对GDP贡献度	2.89%	2.73%	3.03%	2.10%	1.98%	1.74%	1.53%	1.46%	1.35%	1.26%	1.17%	1.09%	1.01%	0.94%	0.88%	0.82%

图 2.45　陕西凤太铅锌金矿业经济区贡献度指标

16. 四川攀枝花钒钛矿业经济区

该矿业经济区 2005～2010 年 GDP 和矿业产值保持持续增长，矿业从业人数有小幅度波动。总体而言，GDP、矿业产值平均每年以 17.63%、15.49%的幅度增长，矿业从业人数平均每年以 0.89%的幅度下降。

据预测，该矿业经济区在 2020 年 GDP 将增长至 1600 亿元，即预计将以 10.46%的平均增长率增长。经计算，矿业经济区总就业人口近年波动幅度约为-1.1%，故本研究取 2011 年总就业人口数为基数，以每年 1.1% 为下降速度预测后期几年总就业人口数。结合上述预测弹性系数预测矿业产值及就业人口值，从而预测矿产资源开发对 GDP 及就业人口的贡献度，具体预测数据如图 2.46 所示。预计 2012～2020 年矿产资源开发对 GDP 贡献度、对就业人口贡献度保持平稳状态，说明该矿业经济区矿产资源供应速度基本稳定。

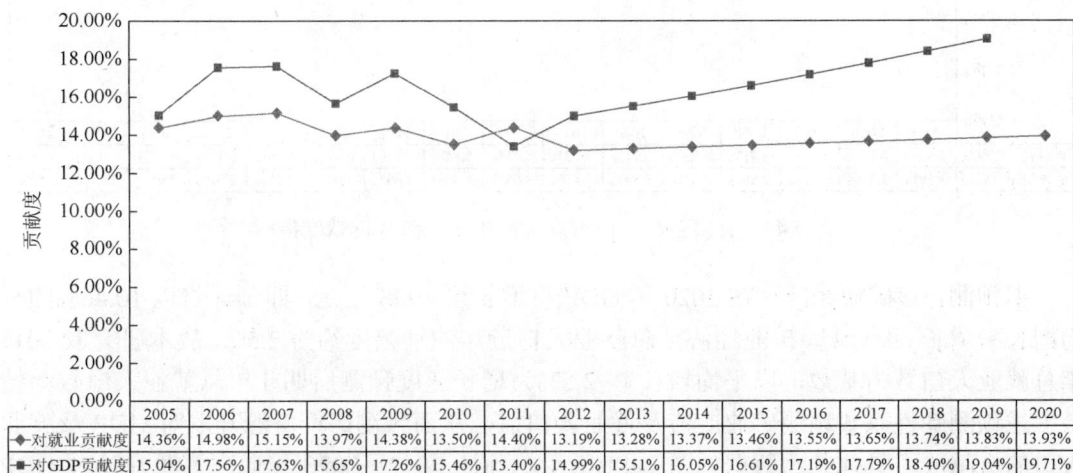

	2005	2006	2007	2008	2009	2010	2011	2012	2013	2014	2015	2016	2017	2018	2019	2020
对就业贡献度	14.36%	14.98%	15.15%	13.97%	14.38%	13.50%	14.40%	13.19%	13.28%	13.37%	13.46%	13.55%	13.65%	13.74%	13.83%	13.93%
对GDP贡献度	15.04%	17.56%	17.63%	15.65%	17.26%	15.46%	13.40%	14.99%	15.51%	16.05%	16.61%	17.19%	17.79%	18.40%	19.04%	19.71%

图 2.46　四川攀枝花钒钛矿业经济区贡献度指标

2.3.2　衰退型矿业经济区

1. 甘肃兰州—白银煤炭铜矿业经济区

该矿业经济区 2005～2010 年 GDP 和矿业产值保持持续增长，矿业从业人数有小幅度波动。总体而言，GDP、矿业产值平均每年以 16.04%、15.18% 的幅度增长，矿业从业人数平均每年以 1.24% 的幅度下降。

据预测，该矿业经济区在 2020 年 GDP 将增长至 6200 亿元，即预计将以 15.12% 的平均增长率增长。经计算，矿业经济区总就业人口近年波动幅度约为-1.29%，故本研究取 2011 年总就业人口数为基数，以 1.29% 为下降速度预测后期几年总就业人口数。结合上述预测弹性系数预测矿业产值及就业人口值，从而预测矿产资源开发对 GDP 及就业人口的贡献度，具体预测数据如图 2.47 所示。预计 2012～2020 年矿产资源开发对 GDP 贡献度、对就业人口贡献度基本保持不变，GDP 贡献度维持在 3% 左右，就业人口贡献度维持在 6% 左右，主要由于虽然该矿业经济区矿产资源已进入衰退型，但仍在加大勘查力度，保持煤炭持续稳定供应，金属矿产资源开采量增加。

2. 广东粤北韶关铁铜多金属矿业经济区

该矿业经济区 2005～2010 年 GDP 和矿业产值保持持续增长，矿业从业人数有小幅度上下波动，总体呈下降态势。总体而言，GDP、矿业产值平均每年以 15.82%、12.52% 的幅度增长，矿业从业人数平均每年以 5.59% 的幅度下降。

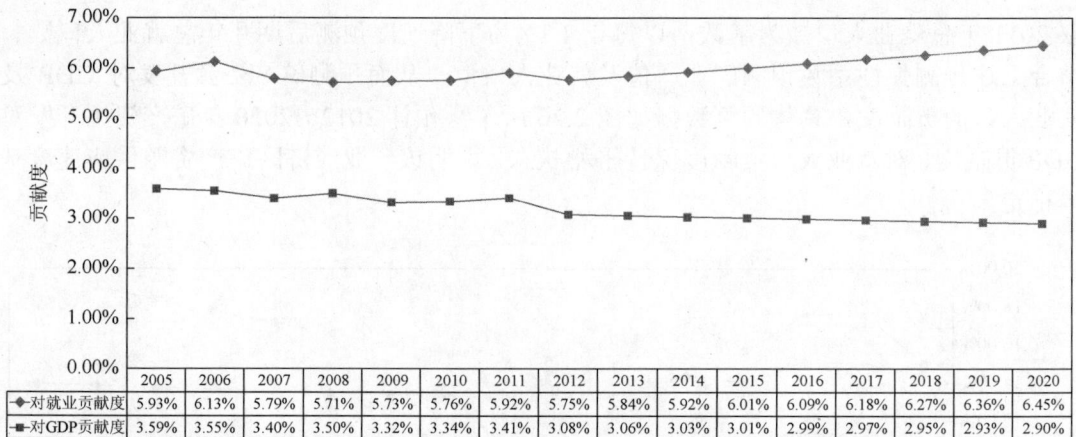

	2005	2006	2007	2008	2009	2010	2011	2012	2013	2014	2015	2016	2017	2018	2019	2020
◆对就业贡献度	5.93%	6.13%	5.79%	5.71%	5.73%	5.76%	5.92%	5.75%	5.84%	5.92%	6.01%	6.09%	6.18%	6.27%	6.36%	6.45%
■对GDP贡献度	3.59%	3.55%	3.40%	3.50%	3.32%	3.34%	3.41%	3.08%	3.06%	3.03%	3.01%	2.99%	2.97%	2.95%	2.93%	2.90%

图 2.47　甘肃兰州—白银煤炭铜矿业经济区贡献度指标

据预测，该矿业经济区在 2020 年 GDP 将增长至 1968 亿元，即预计将以 10.46%的平均增长率增长。经计算，矿业经济区总就业人口近年波动幅度约为 2.5%，故本研究取 2011 年总就业人口数为基数，以平均增长率 2.5%为增长速度预测后期几年总就业人口数。结合上述预测弹性系数预测矿业产值及就业人口值，从而预测矿产资源开发对 GDP 及就业人口的贡献度，具体预测数据如图 2.48 所示。预计 2012～2020 年矿产资源开发对 GDP 贡献度基本保持不变，维持在 5%左右，而对就业人口贡献度呈下降趋势，可能由于技术改进、先进设备的使用等减少了矿业人员的数量。

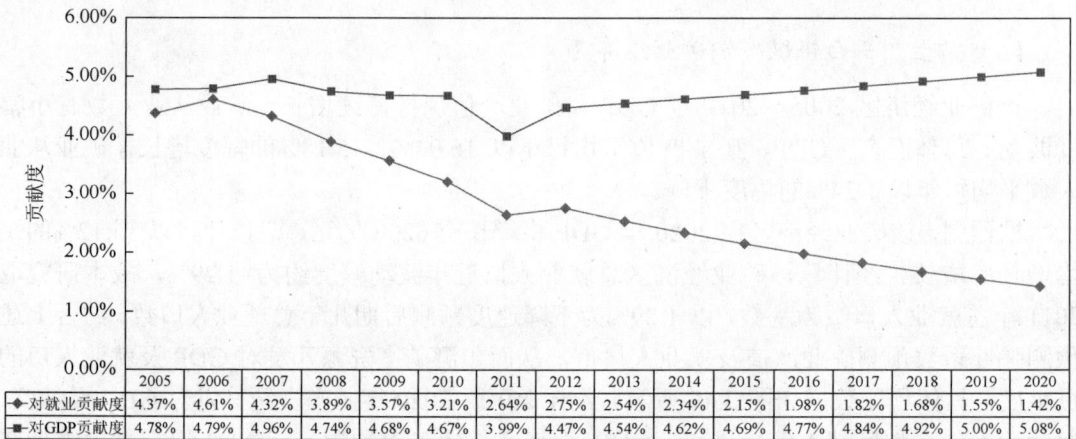

	2005	2006	2007	2008	2009	2010	2011	2012	2013	2014	2015	2016	2017	2018	2019	2020
◆对就业贡献度	4.37%	4.61%	4.32%	3.89%	3.57%	3.21%	2.64%	2.75%	2.54%	2.34%	2.15%	1.98%	1.82%	1.68%	1.55%	1.42%
■对GDP贡献度	4.78%	4.79%	4.96%	4.74%	4.68%	4.67%	3.99%	4.47%	4.54%	4.62%	4.69%	4.77%	4.84%	4.92%	5.00%	5.08%

图 2.48　广东粤北韶关铁铜多金属矿业经济区贡献度指标

3. 湖北鄂州—黄石铁铜金矿业经济区

该矿业经济区 2005～2010 年 GDP 保持持续增长，矿业从业人数基本持续降低，矿业产值有不同幅度的波动。总体而言，GDP、矿业产值平均每年分别以 17.34%、16.57%的幅度增长，矿业从业人数平均每年以 5.62%的幅度降低。

据《黄石十二五规划》及《鄂州十二五规划》预测，该矿业经济区 2020 年 GDP 将增长至 2627.48 亿元，推测年均增长率为 7.12%，即可预测每年 GDP 值。经计算，矿业经济区总就业人口近年波动幅度很小，故本研究取 2013 年总就业人口数作为后期几年总就业人口的预测值。结合上述弹性系数预测矿业产值及就业人口值，从而预测矿产资源开发对 GDP 及就业人口的贡献度，具体预测数据如图 2.49 所示。预计 2013～2020 年矿产资源开发对 GDP 贡献度呈增长趋势，就业人口贡献度稳中有降，可能是由于技术改进等措施促进了矿产资源开发，提高了矿产资源效率。该矿业经济区矿产资源开发对 GDP、就业人口的贡献度均不高，主要由于其属于资源枯竭型城市，有待向其他产业转移。

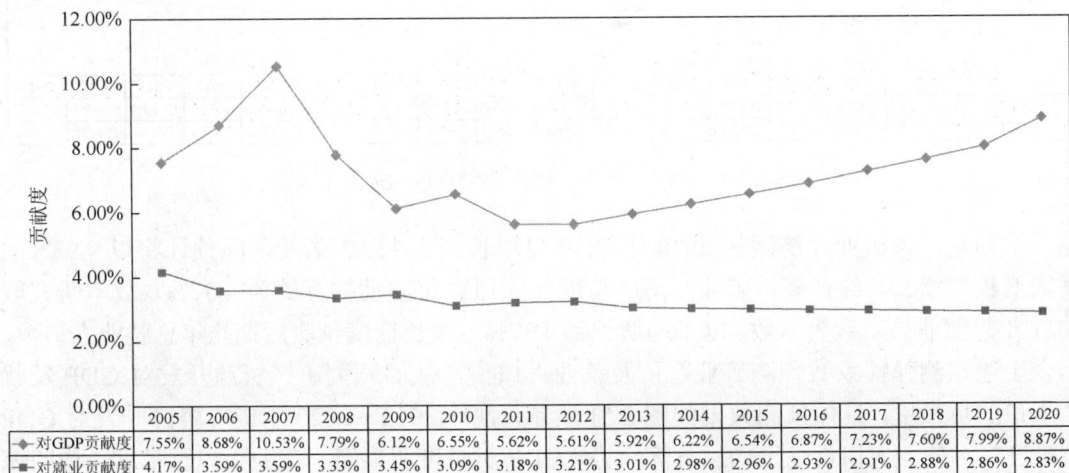

	2005	2006	2007	2008	2009	2010	2011	2012	2013	2014	2015	2016	2017	2018	2019	2020
对GDP贡献度	7.55%	8.68%	10.53%	7.79%	6.12%	6.55%	5.62%	5.61%	5.92%	6.22%	6.54%	6.87%	7.23%	7.60%	7.99%	8.87%
对就业贡献度	4.17%	3.59%	3.59%	3.33%	3.45%	3.09%	3.18%	3.21%	3.01%	2.98%	2.96%	2.93%	2.91%	2.88%	2.86%	2.83%

图 2.49　湖北鄂州—黄石铁铜金矿业经济区贡献度指标

4. 山东烟台贵金属矿业经济区

该矿业经济区 2005～2010 年 GDP 保持持续增长，矿业产值、矿业从业人数基本呈持续增长趋势。总体而言，GDP、矿业产值、矿业从业人数平均每年以 16.1%、15.07%、23.45% 的幅度增长。

据预测，该矿业经济区在 2020 年 GDP 将增长至 1600 亿元，即预计将以 10.46% 的平均增长率增长。经计算，矿业经济区总就业人口近年波动幅度约为 5.13%，故本研究取 2011 年总就业人口数为基数，以平均增长率 5.13% 为增长速度预测后期几年总就业人口数。结合上述预测弹性系数预测矿业产值及就业人口值，从而预测矿产资源开发对 GDP 及就业人口的贡献度，具体预测数据如图 2.50 所示。预计 2012～2020 年矿产资源开发对 GDP 贡献度基本保持不变，维持在 3% 左右，就业人口贡献度波动幅度较大，总体上呈增长趋势；同时可以看出，就业人口贡献度远高于 GDP 贡献度，说明该矿业经济区人口利用效率有待进一步提高。

5. 云南个旧—文山多金属矿业经济区

该矿业经济区 2005～2010 年 GDP 保持持续增长，矿业产值、矿业从业人数基本呈持续增长趋势。总体而言，GDP、矿业产值平均每年以 17.81%、10.15% 的幅度增长，矿业从业人数平均每年以 4.81%的幅度下降。

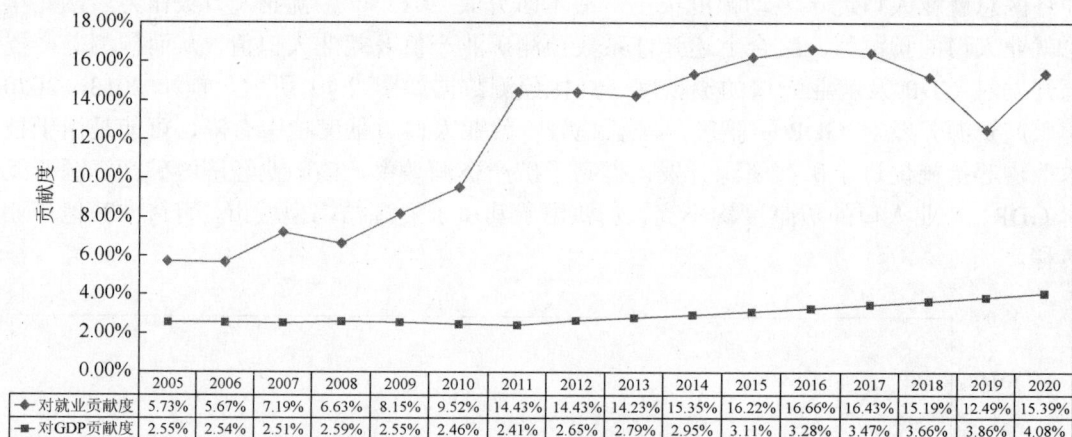

	2005	2006	2007	2008	2009	2010	2011	2012	2013	2014	2015	2016	2017	2018	2019	2020
对就业贡献度	5.73%	5.67%	7.19%	6.63%	8.15%	9.52%	14.43%	14.43%	14.23%	15.35%	16.22%	16.66%	16.43%	15.19%	12.49%	15.39%
对GDP贡献度	2.55%	2.54%	2.51%	2.59%	2.55%	2.46%	2.41%	2.65%	2.79%	2.95%	3.11%	3.28%	3.47%	3.66%	3.86%	4.08%

图 2.50　山东烟台贵金属矿业经济区贡献度指标

　　据预测，该矿业经济区在 2020 年 GDP 将增长至 1311.93 亿元，即预计将以 9.93%的平均增长率增长。经计算，矿业经济区总就业人口近年波动幅度约为 4.37%，故本研究取 2011 年总就业人口数为基数，以平均增长率 4.37%为增长速度预测后期几年总就业人口数。结合上述预测弹性系数预测矿业产值及就业人口值，从而预测矿产资源开发对 GDP 及就业人口的贡献度，具体预测数据如图 2.51 所示。预计 2012～2020 年矿产资源开发对 GDP 贡献度、对就业人口贡献度均呈下降趋势，GDP 贡献度明显高于就业人口贡献度，说明该矿业经济区人员利用效率较高，但矿产资源开采已逐步进入衰退期。

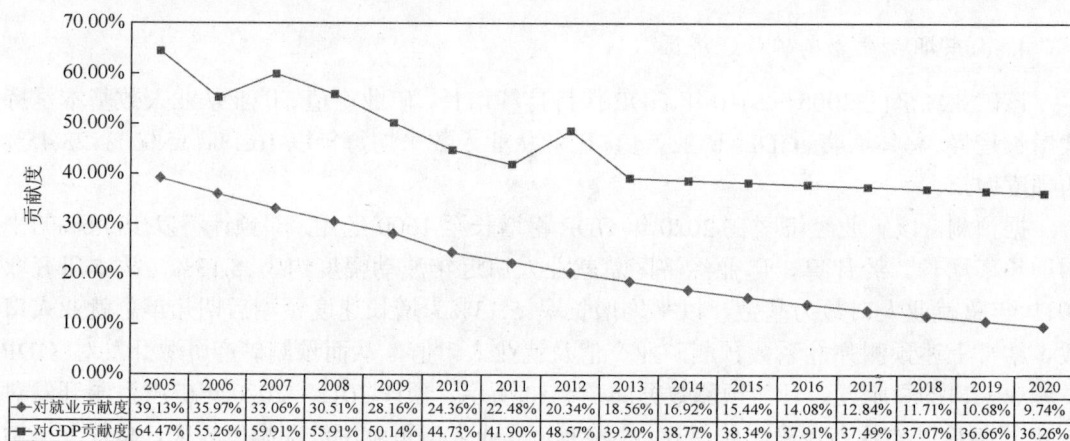

	2005	2006	2007	2008	2009	2010	2011	2012	2013	2014	2015	2016	2017	2018	2019	2020
对就业贡献度	39.13%	35.97%	33.06%	30.51%	28.16%	24.36%	22.48%	20.34%	18.56%	16.92%	15.44%	14.08%	12.84%	11.71%	10.68%	9.74%
对GDP贡献度	64.47%	55.26%	59.91%	55.91%	50.14%	44.73%	41.90%	48.57%	39.20%	38.77%	38.34%	37.91%	37.49%	37.07%	36.66%	36.26%

图 2.51　云南个旧—文山多金属矿业经济区贡献度指标

2.3.3　再生型矿业经济区

1. 安徽马鞍山钢铁矿业经济区

　　该矿业经济区 2005～2010 年 GDP 保持持续增长，矿业产值、矿业从业人数基本呈持续增长趋势。总体而言，GDP、矿业产值、矿业从业人数平均每年以 21.11%、34.28%、0.18%的幅度增长。

据《淮南十二五规划》预测，该矿业经济区在 2020 年 GDP 将增长至 2533 亿元，即预计将以 9.34%的平均增长率增长。经计算，矿业经济区总就业人口近年波动幅度约为 0.38%，故本研究取 2011 年总就业人口数为基数，以平均增长率 0.38%为增长速度预测后期几年总就业人口数。结合上述预测弹性系数预测矿业产值及就业人口值，从而预测矿产资源开发对 GDP 及就业人口的贡献度，具体预测数据如图 2.52 所示。预计 2012～2020 年矿产资源开发对 GDP 贡献度、对就业人口贡献度基本保持不变，GDP 贡献度维持在 3%左右，就业人口贡献度维持在 7%左右，主要是由于该矿业经济区矿业从业人口及总从业人口波动幅度均不到 1%，说明该矿业经济区矿产资源开采技术已是比较成熟稳定的。

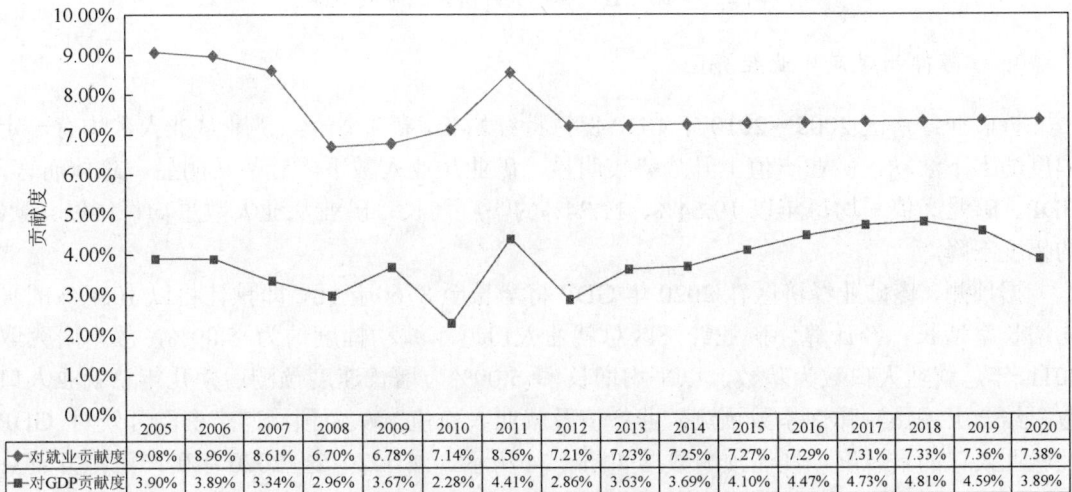

	2005	2006	2007	2008	2009	2010	2011	2012	2013	2014	2015	2016	2017	2018	2019	2020
对就业贡献度	9.08%	8.96%	8.61%	6.70%	6.78%	7.14%	8.56%	7.21%	7.23%	7.25%	7.27%	7.29%	7.31%	7.33%	7.36%	7.38%
对GDP贡献度	3.90%	3.89%	3.34%	2.96%	3.67%	2.28%	4.41%	2.86%	3.63%	3.69%	4.10%	4.47%	4.73%	4.81%	4.59%	3.89%

图 2.52 安徽马鞍山钢铁矿业经济区贡献度指标

2. 湖北宜昌磷矿业经济区

该矿业经济区 2005～2010 年 GDP 保持持续增长，矿业产值基本呈持续增长趋势，矿业从业人数基本持续降低。总体而言，GDP 平均每年以 20.68%的幅度增长，矿业产值平均每年以 11.01%的幅度增长，矿业从业人数平均每年以 5.78%的幅度降低。

据《宜昌十二五规划》预测，该矿业经济区 2020 年 GDP 将增长至 5000 亿元，推测年均增长率为 4.55%，即可预测每年 GDP 值。经计算，矿业经济区总就业人口近年波动幅度较大 10%左右，故本研究取 2011 年总就业人口数作为基期，后期每年就业人口均按 10%的速率增长。结合上述弹性系数预测矿业产值及就业人口值，从而预测矿产资源开发对 GDP 及就业人口的贡献度，具体预测数据如图 2.53 所示。预计 2013～2020 年矿产资源开发对 GDP 贡献度呈缓慢下降趋势，对就业人口贡献度呈缓慢上升趋势，两者变动幅度并不大，主要由于该矿业经济区旅游业十分发达，对 GDP 贡献较大，故矿产资源开采影响相对较弱。

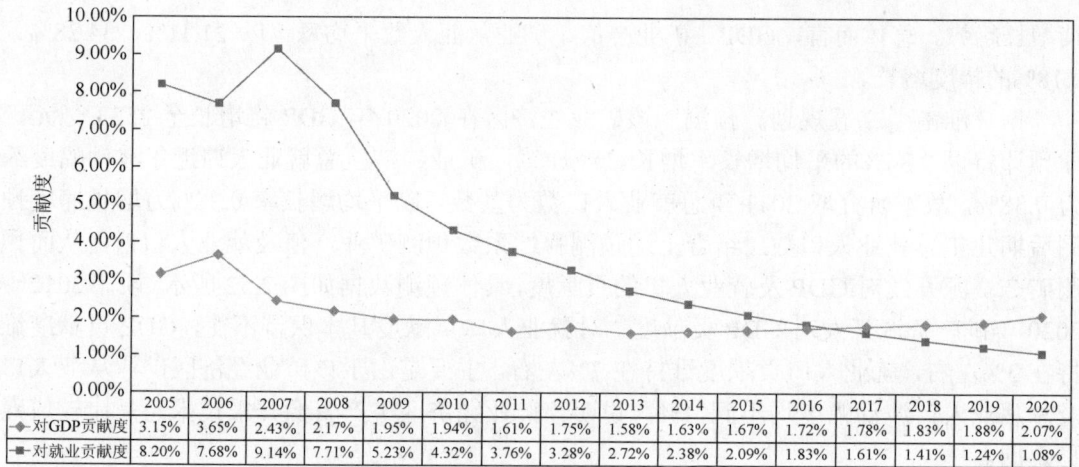

	2005	2006	2007	2008	2009	2010	2011	2012	2013	2014	2015	2016	2017	2018	2019	2020
对GDP贡献度	3.15%	3.65%	2.43%	2.17%	1.95%	1.94%	1.61%	1.75%	1.58%	1.63%	1.67%	1.72%	1.78%	1.83%	1.88%	2.07%
对就业贡献度	8.20%	7.68%	9.14%	7.71%	5.23%	4.32%	3.76%	3.28%	2.72%	2.38%	2.09%	1.83%	1.61%	1.41%	1.24%	1.08%

图 2.53　湖北宜昌磷矿业经济区贡献度指标

3. 江苏徐州煤炭矿业经济区

该矿业经济区 2005～2010 年 GDP 保持持续增长，矿业产值、矿业从业人数均有一定幅度的上下波动，矿业产值上升趋势较明显，矿业从业人数下降趋势较明显。总体而言，GDP、矿业产值平均每年以 19.64%、12.24%的幅度增长，矿业从业人数平均每年以 4.9%的幅度下降。

据预测，该矿业经济区在 2020 年 GDP 将增长至 8760 亿元，即预计将以 10.47%的平均增长率增长。经计算，矿业经济区总就业人口近年波动幅度约为 5.09%，故本研究取 2011 年总就业人口数为基数，以平均增长率 5.09%为增长速度预测后期几年总就业人口数。结合上述预测弹性系数预测矿业产值及就业人口值，从而预测矿产资源开发对 GDP 及就业人口的贡献度，具体预测数据如图 2.54 所示。预计 2012～2020 年矿产资源开发对 GDP 贡献度、就业人口贡献度均呈缓慢下降趋势，主要是由于该矿业经济区对矿产资源的依赖程度逐渐降低。

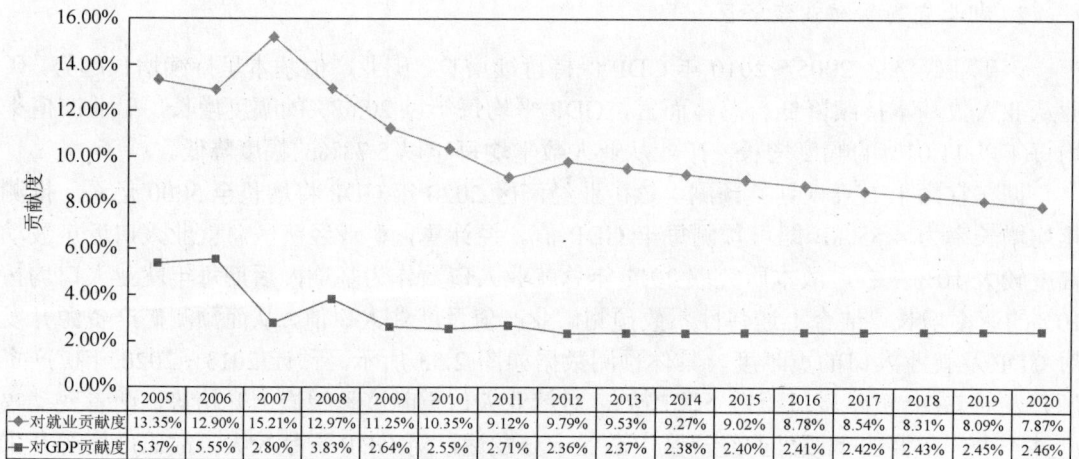

	2005	2006	2007	2008	2009	2010	2011	2012	2013	2014	2015	2016	2017	2018	2019	2020
对就业贡献度	13.35%	12.90%	15.21%	12.97%	11.25%	10.35%	9.12%	9.79%	9.53%	9.27%	9.02%	8.78%	8.54%	8.31%	8.09%	7.87%
对GDP贡献度	5.37%	5.55%	2.80%	3.83%	2.64%	2.55%	2.71%	2.36%	2.37%	2.38%	2.40%	2.41%	2.42%	2.43%	2.45%	2.46%

图 2.54　江苏徐州煤炭矿业经济区贡献度指标

4. 辽宁鞍山铁矿业经济区

该矿业经济区 2005～2010 年 GDP 保持持续增长,矿业产值基本呈持续增长趋势,矿业从业人数有一定幅度的波动。总体而言,GDP、矿业产值分别以平均每年 15.33%、20.33% 的幅度增长,而矿业从业人数平均每年以 5.1%的幅度减少。

据《辽宁十二五规划》及相关资料预测,该矿业经济区 GDP 平均以每年 9%的增长率增长。经计算,矿业经济区总就业人口近年平均增长率达 5.2%,故本研究取 2011 年就业人口为基数,以平均增长率为速度预测未来几年就业人口。波动幅度很小,变动仅为 0.1%左右,故本研究取 2012 年总就业人口数作为后期几年总就业人口的预测值。结合上述预测弹性系数预测矿业产值及就业人口值,从而预测矿产资源开发对 GDP 及就业人口的贡献度,具体预测数据如图 2.55 所示。预计 2012～2020 年矿产资源开发对 GDP、就业人口贡献度均呈增长趋势,且对就业人口贡献度明显高于对 GDP 贡献度,然而在 2020 年对 GDP 贡献度高于对就业人口贡献度,说明该矿产经济区不仅矿产资源开采产值绝对值增加,而且提升了人员使用效率。

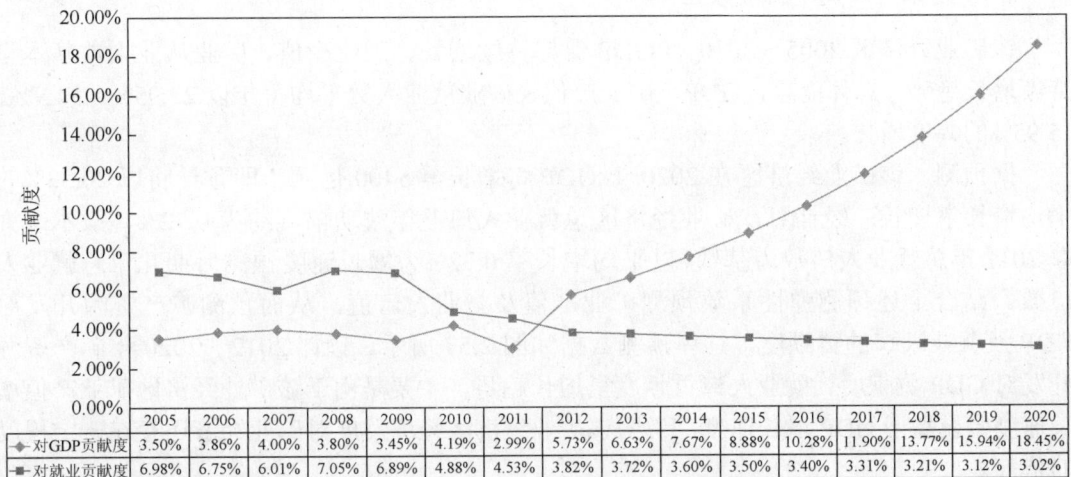

	2005	2006	2007	2008	2009	2010	2011	2012	2013	2014	2015	2016	2017	2018	2019	2020
对GDP贡献度	3.50%	3.86%	4.00%	3.80%	3.45%	4.19%	2.99%	5.73%	6.63%	7.67%	8.88%	10.28%	11.90%	13.77%	15.94%	18.45%
对就业贡献度	6.98%	6.75%	6.01%	7.05%	6.89%	4.88%	4.53%	3.82%	3.72%	3.60%	3.50%	3.40%	3.31%	3.21%	3.12%	3.02%

图 2.55　辽宁鞍山铁矿业经济区贡献度指标

5. 内蒙古包头稀土黑色金属矿业经济区

该矿业经济区 2005～2010 年 GDP 和矿业产值保持持续增长,矿业从业人数呈缓慢下降趋势。总体而言,GDP、矿业产值平均每年以 23.68%、22.53%的幅度增长,矿业从业人数平均每年以 11.51%的幅度下降。

据预测,该矿业经济区在 2020 年 GDP 将增长至 6000 亿元,即预计将以 8.3%的平均增长率增长。经计算,矿业经济区总就业人口近年波动幅度约为 1.67%,故本研究取 2011 年总就业人口数为基数,以平均增长率 1.67%为增长速度预测后期几年总就业人口数。结合上述预测弹性系数预测矿业产值及就业人口值,从而预测矿产资源开发对 GDP 及就业人口的贡献度,具体预测数据如图 2.56 所示。预计 2012～2020 年矿产资源开发对 GDP 贡献度呈上升趋势,对就业人口贡献度呈下降趋势,可能是由于国家越来越加强了对稀土的控制，提升稀土的价格，使该矿业经济区矿产资源开采对 GDP 贡献度较大幅度提升。

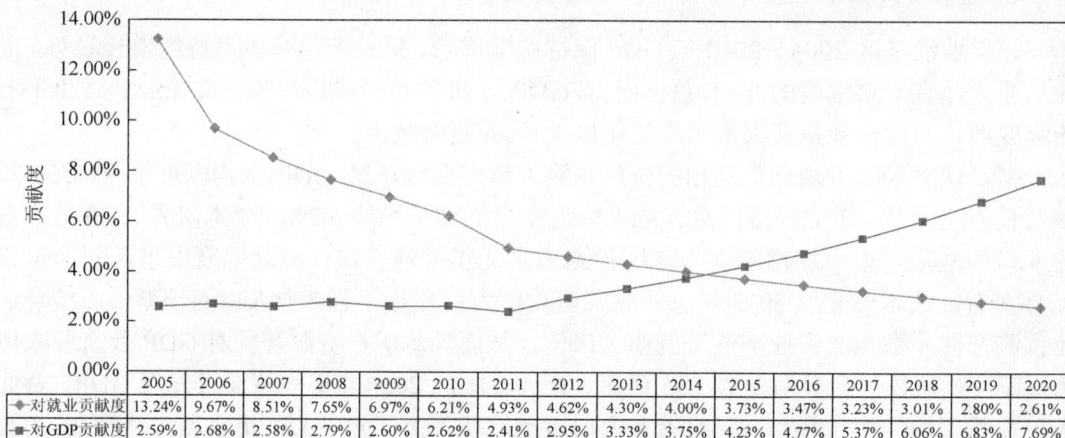

	2005	2006	2007	2008	2009	2010	2011	2012	2013	2014	2015	2016	2017	2018	2019	2020
对就业贡献度	13.24%	9.67%	8.51%	7.65%	6.97%	6.21%	4.93%	4.62%	4.30%	4.00%	3.73%	3.47%	3.23%	3.01%	2.80%	2.61%
对GDP贡献度	2.59%	2.68%	2.58%	2.79%	2.60%	2.62%	2.41%	2.95%	3.33%	3.75%	4.23%	4.77%	5.37%	6.06%	6.83%	7.69%

图 2.56　内蒙古包头稀土黑色金属矿业经济区贡献度指标

6. 宁夏银川煤炭矿业经济区

该矿业经济区 2005～2010 年 GDP 保持持续增长，矿业产值、矿业从业人数基本呈持续增长趋势。总体而言，GDP、矿业产值、矿业从业人数平均每年以 22.95%、34.9%、15.95% 的幅度增长。

据预测，该矿业经济区在 2020 年 GDP 将增长至 5400 亿元，即预计将以 20.33% 的平均增长率增长。经计算，矿业经济区总就业人口近年波动幅度约为 0.72%，故本研究取 2011 年总就业人口数为基数，以平均增长率 0.72% 为增长速度预测后期几年总就业人口数。结合上述预测弹性系数预测矿业产值及就业人口值，从而预测矿产资源开发对 GDP 及就业人口的贡献度，具体预测数据如图 2.57 所示。预计 2012～2020 年矿产资源开发对 GDP 贡献度、就业人口贡献度呈增长趋势，主要是由于该矿业经济区矿业产值增长速度明显高于 GDP 增长速度，说明该矿业经济区经济发展对矿业经济还存在一定程度的依赖。

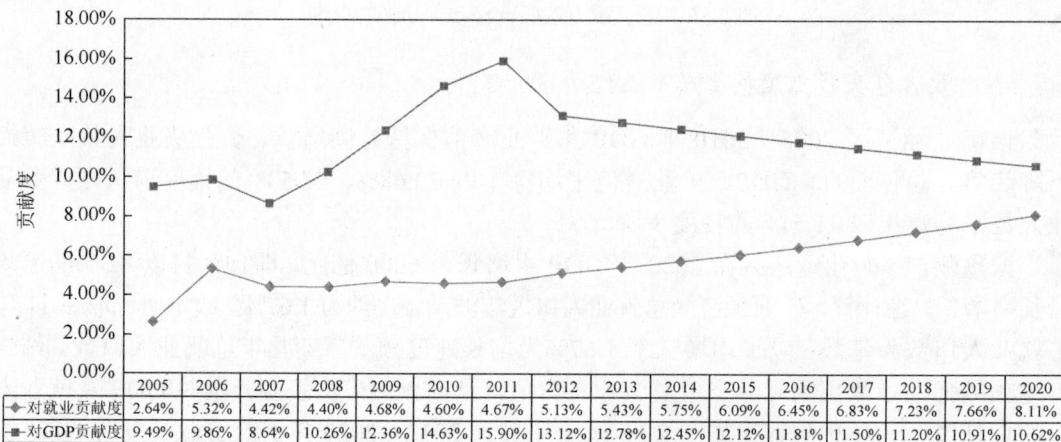

	2005	2006	2007	2008	2009	2010	2011	2012	2013	2014	2015	2016	2017	2018	2019	2020
对就业贡献度	2.64%	5.32%	4.42%	4.40%	4.68%	4.60%	4.67%	5.13%	5.43%	5.75%	6.09%	6.45%	6.83%	7.23%	7.66%	8.11%
对GDP贡献度	9.49%	9.86%	8.64%	10.26%	12.36%	14.63%	15.90%	13.12%	12.78%	12.45%	12.12%	11.81%	11.50%	11.20%	10.91%	10.62%

图 2.57　宁夏银川煤炭矿业经济区贡献度指标

7. 云南昆明—玉溪铁磷矿业经济区

该矿业经济区 2005～2010 年 GDP 保持持续增长，矿业产值、矿业从业人数基本呈持续增长趋势。总体而言，GDP 平均每年以 15.48%的幅度增长，矿业产值平均每年以 19.46%的幅度增长，矿业从业人数平均每年以 23.45%的幅度增长。

据《云南十二五规划》预测，该矿业经济区 GDP 以年均 7.5%的速度增长。近年来，该矿业经济区总就业人口平均增长率为 7.56%，故本研究取 2011 年总就业人口数作为基数，以平均增长率预测后期几年总就业人口数。结合上述预测弹性系数预测矿业产值及就业人口值，从而预测矿产资源开发对 GDP 及就业人口的贡献度，具体预测数据如图 2.58 所示。预计 2012～2020 年矿产资源开发对 GDP 贡献度呈下降趋势，对就业人口贡献度呈上升趋势；虽然该矿业经济区矿业产值不断上涨，但 GDP 增长速度飞快，降低了矿产资源开发对 GDP 的贡献度；该矿业经济区总就业人口增长幅度较小，而矿业就业人口预计增长幅度超过总就业人口，从而较大幅度提升了就业人口贡献度。

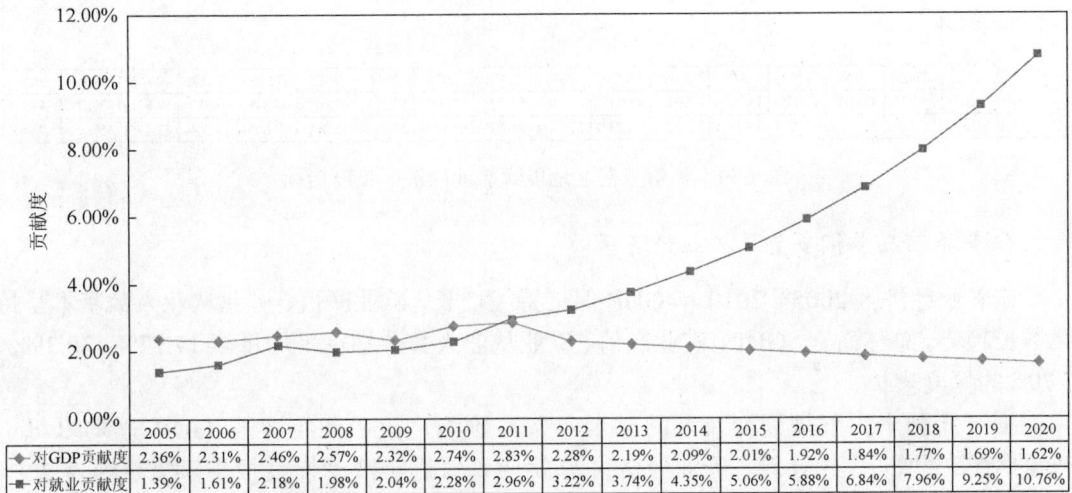

	2005	2006	2007	2008	2009	2010	2011	2012	2013	2014	2015	2016	2017	2018	2019	2020
对GDP贡献度	2.36%	2.31%	2.46%	2.57%	2.32%	2.74%	2.83%	2.28%	2.19%	2.09%	2.01%	1.92%	1.84%	1.77%	1.69%	1.62%
对就业贡献度	1.39%	1.61%	2.18%	1.98%	2.04%	2.28%	2.96%	3.22%	3.74%	4.35%	5.06%	5.88%	6.84%	7.96%	9.25%	10.76%

图 2.58　云南昆明—玉溪铁磷矿业经济区贡献度指标

2.3.4　成长型矿业经济区

1. 鄂尔多斯盆地能源矿业经济区

该矿业经济区 2005～2010 年 GDP 和矿业产值保持持续增长，矿业从业人数基本呈持续增长趋势。总体而言，GDP、矿业产值、矿业从业人数分别以平均每年 34.95%、41.18%、12.76%的幅度增长。

据《内蒙古十二五规划》及相关资料预测，该矿业经济区 2020 年 GDP 将增长至 38870 亿元，即可预测每年 GDP 值。经计算，矿业经济区总就业人口近年波动幅度很小，按 1%的速率增长，故本研究取 2011 年总就业人口数作为基期，后期每年就业人口均按 1%的速率增长。结合上述预测弹性系数预测矿业产值及就业人口值，从而预测矿产资源开发对

GDP 及就业人口的贡献度，具体预测数据如图 2.59 所示。预计 2012～2020 年矿产资源开发对 GDP、就业人口贡献度均呈增长趋势，且对 GDP 贡献度增长速度十分迅速，主要原因可能是能源价格的上调，以及技术研发促进能源的开采。同时，从对 GDP、就业人口贡献度可看出，矿产资源开发对该矿业经济区 GDP 具有十分明显的推动作用；该矿业经济区应考虑向其他产业如旅游业等转移，避免过度依赖能源开采。

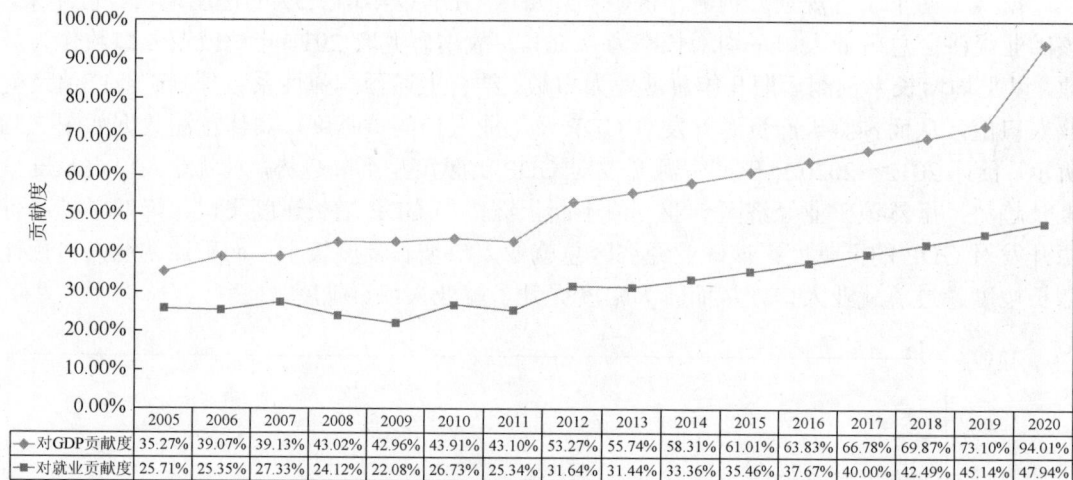

	2005	2006	2007	2008	2009	2010	2011	2012	2013	2014	2015	2016	2017	2018	2019	2020
对GDP贡献度	35.27%	39.07%	39.13%	43.02%	42.96%	43.91%	43.10%	53.27%	55.74%	58.31%	61.01%	63.83%	66.78%	69.87%	73.10%	94.01%
对就业贡献度	25.71%	25.35%	27.33%	24.12%	22.08%	26.73%	25.34%	31.64%	31.44%	33.36%	35.46%	37.67%	40.00%	42.49%	45.14%	47.94%

图 2.59　鄂尔多斯盆地能源矿业经济区献度指标

2. 新疆阿勒泰铜多金属矿业经济区

该矿业经济区 2005～2010 年 GDP 保持持续增长，矿业产值、矿业从业人数基本呈持续增长趋势。总体而言，GDP、矿业产值、矿业从业人数分别以平均每年 17.77%、30.39%、7.79%的幅度增长。

据《新疆十二五规划》及《阿勒泰年鉴》预测，该矿业经济区 GDP 平均以每年 9%的增长率增长。经计算，矿业经济区总就业人口近年波动幅度很小，变动约为 2.9% 左右，故研究取 2011 年总就业人口数作为后期几年总就业人口的预测值。结合上述预测弹性系数预测矿业产值及就业人口值，从而预测矿产资源开发对 GDP 及就业人口的贡献度，具体预测数据如图 2.60 所示。预计 2012～2020 年矿产资源开发对 GDP 贡献度、就业人口贡献度均呈缓慢增长趋势，说明该矿业经济区对矿产资源开发的依存度呈较小增长趋势。

2.4　矿业经济区矿产资源承载力差异性分析

矿业经济区是根据不同区域的矿业发展潜力与资源承载能力，按区域分工与协调发展的原则划定的具有特定主体功能的规划区域。根据 2.2 节和 2.3 节计算出来各矿业经济区的主要矿产资源的经济承载力、保证年限及贡献度，可得出各个矿业经济区矿产资源承载力的总体趋势和变化情况。在此基础上，本节分别从经济承载力、保证年限、GDP 贡献度、就业人口贡献度四个维度来比较 30 个矿业经济区矿产资源承载力。

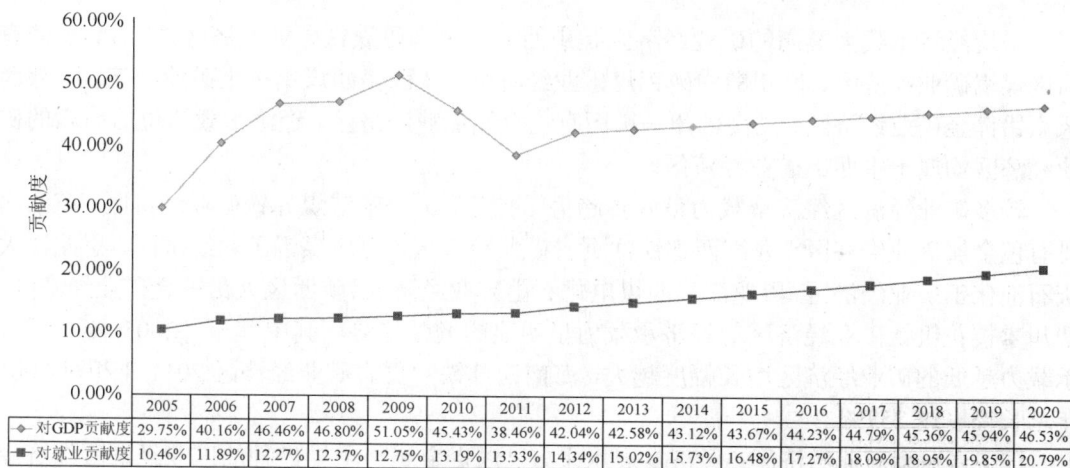

图 2.60　新疆阿勒泰铜多金属矿业经济区献度指标

2.4.1 承载指数现状差异性分析

上述所涉及的经济承载力、保证年限均是以现状消费水平为基础计算的，故从经济承载力、保证年限两个维度比较四种类型矿业经济区承载指数现状。由于每个矿业经济区不同矿种之间的经济承载力、保证年限不能进行直接比较，故取不同矿种平均经济承载力、平均保证年限作为该矿业经济区经济承载力、保证年限。

1. 经济承载力

（1）成熟型矿业经济区：中西部矿业经济区经济承载力强，且较多矿业经济区经济承载力呈扭转趋势（图 2.61）。

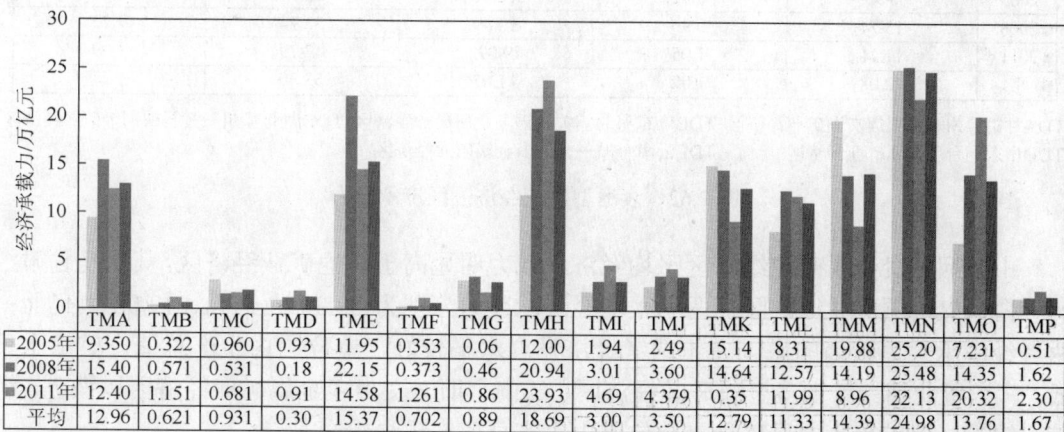

	TMA	TMB	TMC	TMD	TME	TMF	TMG	TMH	TMI	TMJ	TMK	TML	TMM	TMN	TMO	TMP
2005年	9.350	0.322	0.960	0.93	11.95	0.353	0.06	12.00	1.94	2.49	15.14	8.31	19.88	25.20	7.231	0.51
2008年	15.40	0.571	0.531	0.18	22.15	0.373	0.46	20.94	3.01	3.60	14.64	12.57	14.19	25.48	14.35	1.62
2011年	12.40	1.151	0.681	0.91	14.58	1.261	0.86	23.37	4.69	4.379	0.35	11.99	8.96	22.13	20.32	2.30
平均	12.96	0.621	0.931	0.30	15.37	0.702	0.89	18.69	3.00	3.50	12.79	11.33	14.39	24.98	13.76	1.67

TMA安徽淮南煤-煤化工矿业经济区　　TMB重庆巫山—奉节煤赤铁矿业经济区　　TMC福建龙岩市马坑铁矿业经济区

TMD广西南丹有色金属矿业经济区　　TME贵州黔中磷铝煤矿业经济区　　TMF海南西部铁油页岩矿业经济区

TMG河北承德钒钛磁铁矿业经济区　　TMH河南煤铝矿业经济区　　TMI黑龙江大庆石油化工矿业经济区

TMJ黑龙江鸡西煤电化石墨矿业经济区　　TMK湖北云应—天潜盐膏硝矿业经济区　　TML湖南郴州—衡阳有色金属矿业经济区

TMM江西赣西煤钨稀土矿业经济区　　TMN山西太行山南段煤铁矿业经济区　　TMO陕西凤太铅锌金矿业经济区

TMP四川攀枝花钒钛矿业经济区

图 2.61　成熟型矿业经济区经济承载力

平均经济承载力最高的矿业经济区是山西太行山南段煤铁矿业经济区，紧随其后的有河南煤铝矿业经济区、贵州黔中磷铝煤矿业经济区、江西赣西煤钨稀土矿业经济区、陕西凤太铅锌金矿业经济区、湖南郴州—衡阳有色金属矿业经济区，经济承载力位居前六的矿业经济区均属于中西部矿业经济区。

较多矿业经济区经济承载力呈好转趋势。重庆巫山—奉节煤赤铁矿业经济区、广西南丹有色金属矿业经济区、海南西部铁油页岩矿业经济区、河南煤铝矿业经济区、黑龙江大庆石油化工矿业经济区、黑龙江鸡西煤电化石墨矿业经济区、陕西凤太铅锌金矿业经济区、四川攀枝花钒钛矿业经济区等经济承载力呈明显的增强趋势，其中基年（2005 年）经济承载力越低的矿业经济区增长幅度越大，海南西部铁油页岩矿业经济区 2011 年相对 2005 年增长幅度达 257%。

（2）衰退型矿业经济区：经济发展水平好、以贵金属为主导矿种的矿业经济区经济承载力较高（图 2.62）。

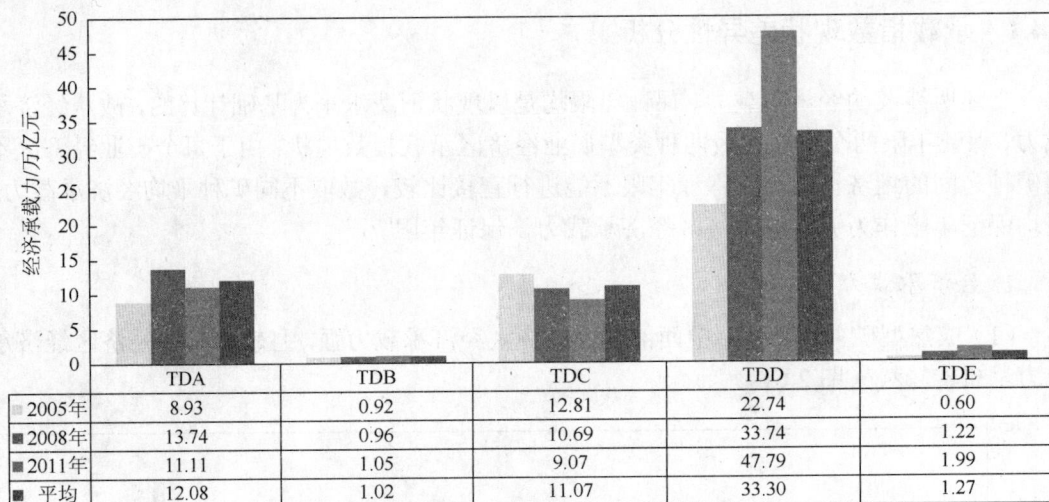

	TDA	TDB	TDC	TDD	TDE
2005年	8.93	0.92	12.81	22.74	0.60
2008年	13.74	0.96	10.69	33.74	1.22
2011年	11.11	1.05	9.07	47.79	1.99
平均	12.08	1.02	11.07	33.30	1.27

TDA甘肃兰州—白银煤炭铜矿业经济区　TDB广东粤北韶关铁铜多金属矿业经济区　TDC湖北鄂州—黄石铁铜金矿业经济区
TDD山东烟台贵金属矿业经济区　　　　TDE云南个旧—文山多金属矿业经济区

图 2.62　衰退型矿业经济区经济承载力

山东烟台贵金属矿业经济区平均经济承载力明显高于其他矿业经济区，其次是甘肃兰州—白银煤炭铜矿业经济区，两者平均经济承载力分别为 33.30 万亿元、12.08 万亿元；两者经济承载力较高的原因在于两者经济发展水平较好，单位国内生产总值产矿量水平低。广东粤北韶关铁铜多金属矿业经济区、云南个旧—文山多金属矿业经济区以铁矿、铜矿、锡矿、钨矿等为主导矿种，单位国内生产总值产矿量较高。

（3）再生型矿业经济区：东西部矿业经济区经济承载力强，以稀土矿等限制勘查、限制开采为主导矿种的矿产资源经济承载力强（图 2.63）。

经济承载力位居前三的矿业经济区为内蒙古包头稀土黑色金属矿业经济区、云南昆明—玉溪铁磷矿业经济区、江苏徐州煤炭矿业经济区，2011 年三者经济承载力分别为 22.5 万亿元、16.63 万亿元、19.17 万亿元，均属于东西部矿业经济区，且西部矿业经济区居多。另外，内蒙古包头稀土黑色金属矿业经济区稀土属国家限制勘查、限制开采、限制出口矿种，其较高的经济承载力提升了该矿业经济区经济承载力。

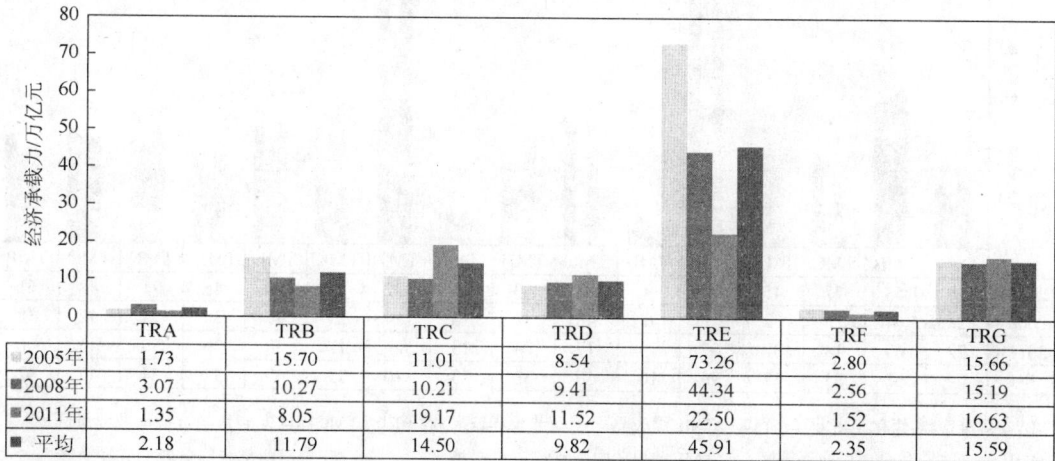

	TRA	TRB	TRC	TRD	TRE	TRF	TRG
2005年	1.73	15.70	11.01	8.54	73.26	2.80	15.66
2008年	3.07	10.27	10.21	9.41	44.34	2.56	15.19
2011年	1.35	8.05	19.17	11.52	22.50	1.52	16.63
平均	2.18	11.79	14.50	9.82	45.91	2.35	15.59

TRA安徽马鞍山钢铁矿业经济区　　　　TRB湖北宜昌磷矿业经济区　　　　TRC江苏徐州煤炭矿业经济区
TRD辽宁鞍山铁矿业经济区　　　　　　TRE内蒙古包头稀土黑色金属矿业经济区　TRF宁夏银川煤炭矿业经济区
TRG云南昆明—玉溪铁磷矿业经济区

图 2.63　再生型矿业经济区经济承载力

（4）成长型矿业经济区：经济承载力均呈增长趋势（图 2.64）。

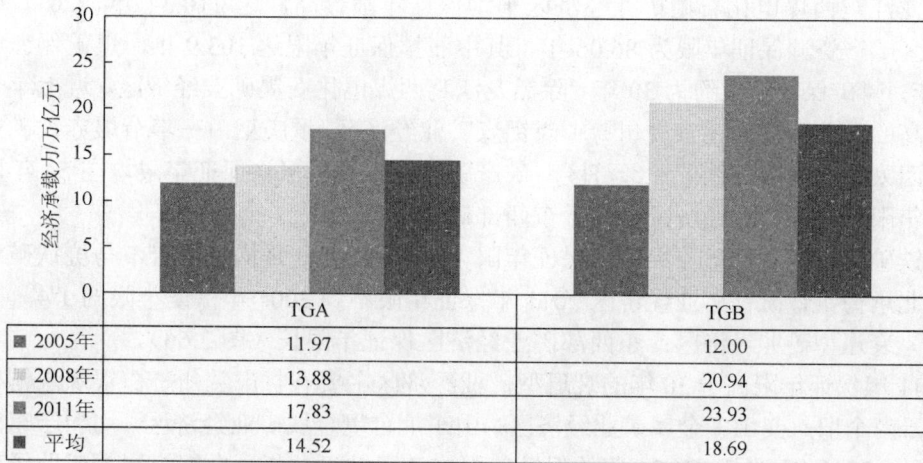

	TGA	TGB
2005年	11.97	12.00
2008年	13.88	20.94
2011年	17.83	23.93
平均	14.52	18.69

TGA鄂尔多斯盆地能源矿业经济区　　　　　TGB新疆阿勒泰铜多金属矿业经济区

图 2.64　成长型矿业经济区经济承载力

2005～2011 年，内蒙古鄂尔多斯能源及非金属矿业经济区、新疆阿勒泰铜多金属矿业经济区经济承载力均呈增长趋势，增长率分别为 48.96%、99.42%。

2. 保证年限

（1）成熟型矿业经济区：东西部矿业经济区保证年限长（图 2.65）。

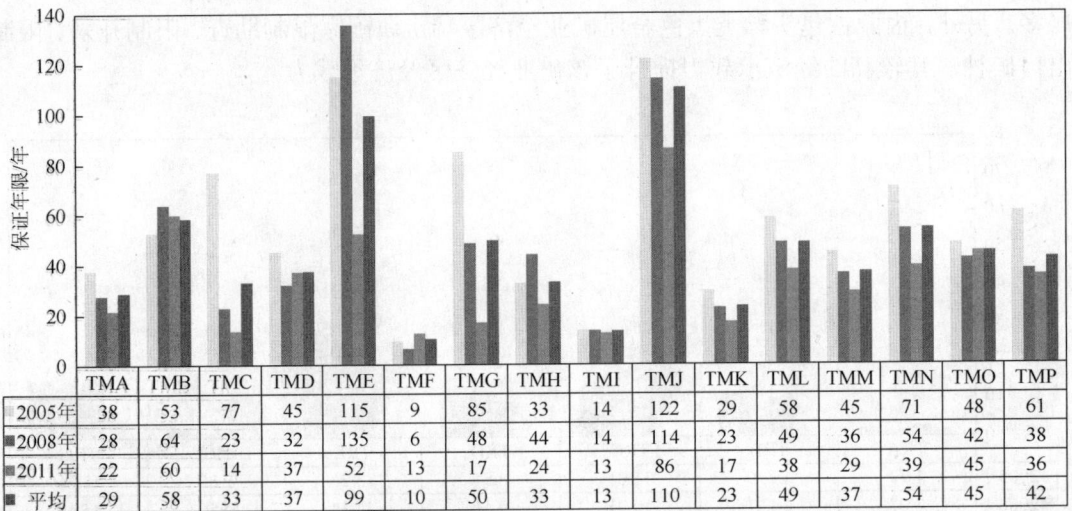

	TMA	TMB	TMC	TMD	TME	TMF	TMG	TMH	TMI	TMJ	TMK	TML	TMM	TMN	TMO	TMP
2005年	38	53	77	45	115	9	85	33	14	122	29	58	45	71	48	61
2008年	28	64	23	32	135	6	48	44	14	114	23	49	36	54	42	38
2011年	22	60	14	37	52	13	17	24	13	86	17	38	29	39	45	36
平均	29	58	33	37	99	10	50	33	13	110	23	49	37	54	45	42

TMA安徽淮南煤-煤化工矿业经济区　　　TMB重庆巫山—奉节煤赤铁矿业经济区　　　TMC福建龙岩市马坑铁矿业经济区
TMD广西南丹有色金属矿业经济区　　　TME贵州黔中磷铝煤矿业经济区　　　TMF海南西部铁油页岩矿业经济区
TMG河北承德钒钛磁铁矿业经济区　　　TMH河南煤铝矿业经济区　　　TMI黑龙江大庆石油化工矿业经济区
TMJ黑龙江鸡西煤电化石墨矿业经济区　　　TMK湖北云应—天潜盐膏硝矿业经济区　　　TML湖南郴州—衡阳有色金属矿业经济区
TMM江西赣西煤钨稀土矿业经济区　　　TMN山西太行山南段煤铁矿业经济区　　　TMO陕西凤太铅锌金矿业经济区
TMP四川攀枝花钒钛矿业经济区

图 2.65　成熟型矿业经济区保证年限

黑龙江鸡西煤电化石墨矿业经济区平均保证年限最高，达 110.34 年，2011 年该矿业经济区矿产资源保证年限为 86.06 年，其中石墨保证年限达 103.9 年，煤矿保证年限为 68.22 年，磷矿保证年限约为 30 年。除黑龙江鸡西煤电化石墨矿业经济区，近七年平均保证年限高的矿业经济区还有贵州黔中磷铝煤矿业经济区、重庆巫山—奉节煤赤铁矿业经济区、山西太行山南段煤铁矿业经济区，矿产资源开发利用平均保证年限均在 54 年以上。故保证年限较高的矿业经济区多属于东西部矿业经济区。

以铁矿为主的东部矿业经济区保证年限下降迅速，尤其是福建龙岩市马坑铁矿业经济区、河北承德钒钛磁铁矿业经济区 2011 年保证年限不到 2005 年保证年限的 1/4。

（2）衰退型矿业经济区：东西部矿业经济区保证年限长（图 2.66）。

2011 年保证年限高于 30 年的衰退型矿业经济区主要有甘肃兰州—白银煤炭铜矿业经济区、云南个旧—文山多金属矿业经济区、山东烟台贵金属矿业经济区，均属于东西部矿业经济区。2011 年，铜矿 76.36 年的保证年限推动了甘肃兰州—白银煤炭铜矿业经济区矿产资源平均保证年限的延长；锡矿 42.64 年的保证年限延缓了云南个旧—文山多金属矿业经济区矿产资源的衰竭；金矿 36 年保证年限决定了山东烟台贵金属矿业经济区平均保证年限。

（3）再生型矿业经济区：东西部矿业经济区保证年限长（图 2.67）。

2011 年，江苏徐州煤炭矿业经济区、内蒙古包头稀土黑色金属矿业经济区保证年限最高，分别为 53.97 年、45.3 年。江苏徐州煤炭矿业经济区保证年限较高主要由于煤矿开采量较低，平均约 2000 万吨，而宁夏两个矿业经济区（宁夏石嘴山煤炭矿业经济区、宁夏银川煤炭矿业经济区）煤矿开采量已达 8000 万吨；内蒙古包头稀土黑色金属矿业经济区保证年限主要是靠锰矿保证年限约 75 年以及稀土矿约 45 年来提升的。

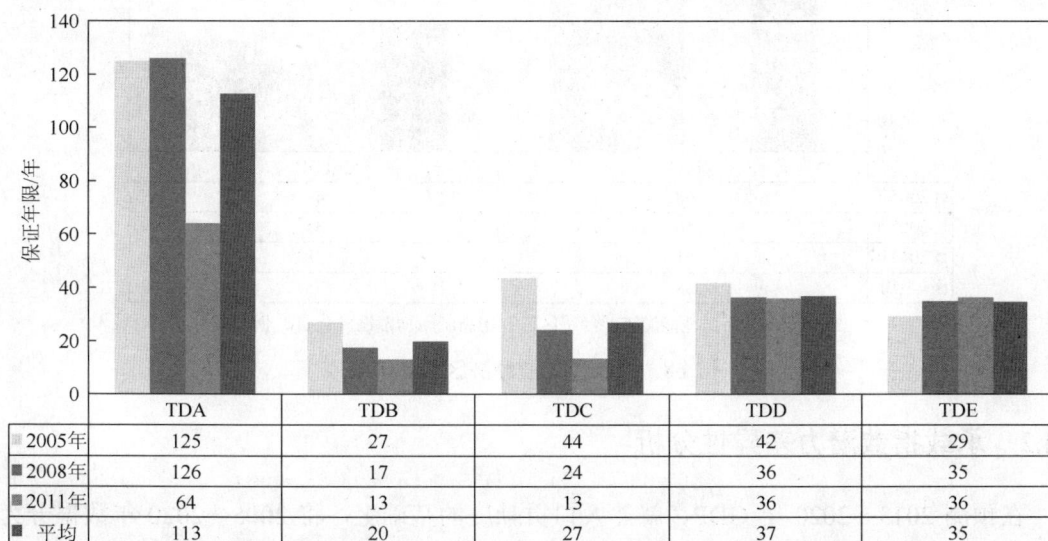

	TDA	TDB	TDC	TDD	TDE
2005年	125	27	44	42	29
2008年	126	17	24	36	35
2011年	64	13	13	36	36
平均	113	20	27	37	35

TDA甘肃兰州—白银煤炭铜矿业经济区　TDB广东粤北韶关铁铜多金属矿业经济区　TDC湖北鄂州—黄石铁铜金矿业经济区
TDD山东烟台贵金属矿业经济区　　　　TDE云南个旧—文山多金属矿业经济区

图 2.66　衰退型矿业经济区保证年限

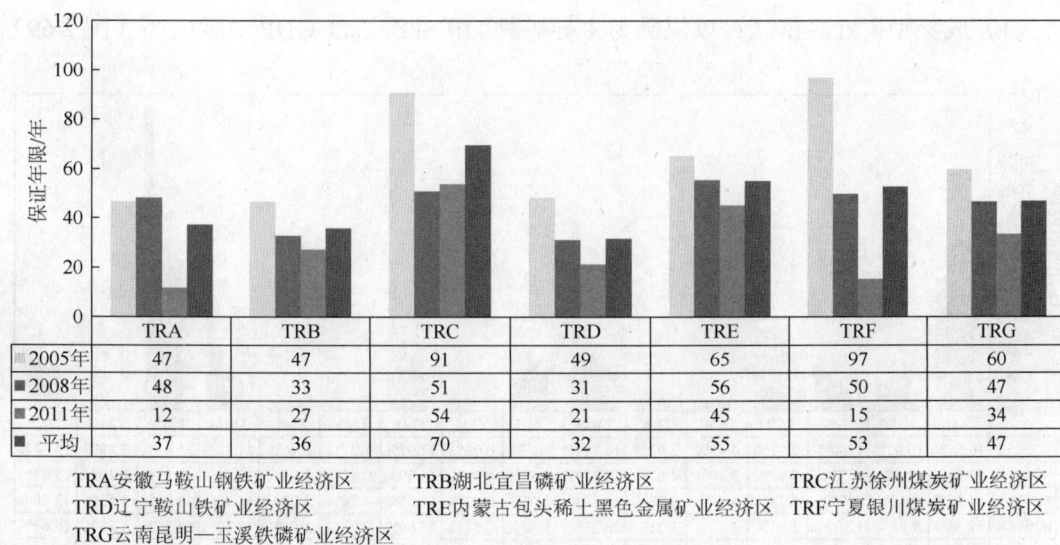

	TRA	TRB	TRC	TRD	TRE	TRF	TRG
2005年	47	47	91	49	65	97	60
2008年	48	33	51	31	56	50	47
2011年	12	27	54	21	45	15	34
平均	37	36	70	32	55	53	47

TRA安徽马鞍山钢铁矿业经济区　　　TRB湖北宜昌磷矿业经济区　　　　　　TRC江苏徐州煤炭矿业经济区
TRD辽宁鞍山铁矿业经济区　　　　　TRE内蒙古包头稀土黑色金属矿业经济区　TRF宁夏银川煤炭矿业经济区
TRG云南昆明—玉溪铁磷矿业经济区

图 2.67　再生型矿业经济区保证年限

（4）成长型矿业经济区：保证年限普遍偏长（图 2.68）。

2005～2011 年，鄂尔多斯盆地能源矿业经济区、新疆阿勒泰铜多金属矿业经济区平均保证年限均在 30 年以上，分别为 58.19 年、35.19 年，另外，2011 年两者保证年限也较长，分别为 51.4 年、28.08 年。

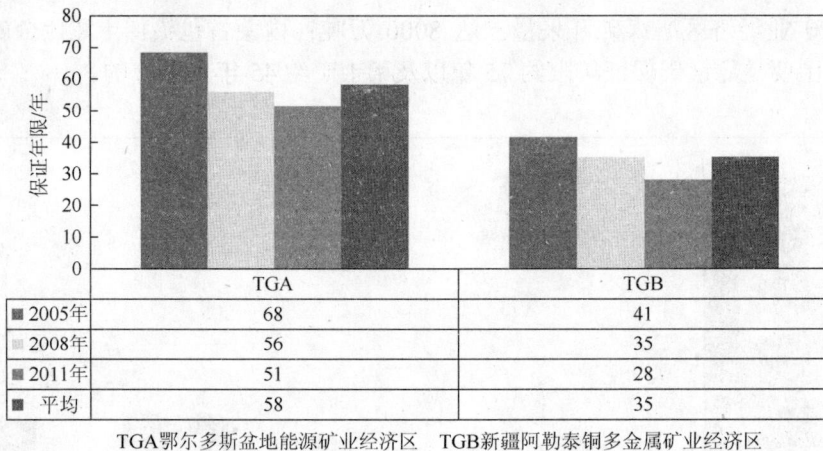

	2005年	2008年	2011年	平均
TGA	68	56	51	58
TGB	41	35	28	35

TGA鄂尔多斯盆地能源矿业经济区　　TGB新疆阿勒泰铜多金属矿业经济区

图 2.68　成长型矿业经济区保证年限

2.4.2　承载指数潜力差异性分析

在预测 2013～2020 年 GDP、就业人口贡献度的基础上，将 2005～2020 年数据分为五个时刻（2005 年、2008 年、2011 年、2015 年和 2020 年），比较分析各矿业经济区平均 GDP 贡献度及就业人口贡献度变化趋势。

1. GDP 贡献度

（1）成熟型矿业经济区：以煤矿为主导矿种的矿业经济区 GDP 贡献度高（图 2.69）。

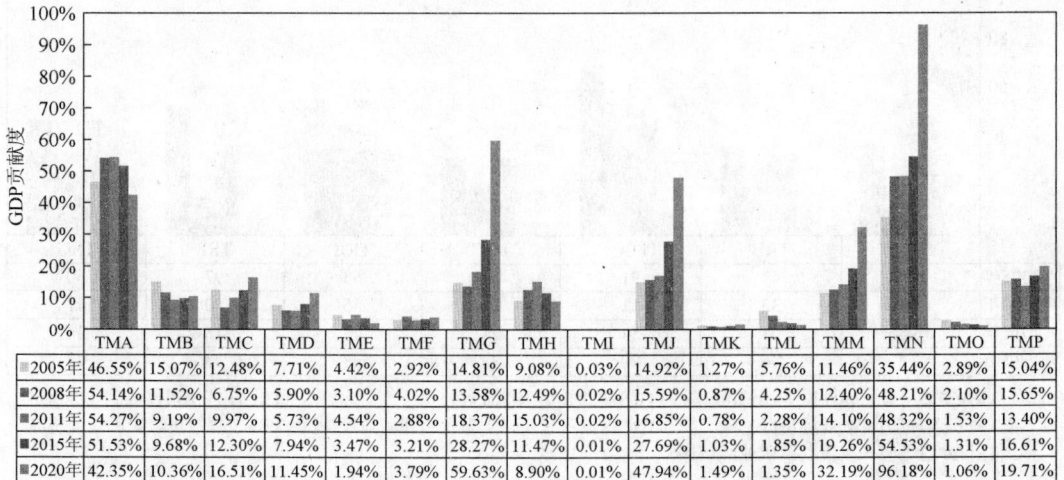

	TMA	TMB	TMC	TMD	TME	TMF	TMG	TMH	TMI	TMJ	TMK	TML	TMM	TMN	TMO	TMP
2005年	46.55%	15.07%	12.48%	7.71%	4.42%	2.92%	14.81%	9.08%	0.03%	14.92%	1.27%	5.76%	11.46%	35.44%	2.89%	15.04%
2008年	54.14%	11.52%	6.75%	5.90%	3.10%	4.02%	13.58%	12.49%	0.02%	15.59%	0.87%	4.25%	12.40%	48.21%	2.10%	15.65%
2011年	54.27%	9.19%	9.97%	5.73%	4.54%	2.88%	18.37%	15.03%	0.02%	16.85%	0.78%	2.28%	14.10%	48.32%	1.53%	13.40%
2015年	51.53%	9.68%	12.30%	7.94%	3.47%	3.21%	28.27%	11.47%	0.01%	27.69%	1.03%	1.85%	19.26%	54.53%	1.31%	16.61%
2020年	42.35%	10.36%	16.51%	11.45%	1.94%	3.79%	59.63%	8.90%	0.01%	47.94%	1.49%	1.35%	32.19%	96.18%	1.06%	19.71%

TMA安徽淮南煤-煤化工矿业经济区　　TMB重庆巫山—奉节煤赤铁矿业经济区　　TMB福建龙岩市马坑铁矿业经济区
TMD广西南丹有色金属矿业经济区　　TME贵州黔中磷铝煤矿业经济区　　TMF海南西部铁油页岩矿业经济区
TMG河北承德钒钛磁铁矿业经济区　　TMH河南煤铝矿业经济区　　TMI黑龙江大庆石油化工矿业经济区
TMJ黑龙江鸡西煤电化石墨矿业经济区　　TMK湖北云应—天潜盐膏硝矿业经济区　　TML湖南郴州—衡阳有色金属矿业经济区
TMM江西赣西煤钨稀土矿业经济区　　TMN山西太行山南段煤铁矿业经济区　　TMO陕西凤太铅锌金矿业经济区
TMP四川攀枝花钒钛矿业经济区

图 2.69　成熟型矿业经济区 GDP 贡献度

就 2005～2011 年矿业产值比例来看，安徽淮南煤-煤化工矿业经济区、山西太行山南段煤铁矿业经济区平均 GDP 贡献度最高，2011 年两者分别为 54.27%、48.32%，两者均属于以煤矿为主导的矿业经济区。

大部分成熟型矿业经济区 GDP 贡献度保持平稳状态，波动幅度不大，如安徽淮南煤-煤化工矿业经济区、重庆巫山—奉节煤赤铁矿业经济区等。但也有少数矿业经济区 GDP 贡献度波动较大，如河北承德钒钛磁铁矿业经济区、黑龙江鸡西煤电化石墨矿业经济区、山西太行山南段煤铁矿业经济区 GDP 贡献度增长十分明显，2011 年此三个矿业经济区 GDP 贡献度分别为 18.37%、16.85%、48.32%，若按目前的增长速度开采矿产资源，这些矿业经济区对矿产资源开采将会出现过度依赖。

（2）衰退型矿业经济区：GDP 贡献度没有呈明显的增长趋势，且以矿业为主导产业的矿业经济区 GDP 贡献度高（图 2.70）。

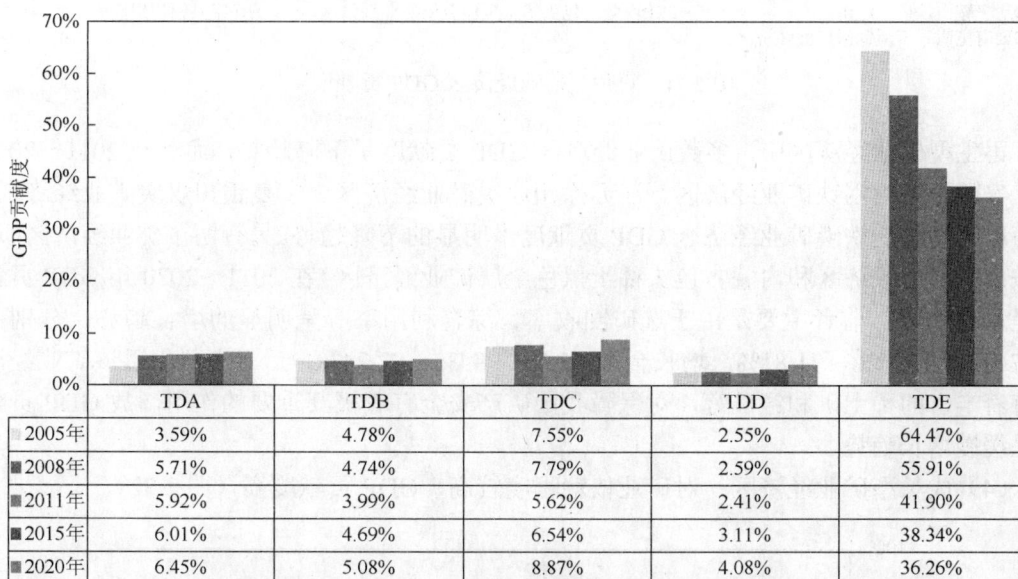

	TDA	TDB	TDC	TDD	TDE
2005年	3.59%	4.78%	7.55%	2.55%	64.47%
2008年	5.71%	4.74%	7.79%	2.59%	55.91%
2011年	5.92%	3.99%	5.62%	2.41%	41.90%
2015年	6.01%	4.69%	6.54%	3.11%	38.34%
2020年	6.45%	5.08%	8.87%	4.08%	36.26%

TDA甘肃兰州—白银煤炭铜矿业经济区　TDB广东粤北韶关铁铜多金属矿业经济区　TDC湖北鄂州—黄石铁铜金矿业经济区
TDD山东烟台贵金属矿业经济区　　　　TDE云南个旧—文山多金属矿业经济区

图 2.70　衰退型矿业经济区 GDP 贡献度

衰退型矿业经济区 GDP 贡献度没有呈现明显增长的趋势，甘肃兰州—白银煤炭铜矿业经济区、广东粤北韶关铁铜多金属矿业经济区、湖北鄂州—黄石铁铜金矿业经济区、山东烟台贵金属矿业经济区 GDP 贡献度有小幅度波动，分别在 6%、4%、7%、3%上下浮动。

云南个旧—文山多金属矿业经济区矿产资源开采对 GDP 贡献度明显高于其他矿业经济区，2011 年为 41.9%，说明该矿业经济区对矿业依赖性很高，尤其在 2005 年矿产资源开采对 GDP 贡献度高达 64.47%；近年该矿业经济区矿业产值比例正逐步降低，说明该矿业经济区正逐步弱化对矿业的高度依赖。

（3）再生型矿业经济区：多数矿业经济区 GDP 贡献度将呈下降趋势（图 2.71）。

	TRA	TRB	TRC	TRD	TRE	TRF	TRG
2005年	3.90%	3.15%	5.37%	3.50%	2.59%	9.49%	2.36%
2008年	2.96%	2.17%	3.83%	3.80%	2.79%	10.26%	2.57%
2011年	4.41%	1.61%	2.71%	2.99%	2.41%	15.90%	2.83%
2015年	4.10%	1.67%	2.40%	8.88%	4.23%	12.12%	2.01%
2020年	3.89%	2.07%	2.46%	18.45%	7.69%	10.62%	1.62%

TRA安徽马鞍山钢铁矿业经济区　　TRB湖北宜昌磷矿业经济区　　TRC江苏徐州煤炭矿业经济区
TRD辽宁鞍山铁矿业经济区　　TRE内蒙古包头稀土黑色金属矿业经济区　　TRF宁夏银川煤炭矿业经济区
TRG云南昆明—玉溪铁磷矿业经济区

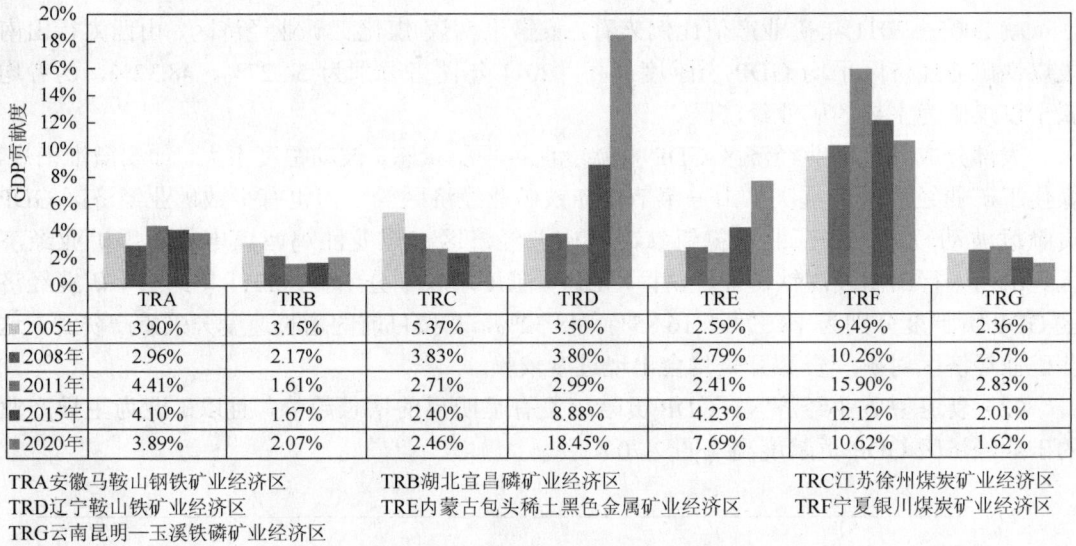

图 2.71　再生型矿业经济区 GDP 贡献度

再生型矿业经济区中，多数矿业经济区 GDP 贡献度呈下降趋势，尤其在 2011～2020 年，安徽马鞍山钢铁矿业经济区、江苏徐州煤炭矿业经济区、宁夏银川煤炭矿业经济区、云南昆明—玉溪铁磷矿业经济区 GDP 贡献度呈明显的下降趋势。另有两个矿业经济区（辽宁鞍山铁矿业经济区和内蒙古包头稀土黑色金属矿业经济区）在 2011～2020 年 GDP 贡献度呈增长趋势；前者主要是由于选矿回收率、综合利用率等呈明显的增长趋势，分别由 2007 年的 87.31%、71.81%，增长至 2015 年的 94%、82.24%；后者主要由于该矿业经济区有着丰富的稀土矿和锰矿等，对保障我国矿产安全有着极其重要的作用，故 GDP 贡献度呈缓慢增长趋势。

（4）成长型矿业经济区：对矿业依赖程度较高，GDP 贡献度高（图 2.72）。

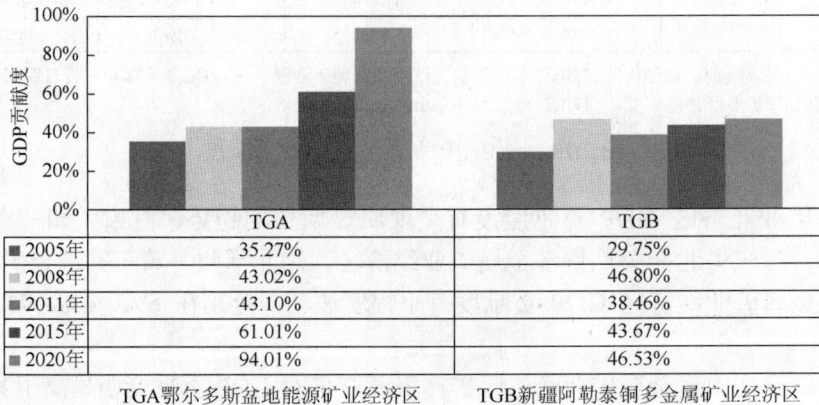

	TGA	TGB
2005年	35.27%	29.75%
2008年	43.02%	46.80%
2011年	43.10%	38.46%
2015年	61.01%	43.67%
2020年	94.01%	46.53%

TGA鄂尔多斯盆地能源矿业经济区　　TGB新疆阿勒泰铜多金属矿业经济区

图 2.72　成长型矿业经济区 GDP 贡献度

2011 年，鄂尔多斯盆地能源矿业经济区、新疆阿勒泰铜多金属矿业经济区矿业产值比例分别为 43.1%、38.46%，从矿业产值比例可看出，成长型矿业经济区对矿业依赖程度较高，约 40%国内生产总值靠矿业来推动。另外，若按目前增长速度开采矿产资源，这两个矿业经济区 GDP 贡献度将呈增长趋势，尤其是鄂尔多斯盆地能源矿业经济区将过度依赖矿业。

2. 就业人口贡献度

（1）成熟型矿业经济区：东部矿业经济区就业人口贡献度高（图 2.73）。

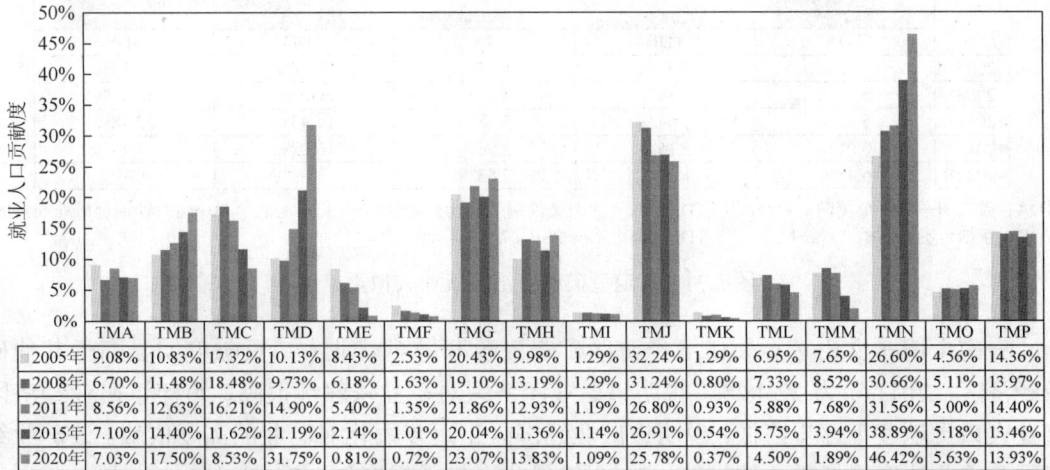

	TMA	TMB	TMC	TMD	TME	TMF	TMG	TMH	TMI	TMJ	TMK	TML	TMM	TMN	TMO	TMP
2005年	9.08%	10.83%	17.32%	10.13%	8.43%	2.53%	20.43%	9.98%	1.29%	32.24%	1.29%	6.95%	7.65%	26.60%	4.56%	14.36%
2008年	6.70%	11.48%	18.48%	9.73%	6.18%	1.63%	19.10%	13.19%	1.29%	31.24%	0.80%	7.33%	8.52%	30.66%	5.11%	13.97%
2011年	8.56%	12.63%	16.21%	14.90%	5.40%	1.35%	21.86%	12.93%	1.19%	26.80%	0.93%	5.88%	7.68%	31.56%	5.00%	14.40%
2015年	7.10%	14.40%	11.62%	21.19%	2.14%	1.01%	20.04%	11.36%	1.14%	26.91%	0.54%	5.75%	3.94%	38.89%	5.18%	13.46%
2020年	7.03%	17.50%	8.53%	31.75%	0.81%	0.72%	23.07%	13.83%	1.09%	25.78%	0.37%	4.50%	1.89%	46.42%	5.63%	13.93%

TMA安徽淮南煤-煤化工矿业经济区　　　TMB重庆巫山—奉节煤赤铁矿业经济区　　　TMC福建龙岩市马坑铁矿业经济区
TMD广西南丹有色金属矿业经济区　　　　TME贵州黔中磷铝矿业经济区　　　　　　　TMF海南西部铁油页岩矿业经济区
TMG河北承德钒钛磁铁矿业经济区　　　　TMH河南煤铝矿业经济区　　　　　　　　　TMI黑龙江大庆石油化工矿业经济区
TMJ黑龙江鸡西煤电化石墨矿业经济区　　TMK湖北云应—天潜盐膏硝矿业经济区　　　TML湖南郴州—衡阳有色金属矿业经济区
TMM江西赣西煤钨稀土矿业经济区　　　　TMN山西太行山南段煤铁矿业经济区　　　　TMO陕西凤太铅锌金矿业经济区
TMP四川攀枝花钒钛矿业经济区

图 2.73　成熟型矿业经济区就业人口贡献度

平均就业人口贡献度最高的矿业经济区为山西太行山南段煤铁矿业经济区，其次是黑龙江鸡西煤电化石墨矿业经济区、河北承德钒钛磁铁矿业经济区、福建龙岩市马坑铁矿业经济区，2011 年该四个矿业经济区就业人口贡献度分别为 31.56%、26.80%、21.86%、16.21%。

多数矿业经济区就业人口贡献度波动幅度不大。相对而言，广西南丹有色金属矿业经济区、山西太行山南段煤铁矿业经济区就业人口贡献度可能增长幅度较大，2020 年有望达到 31.75%、46.42%；贵州黔中磷铝煤矿业经济区就业人口贡献度可能较大幅度降低；其他矿业经济区就业人口贡献度波动均不大，主要由于该类型矿业经济区处于生命周期的成熟期，对矿产资源地质特征已比较了解，开采技术水平已比较先进。

（2）衰退型矿业经济区：以矿业为主导产业的矿业经济区就业人口贡献度高（图 2.74）。

该类型矿业经济区就业人口贡献度多呈下降趋势，如广东粤北韶关铁铜多金属矿业经济区、湖北鄂州—黄石铁铜金矿业经济区、云南个旧—文山多金属矿业经济区，另两个矿业经济区就业人口贡献度基本保持平衡，说明该类型矿业经济区的矿业属于衰退期，对矿业的依赖程度正逐步降低。

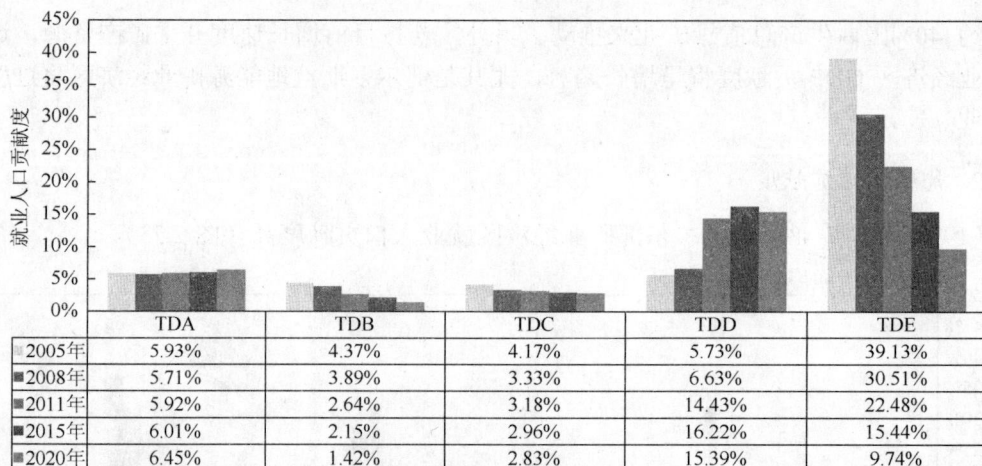

	TDA	TDB	TDC	TDD	TDE
2005年	5.93%	4.37%	4.17%	5.73%	39.13%
2008年	5.71%	3.89%	3.33%	6.63%	30.51%
2011年	5.92%	2.64%	3.18%	14.43%	22.48%
2015年	6.01%	2.15%	2.96%	16.22%	15.44%
2020年	6.45%	1.42%	2.83%	15.39%	9.74%

TDA甘肃兰州—白银煤炭铜矿业经济区　TDB广东粤北韶关铁铜多金属矿业经济区　TDC湖北鄂州—黄石铁铜金矿业经济区
TDD山东烟台贵金属矿业经济区　　　　TDE云南个旧—文山多金属矿业经济区

图 2.74　衰退型矿业经济区就业人口贡献度

云南个旧—文山多金属矿业经济区矿产资源开采对就业人口贡献度明显高于其他矿业经济区，2011 年为 22.48%，说明该矿业经济区对矿业依赖性很高，近年该矿业经济区就业人口贡献度正逐步降低，说明该矿业经济区正逐步弱化对矿业的高度依赖。该矿业经济区若按此速度降低矿业依赖度，2020 年就业人口贡献度仅 9.74%。

（3）再生型矿业经济区：预计就业人口贡献度多呈下降趋势，说明多数再生型矿业经济区正逐步实现产业转型（图 2.75）。

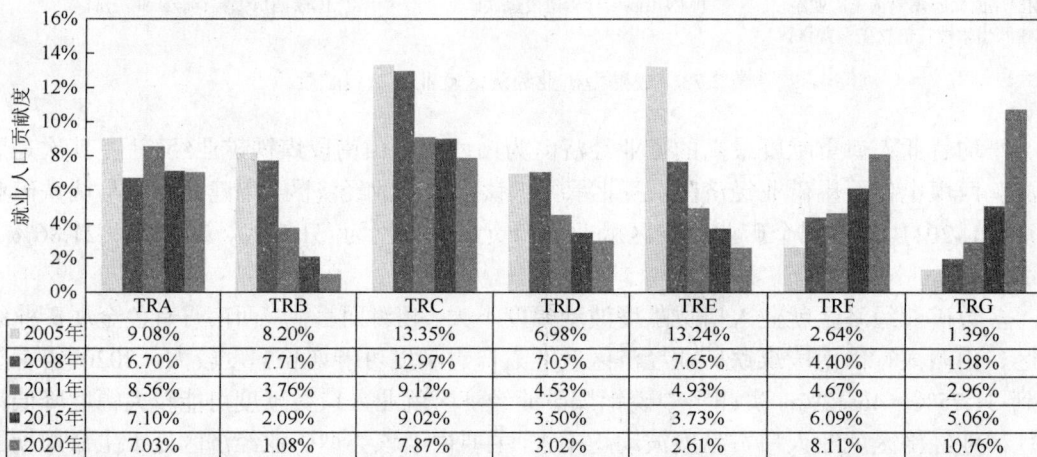

	TRA	TRB	TRC	TRD	TRE	TRF	TRG
2005年	9.08%	8.20%	13.35%	6.98%	13.24%	2.64%	1.39%
2008年	6.70%	7.71%	12.97%	7.05%	7.65%	4.40%	1.98%
2011年	8.56%	3.76%	9.12%	4.53%	4.93%	4.67%	2.96%
2015年	7.10%	2.09%	9.02%	3.50%	3.73%	6.09%	5.06%
2020年	7.03%	1.08%	7.87%	3.02%	2.61%	8.11%	10.76%

TRA安徽马鞍山钢铁矿业经济区　　　TRB湖北宜昌磷矿业经济区　　　　　　TRC江苏徐州煤炭矿业经济区
TRD辽宁鞍山铁矿业经济区　　　　　TRE内蒙古包头稀土黑色金属矿业经济区　TRF宁夏银川煤炭矿业经济区
TRG云南昆明—玉溪铁磷矿业经济区

图 2.75　再生型矿业经济区就业人口贡献度

再生型矿业经济区就业人口贡献度多呈下降趋势，且均不高，说明该类型矿业经济区多数已逐步实现产业转型，降低了对矿业的依赖程度。预计 2020 年，安徽马鞍山钢铁矿业经济区、湖北宜昌磷矿业经济区、江苏徐州煤炭矿业经济区、辽宁鞍山铁矿业经济区、内蒙古包头稀土黑色金属矿业经济区就业人口贡献度分别降至 7.03%、1.08%、7.87%、3.02%、2.61%。

然而，宁夏银川煤炭矿业经济区、云南昆明—玉溪铁磷矿业经济区就业人口贡献度呈上涨趋势，说明两者矿业从业人口增长幅度高于总从业人口增长幅度，原因可能在于两者矿业人员利用效率有所降低。

（4）成长型矿业经济区：就业人口贡献度呈上涨趋势（图 2.76）。

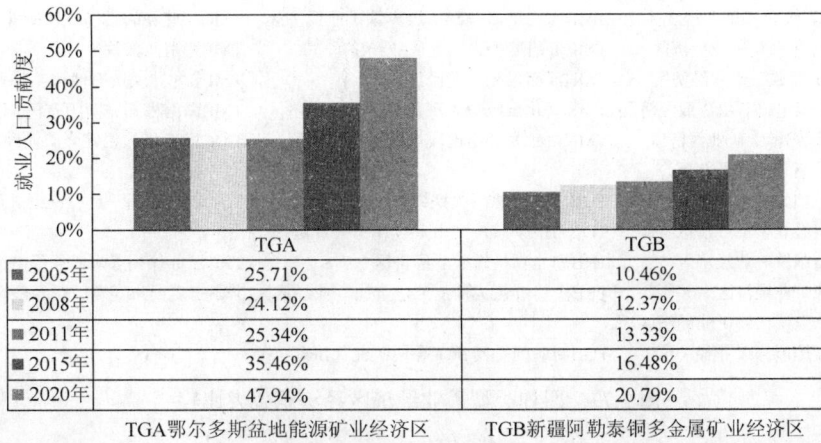

	TGA	TGB
2005年	25.71%	10.46%
2008年	24.12%	12.37%
2011年	25.34%	13.33%
2015年	35.46%	16.48%
2020年	47.94%	20.79%

TGA鄂尔多斯盆地能源矿业经济区　　TGB新疆阿勒泰铜多金属矿业经济区

图 2.76　成长型矿业经济区就业人口贡献度

2011 年，鄂尔多斯盆地能源矿业经济区、新疆阿勒泰铜多金属矿业经济区就业人口贡献度分别为 25.34%、13.33%，且此两个矿业经济区就业人口贡献度呈明显上涨趋势，预计 2020 年有望升至 47.94%、20.79%。说明成长型矿业经济区正逐步加大对矿业依赖程度。

2.4.3　四种类型矿业经济区承载力差异性分析

在分指标分类型对各矿业经济区承载力比较的基础上，本节以 2005～2011 年平均经济承载力、平均保证年限、2005～2020 年平均 GDP 贡献度、平均就业人口贡献度为数据基础，对四种类型矿业经济区承载力评价指标进行比较分析。

1. 经济承载力

如图 2.77 所示为四种类型矿业经济区经济承载力比较。

（1）内蒙古包头稀土黑色金属矿业经济区经济承载力明显优于其他矿业经济区。

内蒙古包头稀土黑色金属矿业经济区平均经济承载力明显优于其他矿业经济区，达 45.91 万亿元；重庆巫山—奉节煤赤铁矿业经济区平均经济承载力最低，仅 0.62 万亿元。前者最高主要由于内蒙古稀土为限制开采矿种，随着国内生产总值大幅度提升，单位国内生产总值下降明显，推动了该矿业经济区经济承载力大幅度上涨。

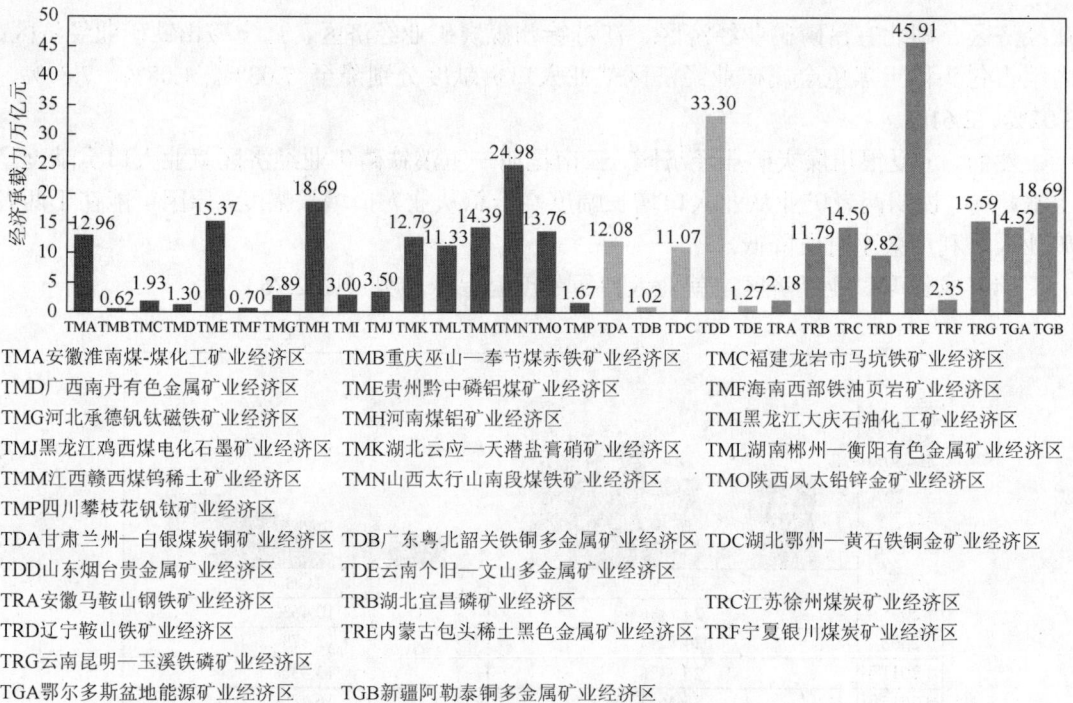

TMA安徽淮南煤-煤化工矿业经济区　　TMB重庆巫山—奉节煤赤铁矿业经济区　　TMC福建龙岩市马坑铁矿业经济区
TMD广西南丹有色金属矿业经济区　　TME贵州黔中磷铝矿业经济区　　TMF海南西部铁油页岩矿业经济区
TMG河北承德钒钛磁铁矿业经济区　　TMH河南煤铝矿业经济区　　TMI黑龙江大庆石油化工矿业经济区
TMJ黑龙江鸡西煤电化石墨矿业经济区　　TMK湖北云应—天潜盐膏硝矿业经济区　　TML湖南郴州—衡阳有色金属矿业经济区
TMM江西赣西煤钨稀土矿业经济区　　TMN山西太行山南段煤铁矿业经济区　　TMO陕西凤太铅锌金矿业经济区
TMP四川攀枝花钒钛矿业经济区
TDA甘肃兰州—白银煤炭铜矿业经济区　　TDB广东粤北韶关铁铜多金属矿业经济区　　TDC湖北鄂州—黄石铁铜金矿业经济区
TDD山东烟台贵金属矿业经济区　　TDE云南个旧—文山多金属矿业经济区
TRA安徽马鞍山钢铁矿业经济区　　TRB湖北宜昌磷矿业经济区　　TRC江苏徐州煤炭矿业经济区
TRD辽宁鞍山铁矿业经济区　　TRE内蒙古包头稀土黑色金属矿业经济区　　TRF宁夏银川煤炭矿业经济区
TRG云南昆明—玉溪铁磷矿业经济区
TGA鄂尔多斯盆地能源矿业经济区　　TGB新疆阿勒泰铜多金属矿业经济区

图2.77　四种类型矿业经济区经济承载力比较

（2）总体而言，平均经济承载力较高的矿业经济区多为成长型矿业经济区、再生型矿业经济区。

结合近年平均经济承载力值将30个矿业经济区分为四类，如表2.8所示。将平均经济承载力分为四类，分别为20万亿元以上、14万亿～19.99万亿元、9万亿～13.99万亿元、

表2.8　结合经济承载力类型将30个矿业经济区分类

经济承载力类型	矿业经济区	
高（20万亿元+）	内蒙古包头稀土黑色金属矿业经济区 TRE 山西太行山南段煤铁矿业经济区 TMN	山东烟台贵金属矿业经济区 TDD
较高（14万亿～19.99万亿元）	河南煤铝矿业经济区 TMH 云南昆明—玉溪铁磷矿业经济区 TRG 鄂尔多斯盆地能源矿业经济区 TGA 江西赣西煤钨稀土矿业经济区 TMM	新疆阿勒泰铜多金属矿业经济区 TGB 贵州黔中磷铝煤矿业经济区 TME 江苏徐州煤炭矿业经济区 TRC
较低（9万亿～13.99万亿元）	陕西凤太铅锌金矿业经济区 TMO 湖北云应—天潜盐膏硝矿业经济区 TMK 湖北宜昌磷矿业经济区 TRB 湖北鄂州—黄石铁铜金矿业经济区 TDC	安徽淮南煤-煤化工矿业经济区 TMA 甘肃兰州—白银煤炭铜矿业经济区 TDA 湖南郴州—衡阳有色金属矿业经济区 TML 辽宁鞍山铁矿业经济区 TRD
低（0～8.99万亿元）	黑龙江鸡西煤电化石墨矿业经济区 TMJ 河北承德钒钛磁铁矿业经济区 TMG 安徽马鞍山钢铁矿业经济区 TRA 四川攀枝花钒钛矿业经济区 TMP 云南个旧—文山多金属矿业经济区 TDE 海南西部铁油页岩矿业经济区 TMF	黑龙江大庆石油化工矿业经济区 TMI 宁夏银川煤炭矿业经济区 TRF 福建龙岩市马坑铁矿业经济区 TMC 广西南丹有色金属矿业经济区 TMD 广东粤北韶关铁铜多金属矿业经济区 TDB 重庆巫山—奉节煤赤铁矿业经济区 TMB

0~8.99 万亿元，分别对应高经济承载力、较高经济承载力、较低经济承载力、低经济承载力。平均经济承载力在 14 万元以上的 10 个矿业经济区中，有 2 个成长型矿业经济区和 3 个再生型矿业经济区，即所选 30 个矿业经济区中，100%的成长型矿业经济区、42.86% 的再生型矿业经济区经济承载力较高及以上。

2. 保证年限

如图 2.78 所示为四种类型矿业经济区保证年限比较。

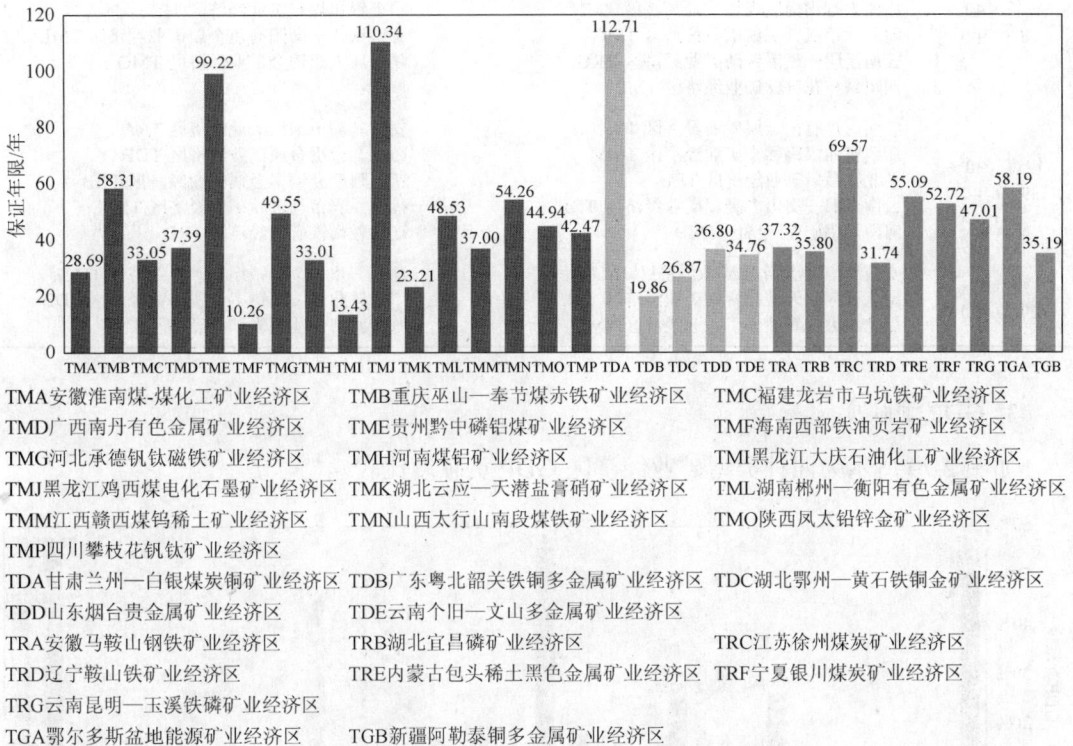

TMA安徽淮南煤-煤化工矿业经济区　　　TMB重庆巫山—奉节煤赤铁矿业经济区　　　TMC福建龙岩市马坑铁矿业经济区
TMD广西南丹有色金属矿业经济区　　　　TME贵州黔中磷铝煤矿业经济区　　　　　　TMF海南西部铁油页岩矿业经济区
TMG河北承德钒钛磁铁矿业经济区　　　　TMH河南煤铝矿业经济区　　　　　　　　　TMI黑龙江大庆石油化工矿业经济区
TMJ黑龙江鸡西煤电化石墨矿业经济区　　TMK湖北云应—天潜盐膏硝矿业经济区　　　TML湖南郴州—衡阳有色金属矿业经济区
TMM江西赣西煤钨稀土矿业经济区　　　　TMN山西太行山南段煤铁矿业经济区　　　　TMO陕西凤太铅锌金矿业经济区
TMP四川攀枝花钒钛矿业经济区
TDA甘肃兰州—白银煤炭铜矿业经济区　　TDB广东粤北韶关铁铜多金属矿业经济区　　TDC湖北鄂州—黄石铁铜金矿业经济区
TDD山东烟台贵金属矿业经济区　　　　　　TDE云南个旧—文山多金属矿业经济区
TRA安徽马鞍山钢铁矿业经济区　　　　　　TRB湖北宜昌磷矿业经济区　　　　　　　　　TRC江苏徐州煤炭矿业经济区
TRD辽宁鞍山铁矿业经济区　　　　　　　　TRE内蒙古包头稀土黑色金属矿业经济区　　TRF宁夏银川煤炭矿业经济区
TRG云南昆明—玉溪铁磷矿业经济区
TGA鄂尔多斯盆地能源矿业经济区　　　　　TGB新疆阿勒泰铜多金属矿业经济区

图 2.78　四种类型矿业经济区保证年限比较

（1）以煤矿为主导矿种的矿业经济区平均保证年限明显长于其他矿业经济区保证年限。

贵州黔中磷铝煤矿业经济区、黑龙江鸡西煤电化石墨矿业经济区、甘肃兰州—白银煤炭铜矿业经济区平均保证年限均在 99 年以上，而其他矿业经济区平均保证年限多在 60 年以下，说明以煤矿为主导矿种的保证年限长于其他矿业经济区保证年限。

（2）平均保证年限较长的矿业经济区多为成熟型矿业经济区、再生型矿业经济区。

结合近年平均保证年限数值将 30 个矿业经济区分为四类，如表 2.9 所示。将平均保证年限分为四类，分别为 99 年以上、40~98.99 年、30~39.99 年、0~29.99 年，分别对应长保证年限、较长保证年限、较短保证年限、短保证年限。平均保证年限在 40 年以上的 14 个矿业经济区中，有 8 个成熟型矿业经济区和 4 个再生型矿业经济区，即所选

30 个矿业经济区中，50%的成熟型矿业经济区、57.14%的再生型矿业经济区保证年限较高及以上。

表 2.9　结合近年平均保证年限数值将 30 个矿业经济区分为四类

保证年限类型	矿业经济区	
长（99 年+）	甘肃兰州—白银煤炭铜矿业经济区 TDA 贵州黔中磷铝煤矿业经济区 TME	黑龙江鸡西煤电化石墨矿业经济区 TMJ
较长（40～98.99 年）	江苏徐州煤炭矿业经济区 TRC 鄂尔多斯盆地能源矿业经济区 TGA 山西太行山南段煤铁矿业经济区 TMN 河北承德钒钛磁铁矿业经济区 TMG 云南昆明—玉溪铁磷矿业经济区 TRG 四川攀枝花钒钛矿业经济区 TMP	重庆巫山—奉节煤赤铁矿业经济区 TMB 内蒙古包头稀土黑色金属矿业经济区 TRE 宁夏银川煤炭矿业经济区 TRF 湖南郴州—衡阳有色金属矿业经济区 TML 陕西凤太铅锌金矿业经济区 TMO
较短（30～39.99 年）	广西南丹有色金属矿业经济区 TMD 江西赣西煤钨稀土矿业经济区 TMM 湖北宜昌磷矿业经济区 TRB 云南个旧—文山多金属矿业经济区 TDE 河南煤铝矿业经济区 TMH	安徽马鞍山钢铁矿业经济区 TRA 山东烟台贵金属矿业经济区 TDD 新疆阿勒泰铜多金属矿业经济区 TGB 福建龙岩市马坑铁矿业经济区 TMC 辽宁鞍山铁矿业经济区 TRD
短（0～29.99 年）	安徽淮南煤-煤化工矿业经济区 TMA 湖北云应—天潜盐膏硝矿业经济区 TMK 黑龙江大庆石油化工矿业经济区 TMI	湖北鄂州—黄石铁铜金矿业经济区 TDC 广东粤北韶关铁铜多金属矿业经济区 TDB 海南西部铁油页岩矿业经济区 TMF

3. GDP 贡献度

如图 2.79 所示为四种类型矿业经济区 GDP 贡献度比较。

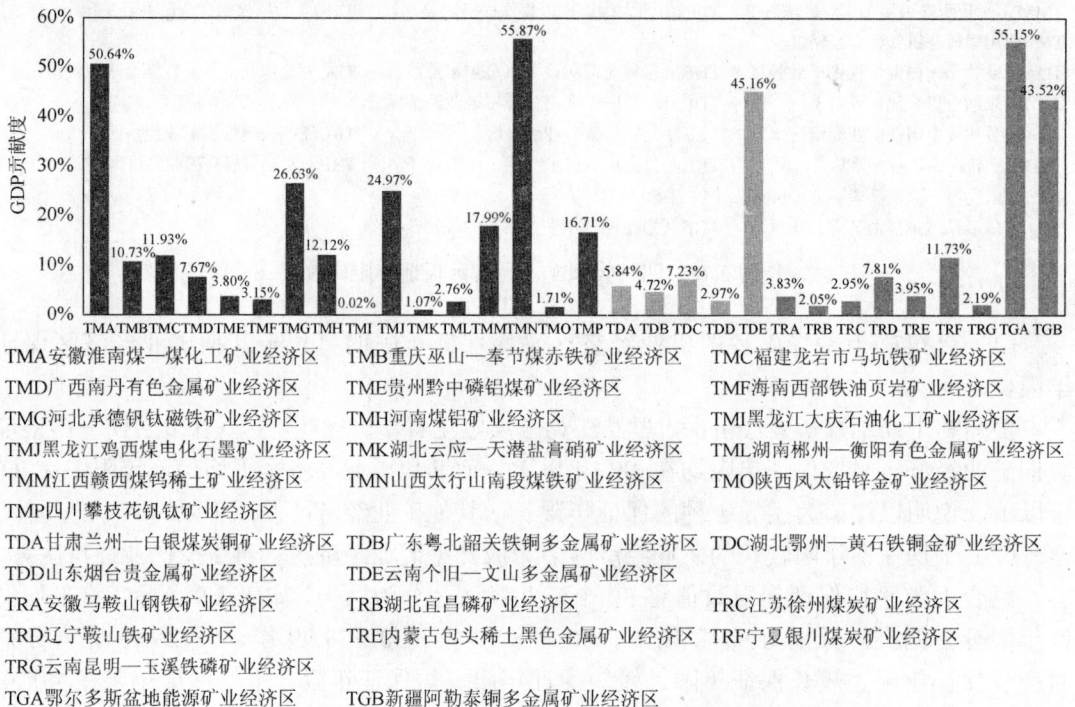

TMA安徽淮南煤—煤化工矿业经济区　　TMB重庆巫山—奉节煤赤铁矿业经济区　　TMC福建龙岩市马坑铁矿业经济区
TMD广西南丹有色金属矿业经济区　　TME贵州黔中磷铝煤矿业经济区　　TMF海南西部铁油页岩矿业经济区
TMG河北承德钒钛磁铁矿业经济区　　TMH河南煤铝矿业经济区　　TMI黑龙江大庆石油化工矿业经济区
TMJ黑龙江鸡西煤电化石墨矿业经济区　　TMK湖北云应—天潜盐膏硝矿业经济区　　TML湖南郴州—衡阳有色金属矿业经济区
TMM江西赣西煤钨稀土矿业经济区　　TMN山西太行山南段煤铁矿业经济区　　TMO陕西凤太铅锌金矿业经济区
TMP四川攀枝花钒钛矿业经济区
TDA甘肃兰州—白银煤炭铜矿业经济区　　TDB广东粤北韶关铁铜多金属矿业经济区　　TDC湖北鄂州—黄石铁铜金矿业经济区
TDD山东烟台贵金属矿业经济区　　TDE云南个旧—文山多金属矿业经济区
TRA安徽马鞍山钢铁矿业经济区　　TRB湖北宜昌磷矿业经济区　　TRC江苏徐州煤炭矿业经济区
TRD辽宁鞍山铁矿业经济区　　TRE内蒙古包头稀土黑色金属矿业经济区　　TRF宁夏银川煤炭矿业经济区
TRG云南昆明—玉溪铁磷矿业经济区
TGA鄂尔多斯盆地能源矿业经济区　　TGB新疆阿勒泰铜多金属矿业经济区

图 2.79　四种类型矿业经济区 GDP 贡献度比较

（1）以能源为主导矿种的矿业经济区 GDP 贡献度明显高于其他矿业经济区 GDP 贡献度。

山西太行山南段煤铁矿业经济区、鄂尔多斯盆地能源矿业经济区、安徽淮南煤-煤化工矿业经济区平均 GDP 贡献度在 50%以上，明显高于其他矿业经济区，即以能源为主导矿种的矿业经济区 GDP 贡献度明显高于其他矿业经济区 GDP 贡献度。

（2）GDP 贡献度较高的矿业经济区多为成长型矿业经济区、成熟型矿业经济区。

结合近年 GDP 贡献度数值将 30 个矿业经济区分为四类，如表 2.10 所示。将平均 GDP 贡献度分为四类，分别为 40%以上、10%～39.99%、3%～9.99%、0～2.99%，分别对应高 GDP 贡献度、较高 GDP 贡献度、较低 GDP 贡献度、低 GDP 贡献度。GDP 贡献度在 40%以上的矿业经济区多为能源矿业经济区及多金属矿业经济区；在 10%以上的 13 个矿业经济区中，有 10 个成熟型矿业经济区和 2 个成长型矿业经济区，即所选 30 个矿业经济区中，100%的成长型矿业经济区、62.5%的成熟型矿业经济区 GDP 贡献度较高及以上。

表 2.10　结合近年 GDP 贡献度数值将 30 个矿业经济区分为四类

GDP 贡献度类型	矿业经济区	
高（40%+）	山西太行山南段煤铁矿业经济区 TMN 安徽淮南煤-煤化工矿业经济区 TMA 新疆阿勒泰铜多金属矿业经济区 TGB	鄂尔多斯盆地能源矿业经济区 TGA 云南个旧—文山多金属矿业经济区 TDE
较高（10%～39.99%）	河北承德钒钛磁铁矿业经济区 TMG 江西赣西煤钨稀土矿业经济区 TMM 河南煤铝矿业经济区 TMH 宁夏银川煤炭矿业经济区 TRF	黑龙江鸡西煤电化石墨矿业经济区 TMJ 四川攀枝花钒钛矿业经济区 TMP 福建龙岩市马坑铁矿业经济区 TMC 重庆巫山—奉节煤赤铁矿业经济区 TMB
较低（3%～9.99%）	辽宁鞍山铁矿业经济区 TRD 湖北鄂州—黄石铁铜金矿业经济区 TDC 广东粤北韶关铁铜多金属矿业经济 TDB 安徽马鞍山钢铁矿业经济区 TRA 海南西部铁油页岩矿业经济区 TMF	广西南丹有色金属矿业经济区 TMD 甘肃兰州—白银煤炭铜矿业经济区 TDA 内蒙古包头稀土黑色金属矿业经济区 TRE 贵州黔中磷铝煤矿业经济区 TME
低（0～2.99%）	山东烟台贵金属矿业经济区 TDD 湖南郴州—衡阳有色金属矿业经济区 TML 湖北宜昌磷矿业经济区 TRB 湖北云应—天潜盐膏硝矿业经济区 TMK	江苏徐州煤炭矿业经济区 TRC 云南昆明—玉溪铁磷矿业经济区 TRG 陕西凤太铅锌金矿业经济区 TMO 黑龙江大庆石油化工矿业经济区 TMI

4. 就业人口贡献度

如图 2.80 所示为四种类型矿业经济区就业人口贡献度比较。

（1）以能源为主导矿种的矿业经济区就业人口贡献度明显高于其他矿业经济区就业人口贡献度。

山西太行山南段煤铁矿业经济区、鄂尔多斯盆地能源矿业经济区、黑龙江鸡西煤电化石墨矿业经济区就业人口贡献度均在 28%以上，明显高于其他矿业经济区就业人口贡献度，即以能源为主导矿种的矿业经济区就业人口贡献度明显高于其他矿业经济区就业人口贡献度。

（2）就业人口贡献度较高的矿业经济区多为成长型矿业经济区、成熟型矿业经济区。

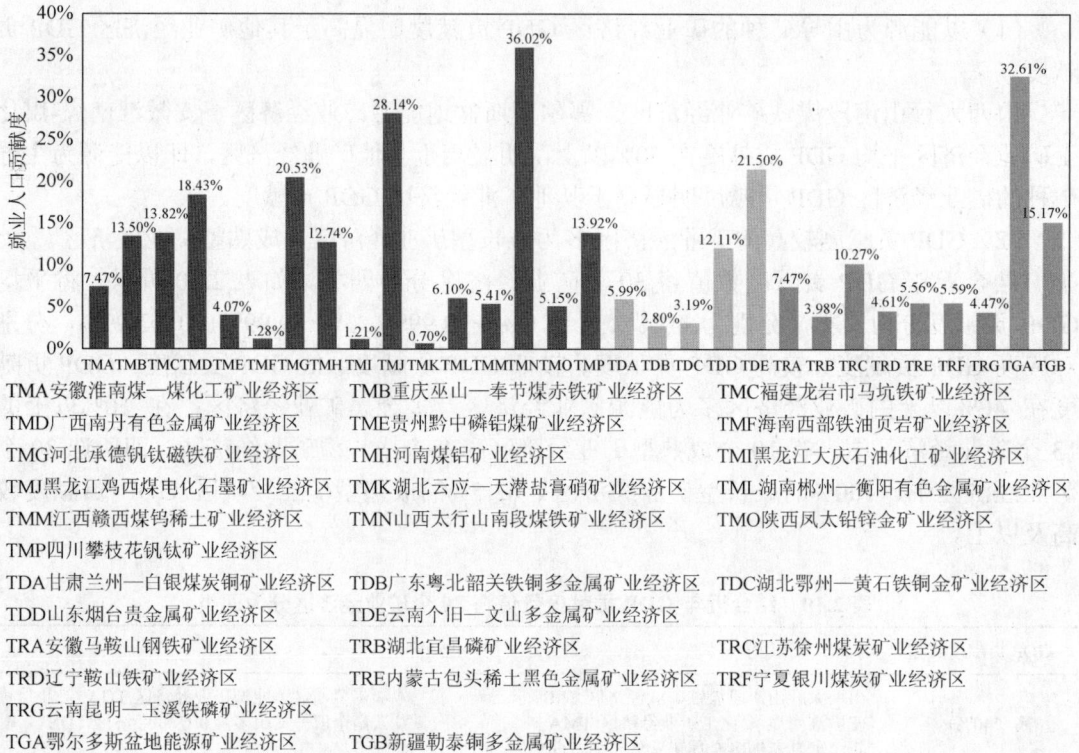

TMA安徽淮南煤—煤化工矿业经济区　　　TMB重庆巫山—奉节煤赤铁矿业经济区　　　TMC福建龙岩市马坑铁矿业经济区

TMD广西南丹有色金属矿业经济区　　　　TME贵州黔中磷铝煤矿业经济区　　　　　　TMF海南西部铁油页岩矿业经济区

TMG河北承德钒钛磁铁矿业经济区　　　　TMH河南煤铝矿业经济区　　　　　　　　　TMI黑龙江大庆石油化工矿业经济区

TMJ黑龙江鸡西煤电化石墨矿业经济区　　TMK湖北云应—天潜盐膏硝矿业经济区　　　TML湖南郴州—衡阳有色金属矿业经济区

TMM江西赣西煤钨稀土矿业经济区　　　　TMN山西太行山南段煤铁矿业经济区　　　　TMO陕西凤太铅锌金矿业经济区

TMP四川攀枝花钒钛矿业经济区

TDA甘肃兰州—白银煤炭铜矿业经济区　　TDB广东粤北韶关铁铜多金属矿业经济区　　TDC湖北鄂州—黄石铁铜金矿业经济区

TDD山东烟台贵金属矿业经济区　　　　　TDE云南个旧—文山多金属矿业经济区

TRA安徽马鞍山钢铁矿业经济区　　　　　TRB湖北宜昌磷矿业经济区　　　　　　　　TRC江苏徐州煤炭矿业经济区

TRD辽宁鞍山铁矿业经济区　　　　　　　TRE内蒙古包头稀土黑色金属矿业经济区　　TRF宁夏银川煤炭矿业经济区

TRG云南昆明—玉溪铁磷矿业经济区

TGA鄂尔多斯盆地能源矿业经济区　　　　TGB新疆勒泰铜多金属矿业经济区

图2.80　四种类型矿业经济区就业人口贡献度比较

　　结合近年就业人口贡献度数值将 30 个矿业经济区分为四类，如表 2.11 所示。将平均就业人口贡献度分为四类，分别为 20%以上、10%～19.99%、5%～9.99%、0～4.99%，分别对应高就业人口贡献度、较高就业人口贡献度、较低就业人口贡献度、低就业人口贡献度。就业人口贡献度在 20%以上的矿业经济区多为能源矿业经济区；在 10%以上的

表 2.11　结合近年就业人口贡献度数值将 30 个矿业经济区分为四类

就业人口贡献度类型	矿业经济区	
高（20%+）	山西太行山南段煤铁矿业经济区 TMN 黑龙江鸡西煤电化石墨矿业经济区 TMJ 河北承德钒钛磁铁矿业经济区 TMG	鄂尔多斯盆地能源矿业经济区 TGA 云南个旧—文山多金属矿业经济区 TDE
较高（10%～19.99%）	广西南丹有色金属矿业经济区 TMD 四川攀枝花钒钛矿业经济区 TMP 重庆巫山—奉节煤赤铁矿业经济区 TMB 山东烟台贵金属矿业经济区 TDD	新疆阿勒泰铜多金属矿业经济区 TGB 福建龙岩市马坑铁矿业经济区 TMC 河南煤铝矿业经济区 TMH 江苏徐州煤炭矿业经济区 TRC
较低（5%～9.99%）	安徽淮南煤-煤化工矿业经济区 TMA 湖南郴州—衡阳有色金属矿业经济区 TML 宁夏银川煤炭矿业经济区 TRF 江西赣西煤钨稀土矿业经济区 TMM	安徽马鞍山钢铁矿业经济区 TRA 甘肃兰州—白银煤炭铜矿业经济区 TDA 内蒙古包头稀土黑色金属矿业经济区 TRE 陕西凤太铅锌金矿业经济区 TMO
低（0～4.99%）	辽宁鞍山铁矿业经济区 TRD 贵州黔中磷铝煤矿业经济区 TME 湖北鄂州—黄石铁铜金矿业经济区 TDC 海南西部铁油页岩矿业经济区 TMF 湖北云应—天潜盐膏硝矿业经济区 TMK	云南昆明—玉溪铁磷矿业经济区 TRG 湖北宜昌磷矿业经济区 TRB 广东粤北韶关铁铜多金属矿业经济区 TDB 黑龙江大庆石油化工矿业经济区 TMI

13 个矿业经济区中,有 8 个成熟型矿业经济区和 2 个成长型矿业经济区,即所选 30 个矿业经济区中,100%的成长型矿业经济区、50%的成熟型矿业经济区 GDP 贡献度较高及以上。

2.5 对策与建议

根据以上对 30 个矿业经济区矿产资源承载力的评价结果分析,结合每个区域的实际情况,本节针对每个矿业经济区提出具体的对策与建议。

2.5.1 成熟型矿业经济区

成熟型矿业经济区平均保证年限相对较高,贡献度也相对较高,说明该类型矿业经济区未来开采维持年限较长,但对矿业依赖程度较强。随着矿产资源的消耗,成熟型矿业经济区必定会步入衰退型甚至再生型矿业经济区。调整矿资源开采结构,延伸产业链,提升矿产资源勘查、开采技术,进一步完善产业结构,是这类矿业经济区提升矿产资源承载力的关键所在。

1. 安徽淮南煤-煤化工矿业经济区

(1)该矿业经济区主要矿产资源经济承载力处于满载状态,保证年限仅为 29 年,已处于预警状态,工业化、城市化水平已不适宜再扩大,应控制矿产资源开采规模,调整结构,积极开发尾矿、废石、冶炼废渣的综合利用技术,提高难选、低品位煤矿、磷矿资源的开发利用,提升经济承载力,延长保证年限。

(2)经预测,未来几年该矿业经济区矿业对 GDP 贡献度、对就业人口贡献度均在平稳中下降,这与矿产资源承载力满载状态是不谋而合的,应调整产业结构,延伸产业链,降低对矿业的依赖度,为步入衰退期做准备。

2. 重庆巫山—奉节煤赤铁矿业经济区

(1)该矿业经济区主要矿产资源经济承载力处于过载状态,然而保证年限却处于富载状态,主要是由于经济发展水平限制了经济承载力的上涨,可适当提升工业化水平,扩大城市规模,加大对矿产资源的利用。值得一提的是,该矿业经济区赤铁矿承载力并不高,应加强巫山赤铁矿的选冶试验研究,加快推进赤铁矿新兴矿业的发展,缓解重庆市铁矿资源紧缺的局面,促进三峡库区区域经济的发展。

(2)经预测,未来几年该矿业经济区矿业对 GDP 贡献度、就业人口贡献度均呈缓慢上涨趋势,这与矿产资源承载力富载状态是相吻合的,同样地,应加大矿产资源开发力度,扩大矿业权范围,如加强煤炭资源勘查开发,着力构建"沿江动力煤基地"。

3. 福建龙岩市马坑铁矿业经济区

(1)该矿业经济区主要矿产资源经济承载力、保证年限均处于过载状态,不适合加大矿产资源开发，应继续加大地质勘查力度，提高铁矿等重要矿种保有储量；同时在铁矿产品结构调整中走"细磨、深选、制球团"的深加工增加产品附加值的发展思路。

（2）该矿业经济区矿业对 GDP 贡献度较低，而对就业人口贡献度较高，预计未来对 GDP 贡献度呈上涨趋势，对就业人口贡献度呈缓慢下降趋势；该矿业经济区矿产资源承载力不足，经济不适合快速发展，应在矿产资源承载力范围内提升经济发展水平。

4. 广西南丹有色金属矿业经济区

（1）该矿业经济区主要矿产资源经济承载力、保证年限均处于过载状态，应加大科研投入力度，重点开展大厂锡多金属矿集约开发与综合利用示范工程，开展深部、难采矿体的采矿技术方法研究，锡铅锌等共伴生矿综合利用工艺研究和尾矿资源化研究；降低工业化、城市化发展速度。

（2）该矿业经济区矿业对 GDP 贡献度不高，但对就业人口贡献度较高，预计未来对 GDP 贡献度、就业人口贡献度均呈上涨趋势，未来在一定程度上对矿业依赖程度仍是逐步增强的，应充分发挥锡铅锌有色金属的资源优势，加大勘查和开发力度，建设南丹大厂锡等一批大中型矿山企业。

5. 贵州黔中磷铝煤矿业经济区

（1）该矿业经济区主要矿产资源经济承载力、保证年限均处于富载状态，可适当提升工业化、城市化水平，扩大城市规模。

（2）该矿业经济区矿业对 GDP 贡献度、就业人口贡献度均不高，按照目前贡献度波动水平预计未来贡献度可能呈下降趋势，这与该矿业经济区矿产资源承载力富载状态是不相符的，矿产资源承载力空间大，开矿潜力大，应加大勘探开发，如重点开发利用磷矿及铝土矿资源，以国有大型企业为基础，建设磷化工产业带和铝工业基地；有序发展氧化铝，严格控制电解铝，大力发展铝加工及铝装备制造业。

6. 海南西部铁油页岩矿业区

（1）该矿业经济区主要矿产资源经济承载力呈上涨趋势，保证年限波动幅度不大，其中油页岩矿储量丰富，保证年限较长。海南虽属于我国东部地区的省份，但经济发展水平相对落后，可适当扩大油页岩矿开采规模，在生态文明前提下加速发展矿业，促进工业化、城市化，带动经济快速发展。

（2）目前，该矿业经济区矿业对 GDP 贡献度、就业人口贡献度均不高，按照目前贡献度波动水平预计未来 GDP 贡献度呈上涨趋势，就业人口贡献度呈下降趋势，应提升矿业就业人口利用效率。

7. 河北承德钒钛磁铁矿业经济区

（1）该矿业经济区主要矿产资源经济承载力处于过载状态，而保证年限处于富载状态，即经济水平限制了经济承载力的上涨；该矿业经济区矿产资源承载力较强，可适当加速勘探开发，扩大城市规模，促进工业化、城市化。

（2）预计该矿业经济区未来 GDP 贡献度增长幅度较大，就业人口贡献度增长缓慢，与矿产资源较强承载力是相吻合的,应提升矿业就业人口使用效率,不断实现技术创新,稳步开发有限的钒钛铁矿,提高钒、钛、铁矿综合利用水平。

8. 河南煤铝矿业经济区

(1)该矿业经济区经济承载力较高,而保证年限较低,应限制矿产资源开采速度,追求技术创新、管理创新,如严格煤炭新建矿井审批,控制产能无序增长,煤炭产量主要以大中型煤矿为主,压减小型煤矿产量,严格限制煤矿超能力生产;大力推广利用中低品位铝土矿石生产氧化铝的新的选矿富集技术,统筹考虑不同品质的铝土矿用作炼铝、耐火材料、磨料等不同用途。

(2)经预测,该矿业经济区未来 GDP 贡献度、就业人口贡献度均呈下降趋势,这与矿产资源保证年限过载状态是不谋而合的,应限制开采矿产资源,调整产业结构,促进经济快速发展。

9. 黑龙江大庆石油化工矿业经济区

(1)该矿业经济区经济承载力、保证年限均处于过载状态,应限制开采大庆石油,延长保证年限,可进一步挖掘大庆外围石油、天然气的找矿潜力,加快石油、化工产业结构调整和产业升级,推进以石油、天然气开采为源头的一体化项目建设。

(2)经预计,该矿业经济区矿业对 GDP 贡献度、就业人口贡献度未来几年基本平稳,应控制城市规模,限制工业化、城市化水平。

10. 黑龙江鸡西煤电化石墨矿业经济区

(1)该矿业经济区主要矿产资源经济承载力不足,但保证年限富载,主要由于石墨矿保证年限长。鸡西煤矿十分丰富,是该矿业经济区煤炭重点开采区,开采规模目前不高,应改进落后的传统开采工艺,加强煤炭资源储量管理,提高采选、综合回收率,节约利用资源,加快煤矿石资源综合利用;对于石墨矿,可提高深加工水平和产品的科技含量,延长产业链,提升产业集中度,提高石墨生产加工业整体经济效益,增强市场竞争力,从而促进经济发展。

(2)经预计,该矿业经济区 GDP 贡献度呈上涨趋势,就业人口贡献度呈平稳态势,应提升矿业就业人员利用效率,矿产资源保证年限较长,仍可适当加速工业化、城市化发展速度,扩大城市规模。

11. 湖北云应—天潜盐膏硝矿业经济区

(1)该矿业经济区主要矿产资源经济承载力处于满载状态,保证年限仅为 17 年,已处于预警状态,应限制开采矿产资源,减缓经济发展速度,控制工业化、城市化水平。

(2)目前,该矿业经济区矿业对 GDP 贡献度、对就业人口贡献度均不高,预计未来几年对 GDP 贡献度呈上涨趋势,对就业人口贡献度呈下降趋势,应提升矿业就业人员利用效率,不断鼓励技术创新、管理创新,加速经济发展,如鼓励企业开展加工盐、食用盐的开采加工技术研究;鼓励开发高纯、超细、高强石膏粉系列产品和石膏新型建材等。

12. 湖南郴州—衡阳有色金属矿业经济区

（1）该矿业经济区主要矿产资源经济承载力处于满载状态，保证年限处于富载状态，可适当加大勘探开发力度，扩大城市规模，促进工业化、城市化发展。

（2）近年来，该矿业经济区矿业对 GDP 贡献度、就业人口贡献度均不高，预计未来几年矿业对 GDP 贡献度、就业人口贡献度均呈下降趋势，鉴于该矿业经济区较强的矿产资源承载力，应扩大矿业勘探开发规模，加大矿业对 GDP 的贡献，如重点发展铅、锌、钨、钼等深加工产品，兼顾发展锑、铋等产品，以产品的多样性和精深加工为方向，延长产业链；不断加强铅、锌、钨、钼、硬质合金、锑、锰、稀土、钡盐等生产和加工技术的创新；淘汰土法炼铅、锌、汞、砷、锑等。通过扶强弃弱，实现冶金工业总体优化。

13. 江西赣西煤钨稀土矿业经济区

（1）该矿业经济区主要矿产资源经济承载力较高，而保证年限却处于满载状态，应限制矿产资源的开采，控制城市规模，降低工业化、城市化速度。

（2）该矿业经济区矿业对 GDP 贡献度显著高于就业人口贡献度，预计未来几年 GDP 贡献度呈上涨趋势，而就业人口贡献度呈下降趋势，即矿业人员利用效率较高，矿业经济区应保持高的人员利用效率。要增加矿业对 GDP 贡献度，不能仅仅从开采量增加来弥补，应大力发展钨及有色金属深加工产业，重点培育接续替代产业基地，兼顾农业和服务业发展；增加科技含量，拉长增厚产业链，促进传统产业向价值链高端转移，提高整体经济效益。

14. 山西太行山南段煤铁矿业经济区

（1）该矿业经济区主要矿产资源经济承载力、保证年限均处于富载状态，在土地资源、水资源、环境等承载范围内，可适当加大矿产资源勘探开发力度，扩大城市规模，促进工业化、城市化。

（2）近年来，该矿业经济区矿业对 GDP 贡献度、就业人口贡献度较高，预计未来两者均呈上涨趋势，这与矿产资源强的承载力现状是分不开的，但仍应注意矿产资源的集约利用以及环境保护。煤矿的大型矿井建设项目应与煤炭洗选、延伸加工、资源综合利用项目同步实施，其他矿井要集中建设群矿型大型洗（选）煤厂与重载列车相配套的快速装运系统，实现煤炭集中洗选、集中装运；金属矿产应延长下游产品的产业链条，"采、选、冶、加"一体化，各个环节集约化，以铁、铝、铜、镁、锰为重点，加大山西省金属矿产品的结构调整力度，提高其附加值和经济效益。

15. 陕西凤太铅锌金矿业经济区

（1）该矿业经济区主要矿产资源经济承载力不高，而保证年限处于富载状态，可适当加大矿产资源勘探开发力度，扩大城市规模，促进工业化、城市化。

（2）该矿业经济区矿业对 GDP 贡献度、就业人口贡献度均不高，预计未来几年矿业对 GDP 贡献度呈下降趋势，对就业人口贡献度呈上涨趋势。该矿业经济区应提升矿业人员利用效率，稳步推进矿产资源的规模化、集约化生产，进一步加强新发现矿产地矿产资源开发力度，使该区域矿产资源开发再上一个新台阶。该矿业经济区矿产资源开发要以保护生态为前提，按照高水平、集约化、无污染的要求，有重点地发展优势矿业，延长矿业产业链。

16. 四川攀枝花钒钛矿业经济区

（1）该矿业经济区主要矿产资源经济承载力不高，保证年限处于富载状态，可适当加大矿产资源勘探开发力度，扩大城市规模，促进工业化、城市化。加快煤、钒、钛、等矿产资源勘查与开发利用步伐，实现全市矿产资源勘查、开发利用的合理布局，将资源优势转变为资本优势、经济优势，促进全市经济的协调发展；重点加强钒钛磁铁矿的综合利用，积极发展钒钛新材料，加大球团矿生产能力并实现规模化生产，使该矿业经济区成为四川省乃至我国西部的钢铁、钒钛新材料基地。

（2）经预测，该矿业经济区矿业对 GDP 贡献度、就业人口贡献度未来几年将在平稳中增长，这与矿产资源强承载力是不谋而合的，应注意提升矿业人员利用效率。

2.5.2　衰退型矿业经济区

衰退型矿业经济区应加大找矿力度，适当延长矿山的保证年限；延长产业链，开发市场前景好的高技术含量、高附加值的矿产品；同时应考虑衰退型矿业经济区随着矿产资源的衰竭，必将成为再生型矿业经济区，或者从《全国矿产资源规划》中剔除的可能性，故该类型矿业经济区应提前做好转型的准备。

1. 甘肃兰州—白银煤炭铜矿业经济区

（1）该矿业经济区经济承载力、保证年限均处于富载状态，可适当加大矿产资源勘探开发力度，扩大城市规模，促进工业化、城市化，如加大白银铜矿区深部及外围的找矿力度，延长现有矿山的服务年限；稳定窑街、靖远两大煤炭基地生产能力，着力加强煤层气资源勘查和开发利用，提升区域经济发展效能。

（2）经预测，该矿业经济区矿业对 GDP 贡献度、就业人口贡献度基本保持不变，在矿业发展的同时应带动第三产业的快速发展。

2. 广东粤北韶关铁铜多金属矿业经济区

（1）该矿业经济区主要矿产资源经济承载力、保证年限均处于过载状态，应降低矿产资源的大规模消耗速度，控制城市规模，有限开展矿产资源勘查、矿产资源综合开发利用重大工程项目；可延伸产业链，调整产业结构，促进经济快速发展，如打造完整的产业链，稳步推进铅锌银-钨锡有色金属采选冶加工产业和优质高岭土采选深加工产业发展。

（2）经预测，该矿业经济区矿业对 GDP 贡献度呈上涨趋势，对就业人口贡献度呈下降趋势，要达到这种效果，应提升资源利用效率，使人员达到优化配置。

3. 湖北鄂州—黄石铁铜金矿业经济区

（1）该矿业经济区主要矿产资源经济承载力、保证年限均处于过载状态，应降低矿产资源开采速度，限制开采，控制城市规模，同时应追求技术创新，稳定铁、铜、金矿的生产能力和选冶加工能力；

（2）经预测，该矿业经济区矿业对 GDP 贡献度、对就业人口贡献度基本保持平稳，前者有小幅度上涨。该矿业经济区应延伸产业链，寻求矿产资源主导产业，提高矿产品竞争力，如发展以水泥用灰岩、玻璃用砂岩、膨润土为主的建材非金属矿业，形成鄂东水泥、玻璃原料矿产开发基地和全省膨润土开发与深加工基地。

4. 山东烟台贵金属矿业经济区

（1）该矿业经济区主要矿产资源经济承载力高，而保证年限却处于满载状态，即大力开采该矿业经济区贵金属矿已不现实，应限制开采，降低工业化、城市化速度，同时延伸产业链，如形成金、银资源开发与冶炼加工于一体的金、银工业产业链；加快金矿精炼，金、银饰品、工艺品发展速度，开展金、银工业应用领域方面的研究，尽快引进国内、外先进工艺和技术，加速技术创新和产品更新换代，开发市场前景好的高技术含量、高附加值的黄金、白银产品。

（2）经预测，该矿业经济区矿业对 GDP 贡献度、就业人口贡献度均呈上涨趋势，就业人口贡献度可能在 2016 年达到峰值，随后又有缓慢下降趋势，2015～2016 年就业人口贡献度增长幅度较大，应提升矿业从业人员利用效率，做到人员优化配置，通过上述延伸产业链、技术创新等提升矿业产值及矿业增加值。

5. 云南个旧—文山多金属矿业经济区

（1）该矿业经济区主要矿产资源经济承载力低，保证年限处于满载状态，应减缓该矿业经济区矿产资源开采速度，限制开采，控制城市规模。

（2）经预测，该矿业经济区矿业对 GDP 贡献度、就业人口贡献度呈下降趋势，这与矿产资源承载力弱的状态是不谋而合的。该矿业经济区应调整产业结构，发挥云南省的生态旅游功能，大力发展第三产业。

2.5.3　再生型矿业经济区

再生型矿业经济区东部地区经济承载力较高，平均保证年限不低，主要是由于内蒙古稀土黑色金属矿业经济区稀土矿提升了该类型矿业经济区保证年限；GDP 贡献度、就业人口贡献度呈下降趋势，即该类型矿业经济区已基本实现产业转型。该类型矿业经济区应加强技术研发，调整产业结构，着力稳定矿业的发展。

1. 安徽马鞍山钢铁矿业经济区

（1）该矿业经济区主要矿产资源经济承载力低，保证年限处于满载状态，应限制开采，进一步巩固和发展马鞍山—繁昌铁矿采、选、冶和冶金辅助原料基地，保持资源利用规模；加大相邻区当涂、和县的铁矿勘查，提高资源保障程度，提高马钢生产能力，从而提升矿业产值及矿业增加值，同时带动第三产业发展，促进经济快速发展。

（2）经预测，该矿业经济区矿业对 GDP 贡献度未来几年将在波动中呈小幅度上涨趋势，对就业人口贡献度基本保持不变。该矿业经济区应调整产业结构，在矿业发展的同时，带动第三产业的发展。

2. 湖北宜昌磷矿业经济区

（1）该矿业经济区主要矿产资源经济承载力、保证年限均处于满载状态，应减缓矿产资源开采速度，控制城市规模，降低工业化、城市化发展速度。

（2）经预测，该矿业经济区矿业对 GDP 贡献度、就业人口贡献度在未来几年波动幅度均不大，前者呈缓慢上涨趋势，后者呈缓慢下降趋势。面对这种态势，不能大规模开采矿产资源，应追求技术创新，延伸产业链，提高矿产品的竞争力，如重点发展精细磷化工系列产品，延伸产业链，同时推进磷化工产业向资源深加工、产品精细化、技术先进型方向发展，逐步建成全国最大最强的磷精细化工基地。

3. 江苏徐州煤炭矿业经济区

（1）该矿业经济区主要矿产资源经济承载力、保证年限均处于富载状态，矿产资源潜力较大，可适当加大勘探开发力度，扩大城市规模，促进工业化、城市化发展。

（2）经预测，该矿业经济区矿业对 GDP 贡献度、就业人口贡献度未来几年将基本保持平稳态势，但仍有小幅度的波动。在鼓励矿产资源开采的同时，应延伸产业链，追求技术创新，如鼓励发展煤电一体化产业，着力发展坑口电厂和煤矸石发电等煤电联营和综合利用项目；重点发展煤层气开采技术、保水开采技术，鼓励发展煤炭洗选、加工和配煤、水煤浆等技术，加快推动洁净煤技术产业化。

4. 辽宁鞍山铁矿业经济区

（1）该矿业经济区主要矿产资源经济承载力、保证年限均处于满载状态，应减缓矿产资源开采速度，控制城市规模，利用技术创新、管理创新等方法追求资源的高效利用，如以鞍本钢铁集团公司为龙头，加强科技改造、提高产能和资源利用效益，把鞍本地区建成中国最大的钢铁基地；以钢铁为"龙头"，大力发展精品钢材，以汽车工业、现金装备工业逐渐取代钢铁工业的地位。

（2）经预测，该矿业经济区矿业对 GDP 贡献度呈上涨态势，对就业人口贡献度基本保持不变，要达到这种效果，矿业经济区同样应从技术创新、管理创新等方面改进，而不能靠矿产资源的大规模开采及利用。

5. 内蒙古包头稀土黑色金属矿业经济区

（1）该矿业经济区主要矿产资源经济承载力、保证年限均处于富载状态，可适当加大矿产资源的勘探开发力度，但应结合国家政策规定限制开采稀土矿，尤其限制低价出口稀土矿行为，应实现钢铁产品结构的优化，提高中厚板、汽车板、特种钢、稀土钢的比例，稀土矿要在稳定发展上中游产品的基础上，突出发展稀土新材料、元器件和应用产品等下游产品；可适当扩大城市规模，促进工业化、城市化发展。

（2）经预测，该矿业经济区矿业对 GDP 贡献度呈上涨态势，对就业人口贡献度呈下降趋势，要达到这种效果，该矿业经济区应不断提升资源、人员利用效率，争取做到资源、人员的优化配置。

6. 宁夏银川煤炭矿业经济区

（1）该矿业经济区主要矿产资源经济承载力低，而保证年限处于满载状态，应限制和淘汰落后生产能力，进行煤炭资源整合，规模开采集约利用；调整产业结构，延伸煤炭产业链，促进产业结构优化升级。

（2）经预测，该矿业经济区矿业对 GDP 贡献度呈下降趋势，对就业人口贡献度呈上涨趋势，应避免矿业就业人员利用效率低的情形，在经济向其他产业转移的同时，从业人员也应向其他产业转移。

7. 云南昆明—玉溪铁磷矿业经济区

（1）该矿业经济区主要矿产资源经济承载力、保证年限均处于富载状态，可适当加大勘探开发力度，扩大城市规模，促进工业化、城市化发展；如鼓励钢铁企业发展冷轧薄板、涂镀层板、冷轧不锈钢薄板等技术含量高、高附加值产品；控制黄磷产量，发展精细磷化工，建设磷化工深加工生产基地，生产高浓度磷复肥和专用肥。

（2）经预测，该矿业经济区矿业对 GDP 贡献度基本保持不变，对就业人口贡献度呈上涨趋势，应避免矿业就业人员利用效率低的情形。

2.5.4 成长型矿业经济区

成长型矿业经济区经济承载力均有好转趋势，保证年限偏长，GDP 贡献度、就业人口贡献度较高，说明该类型矿业经济去矿业发展呈良好态势，应加强优质矿种的开采，发展具有高附加值的矿产品，同时采用先进开采技术和现代化管理手段，着力延长良好态势的维持年限。

1. 鄂尔多斯盆地能源矿业经济区

（1）该矿业经济区主要矿产资源经济承载力、保证年限均处于富载状态，可适当加大矿产资源勘探开发力度，扩大城市规模，促进工业化、城市化。

（2）经预测，该矿业经济区矿业对 GDP 贡献度、就业人口贡献度均呈上涨趋势，追求经济的快速发展，不能仅仅依靠矿产资源的大力勘探开发，同时要加强技术创新，如加强优质煤开采，以洁净煤气化为龙头，积极发展煤制油、煤电化、煤焦化和煤液化等煤电化化工一体化的新兴煤化工深加工产品；鼓励石油、天然气、煤层气开采，发展具有高附加值的天然气化工产品。

2. 新疆阿勒泰铜多金属矿业经济区

（1）该矿业经济区主要矿产资源经济承载力高，而保证年限处于满载状态，应适当减缓矿产资源开采速度，追求技术创新、管理创新，如采用先进开采技术和现代化管理手段，加速建设全国铜矿生产基地；凭借本矿业经济区优势，建设全国铜镍生产基地和八钢原料供应基地，从而促进工业化、城市化发展。

（2）经预测，该矿业经济区矿业对 GDP 贡献度、就业人口贡献度基本保持不变，应在限制开采的同时追求技术上、管理上的不断创新，提升本矿业经济区矿产品竞争力。

第3章　土地资源承载力评价

土地资源承载力是指在一定时期、一定空间区域和一定的社会经济、生态环境条件下，土地资源所能承载的人口规模及人类各种活动的规模和强度的阈值。本章在构建指标体系的基础上，从人口承载力、土地资源经济承载力、人均粮食占有量和人均耕地面积等方面评价比较30个矿业经济区土地资源承载力状况。

3.1　主要数据来源

本研究矿业经济区土地资源承载力的数据收集主要来源于：
（1）《中国城市统计年鉴》；
（2）《国民经济和社会发展统计公报》；
（3）各省市统计年鉴；
（4）《中国城乡建设统计年鉴》等；
（5）各省市国土资源公报；
（6）部分数据不全，可利用已有年份的数据通过趋势外推法、指数平滑法预测获取。

3.2　矿业经济区土地资源承载力评价

本节运用第2章建立的土地资源承载力评价指标体系，运用均方差决策权值法以及综合评价法，测算我国典型矿业经济区土地资源承载力。这里需要说明的是，参考同类城市、国家建设标准、省内平均水平等，对土地资源承载力评价各指标确定了标准值，如表3.1所示。

表 3.1　土地资源承载力指标标准

指标层	非农人口比例/%	人均建设用地/（m²/人）	人均住房面积/（m²/人）	人均耕地面积/（亩/人）	单位面积建设用地GDP/（元/m²）	单位面积固定资产投资/（元/m²）
标准确定	同类城市水平	国家建设部标准	国家平均水平	国家标准	同类城市最高标准	省内平均水平
标准值	70	85	31.6	1.38	681.45	954.66

3.2.1　成熟型矿业经济区

1. 安徽淮南煤-煤化工矿业经济区

淮南市农用地 187936.39 公顷（1 公顷=10000m²），占土地总面积的 72.70%。其中耕地141808.95 公顷，园地 3279.79 公顷，林地 10729.67 公顷，牧草地 1047.43 公顷，其他农用地 31070.55 公顷。建设用地 44400.33 公顷，占土地总面积 17.18%。其中城乡建设用地

36172.80 公顷，交通水利用地 8111.98 公顷，其他建设用地 115.52 公顷。其他土地 26176.10公顷，占土地总面积的 10.12%。其中水域 24968.70 公顷，自然保留地 1207.40 公顷。

1）土地资源人口承载力评价

（1）建设用地面积和人口数量的变化。

2003～2012 年安徽淮南煤-煤化工矿业经济区土地人口承载力指标因子所涉及的主要数据的变化情况如表 3.2 人口承载力基础指标所示。

表 3.2　2003～2012 年土地人口承载力及经济承载力所涉基础指标

年份	土地人口承载力基础指标					经济承载力基础指标	
	非农人口/万人	总人口/万人	城镇建设用地/平方公里	建成区面积/平方公里	人均耕地面积/（亩/人）	市区 GDP/万元	固定资产投资/万元
2003	99.98	211.84	89	89	0.88	1705041	540909
2004	105.72	233.58	92	92	1.00	2144900	860743
2005	106.66	235.78	99	92	0.98	2636000	1282996
2006	108.46	237.9	101	94	0.97	3049800	1978343
2007	110.7	239.42	106	95	0.64	3442294	2517142
2008	112.98	240.88	109	96	0.74	4536200	2257231
2009	115.59	242.52	113	97	0.69	5087730	2860277
2010	117.93	243.99	97	97	0.64	6035491	4018460
2011	120.26	245.6	96	98	0.59	7095384	5013435
2012	122.60	243.8	100	102	0.54	7817510	5236294

注：1 平方公里=$10^6 m^2$

（2）计算人口承载力。

2003～2012 年安徽淮南煤-煤化工矿业经济区人口承载力具体结果如图 3.1 所示。

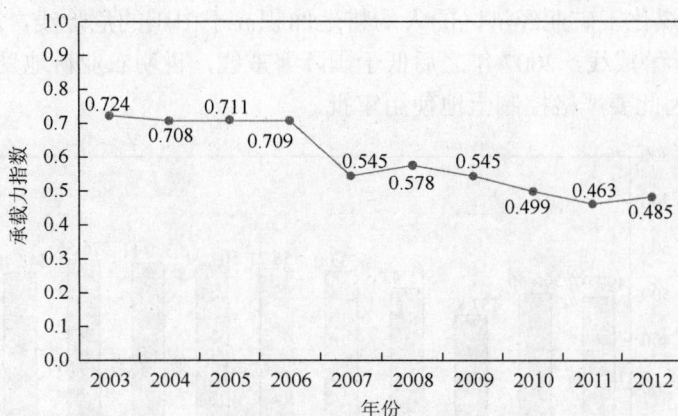

图 3.1　土地资源人口承载力

2）土地资源经济承载力评价

对于土地承载力的研究很大程度上是为了指导区域的社会经济可持续发展。可见对于土地的经济研究是土地承载力评价的重要组成部分。区域的土地经济产值能力可以决定本区域的经济规模。本书对于经济承载力的评价主要选取了两个指标因子：地均 GDP 和单位面积固定资产投资。具体计算情况如下。

（1）安徽淮南煤-煤化工矿业经济区 GDP 以及城市基础设施的投资变化。

由于从各种统计年鉴上无法取得建成区上的 GDP，此处用淮南市区 GDP 替代建成区 GDP，具体如表 3.2 经济承载力基础指标所示。

（2）土地经济承载力计算结果。

经计算，土地经济承载力的计算结果如图 3.2 所示。

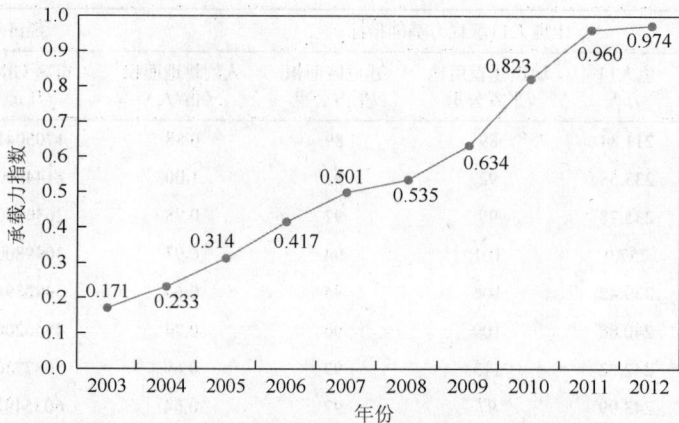

图 3.2 土地资源经济承载力

3）人均粮食占有量和人均耕地面积（图 3.3）

安徽淮南煤-煤化工矿业经济区的人均粮食占有量远远高于世界粮食危机线，土地资源的人口承载力较强，主要是由于该矿业经济区位于粮食主产区，单位面积粮食产量较高，耕地面积占比较大。

安徽淮南煤-煤化工矿业经济区的人均耕地面积高于中国的危险线，2007 年之前人均耕地面积高于国际警戒线，2007 年之后低于国际警戒线，说明农业耕地受到工业用地、建筑用地的剥蚀，因此要严格控制土地使用审批。

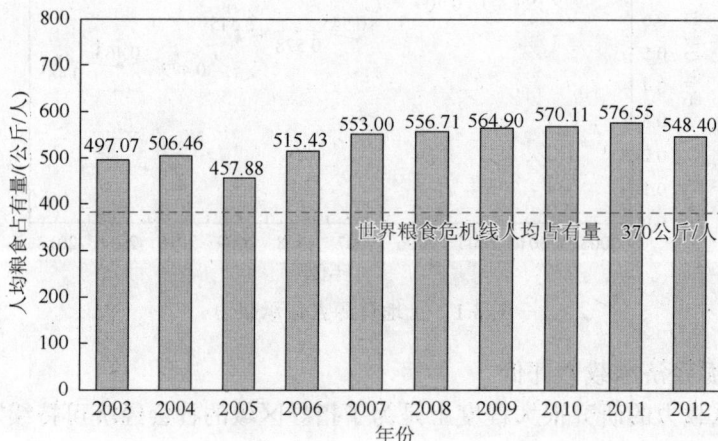

(a) 人均粮食占有量

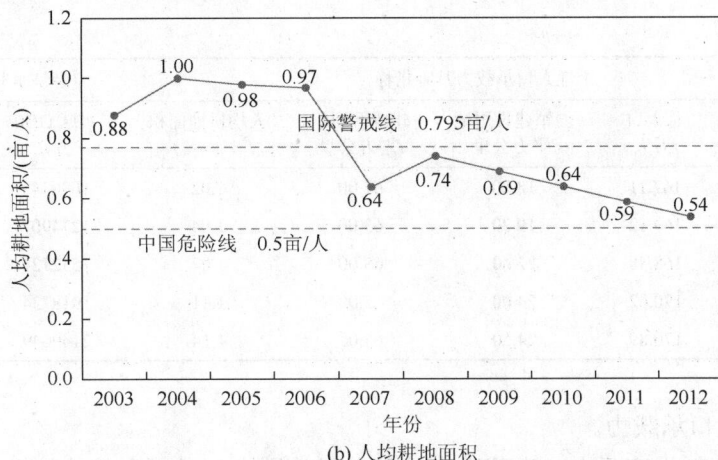

(b) 人均耕地面积

图 3.3　人均粮食占有量和人均耕地面积

2. 重庆巫山—奉节煤赤铁矿业经济区

巫山县位于重庆市东北部，三峡库区腹心。县境东西最大距离 61.2km，南北最大距离 80.3km。总面积 2958km²。境内地势南北高而中间低，南北部多为中山、低山，中部多江河。县域地貌基本上为中山（57.57%）、低山（38.41%）、丘陵平坝（4.02%）三大类，属典型的山多地少区域。气候特点具有亚热带季风气候特点：四季分明，雨热同季。

奉节县土地利用类型中，农用地占总面积的 84.83%，是奉节县土地利用中的主要用地类型，建设用地总面积 4309.8 公顷，占土地总面积的 5.93%，未利用地面积 37953.6 公顷，占全县土地总面积的 9.26%。奉节县农用地基数较大，2010 年现有农用地总计 347574.0 公顷，占土地总面积的 84.83%，是奉节县土地利用中的主要用地类型。2010 年奉节县建设用地总面积 24309.8 公顷，占土地总面积的 5.93%，较 2001 年增加 8702.0 公顷。2010 年奉节县未利用地面积 37953.6 公顷，占全县土地总面积的 9.26%。

1）土地资源人口承载力评价

（1）建设用地面积和人口数量的变化。

2003～2012 年重庆巫山—奉节煤赤铁矿业经济区土地人口承载力指标因子所涉及的主要数据的变化情况如表 3.3 人口承载力基础指标所示。

表 3.3　2003～2012 年土地人口承载力及经济承载力所涉基础指标

年份	土地人口承载力基础指标					经济承载力基础指标	
	非农人口/万人	总人口/万人	城镇建设用地/平方公里	建成区面积/平方公里	人均耕地面积/（亩/人）	市区 GDP/万元	固定资产投资/万元
2003	15.53	157.82	15.70	55.00	0.87	475684	407981
2004	16.90	159.65	16.40	56.00	0.88	532470	304748
2005	19.15	161.11	16.90	57.00	0.90	655185	411258
2006	21.78	163.62	17.50	59.00	0.92	735163	515829
2007	22.84	165.74	17.80	61.00	1.00	892757	758832

年份	土地人口承载力基础指标					经济承载力基础指标	
	非农人口/万人	总人口/万人	城镇建设用地/平方公里	建成区面积/平方公里	人均耕地面积/（亩/人）	市区GDP/万元	固定资产投资/万元
2008	23.51	167.11	18.80	61.00	1.02	1090443	6549189
2009	25.88	169.12	19.20	63.00	1.04	1274907	8833430
2010	28.17	168.48	22.60	63.00	1.07	1532721	1718621
2011	35.58	170.02	24.00	65.00	1.11	1918734	1833823
2012	37.28	170.89	24.50	65.00	1.14	2149649	2377062

（2）计算人口承载力。

2003～2012年重庆巫山—奉节煤赤铁矿业经济区人口承载力具体结果如图3.4所示。

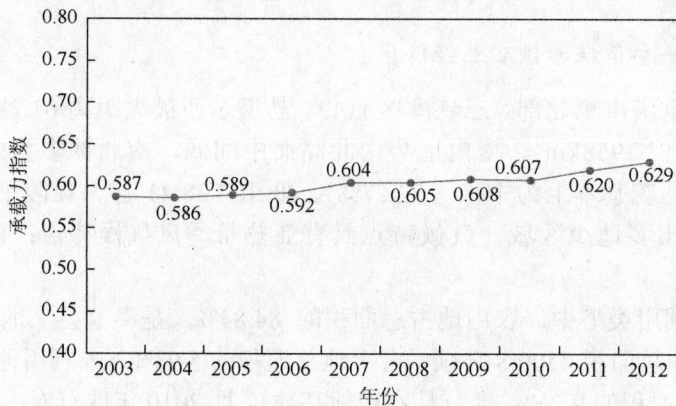

图3.4　土地资源人口承载力

2）土地资源经济承载力评价

（1）GDP以及城市基础设施的投资变化。

由于从各种统计年鉴上无法取得建成区上的GDP，此处用巫山、奉节市区GDP替代建成区GDP，具体如表3.3经济承载力基础指标所示。

（2）经济承载力计算结果。

经计算，土地资源经济承载力的计算结果如图3.5所示。

3）人均粮食占有量和人均耕地面积（图3.6）

重庆巫山—奉节煤赤铁矿业经济区的人均粮食占有量与世界粮食危机线基本持平，粮食基本上可以满足人们的需求，但是要注意耕地的保护，严守耕地"红线"，提高单位面积粮食产量。重庆巫山—奉节煤赤铁矿业经济区的人均耕地面积高于国际0.795亩/人的危险线，且人均土地面积呈现上升趋势，但与此同时要提高耕地的质量，提高粮食的单产。

3. 福建龙岩市马坑铁矿业经济区

全市土地总面积1902812公顷，其中农用地面积1771258公顷，占土地总面积的93.09%；

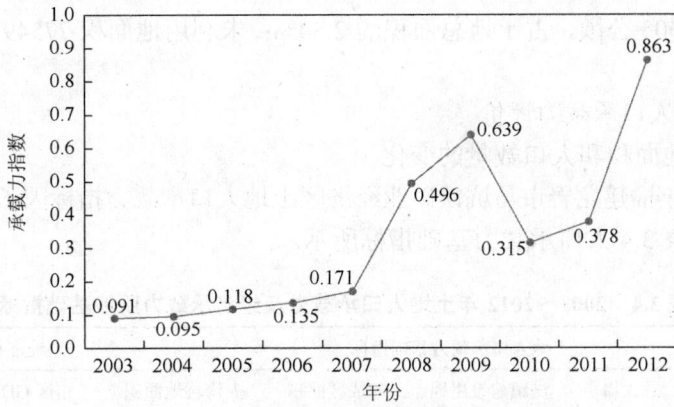

图 3.5　土地资源经济承载力

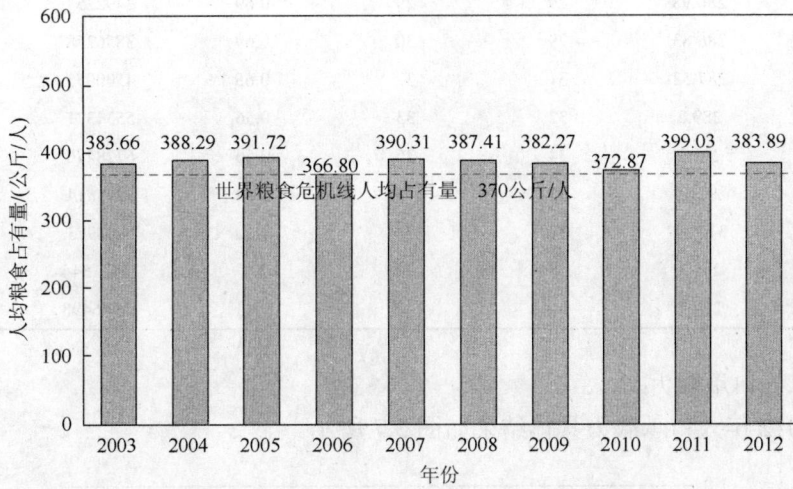

(a) 人均粮食占有量

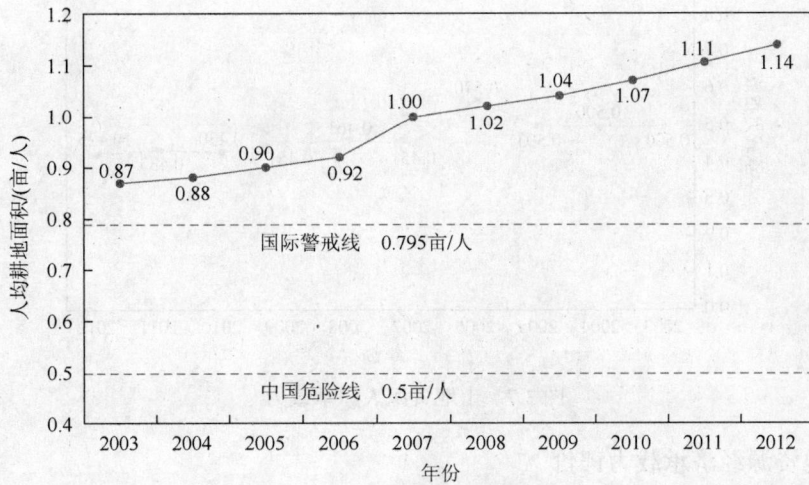

(b) 人均耕地面积

图 3.6　人均粮食占有量和人均耕地面积

建设用地面积 54005 公顷，占土地总面积的 2.84%；未利用地面积 77549 公顷，占土地总面积的 4.07%。

1）土地资源人口承载力评价

（1）建设用地面积和人口数量的变化。

2003～2012 年福建龙岩市马坑铁矿业经济区土地人口承载力指标因子所涉及的主要数据的变化情况如表 3.4 人口承载力基础指标所示。

表 3.4　2003～2012 年土地人口承载力及经济承载力所涉基础指标

年份	土地人口承载力基础指标					经济承载力基础指标	
	非农人口/万人	总人口/万人	城镇建设用地/平方公里	建成区面积/平方公里	人均耕地面积/（亩/人）	市区 GDP/万元	固定资产投资/万元
2003	85.72	286.72	28	28	0.70	2943962	745128
2004	84.00	286.98	29	29	0.69	3492257	917770
2005	84.99	286.83	29	30	0.69	3856278	1236511
2006	85.60	287.52	31	32	0.65	4500075	1648509
2007	85.76	289.2	32	33	0.56	5534371	2486320
2008	86.50	291.3	34	35	0.56	6728476	3223315
2009	86.41	293.35	35	37	0.53	8248814	4339687
2010	86.69	314.37	37	38	0.50	9908973	5829542
2011	86.97	295.1	38	40	0.47	12421544	7787481
2012	87.25	297.7	40	42	0.43	13746498	9742588

（2）计算人口承载力。

2003～2012 年人口承载力具体结果如图 3.7 所示。

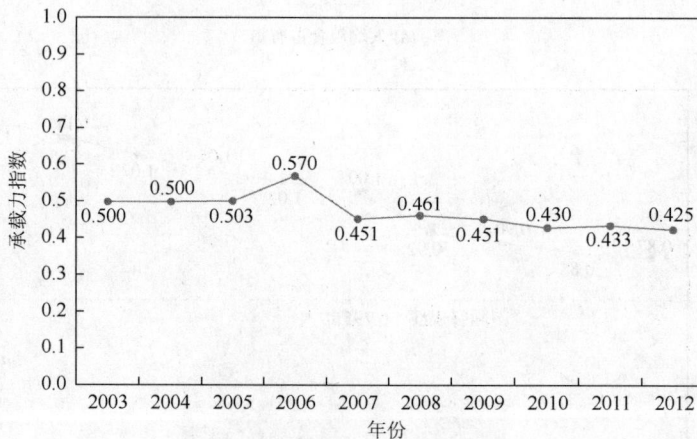

图 3.7　土地资源人口承载力

2）土地资源经济承载力评价

（1）GDP 以及城市基础设施的投资变化。

由于从各种统计年鉴上无法取得建成区上的 GDP，此处用龙岩市区 GDP 替代建成区

GDP，具体如表 3.4 经济承载力基础指标所示。

（2）土地资源经济承载力计算结果。

经计算，土地资源经济承载力的计算结果如图 3.8 所示。

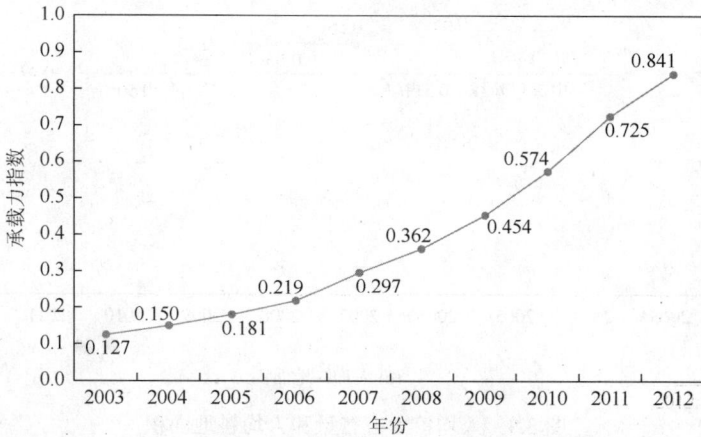

图 3.8　土地资源经济承载力

3）人均粮食占有量和人均耕地面积（图 3.9）

福建龙岩市马坑铁矿业经济区，2007 年之前人均粮食占有量略高于世界粮食危机线，而 2008 年之后人均粮食占有量低于危机线，人均耕地面积均低于国际 0.795 亩/人的危险线，值得注意的是在 2010 年之后，人均耕地面积低于 0.5 亩/人。因此要有效地保护耕地，严守耕地"红线"，提高单位面积粮食产量，保障人民粮食安全。

4. 广西南丹有色金属矿业经济区

2010 年，全县耕地面积保持在 2 万公顷以上，人均耕地达 0.06 公顷，园地达到 1.6 万公顷

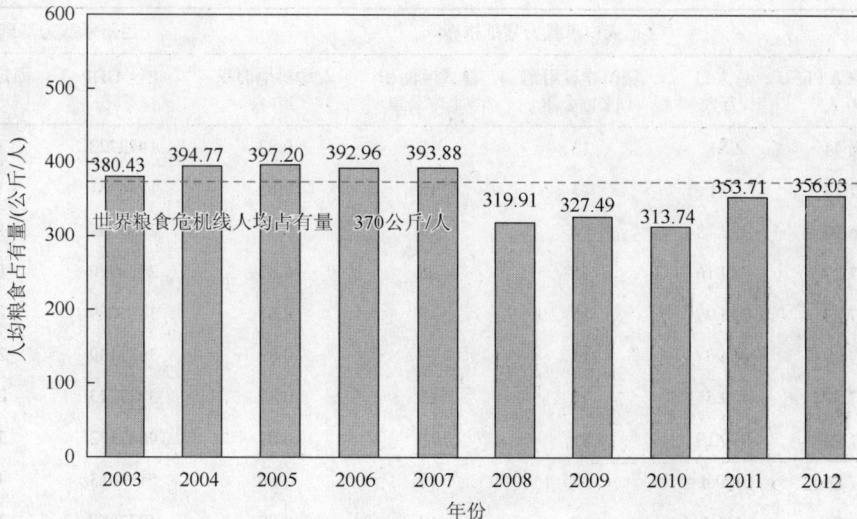

(a) 人均粮食占有量

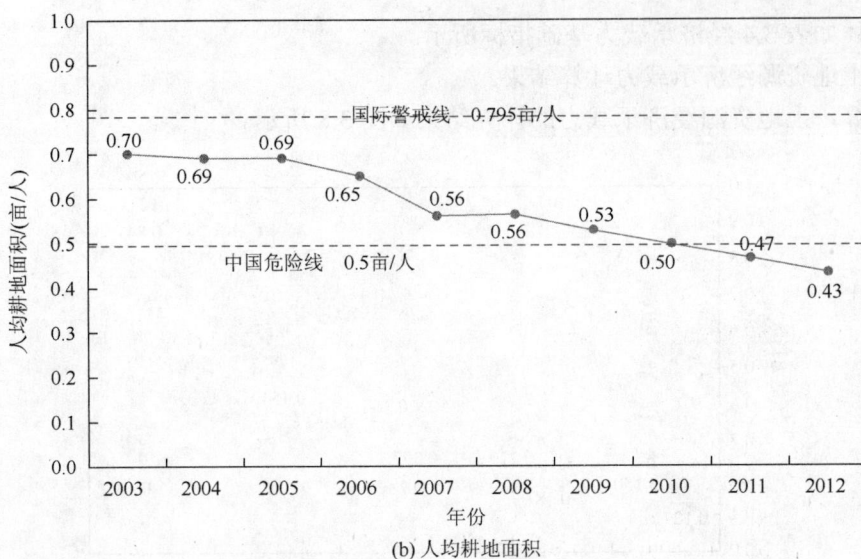

(b) 人均耕地面积

图 3.9　人均粮食占有量和人均耕地面积

以上，林地达到 21 万公顷以上，牧草地达到 5.7 万公顷以上，水域保持在 4300 公顷以上，各类建设用地控制在 4600 公顷以内。其中耕地占用不得超过 135 公顷。土地整理 4000 公顷，土地开垦 330 公顷。重要矿山和生产环境较严重的矿山生态环境恢复治理率达 60% 以上。

1）土地资源人口承载力评价

（1）建设用地面积和人口数量的变化。

2003～2012 年广西南丹有色金属矿业经济区土地人口承载力指标因子所涉及的主要数据的变化情况如表 3.5 人口承载力基础指标所示。

表 3.5　2003～2012 年土地人口承载力及经济承载力所涉基础指标

年份	土地人口承载力基础指标					经济承载力基础指标	
	非农人口/万人	总人口/万人	城镇建设用地/平方公里	建成区面积/平方公里	人均耕地面积/（亩/人）	市区 GDP/万元	固定资产投资/万元
2003	56.44	381	13	15	0.87	1432723	608126
2004	57.13	381	13	15	0.85	1744381	920513
2005	56.99	382.78	14	16	0.84	2069592	1370003
2006	57.29	389.16	15	16	0.82	2488920	1882831
2007	57.29	396.99	15	17	0.85	3193089	2187413
2008	57.29	404.57	15	17	0.83	3673139	2110327
2009	57.57	409.55	15	18	0.82	3827713	2777983
2010	57.72	399.19	15	19	0.81	4687372	3619503
2011	57.86	420.4	17	19	0.80	5119613	4357775
2012	58.01	411.6	17	19	0.80	4927088	2218232

（2）计算人口承载力。

2003～2012 年人口承载力具体结果如图 3.10 所示。

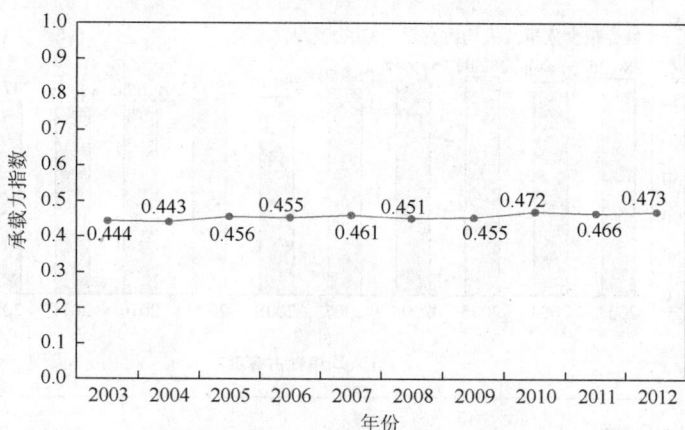

图 3.10　土地资源人口承载力

2）土地资源经济承载力评价

（1）GDP 以及城市基础设施的投资变化。

由于从各种统计年鉴上无法取得建成区上的 GDP，此处用南丹市区 GDP 替代建成区 GDP，具体如表 3.5 经济承载力基础指标所示。

（2）土地资源经济承载力计算结果。

经计算，土地资源经济承载力的计算结果如图 3.11 所示。

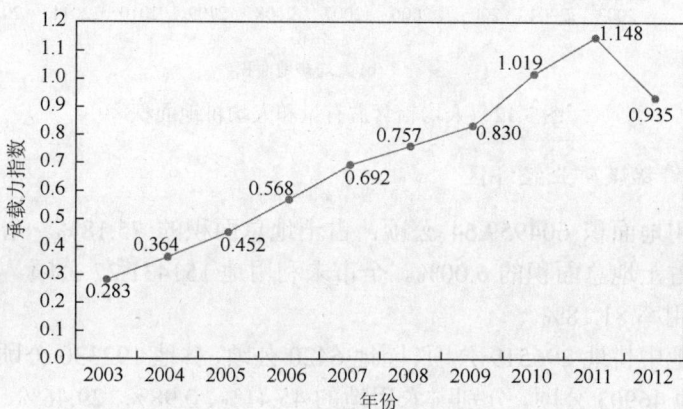

图 3.11　土地资源经济承载力

3）人均粮食占有量和人均耕地面积（图 3.12）

广西南丹有色金属矿业经济区，人均粮食占有量略远低于世界粮食危机线，而人均耕地面积在过去十年间均高于国际 0.795 亩/人的危险线。说明土地利用率不高，粮食单位面积单产较小，主要与该地区喀斯特地貌有关，所以要在保护耕地的前提下，有效开拓富产耕地，提高单位面积粮食产量，保障人民粮食安全。

(a) 人均粮食占有量

(b) 人均耕地面积

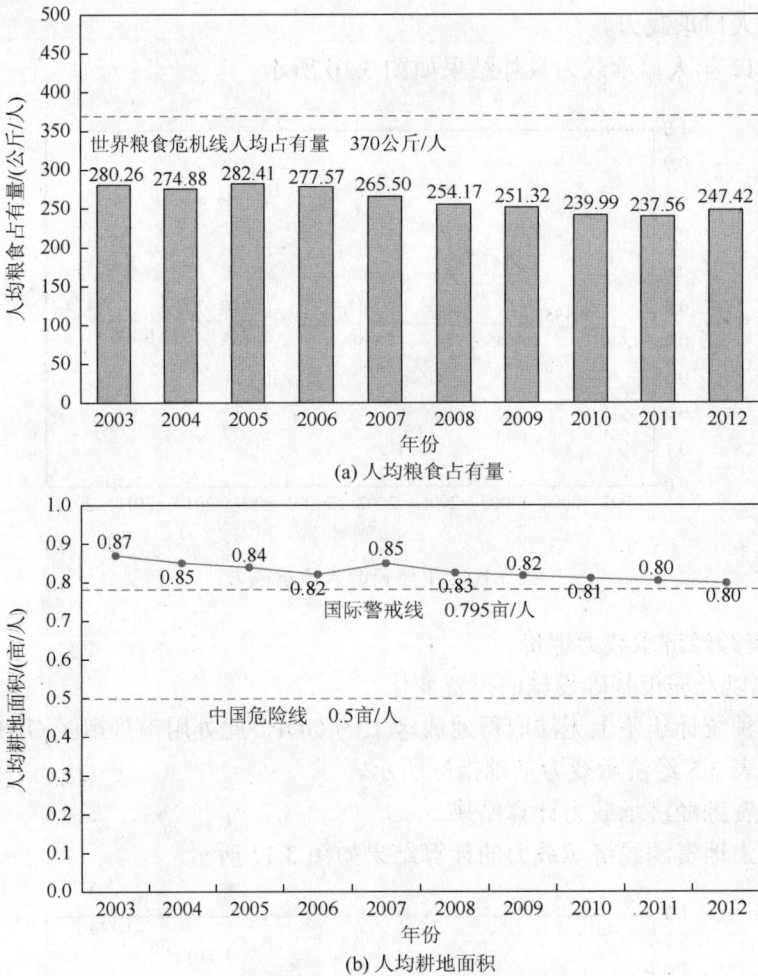

图 3.12　人均粮食占有量和人均耕地面积

5. 贵州黔中磷铝煤矿业经济区

　　贵阳全市农用地面积 604959.64 公顷，占土地总面积的 75.18%。全市建设用地面积 48276.08 公顷，占土地总面积的 6.00%。全市未利用地 151431.27 公顷，占土地总面积的 18.82%，土地利用率 81.18%。

　　安顺市农用地中耕地 296519 公顷、园地 6420 公顷、林地 192330 公顷、牧草地 110781 公顷、其他农用地 46903 公顷，分别占农用地的 45.41%、0.98%、29.46%、16.97%、7.18%。全市建设用地中城乡建设用地 21040 公顷、交通水利用地 7696 公顷、其他建设用地 1760 公顷，分别占建设用地的 68.99%、25.24%、5.77%。未利用地中水域 6989 公顷、滩涂沼泽 279 公顷、自然保留地 234589 公顷，分别占其他用地的 2.89%、0.12%、96.99%。

　　1）土地资源人口承载力评价

　　（1）贵州黔中磷铝煤矿业经济区建设用地面积和人口数量的变化。

　　2003～2012 年贵州黔中磷铝煤矿业经济区土地人口承载力指标因子所涉及的主要数据的变化情况如表 3.6 人口承载力基础指标所示。

表 3.6 2003～2012 年土地人口承载力及经济承载力所涉基础指标

年份	土地人口承载力基础指标					经济承载力基础指标	
	非农人口/万人	总人口/万人	城镇建设用地/平方公里	建成区面积/平方公里	人均耕地面积/（亩/人）	市区 GDP/万元	固定资产投资/万元
2003	314.15	1308.87	192.00	199.00	1.57	7671949	3939310
2004	321.01	1326.99	568.00	202.00	1.63	8937924	4784457
2005	320.31	1333.08	576.00	206.00	1.53	10392240	5698594
2006	327.35	1347.80	230.00	210.00	1.51	11911524	6740676
2007	333.83	1366.58	230.00	206.00	0.99	13800336	8404871
2008	338.21	1378.25	247.00	217.00	1.07	16344279	9859214
2009	342.39	1391.43	250.00	231.00	0.94	19452829	12312897
2010	347.13	1401.11	250.00	241.00	0.81	22634954	16822857
2011	351.86	1430.30	264.00	263.00	0.68	27900865	24950847
2012	161.68	1430.30	289.00	334.00	0.56	33968470	34059850

（2）计算人口承载力。

2003～2012 年贵州黔中磷铝煤矿业经济区人口承载力具体结果如图 3.13 所示。

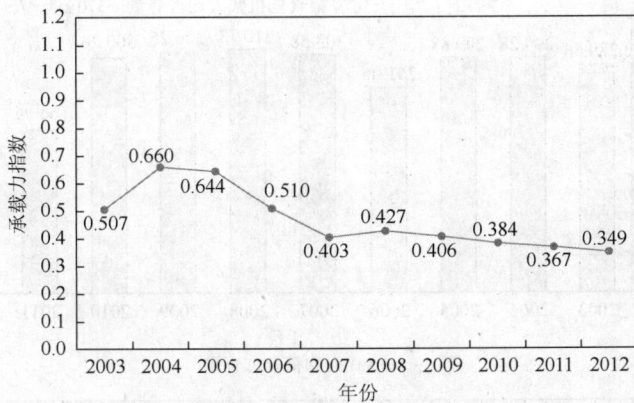

图 3.13 土地资源人口承载力

2）土地资源经济承载力评价

（1）贵州黔中磷铝煤矿业经济区 GDP 以及城市基础设施的投资变化。

由于从各种统计年鉴上无法取得建成区上的 GDP，此处用黔中地区市区 GDP 替代建成区 GDP，具体如表 3.6 人口承载力基础指标所示。

（2）土地资源经济承载力计算结果。

经计算，土地资源经济承载力的计算结果如图 3.14 所示。

3）人均粮食占有量和人均耕地面积（图 3.15）

贵州黔中磷铝煤矿业经济区，人均粮食占有量远低于世界粮食危机线，而人均耕地面积在过去十年间均高于国际 0.795 亩/人的危险线。说明土地利用率不高，粮食单位面积单产较小，主要与该地区喀斯特地貌有关，所以要在保护耕地的前提下，有效开拓富产耕地，提高单位面积粮食产量，保障人民粮食安全。

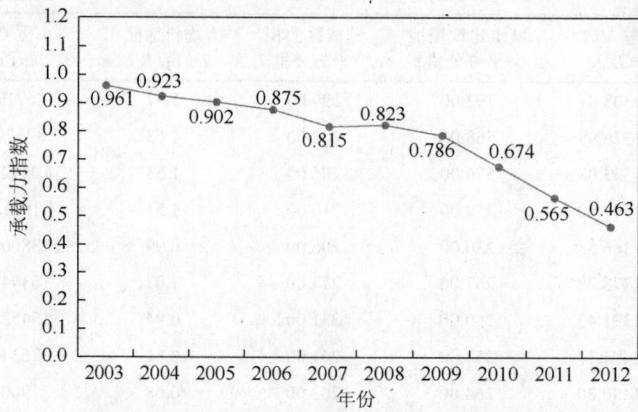

图 3.14　土地资源经济承载力

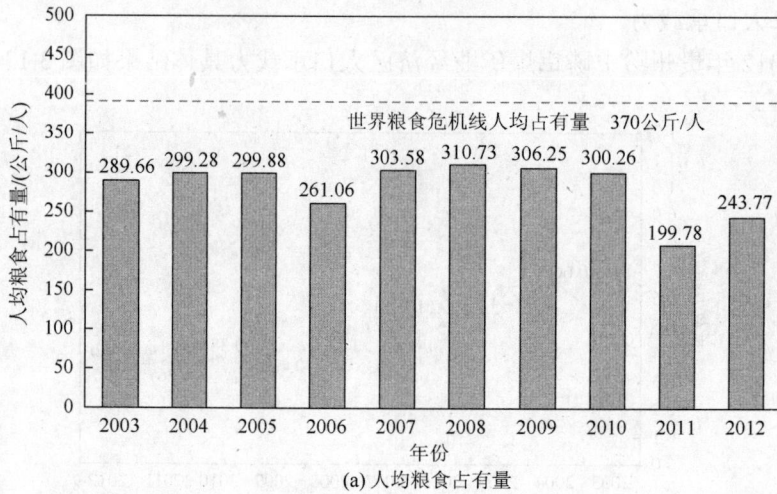

(a) 人均粮食占有量

(b) 人均耕地面积

图 3.15　人均粮食占有量和人均耕地面积

6. 海南西部铁油页岩矿业经济区

海南西部铁油页岩矿业经济区主要包括东方市，此外鉴于数据可获得性，故选择了东方市。根据东方市土地利用变更调查数据统计，东方全市土地总面积为 227229.01 公顷，其中，农用地面积为 198212.84 公顷，占土地总面积的 87.23%，建设用地面积为 18057.48 公顷，占土地总面积的 7.95%；未利用地面积为 10958.69 公顷，占土地总面积的 4.82%。

1）土地资源人口承载力评价

（1）海南西部铁油页岩矿业经济区建设用地面积和人口数量的变化。

2003～2012 年海南西部铁油页岩矿业经济区土地人口承载力指标因子所涉及的主要数据的变化情况如表 3.7 人口承载力基础指标所示。

表 3.7　2003～2012 年土地人口承载力及经济承载力所涉基础指标

年份	土地人口承载力基础指标					经济承载力基础指标	
	非农人口/万人	总人口/万人	城镇建设用地/平方公里	建成区面积/平方公里	人均耕地面积/（亩/人）	市区 GDP/万元	固定资产投资/万元
2003	95.00	189.58	97	97	0.19	1215114	1294811
2004	107.37	193.82	111	83	0.46	1355626	1565963
2005	112.11	198.49	21	20	0.45	1690043	1863253
2006	115.89	229.1	231	131	0.08	2067234	2278010
2007	118.32	206.46	233	151	0.29	2322009	2915225
2008	121.63	210.4	233	151	0.24	2643748	3706513
2009	128.70	213.95	144	119	0.22	2982923	4884229
2010	133.55	217.44	151	126	0.20	3716979	6578395
2011	138.40	220.5	165	132	0.19	4486738	7505746
2012	143.25	218.9	193	171	0.17	5173729	9407235

（2）计算人口承载力。

2003～2012 年海南西部铁油页岩矿业经济区人口承载力具体结果如图 3.16 所示。

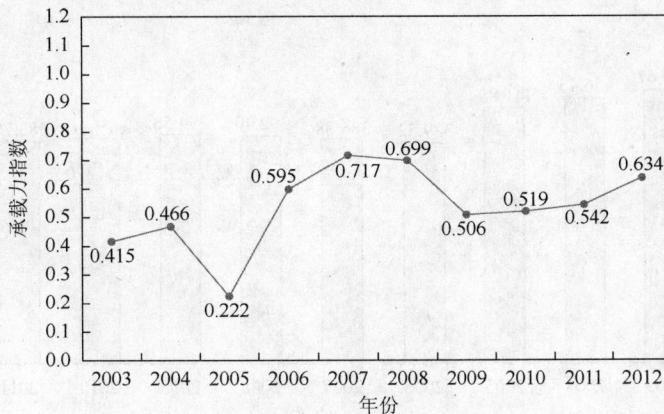

图 3.16　土地资源人口承载力

2）土地资源经济承载力评价

（1）海南西部铁油页岩矿业经济区 GDP 以及城市基础设施的投资变化。

由于从各种统计年鉴上无法取得建成区上的 GDP，此处用市区 GDP 替代建成区 GDP，具体如表 3.7 经济承载力基础指标所示。

（2）土地资源经济承载力计算结果。

经计算，土地资源经济承载力的计算结果如图 3.17 所示。

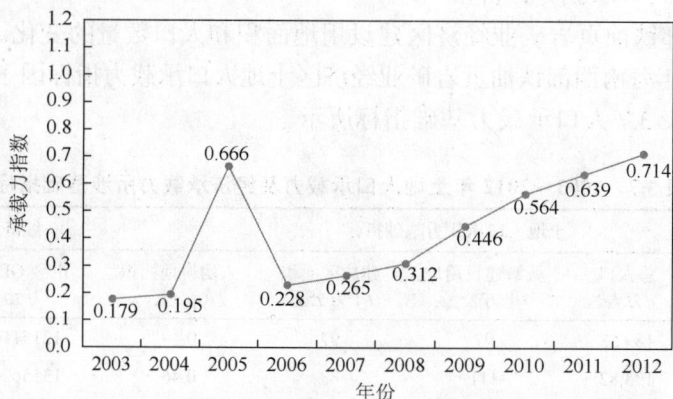

图 3.17　土地资源经济承载力

3）人均粮食占有量和人均耕地面积（图 3.18）

海南西部铁油页岩矿业经济区，人均粮食占有量略高于世界粮食危机线，而人均耕地面积在过去十年间均低于 0.5 亩/人的危险线。虽然人均耕地面积较少，但该区域位于热带，土地单位面积产量较大，弥补了耕地少的劣势，因而人均粮食占有量与粮食危险线基本持平。

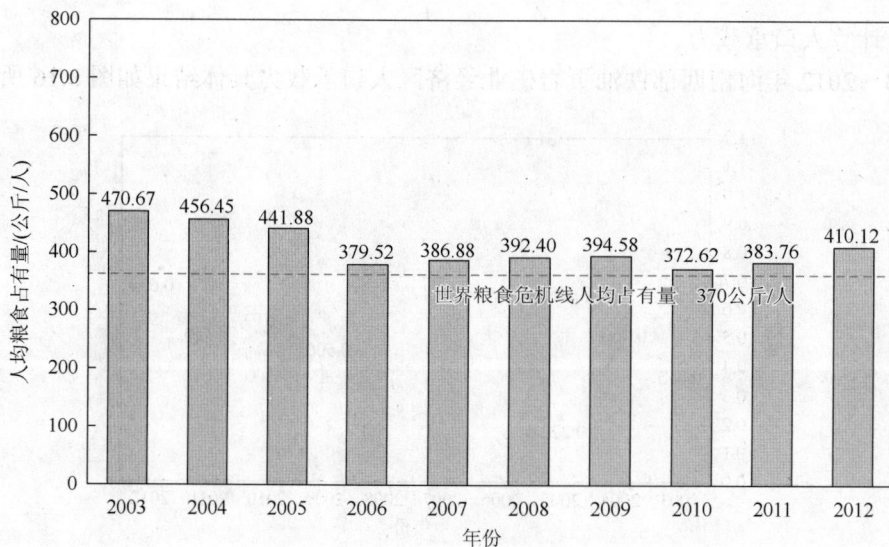

(a) 人均粮食占有量

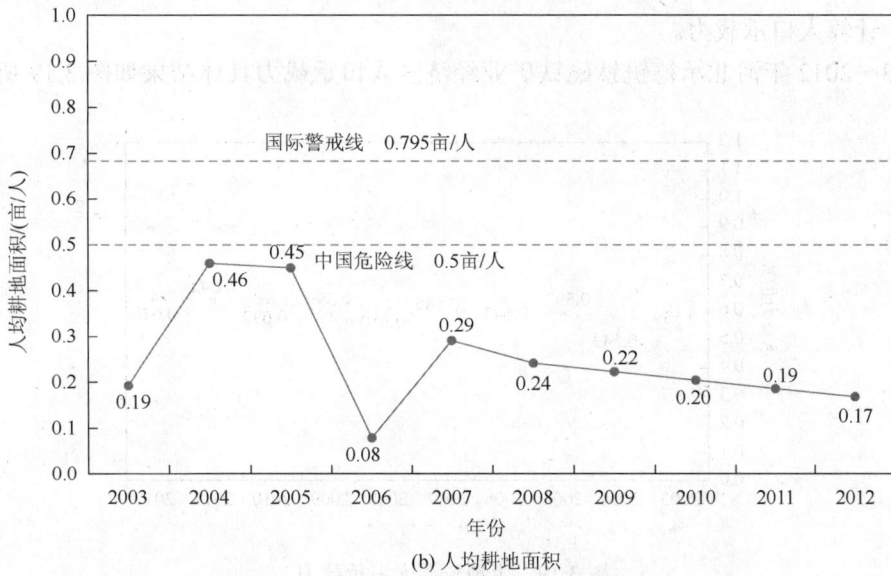

(b) 人均耕地面积

图 3.18　人均粮食占有量和人均耕地面积

7. 河北承德钒钛磁铁矿业经济区

全市国土总面积 3.95 万平方公里。截至 2008 年年底，全市土地总面积 3951189 公顷，其中农用地面积 3034953 公顷，占土地总面积的 76.81%；建设用地 91758 公顷，占土地总面积的 2.32%；未利用地 824478 公顷，占土地总面积的 20.87%。

1）土地资源人口承载力评价

（1）河北承德钒钛磁铁矿业经济区建设用地面积和人口数量的变化。

2003～2012 年河北承德钒钛磁铁矿业经济区土地人口承载力指标因子所涉及的主要数据的变化情况如表 3.8 人口承载力基础指标所示。

表 3.8　2003～2012 年土地人口承载力及经济承载力所涉基础指标

年份	土地人口承载力基础指标					经济承载力基础指标	
	非农人口/万人	总人口/万人	城镇建设用地/平方公里	建成区面积/平方公里	人均耕地面积/（亩/人）	市区 GDP/万元	固定资产投资/万元
2003	86.88	359.06	34	40	1.42	2349782	1119643
2004	83.23	350.82	36	40	1.39	3006156	1511516
2005	87.13	361.28	38	57	1.37	3602892	1892496
2006	96.51	363.71	39	77	1.36	4279969	2305131
2007	97.50	366.89	46	81	0.90	5535406	3002795
2008	98.05	369.38	47	84	0.97	7149413	3903663
2009	102.35	371.91	50	86	0.86	7601136	5672020
2010	105.44	372.96	55	100	0.75	8889619	7512872
2011	108.53	374.3	60	107	0.65	11042013	7978024
2012	111.61	376.9	62	113	0.58	11819213	9967514

（2）计算人口承载力。

2003～2012 年河北承德钒钛磁铁矿业经济区人口承载力具体结果如图 3.19 所示。

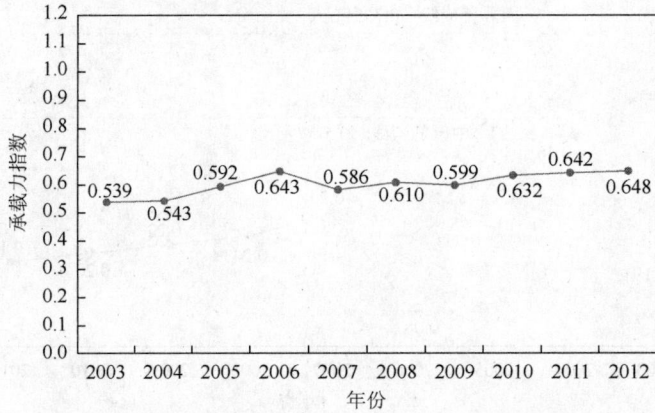

图 3.19　土地资源人口承载力

2）土地资源经济承载力评价

（1）河北承德钒钛磁铁矿业经济区 GDP 以及城市基础设施的投资变化。

由于从各种统计年鉴上无法取得建成区上的 GDP，此处用承德市区 GDP 替代建成区 GDP，具体如表 3.8 经济承载力基础指标所示。

（2）土地资源经济承载力计算结果。

经计算，土地资源经济承载力的计算结果如图 3.20 所示。

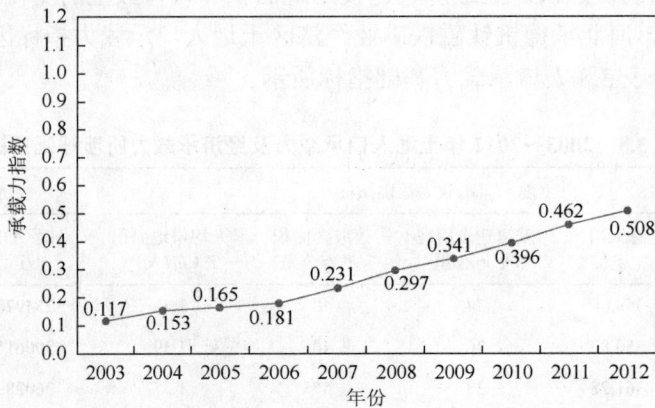

图 3.20　土地资源经济承载力

3）人均粮食占有量和人均耕地面积（图 3.21）

河北承德钒钛磁铁矿业经济区，除 2007 年外，人均粮食占有量均低于世界粮食危机线，而人均耕地面积在过去十年间均高于 0.5 亩/人的危险线，但是处于下降的趋势。说明土地利用率不高，粮食单位面积单产较小，主要与该地区耕地面积少，人口总量多，要严格控制耕地面积，提高单位面积粮食产量，保障人民粮食安全。

(a) 人均粮食占有量

(b) 人均耕地面积

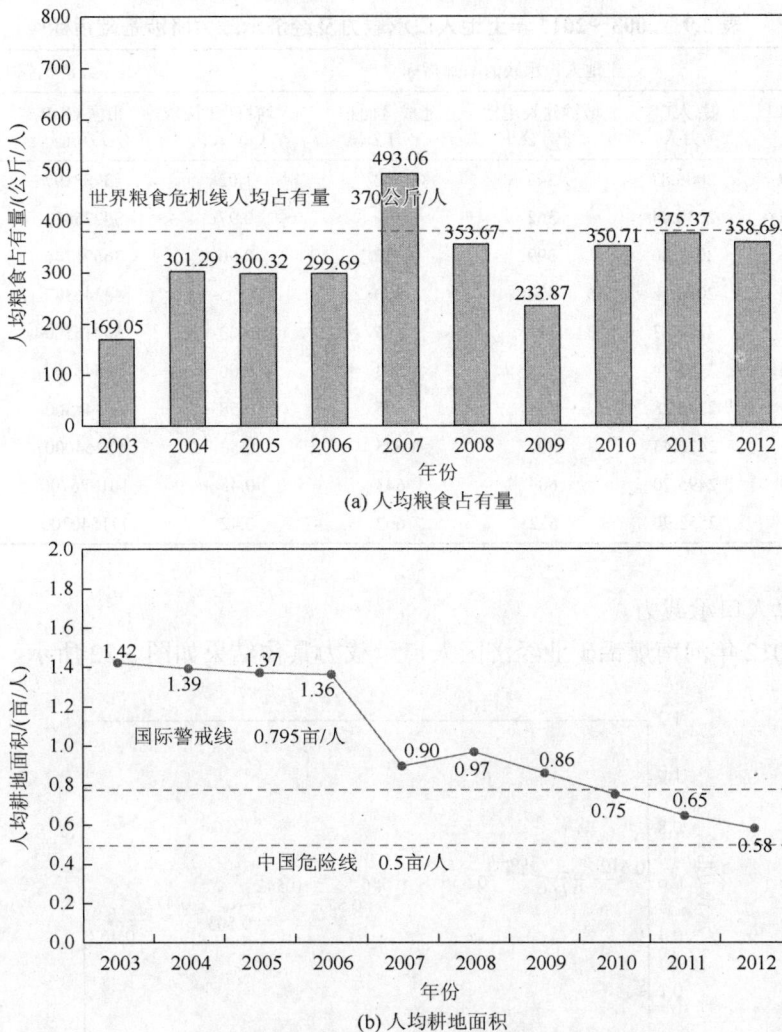

图 3.21 人均粮食占有量和人均耕地面积

8. 河南煤铝矿业经济区

河南煤铝矿业经济区主要包括河南省郑州市、洛阳市、三门峡市和平顶山市等，位于黄河以南、京广线以西的河南省的中西部，地处中国地理中心。土地面积约 41024 平方公里，占河南省土地总面积的 24.57%。国家铁路大动脉京广线、陇海线、焦枝线等铁路干线在区内交汇。其中本矿业经济区东北角的郑州市是中国中部的中心城市，素有"中国铁路心脏"和"中国交通十字路口"之美誉，西部的三门峡市是河南省的"西大门"，西接陕西和山西，是东部产业转移和西部资源输出的必经之地。

1）土地资源人口承载力评价

（1）河南煤铝矿业经济区建设用地面积和人口数量的变化。

2003～2012 年河南煤铝矿业经济区土地人口承载力指标因子所涉及的主要数据的变化情况如表 3.9 人口承载力基础指标所示。

表 3.9　2003～2012 年土地人口承载力及经济承载力所涉基础指标

年份	土地人口承载力基础指标					经济承载力基础指标	
	非农人口/万人	总人口/万人	城镇建设用地/平方公里	建成区面积/平方公里	人均耕地面积/（亩/人）	市区 GDP/万元	固定资产投资/万元
2003	600.09	2009.87	343	368	1.02	23788197	8518391
2004	620.54	2036.04	362	400	0.97	30275613	11664141
2005	635.96	2054.80	399	482	0.96	36691746	16697001
2006	665.33	2088.78	434	520	0.95	44346387	21544965
2007	677.46	2126.33	511	555	0.63	54216500	28657066
2008	687.14	2157.74	545	583	0.66	56846100	37021917
2009	711.29	2188.28	554	595	0.58	65344300	48674044
2010	729.45	2436.43	596	625	0.53	85464000	59162017
2011	747.60	2495.70	604	643	0.45	101976700	64272775
2012	765.75	2553.90	622	662	0.42	111540300	68812738

（2）计算人口承载力。

2003～2012 年河南煤铝矿业经济区人口承载力具体结果如图 3.22 所示。

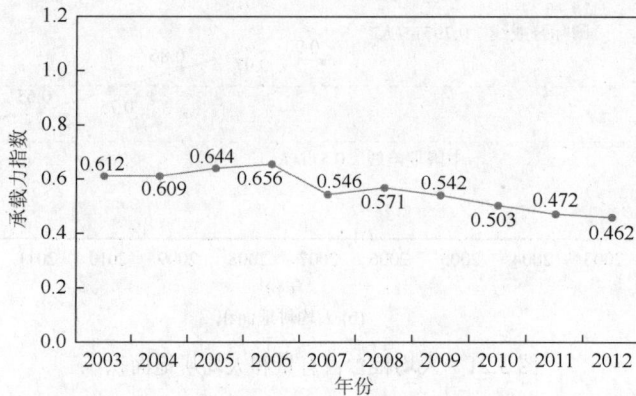

图 3.22　土地资源人口承载力

（3）人口承载力的分析。

近十余年来，河南煤铝矿业经济区的土地资源承载力在不断提高，但是承载力水平的绝对值并不高，还不能够满足本区域社会经济可持续发展的需要，因此要采取一系列措施大力提高本区域的土地资源承载力，缓解人地矛盾。

本区域土地资源承载力水平得到持续提高，主要得益于工业化和城镇化的快速发展推动了社会经济的快速发展。社会经济的快速发展又促进了人民生活条件和生产条件的改善，土地对生活活动的承载力和土地对生产活动的承载力两个子系统的提升相当明显。

矿业经济区的非农产业以矿产资源开采和加工为主，这一产业是严重的环境污染和生态破坏型产业，特别是煤炭开采、铁矿及有色金属矿产开采与加工，对大气、水质、生物及人类的生产和生活的影响都十分严重。虽然各地区政府都在加大对环境污染的治理力度，但是经济总量的快速增长使得污染物排放的绝对量在逐年增加，这是本区域的土地资源承载力绝对水平并不高的主要原因。

2）土地资源经济承载力评价

（1）河南煤铝矿业经济区 GDP 以及城市基础设施的投资变化。

由于从各种统计年鉴上无法取得建成区上的 GDP，此处用矿业经济区内各市 GDP 替代建成区 GDP，具体如表 3.9 经济承载力基础指标所示。

（2）土地资源经济承载力计算结果。

经计算，土地资源经济承载力的计算结果如图 3.23 所示。

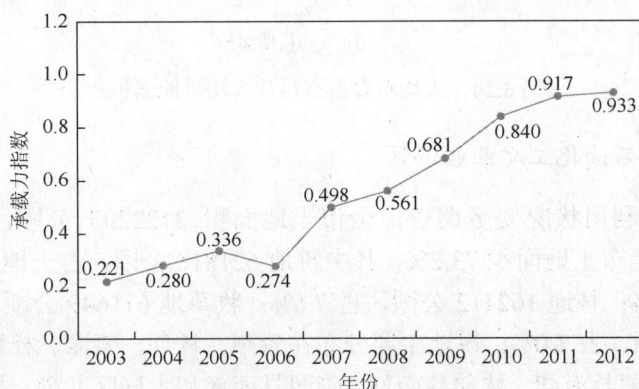

图 3.23　土地资源经济承载力

3）人均粮食占有量和人均耕地面积（图 3.24）

河南煤铝矿业经济区，2009 年前人均粮食占有量高于世界粮食危机线，而 2010 年之后人均粮食占有量低于世界粮食危险线；人均耕地面积在过去十年间处于下降的趋势，到 2010 年下降到 0.5 亩/人值下。说明土地利用率不高，粮食单位面积单产较小，主要与该地区耕地面积少，人口总量多有关，要严格控制耕地面积，提高单位面积粮食产量，保障人民粮食安全。

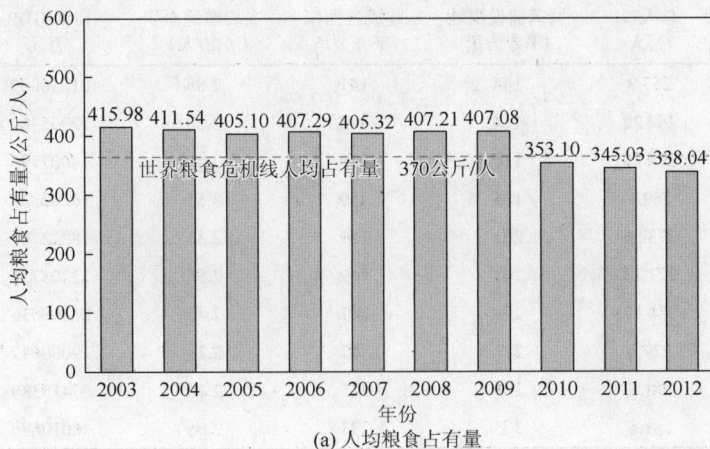

(a) 人均粮食占有量

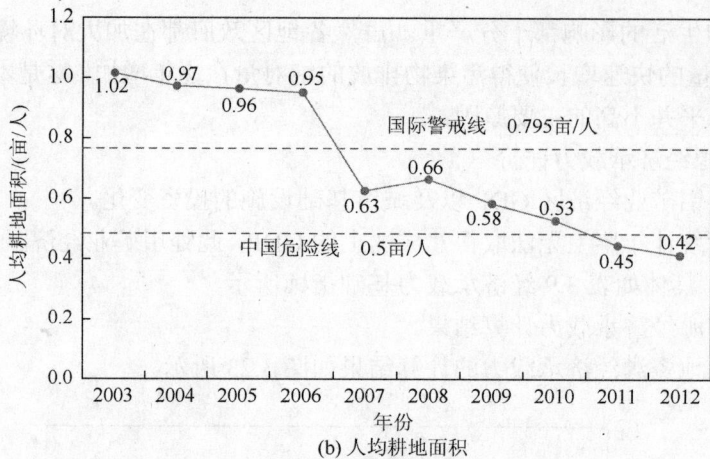

(b) 人均耕地面积

图 3.24　人均粮食占有量和人均耕地面积

9. 黑龙江大庆石油化工矿业经济区

根据全市土地利用状况变更调查，全市土地面积 2122203 公顷，全市农用地面积 1552436 公顷，占全市土地面积 73.2%，其中耕地 621818 公顷，占土地面积 29.3%；园地 8017 公顷，占 0.4%；林地 162112 公顷，占 7.6%；牧草地 611649 公顷，占 28.8%；其他农用地 148840 公顷，占 7.0%。耕地主要分布在肇州、林甸、肇源、杜蒙县和大同区；牧草地主要分布在杜蒙县南部、林甸县南部、肇源县西部和大同区北部；林地主要分布在杜蒙县、林甸县、肇源县；其他农用地主要分布在杜蒙县和肇源县。

1）土地资源人口承载力评价

（1）黑龙江大庆石油化工矿业经济区建设用地面积和人口数量的变化。

2003~2012 年黑龙江大庆石油化工矿业经济区土地人口承载力指标因子所涉及的主要数据的变化情况如表 3.10 人口承载力基础指标所示。

表 3.10　2003~2012 年土地人口承载力及经济承载力所涉基础指标

年份	土地人口承载力基础指标					经济承载力基础指标	
	非农人口/万人	总人口/万人	城镇建设用地/平方公里	建成区面积/平方公里	人均耕地面积/（亩/人）	市区 GDP/万元	固定资产投资/万元
2003	122.50	257.9	144	141	2.88	11256009	2154088
2004	126.20	262.22	164	148	3.25	12395380	2382228
2005	127.07	264.38	170	170	3.40	14007195	3026885
2006	130.92	269.3	185	159	3.51	16203336	3876778
2007	133.95	273.36	201	169	2.33	18222781	4859958
2008	136.80	277.23	201	169	2.56	22203734	6033565
2009	139.43	280.17	278	207	2.44	21200036	7535024
2010	142.25	279.8	278	207	2.28	29000642	10360572
2011	145.07	281.6	299	225	2.10	37415389	10500012
2012	147.88	281.6	305	233	2.06	40010695	13755055

（2）计算人口承载力。

2003～2012 年黑龙江大庆石油化工矿业经济区人口承载力具体结果如图 3.25 所示。

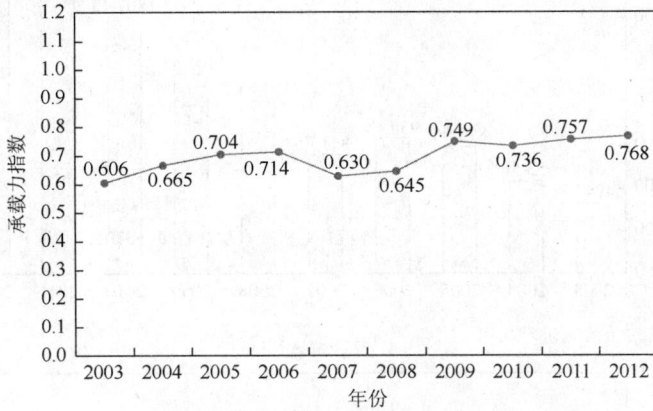

图 3.25 土地资源人口承载力

2）土地资源经济承载力评价

（1）黑龙江大庆石油化工矿业经济区 GDP 以及城市基础设施的投资变化。

由于从各种统计年鉴上无法取得建成区上的 GDP，此处用大庆市区 GDP 替代建成区 GDP，具体如表 3.10 经济承载力基础指标所示。

（2）土地资源经济承载力计算结果。

经计算，土地资源经济承载力的计算结果如图 3.26 所示。

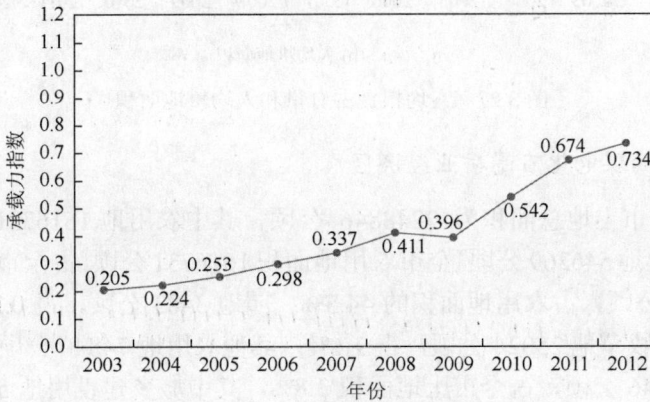

图 3.26 土地资源经济承载力

3）人均粮食占有量和人均耕地面积（图 3.27）

黑龙江大庆石油化工矿业经济区，人均粮食占有量远远高于世界粮食危机线，且人均耕地面积在过去十年间处于下降的趋势，但是仍高于 0.795 亩/人的危险值。主要是由于该矿业经济区位于我国粮食主产区三江平原上，地广人稀。因此要继续保持严格的耕地转让制度，调整优化产业结构，提高粮食亩产。

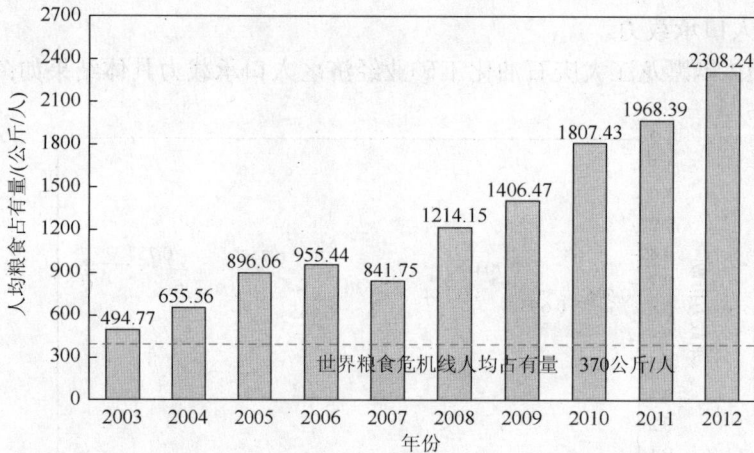

(a) 人均粮食占有量

(b) 人均耕地面积

图 3.27　人均粮食占有量和人均耕地面积

10. 黑龙江鸡西煤电化石墨矿业经济区

黑龙江鸡西全市土地总面积为 2248846 公顷，其中农用地 1616731 公顷，建设用地 85846 公顷，其他土地 546269 公顷。全市农用地面积 1616731 公顷，占全市土地面积 71.9%，其中耕地 716465 公顷，占农用地面积的 44.3%；园地 3483 公顷，占 0.2%；林地 796919 公顷，占 49.3%；牧草地 25024 公顷，占 1.6%；其他农用地 74840 公顷，占 4.6%。全市建设用地面积 85846 公顷，占全市土地面积 3.8%，其中城乡建设用地 59831 公顷，占全市建设用地总面积的 69.7%；交通用地 4529 公顷，占 5.3%；水利设施用地 20941 公顷，占 24.4%；其他建设用地 545 公顷，占 0.6%。全市其他土地面积 546269 公顷，占全市土地面积 24.3%，其中水域 218904 公顷，占全市其他土地面积的 40.1%；自然保留地 327365 公顷，占 59.9%。

1）土地资源人口承载力评价

（1）黑龙江鸡西煤电化石墨矿业经济区建设用地面积和人口数量的变化。

2003～2012 年黑龙江鸡西煤电化石墨矿业经济区土地人口承载力指标因子所涉及的

主要数据的变化情况如表 3.11 人口承载力基础指标所示。

表 3.11　2003~2012 年土地人口承载力及经济承载力所涉基础指标

年份	土地人口承载力基础指标					经济承载力基础指标	
	非农人口 /万人	总人口 /万人	城镇建设用地 /平方公里	建成区面积 /平方公里	人均耕地面积 /（亩/人）	市区 GDP /万元	固定资产投资 /万元
2003	117.16	194.5	73	73	4.34	1691294	282456
2004	119.98	194.16	73	73	4.99	1946995	318176
2005	121.51	191.38	73	73	5.06	2046355	431489
2006	120.49	190.84	73	73	5.90	2362214	480087
2007	120.33	191.1	97	79	4.06	2646464	652445
2008	120.01	190.84	97	79	3.98	3158814	798910
2009	121.34	190.71	97	79	3.78	3538182	1388306
2010	121.75	189.2	97	79	3.56	4194931	1617258
2011	122.16	188.9	97	79	3.23	5078321	2001015
2012	122.57	185.9	97	79	3.14	5823381	2775408

（2）计算人口承载力。

2003~2012 年黑龙江鸡西煤电化石墨矿业经济区人口承载力具体结果如图 3.28 所示。

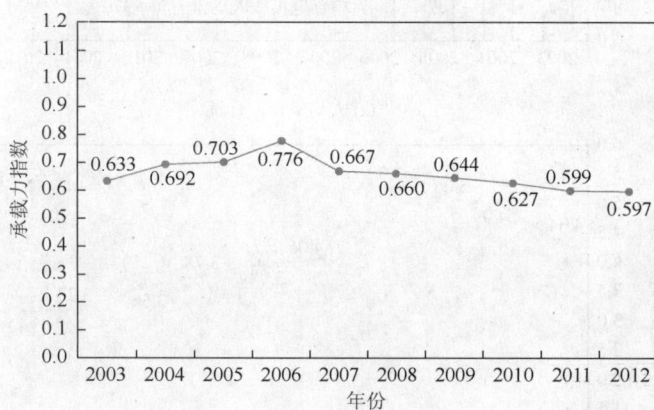

图 3.28　土地资源人口承载力

2）土地资源经济承载力评价

（1）黑龙江鸡西煤电化石墨矿业经济区 GDP 以及城市基础设施的投资变化。

由于从各种统计年鉴上无法取得建成区上的 GDP，此处用鸡西市区 GDP 替代建成区 GDP，具体如表 3.11 经济承载力基础指标所示。

（2）土地资源经济承载力计算结果。

经计算，土地资源经济承载力的计算结果如图 3.29 所示。

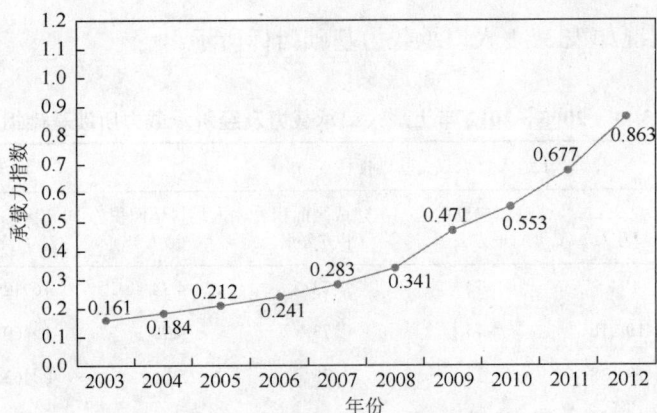

图 3.29　土地资源经济承载力

3）人均粮食占有量和人均耕地面积（图 3.30）

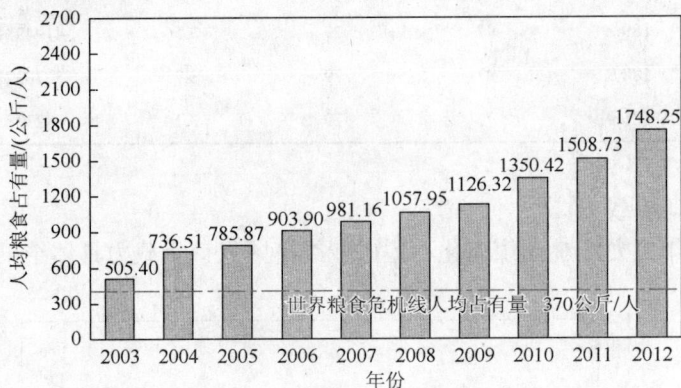

(a) 人均粮食占有量

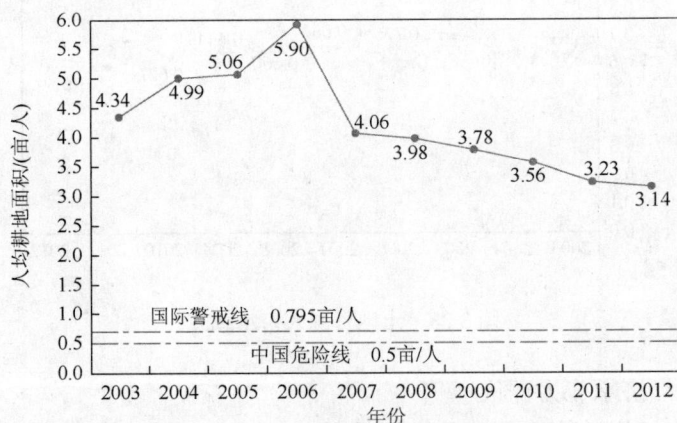

(b) 人均耕地面积

图 3.30　人均粮食占有量和人均耕地面积

　　黑龙江大庆石油化工鸡西煤电化石墨矿业经济区，人均粮食占有量远远高于世界粮食危机线，且人均耕地面积在过去十年间处于下降的趋势，但是仍高于 0.795 亩/人的危险值。

主要是由于该矿业经济区位于我国粮食主产区三江平原上，地广人稀。因此要继续保持严格的耕地转让制度，调整优化产业结构，提高粮食亩产。

11. 湖北云应—天潜盐膏硝矿业经济区

湖北云应—天潜盐膏硝矿业经济区自然资源得天独厚，地上盛产粮棉油等生物资源，为全国重要的粮、棉、林、水产生产基地；地下富藏石油、天然气、地热、石膏、盐、芒硝、硼、溴、碘等多种矿产。该矿区土地总面积为 8910 万平方公里，2010 年年底，农业用地为 6663 平方公里，占总面积的 74.79%，林业面积为 1961 平方公里，占总面积的 22.01%果园面积为 199 平方公里，占总面积的 0.23%，茶园面积为 213 平方公里，占总面积的 0.24%。

1）土地资源人口承载力评价

（1）云应—天潜盐膏硝矿业经济区建设用地面积和人口数量的变化。

2003～2012 年云应—天潜土地人口承载力指标因子所涉及的主要数据的变化情况如表 3.12 人口承载力基础指标所示。

表 3.12　2003～2012 年土地人口承载力及经济承载力所涉基础指标

年份	土地人口承载力基础指标					经济承载力基础指标	
	非农人口/万人	总人口/万人	城镇建设用地/平方公里	建成区面积/平方公里	人均耕地面积/（亩/人）	市区 GDP/万元	固定资产投资/万元
2003	89.59	508.91	43	44	0.89	3435500	902109
2004	90.34	507.2	43	44	0.87	3812900	1044358
2005	95.24	506.01	43	44	0.89	3597300	1217124
2006	96.10	514.65	26	32	0.87	4041500	1444975
2007	97.31	516.76	26	32	0.58	4807900	1959294
2008	152.31	525.06	26	32	0.63	5930600	2708256
2009	137.02	528.73	26	33	0.70	6728800	3972584
2010	146.60	531.05	26	33	0.72	8006700	5706108
2011	156.18	528.9	26	33	0.73	9581600	7299154
2012	165.76	526.9	28	41	0.75	11051600	9403087

（2）人口承载力的分析。

2003～2012 年云应—天潜盐膏硝矿业经济区的土地资源人口承载力从 0.496 下降0.342，并基本保持在 0.32，这主要是由矿业经济区的建设用地面积下降导致。云应—天潜盐膏硝矿业经济区土地资源承载力总体呈现逐渐下降的趋势，但在 2005～2006 年波动较大，主要也是由于建设用地面积突然下降。其中 2008～2012 年出现稳步增长趋势，主要是因为城市建设用地比例增加，政府加大土地用地的规划与治理，有效提高了土地的利用效率，提高了人均建设用地等指标因子，从而使人口承载力有了一定程度提高。如图 3.31 所示。

城镇化率逐年增加。该矿区城镇人口数量的增加推动了城镇化率的增加，2012 年年底，该矿区常住人口（指常住本市半年以上人口）483.31 万人，其中：城镇 239.89 万人，乡村 243.42 万人，使城镇化率达到 49.6%。

人口密度属于逆向指标，总体上也呈现增长趋势，主要原因在于近年来湖北云应—天潜盐膏硝矿业经济区人口总量的增长，从 2002 年的 505 万人增长至 2011 年的 528 万人，在土地总面积一定的情况下，人口密度增加。

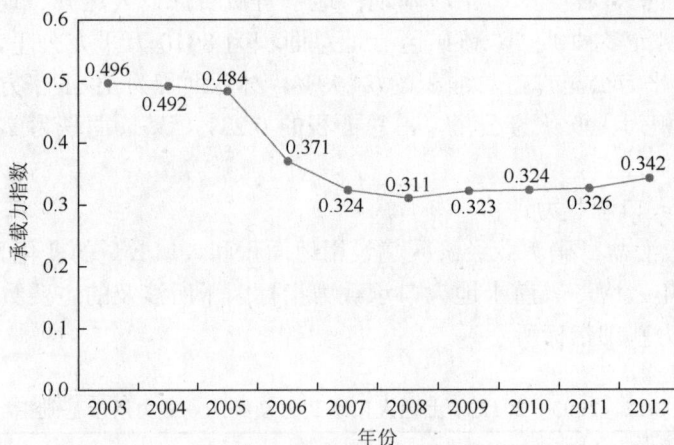

图 3.31　土地资源人口承载力

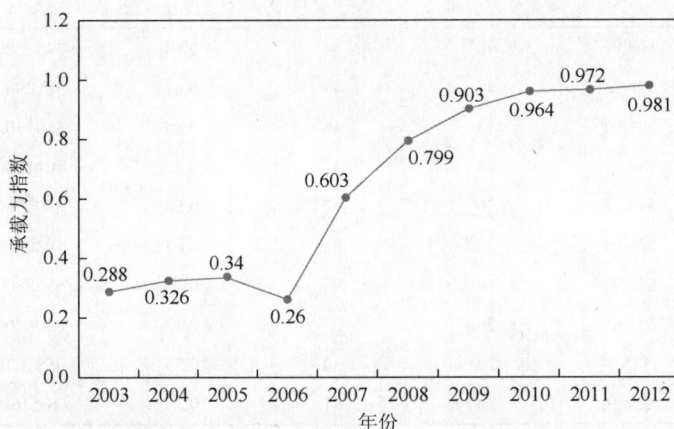

图 3.32　土地资源经济承载力

2）土地资源经济承载力评价

（1）云应—天潜盐膏硝矿业经济区 GDP 以及城市基础设施的投资变化。

由于从各种统计年鉴上无法取得建成区上的 GDP，此处用云应、天潜 GDP 替代建成区 GDP，具体如表 3.12 经济承载力基础指标所示。

（2）土地资源经济承载力的分析。

2007 年之前，云应—天潜矿业经济区土地的经济承载力与目标之间差距较大，原因在于云应—天潜的经济水平与武汉市甚至湖北省的平均水平都有一定差距。两项指标中固定资产投资权重为 0.585，说明投资是影响云应—天潜矿业经济区土地经济承载力的主要因素，它的经济发展很大程度上依赖于资产的投资；地均 GDP 权重仅为 0.415，说明云应—天潜矿业经济区的土地产出能力对于经济发展的贡献不大。2008 年之后，湖北云应—天潜石油盐硝矿业经济区 GDP 总体上呈增长趋势，主要是由于第二产业 GDP 增长幅度较大，从 2002 年的 81 亿元增长至 2011 年的 453 亿元，年均增长率为 21.03%。土地的经济承受能力增强，土地经济承载力指数上升。如图 3.32 所示。

　　3）人均粮食占有量和人均耕地面积（图 3.33）

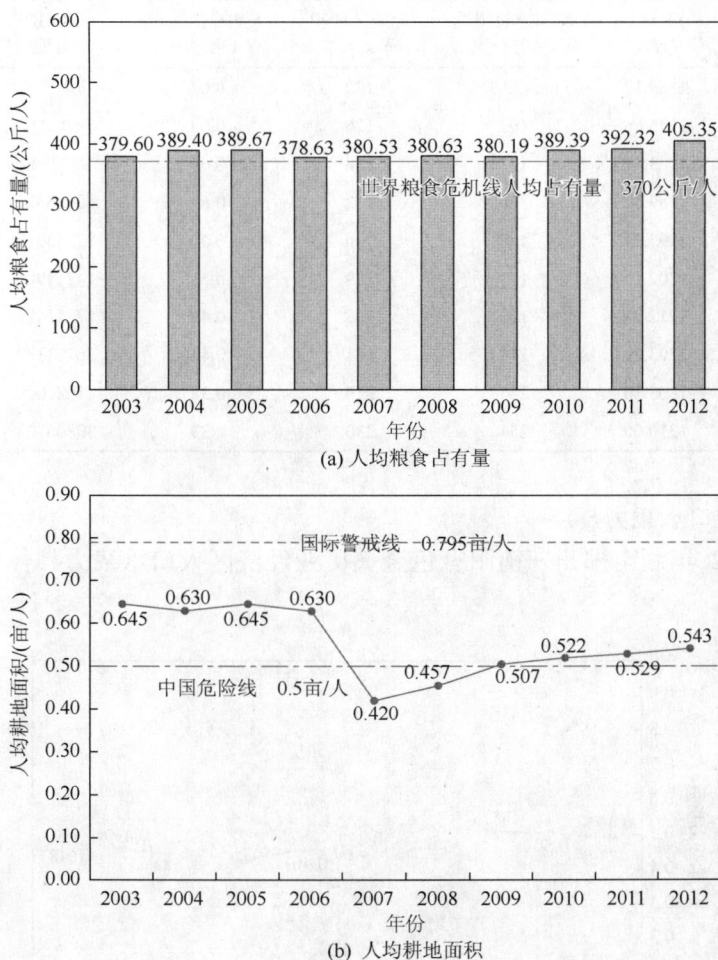

(a) 人均粮食占有量

(b) 人均耕地面积

图 3.33　人均粮食占有量和人均耕地面积

12. 湖南郴州—衡阳有色金属矿业经济区

　　郴州矿产资源丰富，具有矿种多、分布广、储量大等特点，现已发现的矿产达 112 种，已探明储量的有 50 多种。全市已探明各种金属矿物 7 类，共 70 多种，有色金属储量占湖南全省总储量的 2/3。其中钨、铋、钼储量均居全国第一位，锡、锌储量分别居全国第三位、第四位。衡阳市境内矿产资源丰富，已发现的有：煤、铁、铅、锌、钨、锰、铜、锡、高岭土、萤石、重晶石、硼、石膏、盐、钠长石、大理石等 50 余种。

1）土地资源人口承载力

（1）湖南郴州—衡阳有色金属矿业经济区建设用地面积和人口数量的变化。

2003～2012 年湖南郴州—衡阳有色金属矿业经济区土地人口承载力指标因子所涉及的主要数据的变化情况如表 3.13 人口承载力基础指标所示。

表 3.13　2003～2012 年土地人口承载力及经济承载力所涉基础指标

年份	土地人口承载力基础指标					经济承载力基础指标	
	非农人口/万人	总人口/万人	城镇建设用地/平方公里	建成区面积/平方公里	人均耕地面积/（亩/人）	市区 GDP/万元	固定资产投资/万元
2003	352.15	1169.17	99	120	0.67	7087538	2559383
2004	383.78	1176.66	103	126	0.69	7697237	2934506
2005	413.66	1183.49	105	128	0.69	9372569	3528760
2006	447.99	1189.52	136	132	0.69	10685521	3975056
2007	487.08	1195.27	140	136	0.45	12183017	4767241
2008	505.75	1202.14	143	139	0.51	14713901	6056703
2009	542.96	1212.23	123	107	0.46	17341492	10157221
2010	574.74	1293.69	246	161	0.42	20113329	13855782
2011	606.51	1303.10	254	216	0.38	25021009	18138292
2012	638.29	1310.00	254	230	0.33	30806723	19901719

（2）计算人口承载力。

2003～2012 年湖南郴州—衡阳有色金属矿业经济区人口承载力具体结果如图 3.34 所示。

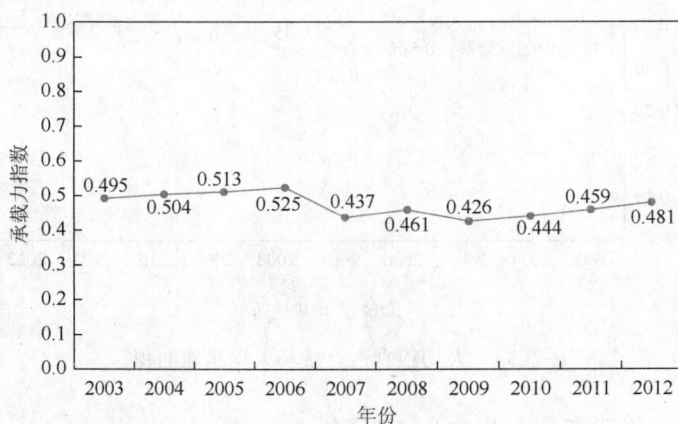

图 3.34　土地资源人口承载力

2）土地资源经济承载力评价

（1）湖南郴州—衡阳有色金属矿业经济区 GDP 以及城市基础设施的投资变化。

由于从各种统计年鉴上无法取得建成区上的 GDP，此处用郴州、衡阳 GDP 替代建成区 GDP，具体如表 3.13 经济承载力基础指标所示。

（2）土地资源经济承载力计算结果。

经计算，土地资源经济承载力的计算结果如图 3.35 所示。

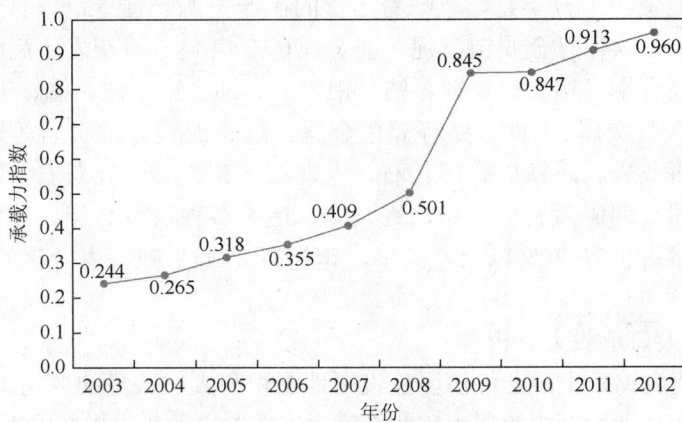

图 3.35　土地资源经济承载力

3）人均粮食占有量和人均耕地面积（图 3.36）

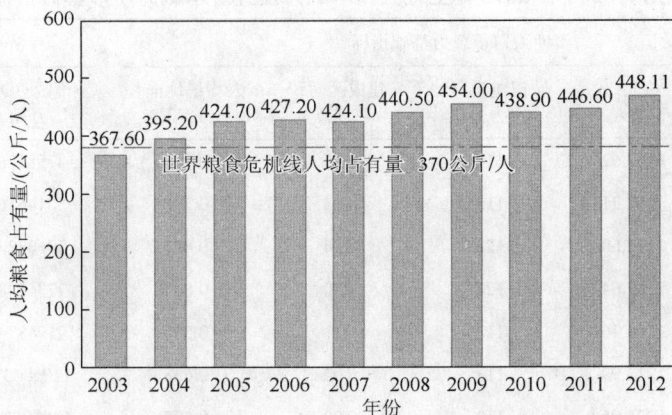

(a) 人均粮食占有量

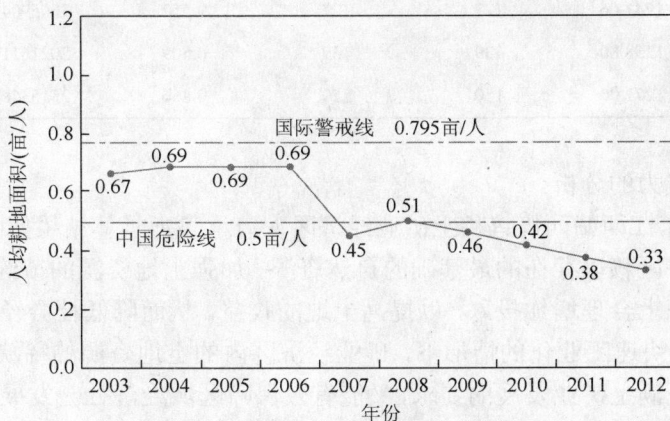

(b) 人均耕地面积

图 3.36　人均粮食占有量和人均耕地面积

13. 江西赣西煤钨稀土矿业经济区

赣西地区自然资源十分丰富，蕴藏着丰富的矿产资源。宜春市内有金属矿产 24 种，非金属矿产 29 种。以稀有金属钽、铌，非金属矿产煤炭、石灰岩、高岭土和建筑材料矿产为优势，主要有铜、铅、锌、锂、钴、铝、汞、锑、铯、铍、铷、银、金、铌、钽、钨等有色金属（含贵金属），铁、锰等黑色金属，煤、泥炭、油页岩等燃料矿产，以及岩盐、高岭土、石灰岩、硫铁矿、钾长石、大理石、花岗石、硅灰石、粉石英等其他非金属矿产。宜春四一四矿藏有锂、钽、铌、铷、铯等多种贵重金属，是世界上最大的锂云母矿，其开采量占世界 70%以上。其中，钽储量 16119 吨，占全国的 19.06%，占世界的 12.43%。

1）土地资源人口承载力分析

（1）江西赣西煤钨稀土矿业经济区建设用地面积和人口数量的变化。

2003~2012 年江西赣西煤钨稀土矿业经济区土地人口承载力指标因子所涉及的主要数据的变化情况如表 3.14 人口承载力基础指标所示。

表 3.14　2003~2012 年土地人口承载力及经济承载力所涉基础指标

年份	土地人口承载力基础指标					经济承载力基础指标	
	非农人口 /万人	总人口 /万人	城镇建设用地 /平方公里	建成区面积 /平方公里	人均耕地面积 /（亩/人）	市区 GDP /万元	固定资产投资 /万元
2003	277.01	1162.62	117	115	0.793	4798126	2148540
2004	289.02	1172.31	115	115	0.790	5014616	3116064
2005	292.33	1172.60	122	124	0.853	5960727	4147946
2006	299.78	1187.64	127	130	0.847	7776248	4975149
2007	306.50	1194.46	112	111	0.550	9194874	6676362
2008	312.45	1214.99	113	102	0.638	11059037	11288456
2009	319.89	1225.95	119	109	0.595	14049584	16071088
2010	326.66	1241.06	127	127	0.552	16059040	20985449
2011	333.44	1258.80	139	139	0.509	20216117	20252198
2012	340.21	1271.00	150	150	0.466	25153487	24631411

（2）人口承载力的分析。

2003~2012 年江西赣西煤钨稀土矿业经济区人口承载力具体结果如图 3.37 所示。土地资源是矿业经济区赖以存在的最基础的自然资源。加强土地资源的节约集约利用，就是要在单位土地面积上合理增加投入，以提高土地的收益，从而降低社会经济和人口对区域土地压力作用。在快速工业化的情形下，矿业经济区内的土地资源的稀缺日益明显。要使有限的土地资源既满足矿业发展的要求，又能有效保障区域经济社会发展中生产空间集约高、生活空间宜居适度和生态空间山清水秀，必须提高土地利用效率，并对土地开中的地质环境加以严格管护。

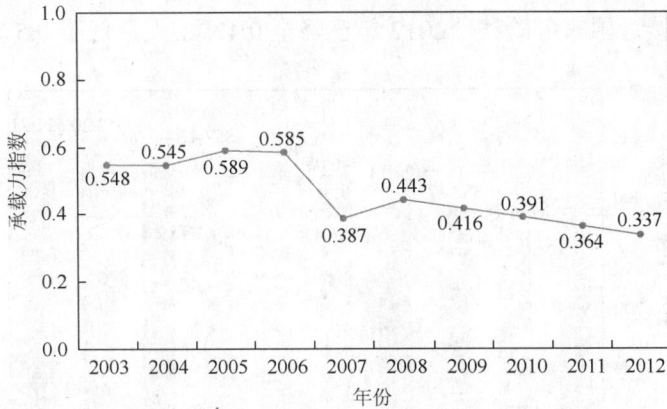

图 3.37　土地资源人口承载力

2）土地资源经济承载力评价

（1）江西赣西煤钨稀土矿业经济区 GDP 以及城市基础设施的投资变化。

由于从各种统计年鉴上无法取得建成区上的 GDP，此处用赣西各市区 GDP 替代建成区 GDP，具体如表 3.14 经济承载力基础指标所示。

（2）土地资源经济承载力计算结果。

经计算，土地资源经济承载力的计算结果如图 3.38 所示。

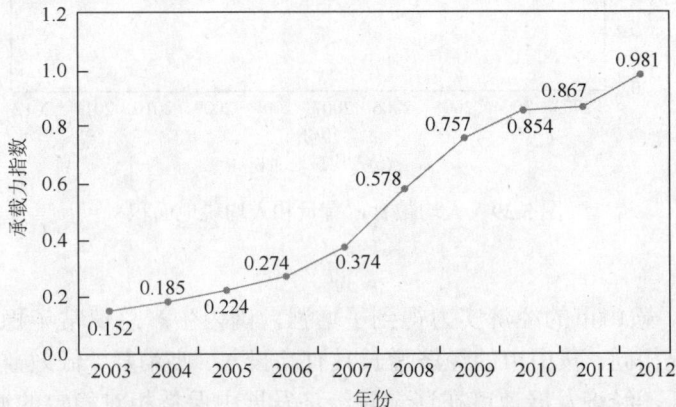

图 3.38　土地资源经济承载力

3）人均粮食占有量和人均耕地面积（图 3.39）

4）原因分析

（1）耕地总面积。

耕地总面积虽逐年减少，但变化幅度较小，耕地集约化经营程度高。目前除鞍山市已实施现代化耕作技术外，大部分地区推行现代化农业，外加优越的自然条件，促使耕地产出较高，相对稳定。

（2）人均耕地面积。

人均耕地面积由 2003 年的 0.79 亩/人下降到 2012 年的 0.47 亩/人，2011 年人均耕地面积 0.51 亩/人，接近国家危险线，2012 年已降至 0.47 亩/人，低于 0.5 亩/人。

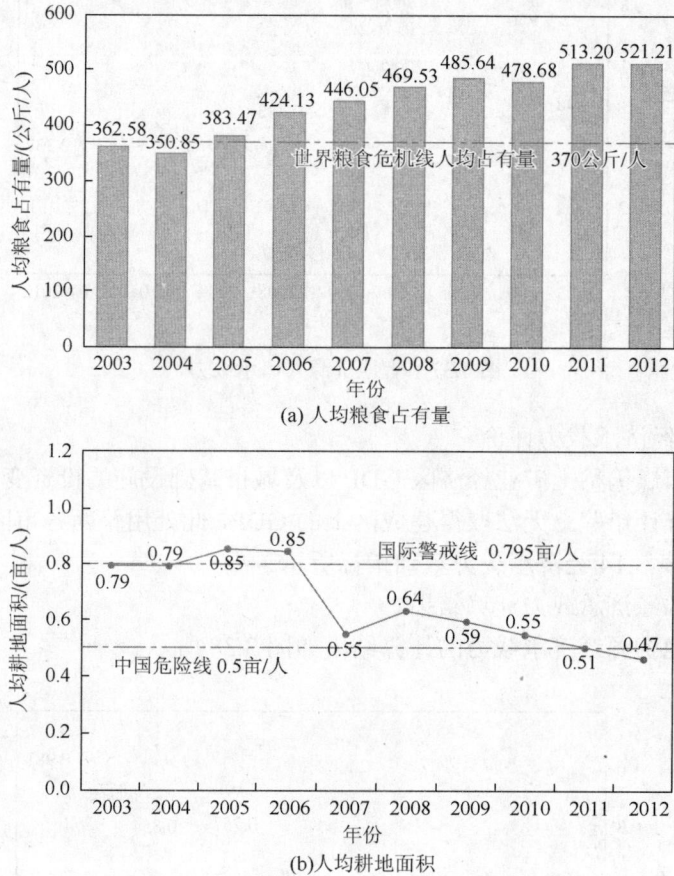

(a) 人均粮食占有量

(b)人均耕地面积

图 3.39　人均粮食占有量和人均耕地面积

（3）经济状况。

21 世纪以来，鞍山市的经济实力得到了增强，国内生产总值常年稳居鞍山市前三，且与其他省市情况相同，鞍山市的经济增长具有高投入、高消耗、低效益的粗放型经济增长方式的基本特征，经济发展速度在辽宁省经济发展中保持相对稳定的增长。

（4）人口因素。

鞍山市农业人口占总人口数的比例大，且农民的素质相对较高，在发展经济的过程中，考虑到可持续发展资源的重要性，没有为了眼前局部的利益而不惜以消耗大量的宝贵的自然资源为代价。

14. 山西太行山南段煤铁矿业经济区

太行山南段煤铁矿业经济区煤、煤层气资源丰富，是山西省优质的无烟煤生产基地。该区主要包括山西长治市和晋城市多数区县，两市矿藏尤以煤、铁藏量最为丰富，素称"煤铁之乡"。长治市煤炭保有储量 262.16 亿吨，勘探面积 2824.7km²，铁矿储量为 69145 万吨；2010 年，晋城市含煤面积 5350km²，占总面积的 56.4%，总储量 808 亿吨，探明储量

271 亿吨。

长治市国土面积为 13955km²，建成区面积 5930 万 m²，2012 年年底耕地总资源 541.12 万亩；境内为太行山、太岳山所环绕，构成高原地形，平原、丘陵、山地分别占总面积的 16.7%、31.3%、52%，平均海拔高度为 1000m 左右；年底全市森林面积 429.6 千公顷，森林覆盖率 30.9%，建成区绿化覆盖率 45.0%。晋城森林资源可观，2012 年，全市共完成造林 32.12 万亩，植树 800 万株；目前，全市森林覆盖率达 39.2%，居全省首位；中心城市建成区绿化覆盖率达 45.8%，绿地率达 43.2%，人均公共绿地达 15.5 平方米，街道绿化普及率达 98%。

1）土地资源人口承载力分析

（1）山西太行山南段煤铁矿业经济区建设用地面积和人口数量的变化。

2003～2012 年太行山南段矿业经济区土地人口承载力指标因子所涉及的主要数据的变化情况如表 3.15 人口承载力基础指标所示。

表 3.15 2003～2012 年土地人口承载力及经济承载力所涉基础指标

| 年份 | 土地人口承载力基础指标 | | | | | 经济承载力基础指标 | |
	非农人口/万人	总人口/万人	城镇建设用地/平方公里	建成区面积/平方公里	人均耕地面积/（亩/人）	市区 GDP/万元	固定资产投资/万元
2003	129.16	528.61	70	75	1.455	3167226	2102330
2004	134.40	530.39	75	74	1.435	4541682	2710441
2005	138.07	528.28	76	75	1.430	5629861	3141672
2006	141.80	541.55	79	76	1.390	7147455	3487684
2007	145.55	546.13	94	76	1.378	8248084	4399368
2008	150.66	548.99	94	90	1.358	9705813	5409750
2009	154.41	546.16	92	86	1.338	12096806	8103102
2010	158.54	547.77	92	100	1.318	13813400	9936855
2011	162.68	551.80	94	100	1.298	16507764	11110214
2012	166.81	554.30	98	101	1.278	21135790	15219522

（2）计算人口承载力。

2003～2012 年太行山南段煤铁矿业经济区人口承载力具体结果如图 3.40 所示。

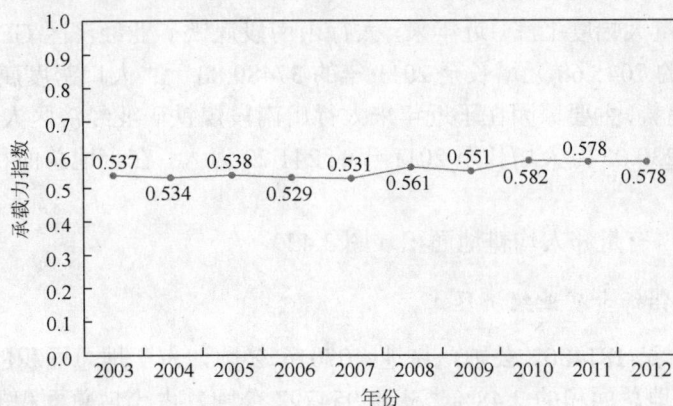

图 3.40 土地资源人口承载力

（3）人口承载力的分析。

2003~2004 年，太行山南段煤铁矿业经济区土地承载力指数略有下降，2005~2011 年保持持续增长，总体而言，该矿区土地承载力正逐步好转，且近两年的上升趋势较明显。太行山南段煤铁矿业经济区土地资源承载力呈现逐渐好转的趋势，近几年增长幅度较大，该矿区城镇人口数量的增加推动了城镇化率的增加，2012 年年底，城镇化率达到 48.09%。

2）土地资源经济承载力评价

对于土地承载力的研究很大程度上是为了指导区域的社会经济可持续发展。可见对于土地的经济研究是土地承载力评价的重要组成部分。区域的土地经济产值能力可以决定本区域的经济规模。本书对于经济承载力的评价主要选取了两个指标因子：地均 GDP 和单位面积固定资产投资。具体计算情况如图 3.41 所示。

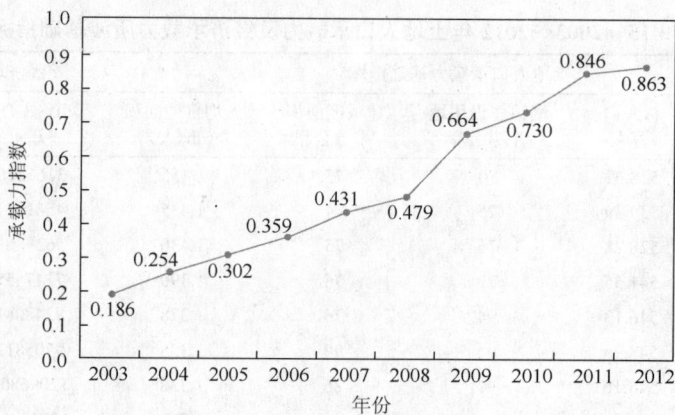

图 3.41　土地资源经济承载力

（1）山西太行山南段煤铁矿业经济区 GDP 以及城市基础设施的投资变化。

由于从各种统计年鉴上无法取得建成区上的 GDP，此处用太行山南段各城市 GDP 替代建成区 GDP，具体如表 3.15 经济承载力基础指标所示。

（2）土地资源经济承载力的分析。

人均 GDP 总量大幅度上涨。近年来，太行山南段煤铁矿业经济区 GDP 总体上呈增长趋势，从 2002 年的 7045.68 元增长至 2011 年的 37480.80 元；人口密度属于逆向指标，总体上也呈现增长趋势，主要原因在于近年来太行山南段煤铁矿业经济区人口总量大幅度增长，从 2002 年的 230.05 万人增长至 2011 年的 241.22 万人，在土地总面积一定的情况下，人口密度增加。

3）人均粮食占有量和人均耕地面积（图 3.42）

15. 陕西凤太铅锌金矿业经济区

全市土地总面积 1814302 公顷，耕地 407016 公顷，占土地总面积的 22.43%。园地 44962 公顷，占土地总面积的 2.48%。林地 954797 公顷，占土地总面积的 52.64%。其中有林地 750706 公顷，占林地的 78.6%。牧草地 101619 公顷，占全市土地总面积的 5.60%。

(a) 人均粮食占有量

(b) 人均耕地面积

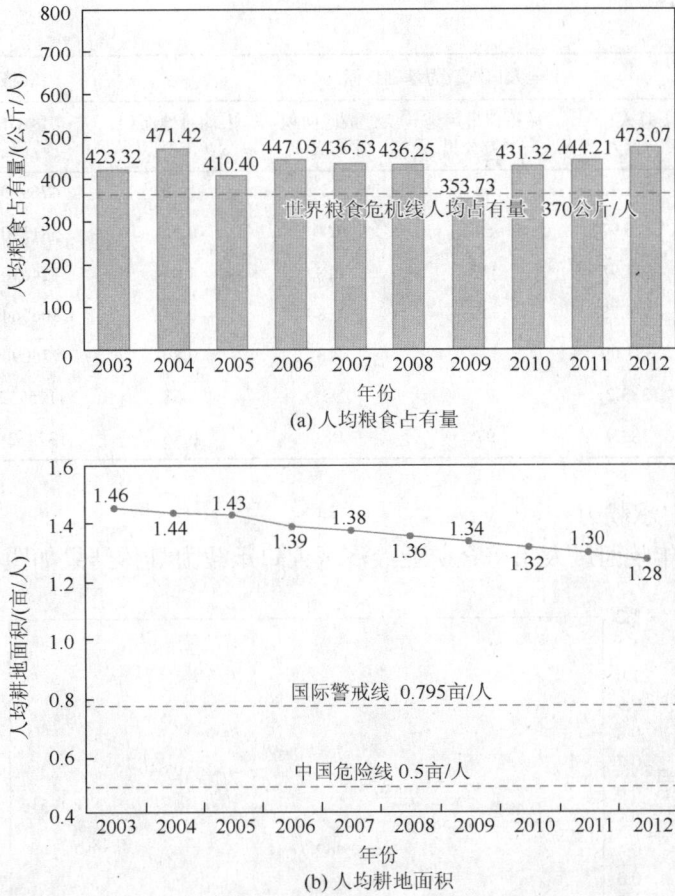

图 3.42　人均粮食占有量和人均耕地面积

居民点及工矿用地 80532 公顷，占全市土地总面积 4.44%。交通用地 16611 公顷，占全市土地总面积的 0.92%。水域用地 37455 公顷，占全市土地总面积的 2.06%。未利用土地 171128 公顷，占全市土地总面积的 9.43%。

1）土地资源人口承载力评价

（1）陕西凤太铅锌金矿业经济区建设用地面积和人口数量的变化。

2003～2012 年陕西凤太铅锌金矿业经济区土地人口承载力指标因子所涉及的主要数据的变化情况如表 3.16 人口承载力基础指标所示。

表 3.16　2003～2012 年土地人口承载力及经济承载力所涉基础指标

年份	土地人口承载力基础指标					经济承载力基础指标	
	非农人口 /万人	总人口 /万人	城镇建设用地 /平方公里	建成区面积 /平方公里	人均耕地面积 /（亩/人）	市区 GDP /万元	固定资产投资 /万元
2003	88.85	367.1	45	45	1.53	2611200	1153614
2004	89.77	369.2	46	46	1.51	3202970	1401495
2005	90.54	369.53	61	61	1.49	4157900	1751869

续表

年份	土地人口承载力基础指标					经济承载力基础指标	
	非农人口 /万人	总人口 /万人	城镇建设用地 /平方公里	建成区面积 /平方公里	人均耕地面积 /（亩/人）	市区 GDP /万元	固定资产投资 /万元
2006	92.36	371.78	63	63	1.46	4769300	2290893
2007	94.48	376.97	64	64	0.96	5817500	3162000
2008	95.25	377.95	113	118	1.03	7140700	4510300
2009	96.67	378.78	113	118	0.91	8065640	6391360
2010	98.04	381.09	113	118	0.80	9760900	8352225
2011	99.41	383.2	70	95	0.68	11757520	9180300
2012	100.78	383.9	97	98	0.56	13743280	12120416

（2）计算人口承载力。

2003～2012 年陕西凤太铅锌金矿业经济区人口承载力具体结果如图 3.43 所示。

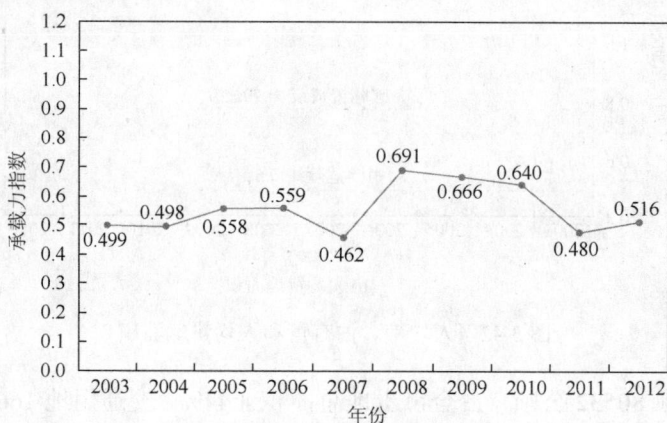

图 3.43　土地资源人口承载力

2）土地资源经济承载力评价

（1）陕西凤太铅锌金矿业经济区 GDP 以及城市基础设施的投资变化。

由于从各种统计年鉴上无法取得建成区上的 GDP，此处用宝鸡市区 GDP 替代建成区 GDP，具体如表 3.16 经济承载力基础指标所示。

（2）土地资源经济承载力计算结果。

经计算，土地资源经济承载力的计算结果如图 3.44 所示。

3）人均粮食占有量和人均耕地面积（图 3.45）

16. 四川攀枝花钒钛矿业经济区

全市土地总面积 742342 公顷，其中农用地 667627 公顷，占土地总面积的 89.93%；建设用地 29232 公顷，占全市土地总面积的 3.94%；其他土地 45483 公顷，占全市土地总面积的 6.13%。

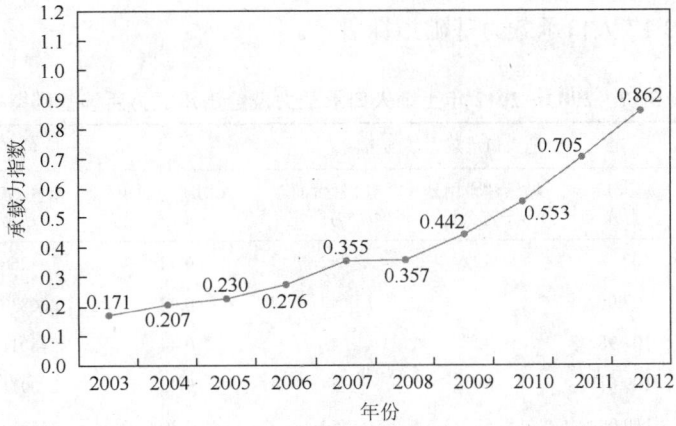

图 3.44 土地资源经济承载力

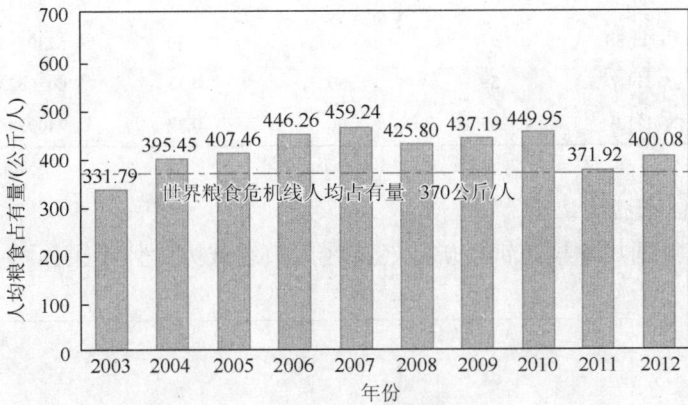

(a) 人均粮食占有量

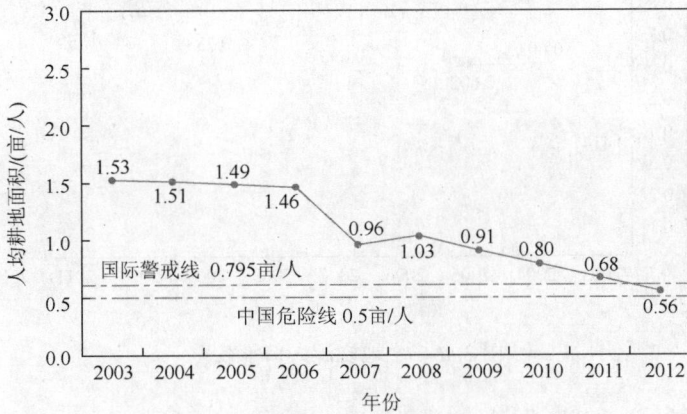

(b) 人均耕地面积

图 3.45 人均粮食占有量和人均耕地面积

1）土地资源人口承载力评价

（1）四川攀枝花钒钛矿业经济区建设用地面积和人口数量的变化。

2003～2012 年四川攀枝花钒钛矿业经济区土地人口承载力指标因子所涉及的主要数据

的变化情况如表 3.17 人口承载力基础指标所示。

表 3.17　2003～2012 年土地人口承载力及经济承载力所涉基础指标

年份	土地人口承载力基础指标					经济承载力基础指标	
	非农人口/万人	总人口/万人	城镇建设用地/平方公里	建成区面积/平方公里	人均耕地面积/（亩/人）	市区 GDP/万元	固定资产投资/万元
2003	56.53	160.18	42	42	0.42	1642680	704904
2004	57.57	107.06	42	42	0.42	2008306	791310
2005	58.00	107.98	42	42	0.44	2480110	946414
2006	58.83	109.01	54	54	0.43	2900717	1233134
2007	59.08	110.08	53	54	0.39	3452571	1487162
2008	59.58	111.18	53	55	0.41	4276183	1883026
2009	60.33	111.58	61	55	0.40	4240750	2647560
2010	60.91	111.38	67	55	0.40	5239883	3306974
2011	61.50	111.7	59	60	0.38	6456623	3706401
2012	62.09	111.9	65	66	0.37	7400348	4522807

（2）计算人口承载力。

2003～2012 年四川攀枝花钒钛矿业经济区人口承载力具体结果如图 3.46 所示。

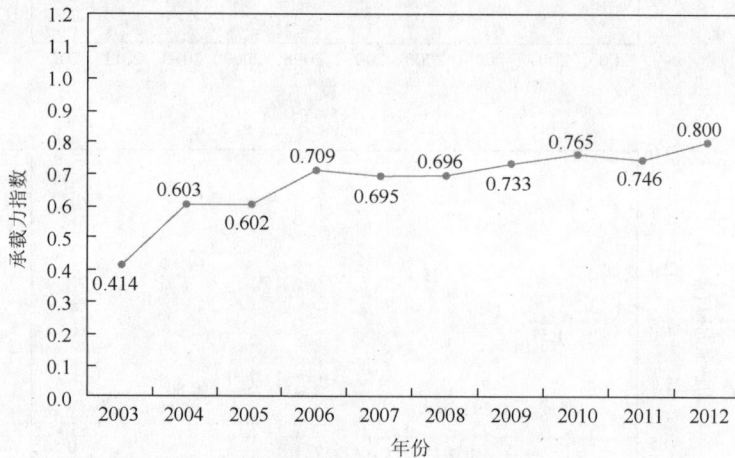

图 3.46　土地资源人口承载力

2）土地资源经济承载力评价

（1）四川攀枝花钒钛矿业经济区 GDP 以及城市基础设施的投资变化。

由于从各种统计年鉴上无法取得建成区上的 GDP，此处用攀枝花市区 GDP 替代建成区 GDP，具体如表 3.17 经济承载力基础指标所示。

（2）土地资源经济承载力计算结果。

经计算，土地资源经济承载力的计算结果如图 3.47 所示。

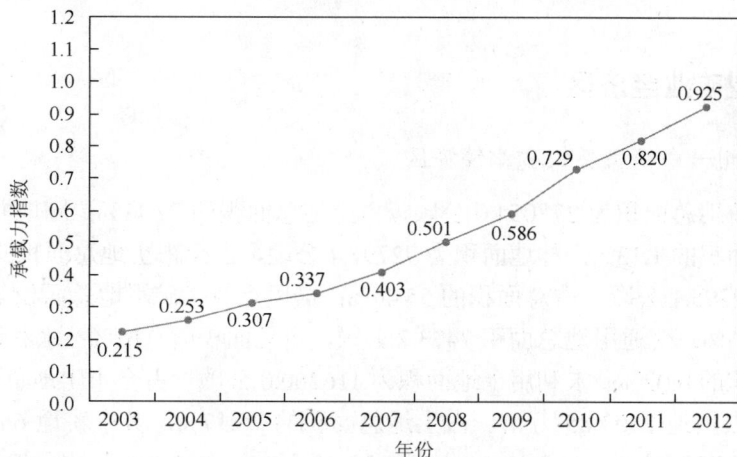

图 3.47　土地资源经济承载力

3）人均粮食占有量和人均耕地面积（图 3.48）

(a) 人均粮食占有量

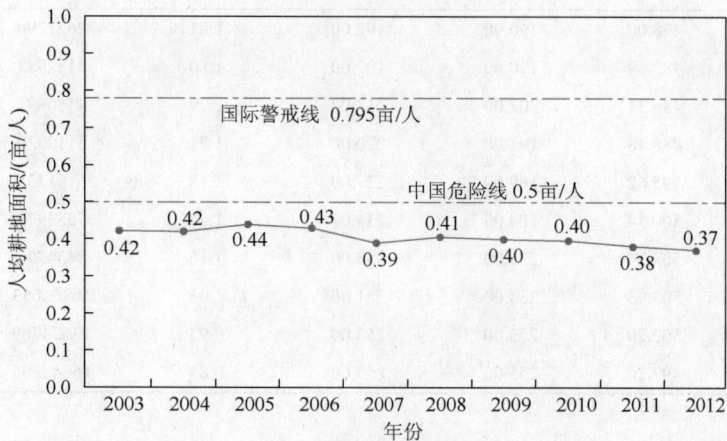

(b) 人均耕地面积

图 3.48　人均粮食占有量和人均耕地面积

3.2.2 衰退型矿业经济区

1. 甘肃兰州—白银煤炭铜矿业经济区

兰州全市耕地总面积为 272054.0 公顷，占土地总面积的 22.11%；园地面积 13909.5 公顷，占土地总面积的 1.13%；林地面积为 92797.4 公顷，占全市土地总面积的 7.54%；牧草地总面积为 682295.1 公顷，占总面积的 55.46%；居民点及工矿用地总面积 45176.4 公顷，占总面积的 3.67%；交通用地总面积 7473.2 公顷，占总面积的 0.61%；水利设施用地 274.7 公顷，占总面积的 0.02%；未利用土地面积为 116260.0 公顷，占全市土地总面积的 9.45%。

白银全市农用地 2303.85 万亩。占土地总面积的 76.17%，其中耕地 644.14 万亩，占 21.30%，园地 12.78 万亩，占 0.42%，林地 123.76 万亩，占 4.09%，牧草地 1512.60 万亩，占 50.01%，水面 10.57 万亩，占 0.35%；建设用地 109.14 万亩，占土地总面积的 3.61%，其中城镇村及工矿用地 83.73 万亩，占 2.77%，交通用地 18.42 万亩，占 0.61%，水利设施用地 6.99 万亩，占 0.23%；未利用地 611.62 万亩，占土地总面积的 20.22%，其中未利用土地 610.03 万亩，占 20.17%，水域 1.59 万亩，占 0.05%。全市土地利用率达 79.78%，较 1996 年提高 1.32 个百分点，较 2000 年提高 0.90 个百分点；森林覆盖率达到 4.51%，较 1996 年提高 1.12 个百分点，较 2000 年提高 0.71 个百分点。

1）土地资源人口承载力评价

（1）甘肃兰州—白银煤炭铜矿业经济区建设用地面积和人口数量的变化。

2003～2012 年甘肃兰州—白银煤炭铜矿业经济区土地人口承载力指标因子所涉及的主要数据的变化情况如表 3.18 人口承载力基础指标所示。

表 3.18 2003～2012 年土地人口承载力及经济承载力所涉基础指标

年份	土地人口承载力基础指标					经济承载力基础指标	
	非农人口/万人	总人口/万人	城镇建设用地/平方公里	建成区面积/平方公里	人均耕地面积/（亩/人）	市区 GDP/万元	固定资产投资/万元
2003	214.76	478.00	190.00	192.00	1.81	2621290	1853983
2004	220.78	482.69	190.00	192.00	1.80	3152983	2263698
2005	225.54	486.31	207.00	212.00	1.79	4350397	2676081
2006	228.34	488.18	191.00	220.00	1.77	5110020	3090774
2007	242.58	495.62	189.00	227.00	1.18	6161235	3836541
2008	246.90	500.34	204.00	234.00	1.28	7583973	4967851
2009	252.71	503.14	238.00	238.00	1.16	8434794	6403861
2010	259.25	503.93	234.00	251.00	1.03	10806053	8377985
2011	265.79	502.70	263.00	253.00	0.93	13624769	9419372
2012	272.33	497.20	255.00	257.00	0.83	15846995	12245851

（2）计算人口承载力。

2003～2012 年甘肃兰州—白银煤炭铜矿业经济区人口承载力具体结果如图 3.49 所示。

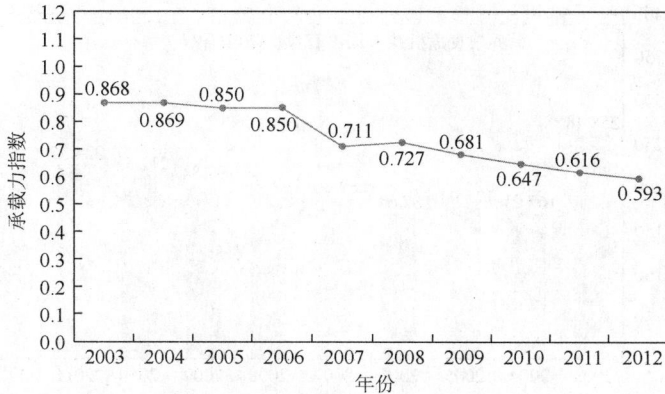

图 3.49　土地资源人口承载力

2）土地资源经济承载力评价

对于土地承载力的研究很大程度上是为了指导区域的社会经济可持续发展。可见对于土地的经济研究是土地承载力评价的重要组成部分。区域的土地经济产值能力可以决定本区域的经济规模。本书对于经济承载力的评价主要选取了两个指标因子：地均 GDP 和单位面积固定资产投资。具体计算情况如下。

（1）甘肃兰州—白银煤炭铜矿业经济区 GDP 以及城市基础设施的投资变化。

由于从各种统计年鉴上无法取得建成区上的 GDP，此处用兰州、白银市区 GDP 替代建成区 GDP，具体如表 3.18 经济承载力基础指标所示。

（2）土地资源经济承载力计算结果。

经计算，土地资源经济承载力的计算结果如图 3.50 所示。

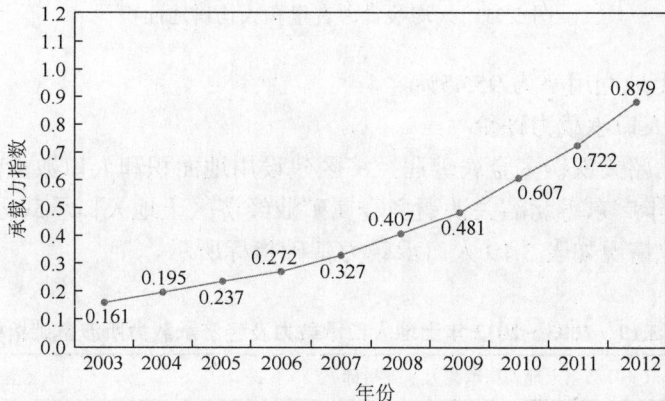

图 3.50　土地资源经济承载力

3）人均粮食占有量和人均耕地面积（图 3.51）

2. 广东粤北韶关铁铜多金属矿业经济区

根据韶关市土地利用变更调查数据，全市土地总面积为 1838501 公顷，其中农用地 1685777 公顷，建设用地 69127 公顷，未利用地 83597 公顷，分别占土地总面积的 91.69%、

(a) 人均粮食占有量

(b) 人均耕地面积

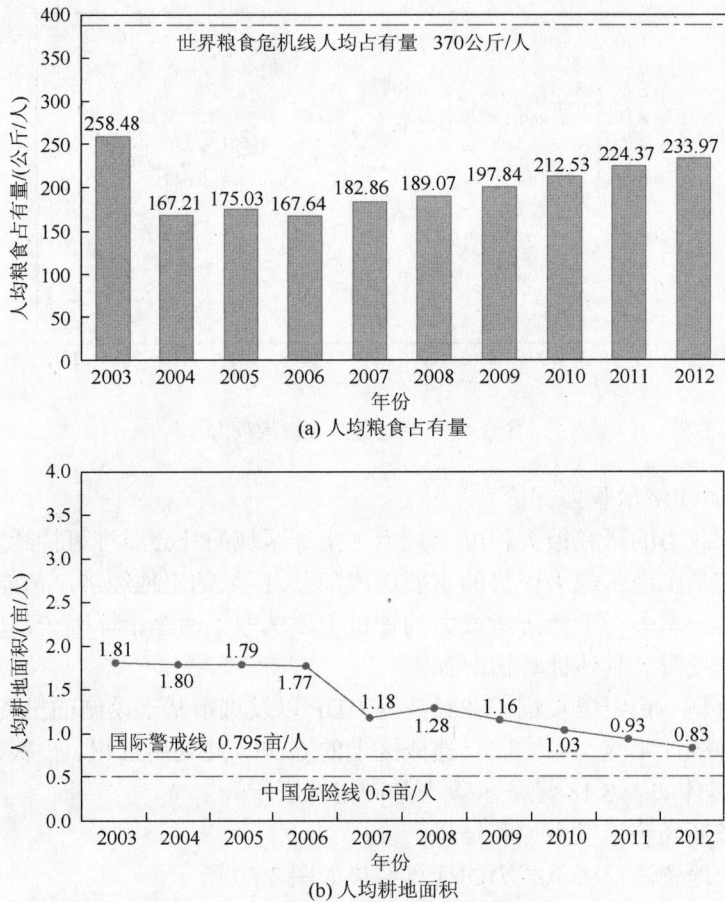

图 3.51　人均粮食占有量和人均耕地面积

3.76%、4.55%，土地利用率为 95.45%。

1）土地资源人口承载力评价

（1）广东粤北韶关铁铜多金属矿业经济区建设用地面积和人口数量的变化。

2003～2012 年广东粤北韶关铁铜多金属矿业经济区土地人口承载力指标因子所涉及的主要数据的变化情况如表 3.19 人口承载力基础指标所示。

表 3.19　2003～2012 年土地人口承载力及经济承载力所涉基础指标

年份	土地人口承载力基础指标					经济承载力基础指标	
	非农人口 /万人	总人口 /万人	城镇建设用地 /平方公里	建成区面积 /平方公里	人均耕地面积 /（亩/人）	市区 GDP /万元	固定资产投资 /万元
2003	125.05	314.85	47	48	1.60	2680800	1033147
2004	126.22	316.98	55	56	1.04	3127628	1291749
2005	126.10	318.66	56	57	1.04	3399334	1421270
2006	125.88	320.32	78	78	1.03	4005559	1689808
2007	125.87	321.19	78	78	0.68	4716931	2175867

续表

年份	土地人口承载力基础指标					经济承载力基础指标	
	非农人口/万人	总人口/万人	城镇建设用地/平方公里	建成区面积/平方公里	人均耕地面积/（亩/人）	市区GDP/万元	固定资产投资/万元
2008	124.80	323.09	78	81	0.62	5458677	2837859
2009	125.40	325.54	78	78	0.58	5787525	3564979
2010	125.33	328.1	82	78	0.54	6831033	4337312
2011	125.26	329.7	84	84	0.51	8168058	4454169
2012	125.19	326.5	88	88	0.49	9064760	5074450

（2）计算人口承载力。

2003～2012 年广东粤北韶关铁铜多金属矿业经济区人口承载力具体结果如图 3.52 所示。

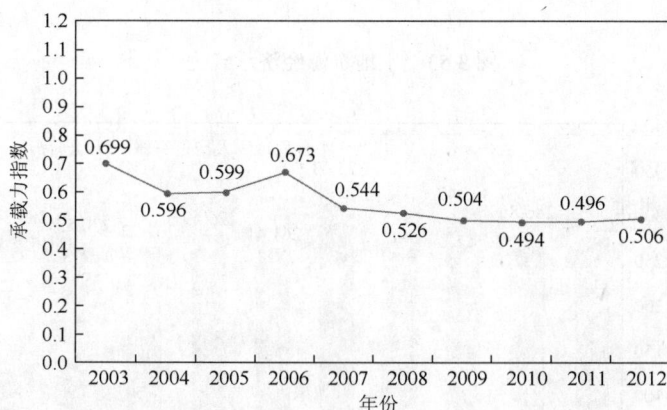

图 3.52　土地资源人口承载力

2）土地资源经济承载力评价

（1）广东粤北韶关铁铜多金属矿业经济区 GDP 以及城市基础设施的投资变化。

由于从各种统计年鉴上无法取得建成区上的 GDP，此处用韶关市区 GDP 替代建成区 GDP，具体如表 3.19 经济承载力基础指标所示。

（2）土地资源经济承载力计算结果。

经计算，土地资源经济承载力的计算结果如图 3.53 所示。

3）人均粮食占有量和人均耕地面积（图 3.54）

3. 湖北鄂州—黄石铁铜金矿业经济区

该区地处湖北省东南部，包括黄石市和鄂州市，主要矿种有铁、铜、金等，属于中国中南地区，处于长江中游南岸。该区自然资源丰富，绵延起伏的群山蕴藏着丰富的矿藏资源，种类多，储量大，品质好，易采易选。该矿业经济区土地面积约 3373 平方公里，占湖北省土地面积的 17.95%；人口约 1362.2 万人，占湖北省总人口的 22.64%。

1）土地资源人口承载力评价

（1）鄂州—黄石铜金矿业经济区建设用地面积和人口数量的变化。

2003～2012 年鄂州—黄石土地人口承载力指标因子所涉及的主要数据的变化情况如表 3.20 和表 3.21 人口承载力基础指标所示。

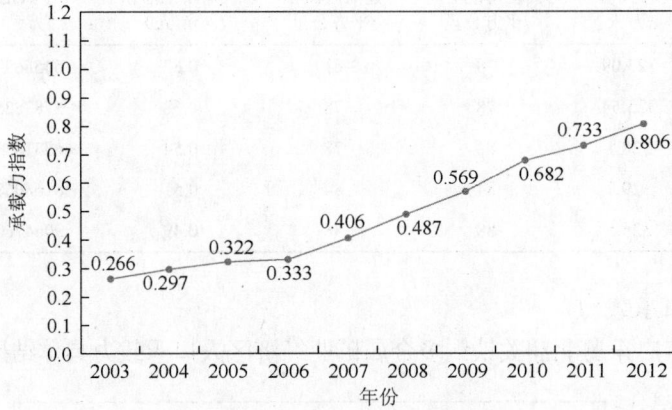

图 3.53　土地资源经济承载力

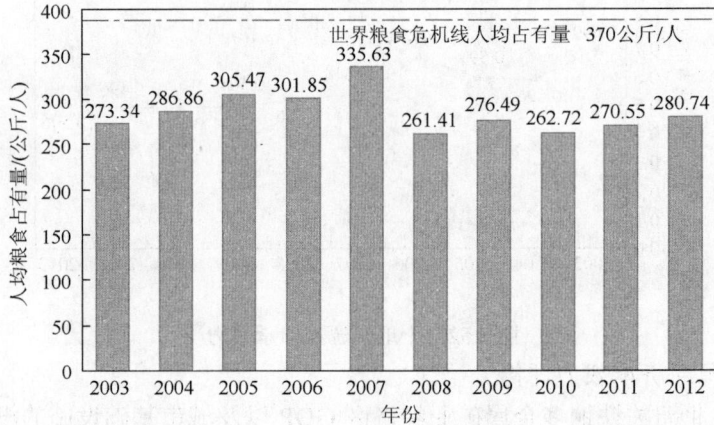

图 3.54　人均粮食占有量和人均耕地面积

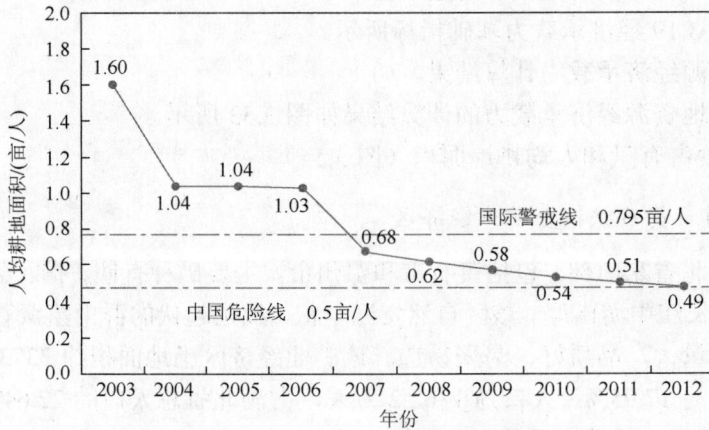

表 3.20　2003～2012 年黄石土地承载力所涉及主要数据变化情况

| 年份 | 土地人口承载力基础指标 | | | | | 经济承载力基础指标 | |
	非农人口 /万人	总人口 /万人	城镇建设用地 /平方公里	建成区面积 /平方公里	人均耕地面积 /（亩/人）	市区 GDP /万元	固定资产投资 /万元
2003	91.76	253.32	51	56	0.664	2736400	692305
2004	90.68	254.92	53	58	0.646	3169800	882970
2005	88.92	253.13	55	59	0.639	3432100	1064591
2006	90.71	254.36	59	61	0.636	4010300	1380527
2007	92.81	255.39	61	62	0.636	4666800	1798500
2008	93.68	257.31	61	62	0.631	5565700	2326725
2009	94.33	258.56	61	47	0.626	5715900	3430501
2010	95.32	260.14	66	66	0.676	6901200	4740580
2011	96.31	260.1	69	70	0.694	9259600	5974465
2012	97.29	261.5	72	72	0.742	10409500	7364077

表 3.21　2003～2012 年鄂州土地承载力所涉及主要数据变化情况

| 年份 | 土地人口承载力基础指标 | | | | | 经济承载力基础指标 | |
	非农人口 /万人	总人口 /万人	城镇建设用地 /平方公里	建成区面积 /平方公里	人均耕地面积 /（亩/人）	市区 GDP /万元	固定资产投资 /万元
2003	32.56	103.64	25	42	0.535	1257000	375062
2004	31.02	105.32	44	44	0.582	1419200	442636
2005	36.96	104.32	45	46	0.613	1469700	551676
2006	40.53	106.44	45	46	0.646	1683300	720489
2007	41.12	106.56	45	46	0.692	2087100	1050060
2008	40.99	106.82	46	47	0.701	2697900	1500069
2009	45.35	107.24	47	47	0.686	3237100	2200000
2010	47.76	108.46	52	52	0.712	3952900	2986356
2011	50.17	109.4	56	56	0.732	4908900	3288600
2012	52.58	109.4	60	60	0.747	5603900	4427438

（2）人口承载力的分析。

2003～2012 年鄂州—黄石铜金矿业经济区的土地资源人口承载力从 0.604 上升到 0.770，并基本保持在 0.75 左右，这主要是因为矿业经济区的建设用地面积有了大幅提高。鄂州—黄石铁铜金矿业经济区土地资源承载力总体呈现逐渐好转的趋势，但波动较大。其中 2008～2009 年出现较大幅度下降，主要是因为城市建设用地比例增加，导致耕地面积减少。在 2009 年之后，又逐渐回升，是由于政府加大土地用地的规划与治理，有效提高了土地的利用效率，提高了人均建设用地等指标因子，从而使人口承载力有了一定程度提高。

该地区土地资源承载力变化较大。在 2008 年之前一直处在超载的状态，土地资源压力较大。如图 3.55 所示。

土地利用不够充分、农用地利用效率低。表现在 2006 年年底土地利用率为 77%，低于全省平均土地利用率 88.6%，有 105649 公顷未得到有效利用或难以利用。农用地利用效率低，表现在单位土地产出较低，2006 年年底单位土地产出为 8.75 万元/公顷，中低产地耕地占耕地面积的 72.73%。

居民点及工矿用地外延扩展过快。由于受行政区划和自然地形的影响，黄石市城区建设用地十分紧张，建设现代化大城市骨架难以展开，加之"入"字型"多组团"的城市现状，造成城市基础设施建设过长，配套投资大，城市土地结构失衡，大气环境容量有限，污染严重。更重要的是由于缺乏纵深经济发展腹地和稳定的农副产品供应基地，城市功能扩散区无法布局，城市建设发展用地严重不足。

2008 年之后，土地资源承载力逐渐增大，主要是由于国务院《关于加强土地调控有关问题的通知》规定，立足于经济利益的调整，从经济动因上遏制工业用地过度扩张的态势。政府加强了土地开发与利用的合理规划与调控，强调城市土地集约利用的规划设计，通过城市用地布局规划、城市用地规模、优化城市规划设计等途径，提高了城市土地利用规划的科学性、实用性。这一系列措施都有利于提高鄂东南地区的土地资源承载力。

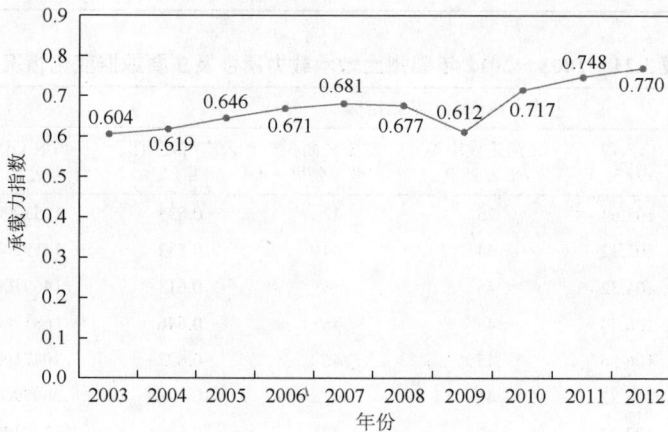

图 3.55　土地资源人口承载力

2）土地资源经济承载力评价

（1）鄂州—黄石铜金矿业经济区 GDP 以及城市基础设施的投资变化。

由于从各种统计年鉴上无法取得建成区上的 GDP，此处用鄂州、黄石市区 GDP 替代建成区 GDP，具体如表 3.20、表 3.21 经济承载力基础指标所示。

（2）鄂州—黄石经济承载力计算。

经计算，土地资源经济承载力的计算结果如图 3.56 所示。

（3）土地资源经济承载力的分析。

从表 3.20、表 3.21 中能够看出，2008 年之前，鄂州—黄石矿业经济区土地的经济承载力与目标之间差距较大，原因在于鄂州—黄石的经济水平与武汉市的平均水平都有一定差距。两项指标中固定资产投资权重为 0.568，说明投资是影响鄂州—黄石矿业经济区土地经济承载力的主要因素，它的经济发展很大程度上依赖于资产的投资；地均 GDP 权重仅为 0.432，说明鄂州—黄石矿业经济区的土地产出能力对于经济发展的贡献能力相对较弱。到了 2009 年鄂州—黄石的经济水平有了大幅提升，经济危机后国家大范围的刺激经济增加，吸引投资加大，使得经济水平有了大幅提高。

3）人均粮食占有量和人均耕地面积（图 3.57）

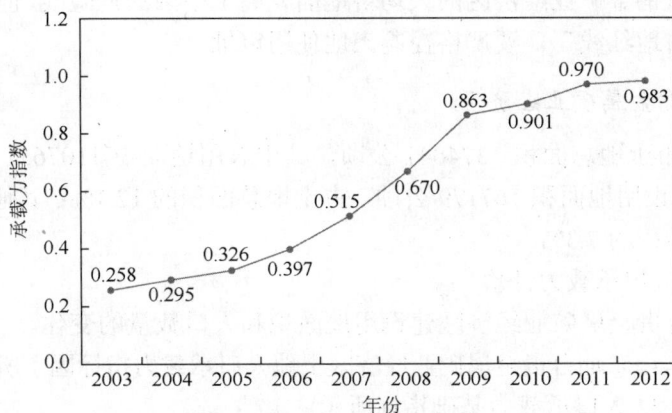

图 3.56　土地资源经济承载力

(a) 人均粮食占有量

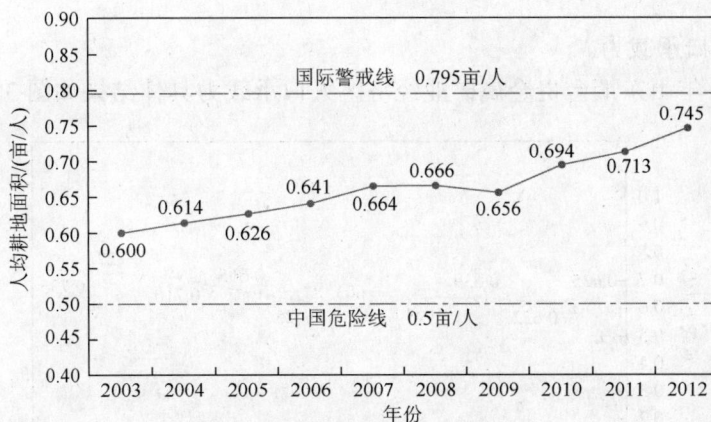

(b) 人均耕地面积

图 3.57　人均粮食占有量和人均耕地面积

鄂州—黄石铁铜金矿业经济区的人均粮食占有量远远低于世界粮食危机线，土地的承载能力受到粮食产量的约束，主要是由于大量的农业用地被转化为非农业用地。

鄂州—黄石铁铜金矿业经济区的人均耕地面积高于中国的危险线，但是低于国际警戒线，为了保住"耕地红线"，要严格控制土地使用审批。

4. 山东烟台贵金属矿业经济区

2005 年烟台市土地总面积 1374647 公顷，其中农用地面积 1107631 公顷，占土地总面积的 80.6%；建设用地面积 167179 公顷，占土地总面积的 12.1%；其他土地面积 99837 公顷，占土地总面积的 7.3%。

1）土地资源人口承载力评价

（1）山东烟台贵金属矿业经济区建设用地面积和人口数量的变化。

2003～2012 年山东烟台贵金属矿业经济区土地人口承载力指标因子所涉及的主要数据的变化情况如表 3.22 人口承载力基础指标所示。

表 3.22　2003～2012 年土地人口承载力及经济承载力所涉基础指标

年份	土地人口承载力基础指标					经济承载力基础指标	
	非农人口/万人	总人口/万人	城镇建设用地/平方公里	建成区面积/平方公里	人均耕地面积/（亩/人）	市区 GDP/万元	固定资产投资/万元
2003	225.71	645.82	145	145	1.33	13160000	7371898
2004	236.14	646.82	209	151	1.03	16308949	10850511
2005	296.81	647.78	172	172	1.02	20124600	14603827
2006	298.90	649.98	178	179	0.98	24057504	15911832
2007	334.45	651.47	194	195	0.64	28799509	16067899
2008	362.47	651.69	210	212	0.57	34341900	19617099
2009	390.50	652	234	235	0.53	37017900	22221747
2010	418.52	651.14	263	265	0.47	43584600	27058591
2011	446.55	651.8	267	269	0.44	49068300	28838001
2012	474.57	650.3	271	273	0.41	52813800	30439402

（2）计算人口承载力。

2003～2012 年山东烟台贵金属矿业经济区人口承载力具体结果如图 3.58 所示。

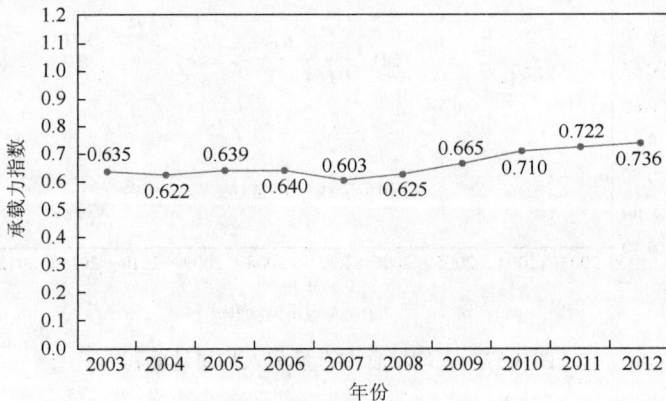

图 3.58　土地资源人口承载力

2）土地资源经济承载力评价

（1）山东烟台贵金属矿业经济区 GDP 以及城市基础设施的投资变化。

由于从各种统计年鉴上无法取得建成区上的 GDP，此处用烟台市区 GDP 替代建成区 GDP，具体如表 3.22 经济承载力基础指标所示。

（2）土地资源经济承载力计算结果。

经计算，土地资源经济承载力的计算结果如图 3.59 所示。

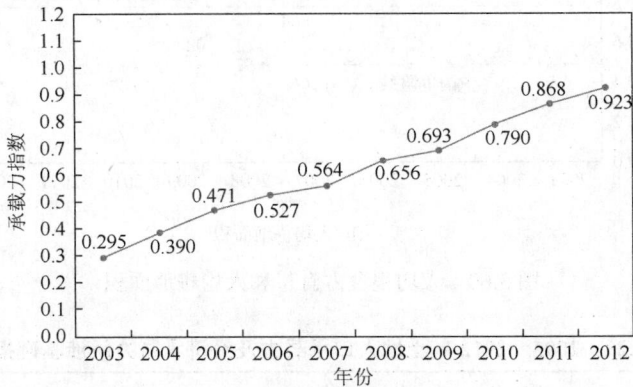

图 3.59　土地资源经济承载力

3）人均粮食占有量和人均耕地面积（图 3.60）

5. 云南个旧—文山多金属矿业经济区

个旧市全市土地总面积 155746.69 公顷，其中农用地面积为 116901.63 公顷，占总土地面积的 75.06%；建设用地面积为 12392.89 公顷，占总面积的 7.96%；未利用地面积为 26452.17 公顷，占总面积的 16.98%。

1）土地资源人口承载力评价

（1）云南个旧—文山多金属矿业经济区建设用地面积和人口数量的变化。

2003～2012 年云南个旧—文山多金属矿业经济区土地人口承载力指标因子所涉及的主要数据的变化情况如表 3.23 人口承载力基础指标所示。

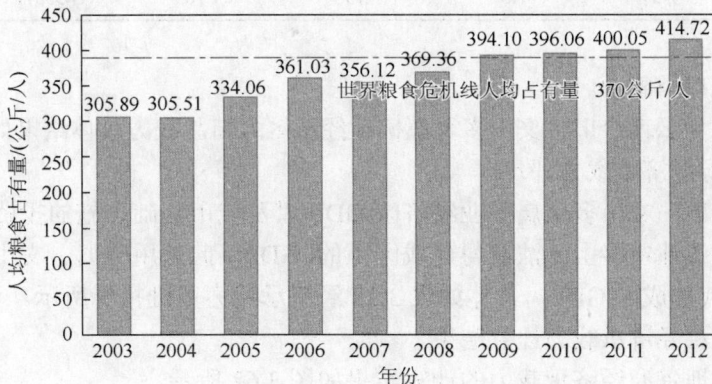

(a) 人均粮食占有量

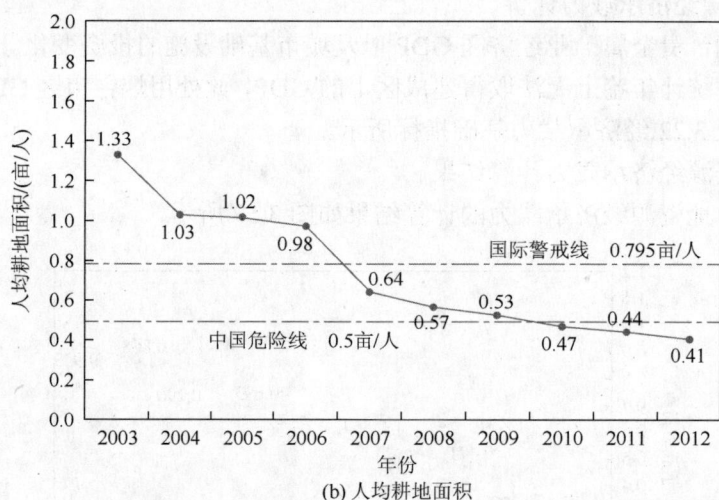

(b) 人均耕地面积

图 3.60　人均粮食占有量和人均耕地面积

表 3.23　2003～2012 年土地人口承载力及经济承载力所涉基础指标

年份	土地人口承载力基础指标					经济承载力基础指标	
	非农人口/万人	总人口/万人	城镇建设用地/平方公里	建成区面积/平方公里	人均耕地面积/（亩/人）	市区 GDP/万元	固定资产投资/万元
2003	15.80	38.6	8	9	1.05	1257094	688083
2004	21.80	38.6	9	9	1.07	1567065	819815
2005	21.73	38.6	10	10	1.08	2057530	1161545
2006	21.67	38.8	10	10	1.11	2400395	1307272
2007	21.54	39	11	11	1.06	2939243	1575093
2008	21.69	39	11	12	1.09	3493500	2233154
2009	21.64	39.1	11	12	1.12	3971185	2463702
2010	21.40	39.5	12	12	1.07	4523900	3113605
2011	21.17	39	12	12	1.08	5487428	3634898
2012	23.51	39	13	13	1.10	6455511	4440840

（2）计算人口承载力。

2003～2012 年云南个旧—文山多金属矿业经济区人口承载力具体结果如图 3.61 所示。

2）土地资源经济承载力评价

（1）云南个旧—文山多金属矿业经济区 GDP 以及城市基础设施的投资变化。

由于从各种统计年鉴上无法取得建成区上的 GDP，此处用个旧、文山壮族苗族自治州市区 GDP 替代建成区 GDP，具体如表 3.23 经济承载力基础指标所示。

（2）土地资源经济承载力计算结果。

经计算，土地资源经济承载力的计算结果如图 3.62 所示。

3）人均粮食占有量和人均耕地面积（图 3.63）

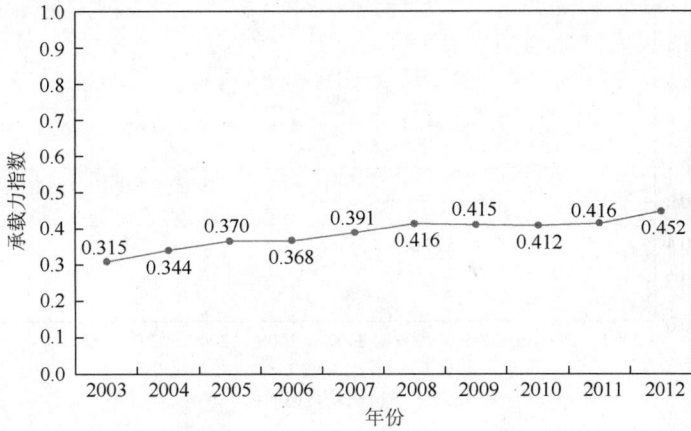

图 3.61　土地资源人口承载力

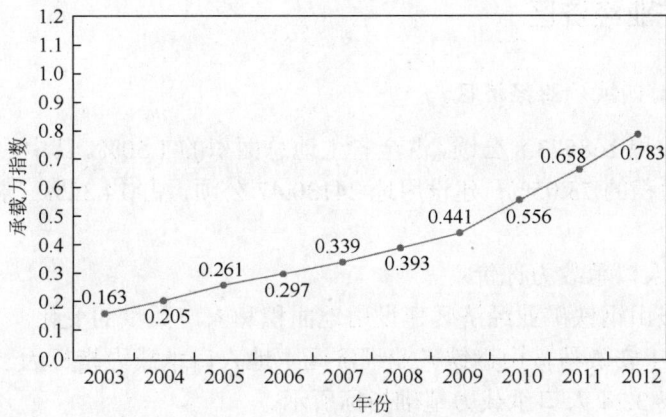

图 3.62　土地资源经济承载力

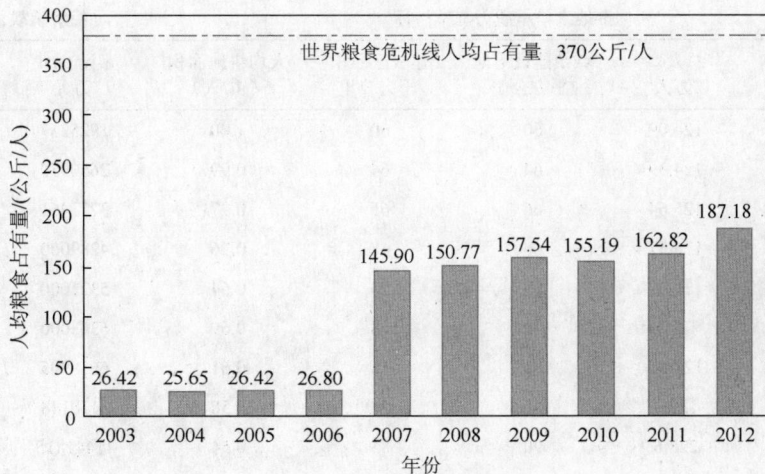

(a) 人均粮食占有量

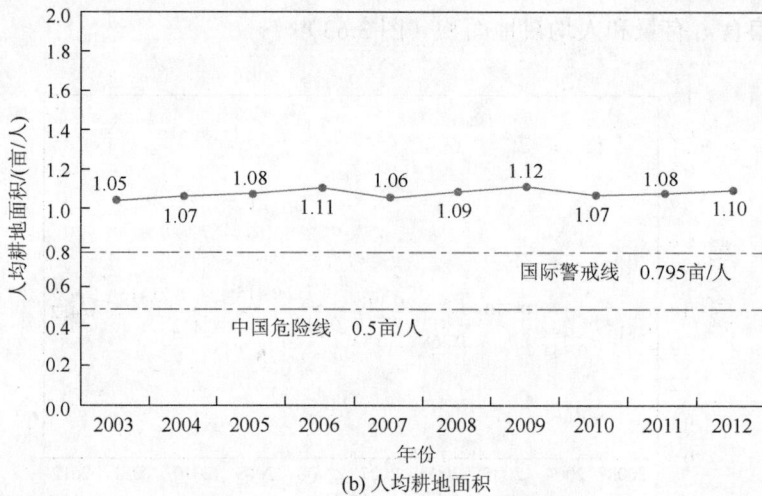

(b) 人均耕地面积

图 3.63　人均粮食占有量和人均耕地面积

3.2.3　再生型矿业经济区

1. 安徽马鞍山钢铁矿业经济区

全市土地总面积 168573.8 公顷，占全省土地总面积的 1.50%。其中，农用地 123148.01 公顷，占土地总面积的 73.05%；建设用地 24130.47 公顷，占 14.32%；未利用地 21295.32 公顷，占 12.63%。

1）土地资源人口承载力评价

（1）安徽马鞍山钢铁矿业经济区建设用地面积和人口数量的变化。

2003～2012 年安徽马鞍山钢铁矿业经济区土地人口承载力指标因子所涉及的主要数据的变化情况如表 3.24 人口承载力基础指标所示。

表 3.24　2003～2012 年土地人口承载力及经济承载力所涉基础指标

年份	土地人口承载力基础指标					经济承载力基础指标	
	非农人口/万人	总人口/万人	城镇建设用地/平方公里	建成区面积/平方公里	人均耕地面积/（亩/人）	市区 GDP/万元	固定资产投资/万元
2003	56.44	124.09	60	60	1.00	1925237	1067938
2004	58.17	124.39	64	64	0.99	2650950	1454597
2005	59.17	125.64	66	66	0.97	3713461	1913805
2006	60.08	126.57	68	68	0.96	4289000	2622499
2007	61.09	127.32	69	70	0.64	5321000	3313371
2008	63.06	128.1	72	78	0.69	6363000	4045119
2009	63.95	128.61	83	76	0.61	6658905	5461396
2010	65.17	129.1	55	100	0.58	8110148	7403436
2011	66.39	228.6	90	83	0.54	11441815	9496178
2012	67.61	228.4	96	86	0.51	12320000	12011508

（2）计算人口承载力。

2003～2012 年安徽马鞍山钢铁矿业经济区人口承载力具体结果如图 3.64 所示。

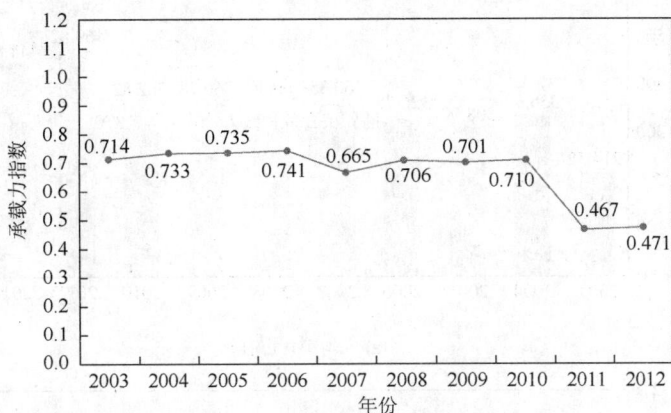

图 3.64　土地资源人口承载力

2）土地资源经济承载力评价

（1）安徽马鞍山钢铁矿业经济区 GDP 以及城市基础设施的投资变化。

由于从各种统计年鉴上无法取得建成区上的 GDP，此处用马鞍山市区 GDP 替代建成区 GDP，具体如表 3.24 经济承载力基础指标所示。

（2）土地资源经济承载力计算结果。

经计算，土地资源经济承载力的计算结果如图 3.65 所示。

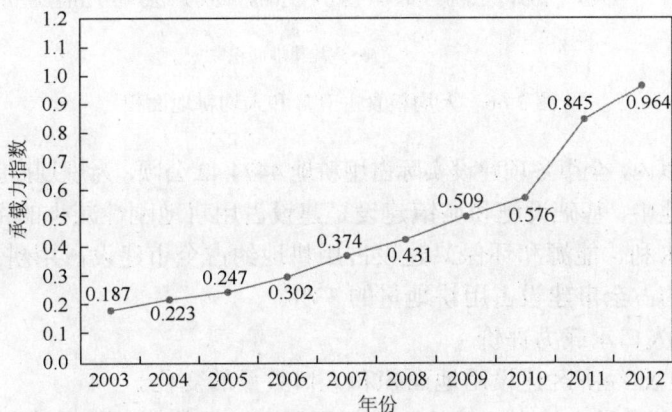

图 3.65　土地资源经济承载力

3）人均粮食占有量和人均耕地面积（图 3.66）

2. 湖北宜昌磷矿业经济区

宜昌基本农田保护面积为 311740 公顷。规划实施期间，全市实际划定基本农田 318463.71 公顷，规划期内全市新增建设用地规模为 31229 公顷，全市各项建设占用耕地

(a) 人均粮食占有量

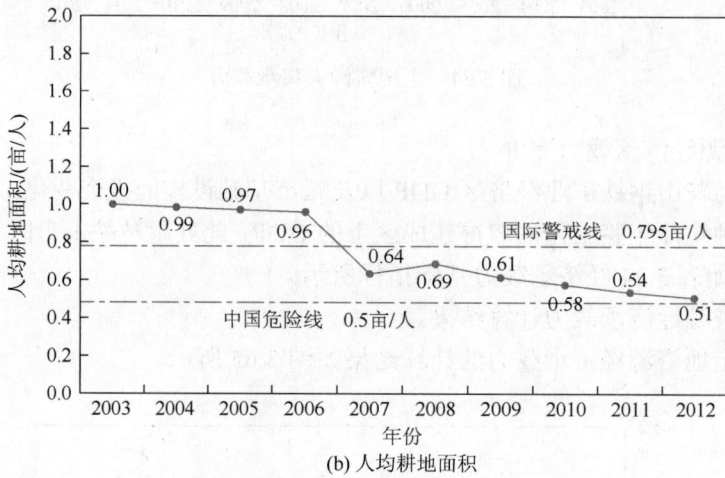

(b) 人均耕地面积

图 3.66　人均粮食占有量和人均耕地面积

控制在 9541 公顷以内，全市各项建设实际占用耕地 4474.42 公顷，为规划控制指标的 46.90%。各类建设占用耕地中，基础设施和城镇建设是建设占用耕地刚性减少的主要方向，基础设施（包括交通、水利、能源和环保）建设占用耕地约占全市建设占用耕地量的 40%；城镇建设占用耕地约占全市建设占用耕地量的 33%。

1）土地资源人口承载力评价

（1）宜昌磷矿业经济区建设用地面积和人口数量的变化。

2003～2012 年宜昌土地人口承载力指标因子所涉及的主要数据的变化情况如表 3.25 人口承载力基础指标所示。

（2）人口承载力的分析。

2003～2012 年宜昌磷矿业经济区的土地资源人口承载力从 2003 的 0.711 下降到 2007 年的 0.541，此后保持在 0.5 左右，这主要是因为宜昌地区在 2007 年的建设用地面积下降导致。宜昌磷矿业经济区土地资源承载力总体呈现逐渐下降的趋势，但在 2006～2008 年波动较大，主要也是由于建设用地面积变化幅度较大。其中 2008～2012 年出现微弱下降，主要是因为非农人口比例增加，人均耕地面积下降，土地的利用效率下降，从而使人口承载力有了一定程度下降。如图 3.67 所示。

表 3.25　2003～2012 年土地人口承载力及经济承载力所涉基础指标

年份	土地人口承载力基础指标					经济承载力基础指标	
	非农人口/万人	总人口/万人	城镇建设用地/平方公里	建成区面积/平方公里	人均耕地面积/（亩/人）	市区 GDP/万元	固定资产投资/万元
2003	125.03	396.89	60	67	1.270	4913600	2500351
2004	127.20	398.52	83	69	1.230	5401300	2712825
2005	130.48	398.78	96	70	1.210	6057700	2958034
2006	131.27	400.23	109	71	1.200	6932500	3235450
2007	131.57	401.46	115	73	0.790	8370100	3903588
2008	133.70	400.83	118	82	0.843	10431300	5234618
2009	135.60	401.37	117	86	0.744	12723300	7502664
2010	137.24	398.55	126	92	0.645	15473200	9495123
2011	138.87	398.80	135	102	0.546	21406900	11576203
2012	140.51	399.00	131	124	0.447	25090000	15570340

土地利用率不高，城镇化进程缓慢，是宜昌市土地承载力的制约因素。城镇化率代表了宜昌的发展水平，宜昌城镇化率在 2004～2012 年由 0.48 上升至 0.58，城镇化进程缓慢，单位土地产出与建设用地比率指标反映了宜昌经济发展与土地的相关变化，反映了宜昌土地利用效率仍有待提高。

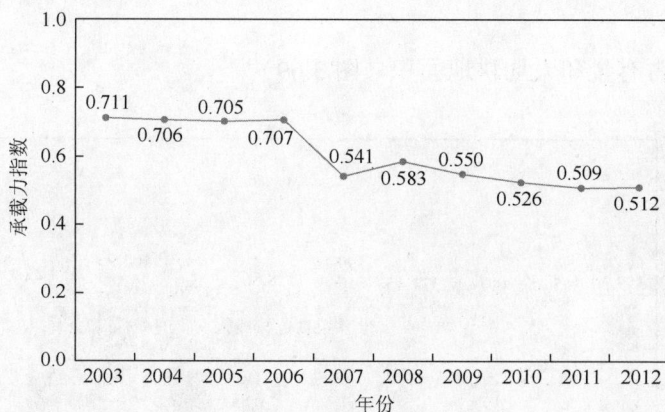

图 3.67　土地资源人口承载力

2）土地资源经济承载力评价

（1）宜昌磷矿业经济区 GDP 以及城市基础设施的投资变化。

由于从各种统计年鉴上无法取得建成区上的 GDP，此处用宜昌地区 GDP 替代建成区 GDP，具体如表 3.25 经济承载力基础指标所示。

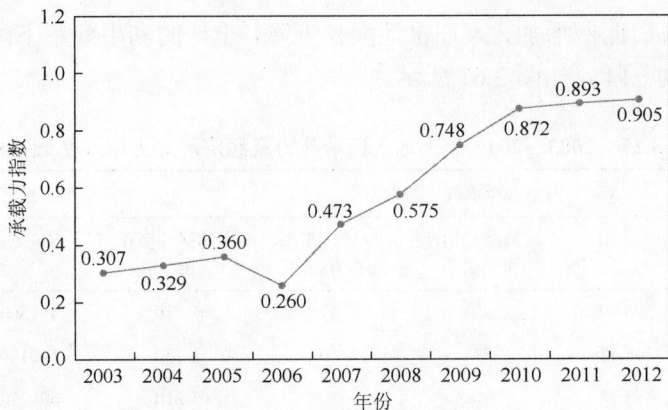

图 3.68　土地资源经济承载力

（2）土地资源经济承载力的分析。

2007 年之前，宜昌磷矿业经济区土地的经济承载力与目标之间差距较大，原因在于宜昌的经济水平与武汉市水平都有一定差距。两项指标中地均 GDP 权重为 0.503，说明地区生产总值对土地承载能力影响较大，土地的产出能力对于经济发展的贡献较大；而单位面积固定资产投资权重为 0.497，说明固定资产投资总额对土地承载能力有一定的影响。2007 年后，宜昌土地经济承载能力持续上升，投资总额不断扩大，土地的经济承载能力得到进一步加强。如图 3.68 所示。

土地投入产出比偏低，经济发展与土地承载力发展不协调。原因在于前期宜昌的投入产出比较低，单位土地产出效率不高，同时人口密度较高，使得前期土地承载力较低。2009 年之后宜昌土地承载力逐渐上升，一方面由于 GDP 的提高，拉升了单位土地产出，提高了土地的利用效率，一方面土地边界的变动使得土地产业效率得到改善，土地质量有了明显提升。

3）人均粮食占有量和人均耕地面积（图 3.69）

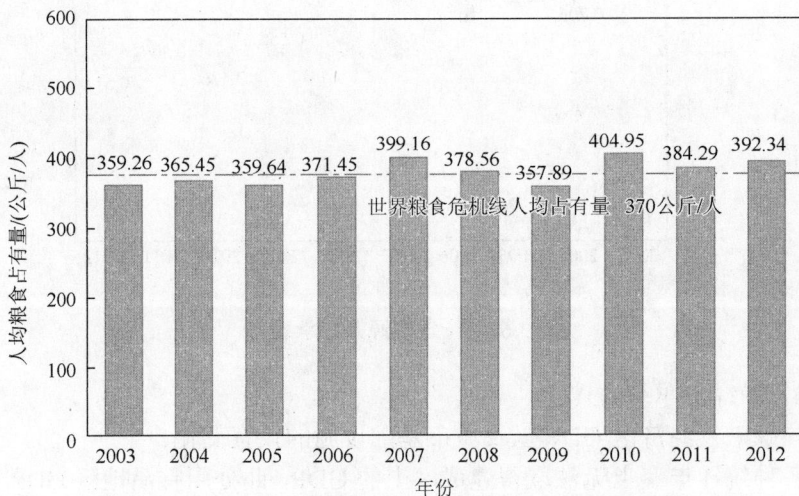

(a) 人均粮食占有量

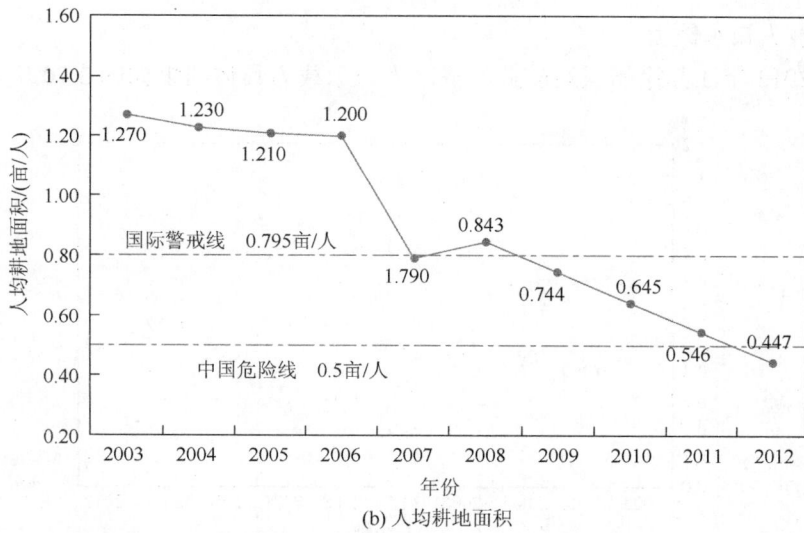

(b) 人均耕地面积

图 3.69　人均粮食占有量和人均耕地面积

3. 江苏徐州煤炭矿业经济区

全市土地总面积 1114232.7 公顷。其中农用地 829979.8 公顷，占土地总面积的 74.5%；建设用地 209322.8 公顷，占土地总面积的 18.8%；未利用地 74930.1 公顷，占土地总面积的 6.7%。

1）土地资源人口承载力评价

（1）江苏徐州煤炭矿业经济区建设用地面积和人口数量的变化。

2003～2012 年江苏徐州煤炭矿业经济区土地人口承载力指标因子所涉及的主要数据的变化情况如表 3.26 人口承载力基础指标所示。

表 3.26　2003～2012 年土地人口承载力及经济承载力所涉基础指标

年份	土地人口承载力基础指标					经济承载力基础指标	
	非农人口/万人	总人口/万人	城镇建设用地/平方公里	建成区面积/平方公里	人均耕地面积/（亩/人）	市区 GDP/万元	固定资产投资/万元
2003	284.50	908.66	87	89	0.99	9057900	3830289
2004	302.55	916.85	94	97	0.98	10958000	4452726
2005	315.85	925.31	104	104	0.82	12121500	6013112
2006	320.76	934.73	114	144	0.96	14288000	7847826
2007	323.46	940.95	111	160	0.63	16795600	9607018
2008	336.65	946.86	140	187	0.65	20073600	12506684
2009	346.80	957.61	145	206	0.61	23901600	16245718
2010	356.18	972.89	185	239	0.58	29421394	20492595
2011	365.57	976.7	143	249	0.56	35516456	22010274
2012	374.95	990.5	214	274	0.53	40165800	26858891

（2）计算人口承载力。

2003～2012 年江苏徐州煤炭矿业经济区人口承载力具体结果如图 3.70 所示。

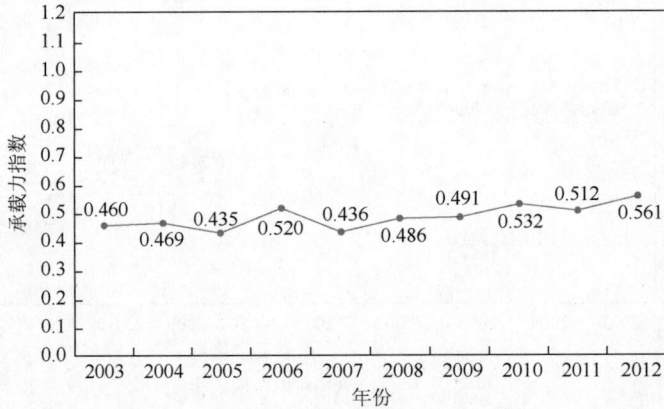

图 3.70　土地资源人口承载力

2）土地资源经济承载力评价

（1）江苏徐州煤炭矿业经济区 GDP 以及城市基础设施的投资变化。

由于从各种统计年鉴上无法取得建成区上的 GDP，此处用徐州市区 GDP 替代建成区 GDP，具体如表 3.26 经济承载力基础指标所示。

（2）土地资源经济承载力计算结果。

经计算，土地资源经济承载力的计算结果如图 3.71 所示。

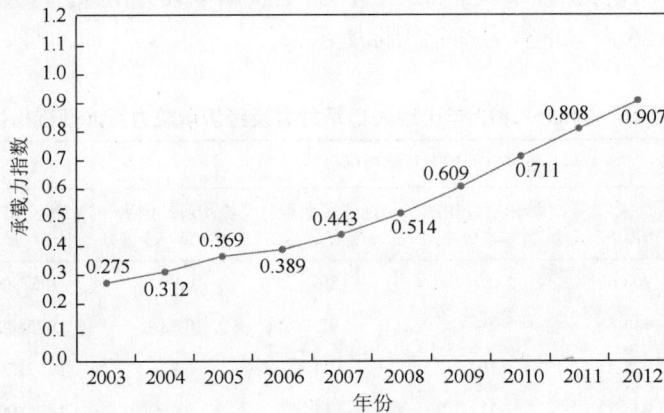

图 3.71　土地资源经济承载力

3）人均粮食占有量和人均耕地面积（图 3.72）

4. 辽宁鞍山铁矿业经济区

鞍山市地处辽东半岛中部。鞍山市土地总面积为 925235.05 公顷。耕地 244729.66 公顷，集中在西部沿河和中部平原地区，盛产水稻、玉米、大豆、高粱以及花生、麻、烟等，

(a) 人均粮食占有量

(b) 人均耕地面积

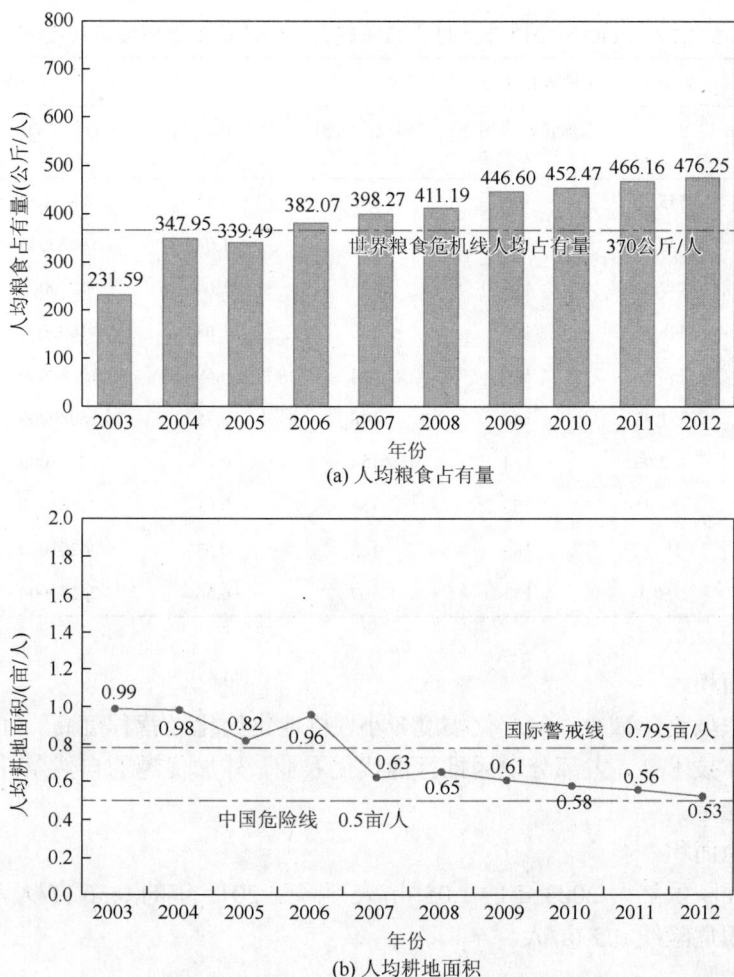

图 3.72　人均粮食占有量和人均耕地面积

是辽宁省商品粮生产基地。园地 40455.78 公顷，占土地总面积的 4.4%。此外，有林地 414565.89 公顷，占土地总面积的 50.3%；牧草地 4274.05 公顷，占土地总面积的 0.5%；居民及工业用地 85249.20 公顷，占土地总面积的 9.2%；交通用地 13259.32 公顷，占土地总面积 1.4%；水域 68796.58 公顷，占土地总面积的 7.4%；未利用土地（草荒地、裸岩、田坎等）53904.57 公顷，占土地总面积的 5.8%。

1）土地资源人口承载力分析

（1）辽宁鞍山铁矿业经济区建设用地面积和人口数量的变化。

2003～2012 年辽宁鞍山铁矿业经济区土地人口承载力指标因子所涉及的主要数据的变化情况如表 3.27 人口承载力基础指标所示。

（2）人口承载力的分析。

鞍山市的土地资源承载力整体呈上升趋势。在人口持续增长与大力发展经济的同时，为保持土地资源承载力持续向更好的方向发展，还要求人们加强树立节地意识，转变用地方式，更加优化土地资源配置，以期实现土地资源的可持续开发利用。

表 3.27　2003～2012 年土地人口承载力及经济承载力所涉基础指标

年份	土地人口承载力基础指标					经济承载力基础指标	
	非农人口 /万人	总人口 /万人	城镇建设用地 /平方公里	建成区面积 /平方公里	人均耕地面积 /（亩/人）	市区 GDP /万元	固定资产投资 /万元
2003	174.58	345.28	136	136	1.05	8013000	1754364
2004	175.74	346.94	136	134	1.04	10060000	2627350
2005	175.96	347.64	136	136	1.04	11240000	3145316
2006	176.35	348.95	140	140	1.03	11600000	3784311
2007	176.94	350.25	144	144	0.69	13280000	4771198
2008	177.17	351.42	148	148	0.75	16080000	7001951
2009	177.82	352.03	154	154	0.68	18103000	8750298
2010	178.30	351.71	158	158	0.61	22683000	11907648
2011	178.79	351.6	163	163	0.53	24201000	13800096
2012	179.27	350.4	151	167	0.56	26287000	16423005

①耕地总面积。

耕地总面积虽逐年减少，但变化幅度较小，耕地集约化经营程度高。目前除鞍山市已实施现代化耕作技术外，大部分地区推行现代化农业，外加优越的自然条件，促使耕地产出较高，相对稳定。

②人均耕地面积。

人均耕地面积虽然由 2003 年的 1.05 亩/人下降到 2012 年的 0.56 亩/人，但是仍高于全国人均耕地面积危险线 0.5 亩/人。

③人口因素。

鞍山市农业人口占总人口数的比例大，且农民的素质相对较高，在发展经济的过程中，考虑到可持续发展资源的重要性，没有为了眼前局部的利益而不惜以消耗大量的宝贵的自然资源为代价。如图 3.73 所示。

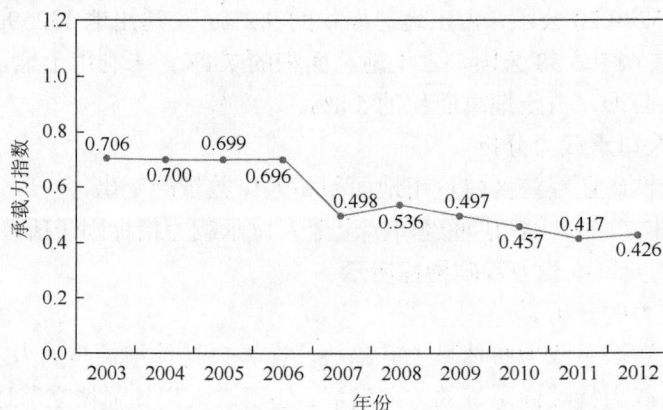

图 3.73　土地资源人口承载力

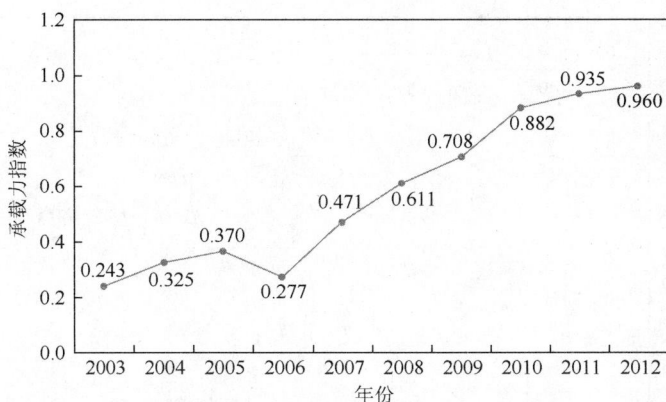

图 3.74　土地资源经济承载力

2）土地资源经济承载力评价

（1）辽宁鞍山矿业经济区 GDP 以及城市基础设施的投资变化。

由于从各种统计年鉴上无法取得建成区上的 GDP，此处用鞍山市 GDP 替代建成区 GDP，具体如表 3.27 经济承载力基础指标所示。

（2）土地资源经济承载力的分析。

鞍山市的经济实力得到了增强，国内生产总值的总量常年稳居鞍山市前三，且与其他省市情况相同，鞍山市的经济增长具有高投入、高消耗、低效益的粗放型经济增长方式的基本特征，经济发展速度在辽宁省经济发展中保持相对稳定的增长。如图 3.74 所示。

鞍山市的土地资源经济承载力呈逐年上升趋势，说明近年来土地使用量迅速增长，经济快速发展，土地资源开发利用程度的变化对土地资源承载力产生了较大影响，但随着环保意识和节约用水的理念深入人心、科学技术飞速发展及节约用地的一些硬性措施不断出台，这些都在很大程度上促使了土地资源承载力不断向提高的方向发展。

3）人均粮食占有量和人均耕地面积（图 3.75）

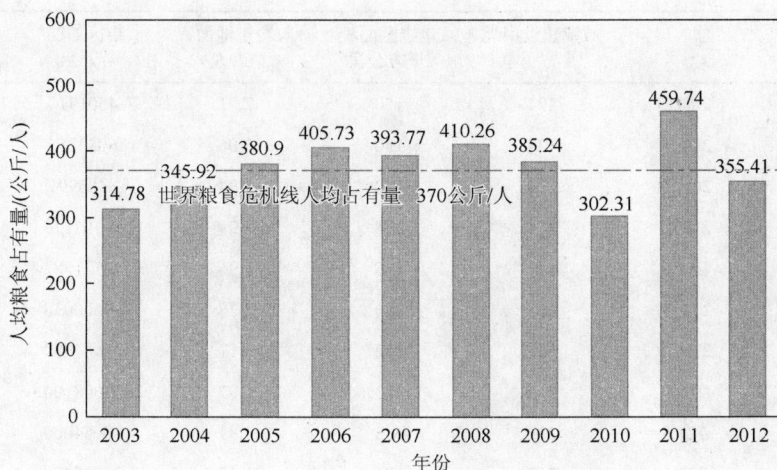

（a）人均粮食占有量

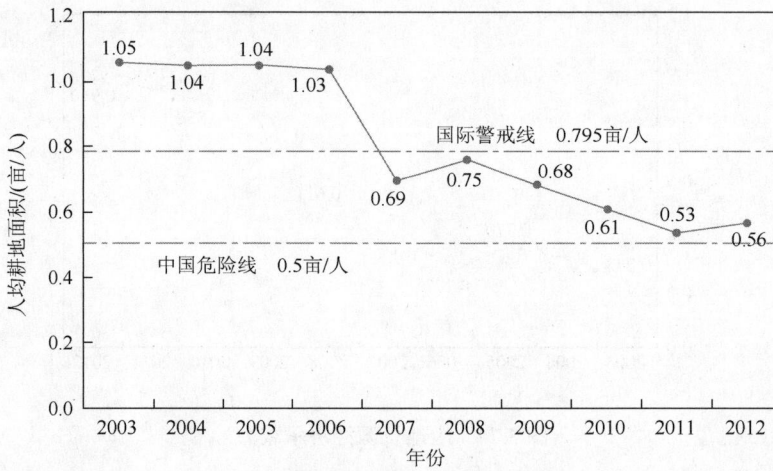

(b) 人均耕地面积

图 3.75　人均粮食占有量和人均耕地面积

5. 内蒙古包头稀土黑色金属矿业经济区

包头市土地总面积 2769101 公顷。其中农用地 2629384 公顷，占总面积的 94.95%；建设用地 74280 公顷，占总面积的 2.68%；未利用地 65437 公顷，占总面积的 2.36%。农用地中耕地 423063 公顷，占土地总面积的 15.28%；园地 2491 公顷，占 0.09%；林地 99839 公顷，占 3.61%；牧草地 2077247 公顷，占 75.02%；其他农用地 26744 公顷，占 0.97%。

1）土地资源人口承载力评价

（1）内蒙古包头稀土黑色金属矿业经济区建设用地面积和人口数量的变化。

2003～2012 年内蒙古包头稀土黑色金属矿业经济区土地人口承载力指标因子所涉及的主要数据的变化情况如表 3.28 人口承载力基础指标所示。

表 3.28　2003～2012 年土地人口承载力及经济承载力所涉基础指标

年份	土地人口承载力基础指标					经济承载力基础指标	
	非农人口/万人	总人口/万人	城镇建设用地/平方公里	建成区面积/平方公里	人均耕地面积/（亩/人）	市区 GDP/万元	固定资产投资/万元
2003	143.66	238.13	124	150	2.71	4501914	2379000
2004	132.51	210.24	124	150	3.06	6083255	4060000
2005	131.95	209.32	124	150	3.04	8486991	5600000
2006	133.79	212.41	124	178	2.99	10101178	6300000
2007	134.73	214.6	131	180	1.96	12771982	8450000
2008	135.58	217.76	131	180	2.28	17600038	11380000
2009	132.18	219.59	131	182	2.12	21687980	15002586
2010	131.27	219.8	212	183	1.97	24608100	18005021
2011	130.36	221.8	212	185	1.81	30054000	21605981
2012	129.45	223.5	212	186	1.65	34095400	25229765

（2）计算人口承载力。

2003～2012 年内蒙古包头稀土黑色金属矿业经济区人口承载力具体结果如图 3.76 所示。

2）土地资源经济承载力评价

（1）内蒙古包头稀土黑色金属矿业经济区 GDP 以及城市基础设施的投资变化。

由于从各种统计年鉴上无法取得建成区上的 GDP，此处用包头市区 GDP 替代建成区 GDP，具体如表 3.28 经济承载力基础指标所示。

（2）土地资源经济承载力计算结果。

经计算，土地资源经济承载力的计算结果如图 3.77 所示。

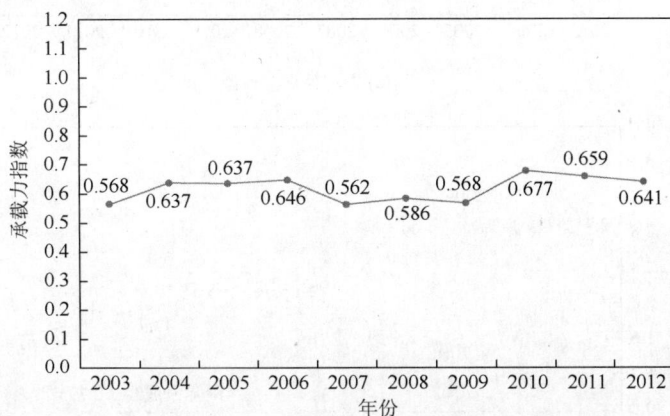

图 3.76　土地资源人口承载力

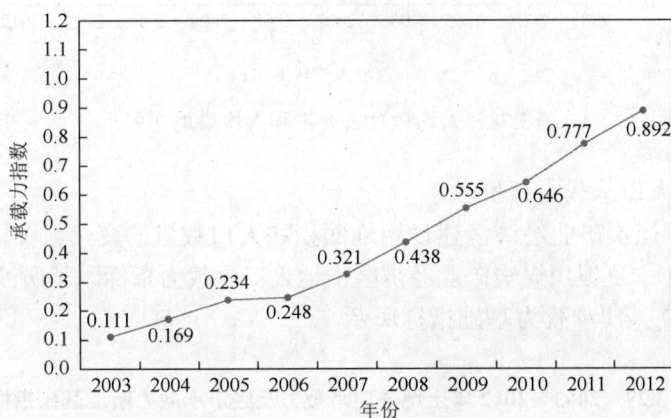

图 3.77　土地资源经济承载力

3）人均粮食占有量和人均耕地面积（图 3.78）

6. 宁夏银川煤炭矿业经济区

全市土地总面积 354981.2 公顷，其中耕地 100483.7 公顷，占全市土地总面积的 28.31%；园地 5269.6 公顷，占 1.48%；林地 25289.0 公顷，占 7.12%；牧草地 89635.2 公顷，占 25.25%；居民点及工矿用地 22685.7 公顷，占 6.39%；交通用地 5022.7 公顷，占 1.41%；水域 36161.5 公顷，占 10.19%；未利用地 70431.8 公顷，占 19.84%。

(a) 人均粮食占有量

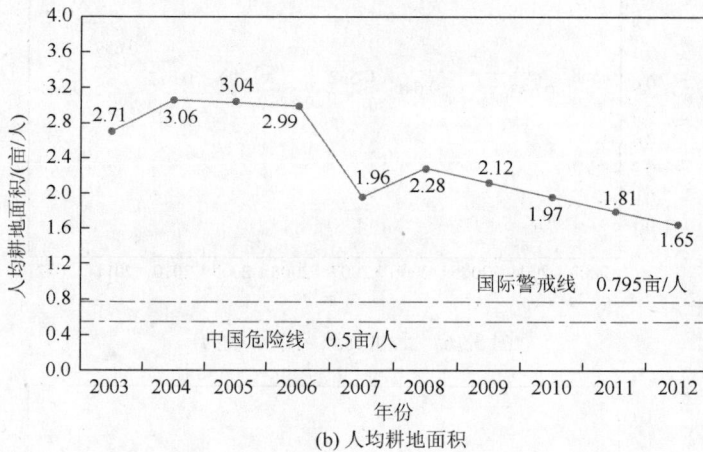

(b) 人均耕地面积

图 3.78　人均粮食占有量和人均耕地面积

1）土地资源人口承载力评价

（1）宁夏银川煤炭矿业经济区建设用地面积和人口数量的变化。

2003～2012 年宁夏银川煤炭矿业经济区土地人口承载力指标因子所涉及的主要数据的变化情况如表 3.29 人口承载力基础指标所示。

表 3.29　2003～2012 年土地人口承载力及经济承载力所涉基础指标

年份	土地人口承载力基础指标					经济承载力基础指标	
	非农人口/万人	总人口/万人	城镇建设用地/平方公里	建成区面积/平方公里	人均耕地面积/（亩/人）	市区 GDP/万元	固定资产投资/万元
2003	71.82	133.01	78	78	1.5	1567845	1433939
2004	84.01	137.79	89	89	1.42	1889679	1717373
2005	86.67	140.6	95	95	1.42	2885029	2016507
2006	91.61	144.68	106	106	1.37	3352918	2328456
2007	94.91	148.79	107	107	0.87	4086009	2926906
2008	98.13	152.27	111	111	0.92	5141138	3856897

续表

年份	土地人口承载力基础指标					经济承载力基础指标	
	非农人口/万人	总人口/万人	城镇建设用地/平方公里	建成区面积/平方公里	人均耕地面积/（亩/人）	市区 GDP/万元	固定资产投资/万元
2009	104.78	155.55	115	115	0.79	5781483	4921031
2010	109.61	158.8	121	121	0.66	7694227	6486862
2011	114.45	162.2	126	126	0.53	9866761	7205627
2012	119.28	167.2	135	135	0.40	11509344	9037009

（2）计算人口承载力。

2003～2012 年宁夏银川煤炭矿业经济区人口承载力具体结果如图 3.79 所示。

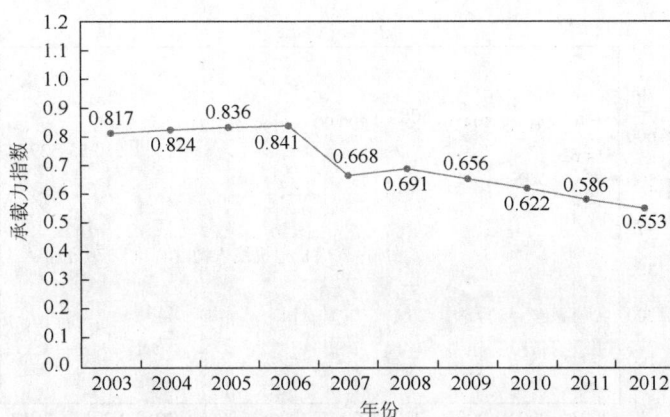

图 3.79　土地资源人口承载力

2）土地资源经济承载力评价

（1）宁夏银川煤炭矿业经济区 GDP 以及城市基础设施的投资变化。

由于从各种统计年鉴上无法取得建成区上的 GDP，此处用银川市区 GDP 替代建成区 GDP，具体如表 3.29 经济承载力基础指标所示。

（2）土地资源经济承载力计算结果。

经计算，土地资源经济承载力的计算结果如图 3.80 所示。

3）人均粮食占有量和人均耕地面积（图 3.81）

7. 云南昆明—玉溪铁磷矿业经济区

昆明—玉溪铁磷矿业经济区位于滇中地区，主要包括云南昆明、玉溪两个地级市的部分地区，属于滇东高原盆地。云南省成矿地质条件优越，矿产资源丰富，是我国矿产种类较为齐全的省份之一。昆明地区自然资源丰富。矿藏资源主要有磷、盐、铁、钛、煤、石英砂、黏土、硅石等，以磷、盐矿最为丰富，磷矿总储量约 46 亿吨，昆阳磷矿为全国三大磷矿之一；盐矿储量约 138 亿吨，储量居全国内陆盐矿第二位。

1）土地资源人口承载力分析

（1）云南昆明—玉溪铁磷矿业经济区建设用地面积和人口数量的变化。

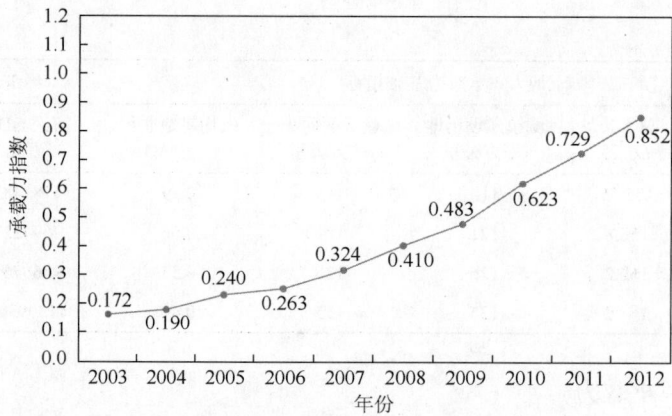

图 3.80　土地资源经济承载力

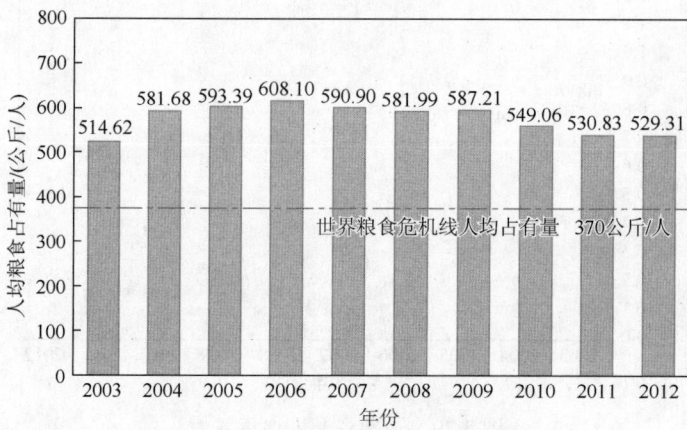

(a) 人均粮食占有量

(b) 人均耕地面积

图 3.81　人均粮食占有量和人均耕地面积

　　2003～2012 年云南昆明—玉溪铁磷矿业经济区土地人口承载力指标因子所涉及的主要数据的变化情况如表 3.30 人口承载力基础指标所示。

表 3.30　2003～2012 年土地人口承载力及经济承载力所涉基础指标

年份	土地人口承载力基础指标					经济承载力基础指标	
	非农人口/万人	总人口/万人	城镇建设用地/平方公里	建成区面积/平方公里	人均耕地面积/（亩/人）	市区 GDP/万元	固定资产投资/万元
2003	707.67	197	203	0.67	707.67	97654586	4281439
2004	711.47	200	208	0.67	711.47	10984859	5169143
2005	717.63	212	211	0.66	717.63	12700366	6279660
2006	724.92	261	254	0.66	724.92	14297797	7756034
2007	729.95	406	275	0.48	729.95	16231521	9684160
2008	741.50	428	298	0.50	741.50	18999852	12351935
2009	748.35	428	308	0.46	748.35	21077771	18408685
2010	814.59	428	298	0.42	814.59	24530509	24855002
2011	775.80	422	324	0.38	775.80	28568054	26980439
2012	757.60	432	342	0.34	757.60	37195145	26330413

（2）计算人口承载力。

2003～2012 年云南昆明—玉溪铁磷矿业经济区人口承载力具体结果如图 3.82 所示。

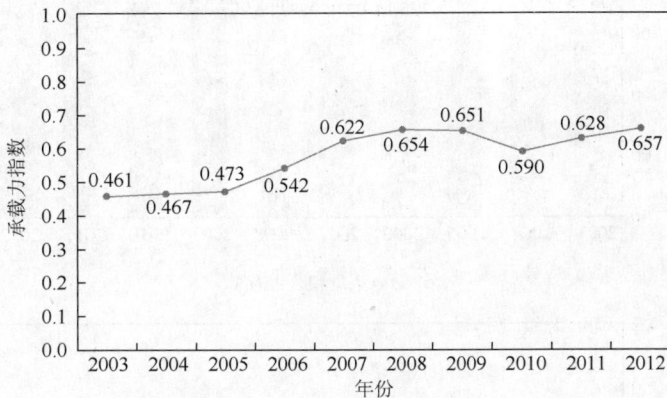

图 3.82　土地资源人口承载力

2）土地资源经济承载力评价

（1）云南昆明—玉溪铁磷矿业经济区 GDP 以及城市基础设施的投资变化。

由于从各种统计年鉴上无法取得建成区上的 GDP，此处用昆明、玉溪市区 GDP 替代建成区 GDP，具体如表 3.30 经济承载力基础指标所示。

（2）土地资源经济承载力计算结果。

经计算，土地资源经济承载力的计算结果如图 3.83 所示。

3）人均粮食占有量和人均耕地面积（图 3.84）

3.2.4　成长型矿业经济区

1. 鄂尔多斯盆地能源矿业经济区

鄂尔多斯盆地位于中国中西部地区，为中国第二大沉积盆地，其天然气、煤层气、煤

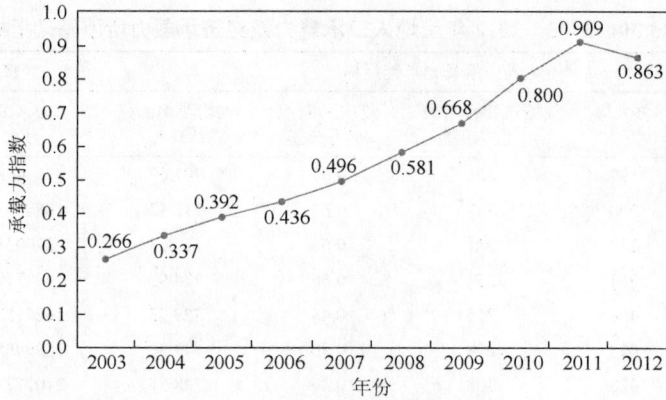

图 3.83　土地资源经济承载力

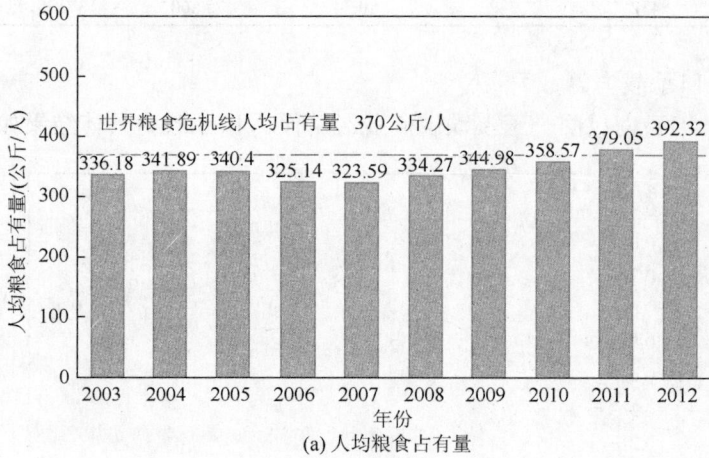

(a) 人均粮食占有量

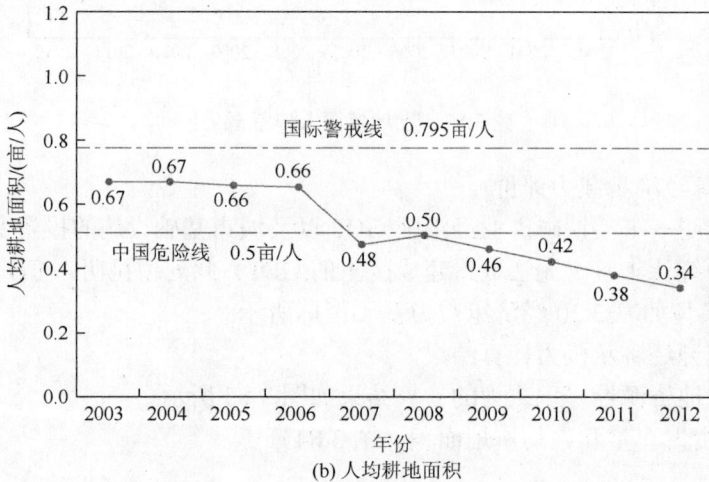

(b) 人均耕地面积

图 3.84　人均粮食占有量和人均耕地面积

炭三种资源探明储量均居全国首位，石油资源居全国第四位。此外，还含有水资源、地热、岩盐、水泥灰岩、天然碱、铝土矿、油页岩、褐铁矿等其他矿产资源。全市总土地面积

27119 平方公里，总人口 261 万。

1）土地资源人口承载力评价

（1）鄂尔多斯盆地能源矿业经济区建设用地面积和人口数量的变化。

2003～2012 年鄂尔多斯盆地土地人口承载力指标因子所涉的主要数据的变化情况如表 3.31 人口承载力基础指标所示。

表 3.31　2003～2012 年土地人口承载力及经济承载力所涉基础指标

年份	土地人口承载力基础指标					经济承载力基础指标	
	非农人口 /万人	总人口 /万人	城镇建设用地 /平方公里	建成区面积 /平方公里	人均耕地面积 /（亩/人）	市区 GDP /万元	固定资产投资 /万元
2003	44.05	135.97	23	23	4.35	2784600	1355700
2004	44.90	136.87	42	23	4.39	3411100	2627350
2005	45.00	137.86	48	35	4.36	5948200	4036867
2006	45.69	141.00	52	35	4.48	8000100	6166689
2007	46.34	149.99	69	100	2.94	11480710	8857444
2008	46.89	149.69	69	100	3.29	16030000	10883868
2009	47.40	149.48	81	109	3.01	21610000	15624140
2010	47.95	152.38	113	143	2.74	26432300	18983954
2011	48.50	158.20	115	118	2.47	32185400	22329118
2012	49.05	152.10	125	134	2.19	36568000	25530538

（2）人口承载力的分析。

2003～2012 年鄂尔多斯盆地能源矿业经济区的土地资源人口承载力从 2003 的 0.349 上升到 2012 年的 0.924，主要由于建设用地面积变化幅度较大，人均住宅面积扩大，非农人口比例基本不变，土地承载能力增强。

由鄂尔多斯地区土地承载力综合得分可以看出，鄂尔多斯地区 2003～2007 年的土地承载力综合得分一直维持在较低的水平，可能原因在于前期鄂尔多斯地区经济发展能力不足，人均 GDP 水平不高，城市发展速度不快，使得前期土地承载力较低。2007 年之后鄂尔多斯地区土地承载力逐渐上升，一方面由于 GDP 的提高，拉升了单位土地产出，提高了土地的利用效率，一方面土地产业效率得到改善，土地质量有了明显提升。2010 年以后土地资源承载力处于较好的水平，是由于鄂尔多斯地区积极响应国家号召，切实实现"十二五"规划，农牧业"收缩转移、集中发展"战略实施成效明显，"三化"对"三农三牧"带动作用日渐增强，全面推进统筹城乡一体发展水平日益提高，如图 3.85 所示。

第一，城镇化率、人均 GDP 以及单位土地产出是影响鄂尔多斯土地承载力的关键指数。通过对鄂尔多斯地区土地承载力的因子分析，可以看到城镇化率、人均 GDP 以及单位土地产出在主成分 1 中的载荷分别为 0.981、0.978，0.966，基本能够代表鄂尔多斯地区的土地承载力状况。

第二，鄂尔多斯地区土地资源承载力总体状况偏低，虽然中间有小波折，但有逐步升高的趋势，土地资源利用效率以及土地质量正在逐步改善。

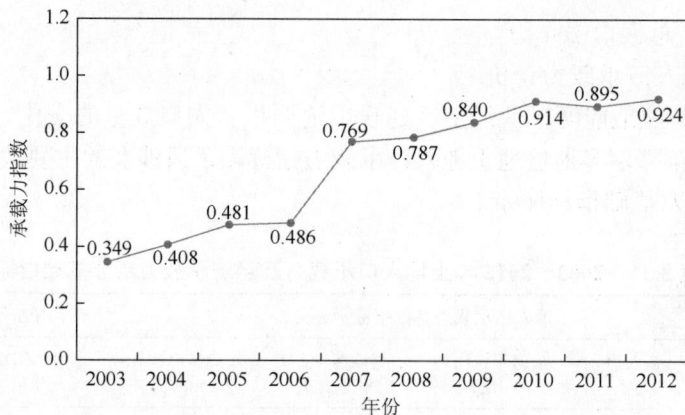

图 3.85　土地资源人口承载力

造成以上情况的原因如下。

城镇化率代表了鄂尔多斯城市发展水平，鄂尔多斯城镇化率在 2001～2009 年由 0.45 上升至 0.67，在 2001～2012 年由 0.7 上升到 0.72，城镇化进程维持在较好的水平（2013 年全国平均城镇化率为 53.7%）。

鄂尔多斯人均 GDP 也是影响鄂尔多斯地区土地资源承载力的关键因素之一。2003～2010 年人均 GDP 变化趋势基本与土地资源承载力变化保持一致。

2）土地资源经济承载力评价

对于土地承载力的研究很大程度上是为了指导区域的社会经济可持续发展。可见对于土地的经济研究是土地承载力评价的重要组成部分。区域的土地经济产值能力可以决定本区域的经济规模。本书对于经济承载力的评价主要选取了两个指标因子：地均 GDP 和单位面积固定资产投资。具体计算情况如图 3.86 所示。

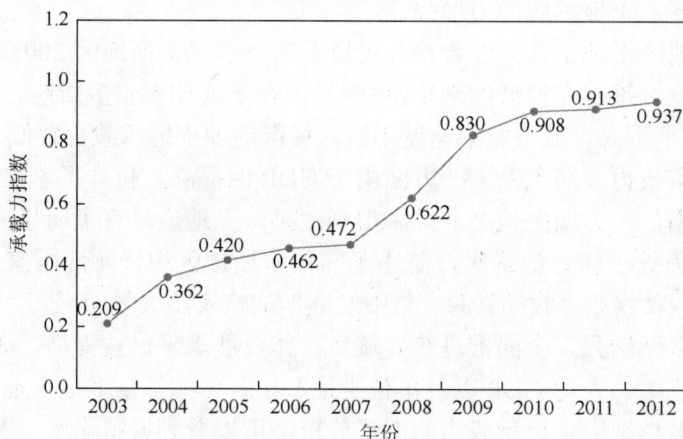

图 3.86　土地资源经济承载力

（1）鄂尔多斯盆地能源矿业经济区 GDP 以及城市基础设施的投资变化。

由于从各种统计年鉴上无法取得建成区上的 GDP，此处用鄂尔多斯地区 GDP 替代建成区 GDP，具体如表 3.31 经济承载力基础指标所示。

（2）土地资源经济承载力的分析。

2007 年之前，鄂尔多斯盆地能源矿业经济区土地的经济承载力指数低于 0.5，主要是由于鄂尔多斯盆地经济发展缓慢，承载能力较弱。两项指标中地均 GDP 权重为 0.624，说明地区生产总值对土地承载能力影响较大，土地的产出能力对于经济发展的贡献较大；而单位面积固定资产投资权重为 0.376，说明固定资产投资总额对土地承载能力有一定的影响。2007 年后，鄂尔多斯盆地土地经济承载能力持续上升，投资总额不断扩大，土地的经济承载能力得到进一步加强。

3）人均粮食占有量和人均耕地面积（图 3.87）

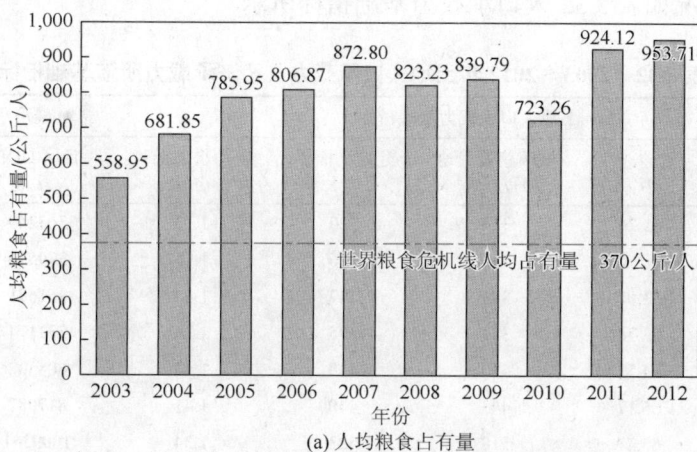

(a) 人均粮食占有量

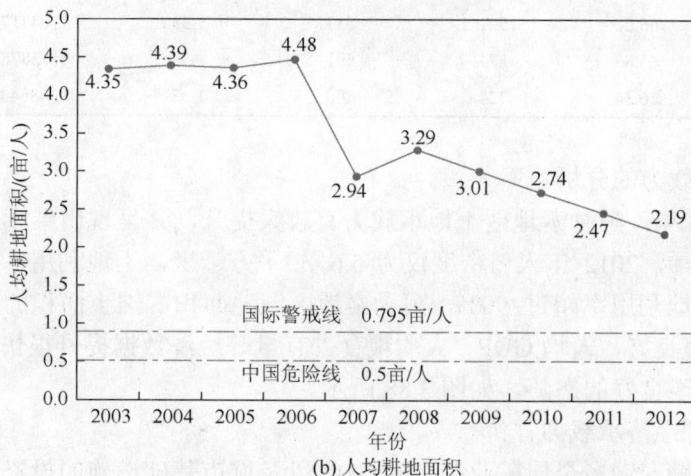

(b) 人均耕地面积

图 3.87　人均粮食占有量和人均耕地面积

2. 新疆阿勒泰铜多金属矿业经济区

阿勒泰地区位于中国—哈萨克斯坦—蒙古世界级黑色、有色、稀有、贵金属成矿带中段，地跨两大构造单元，地质构造复杂多样，岩浆活动频繁，变质作用强烈，成矿地质条件优越，矿产资源丰富，矿种齐全，配套性好。区内以额尔齐斯构造挤压带为界，总体上分为北部阿尔泰成矿区和南部准噶尔成矿区，区内探明了大量国家急需或优质特色矿种，其中铜、镍、铅、锌、金、铁、稀有（铍、锂等）、白云母、钾长石等资源总量大。截至2012年年底，阿勒泰地区已发现4大类94个矿种，占全国已发现171个矿种数的54.97%，占新疆维吾尔自治区已发现矿种数的68.2%。阿勒泰地区地区山地面积3.8万平方公里，占总面积的32.29%；丘陵河谷面积2.6万平方公里，占22.09%；荒漠（戈壁）面积4.15万平方公里，占35.26%，山地、丘陵河谷和荒漠总面积占了将近90%，较易发生地质灾害。

1）土地资源人口承载力分析

（1）新疆阿勒泰铜多金属矿业经济区建设用地面积和人口数量的变化。

2003～2012年新疆阿勒泰铜多金属矿业经济区土地人口承载力指标因子所涉及的主要数据的变化情况如表3.32人口承载力基础指标所示。

表3.32 2003～2012年土地人口承载力及经济承载力所涉基础指标

年份	土地人口承载力基础指标					经济承载力基础指标	
	非农人口/万人	总人口/万人	城镇建设用地/平方公里	建成区面积/平方公里	人均耕地面积/（亩/人）	市区GDP/万元	固定资产投资/万元
2003	27.07	61.26	324	320	1.13	363249	186674
2004	27.92	62.3	336	336	1.13	399576	253312
2005	31.43	63.02	343	347	1.14	461681	288057
2006	31.92	63.78	379	375	1.16	531174	320023
2007	32.24	64.51	440	430	1.43	608332	383653
2008	32.25	65.17	443	440	1.41	817987	559502
2009	32.74	65.77	518	523	1.34	1009261	820979
2010	32.96	66.22	521	533	1.33	1184717	1133776
2011	33.23	66.89	571	592	1.32	1173878	1337962
2012	33.04	66.34	724	700	1.33	1348644	1982149

（2）人口承载力的分析。

2003～2012年，阿勒泰地区土地承载力有较大提升，并呈现出继续提升的态势。阿勒泰地区地广人稀，2012年人口密度仅为5.6人/平方千米，土地利用率不断提高，2012年阿勒泰地区土地利用率超过90%，阿勒泰地区湿地面积占国土面积的比例始终保持在1.15%，生态环境良好，人均GDP、人均粮食占有量等经济数据提升很快，反映了阿勒泰地区整体发展呈现良好的态势。如图3.88所示。

2）土地资源经济承载力评价

（1）新疆阿勒泰铜多金属矿业经济区GDP以及城市基础设施的投资变化。

由于从各种统计年鉴上无法取得建成区上的GDP，此处用阿勒泰地区GDP替代建成区GDP，具体如表3.32经济承载力基础指标所示。

（2）经济承载力计算结果。

经计算，经济承载力的计算结果如图3.89所示。

（3）土地资源经济承载力的分析。

阿勒泰的地区的城镇化率较低，且发展速度较慢。2012年城镇化率为47%，低于新

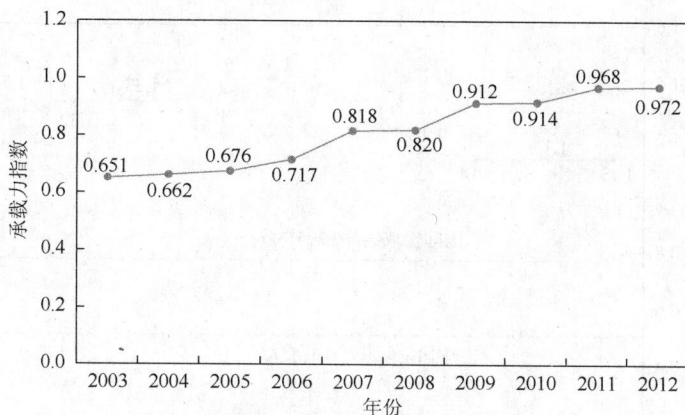

图 3.88　土地资源人口承载力

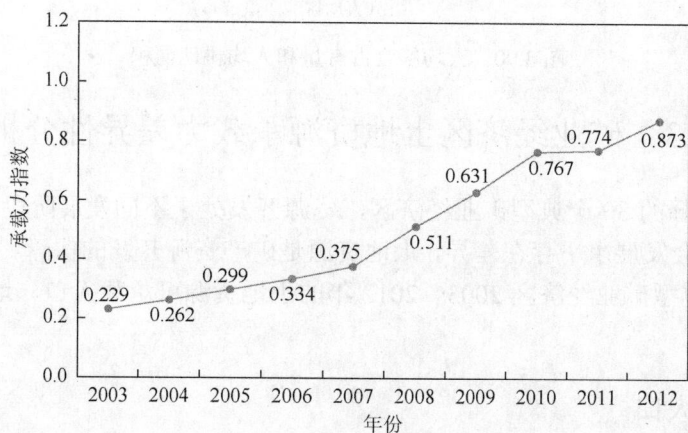

图 3.89　土地资源经济承载力

疆维吾尔自治区的平均水平。从另一方面来看，这也是加快阿勒泰地区发展的契机。

3）人均粮食占有量和人均耕地面积（图 3.90）

(a) 人均粮食占有量

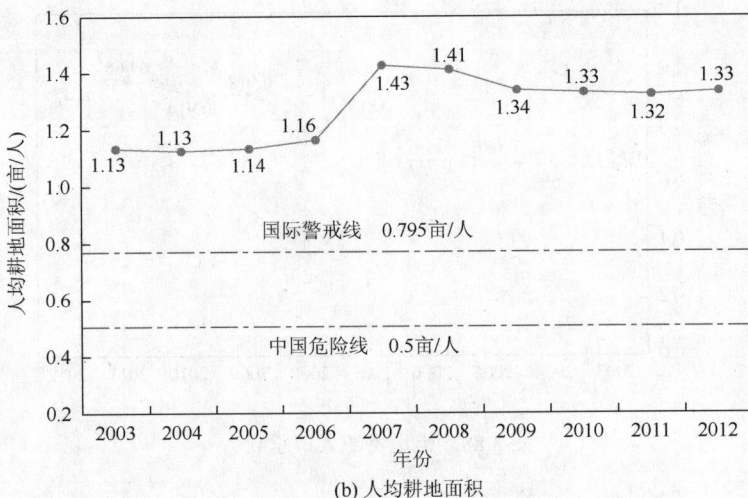

(b) 人均耕地面积

图 3.90　人均粮食占有量和人均耕地面积

3.3　矿业经济区土地资源承载力差异性分析

本研究中选择的 30 个典型矿业经济区，资源开发处于不同发展阶段，资源的保障能力不一，经济社会发展水平存在差异，土地资源是矿产资源开发的保障。结合以上评价结果，对这 30 个典型矿业经济区 2003～2012 年的土地资源可承载人口、地均 GDP 两个指标进行比较分析。

3.3.1　可承载人口

1）成熟型矿业经济区（图 3.91）

按照人均粮食占有标准定为 400 公斤，作为土地资源人口承载力的评价指标之一，这也是我国粮食安全的主要标准之一。在成熟型矿业经济区中，安徽淮南煤-煤化工矿业经济区、黑龙江大庆石油化工矿业经济区、黑龙江鸡西煤电化石墨矿业经济区、江西赣西煤钨稀土矿业经济区粮食可承载的人口超过实际人口，主要因为这些矿业经济区多位于我国粮食主产区，如黄淮海平原，三江平原等粮食产区，单位面积粮食产量均高于其他地区，土地资源人口承载能力较强。

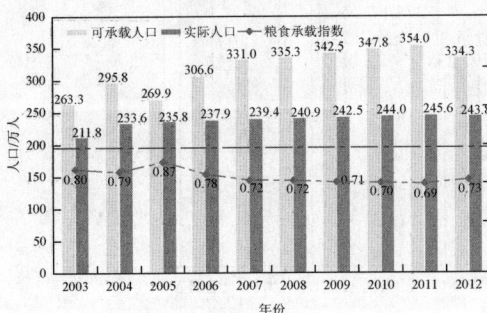

(a) 安徽淮南煤-煤化工矿业经济区

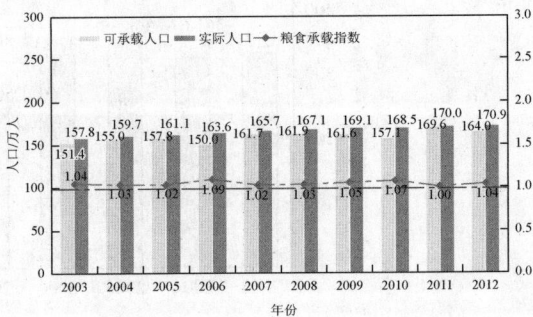

(b) 重庆巫山—奉节煤赤铁矿业经济区

(c) 福建龙岩市马坑铁矿经济区

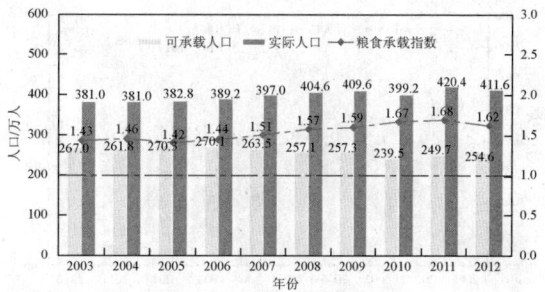

(d) 广西南丹有色金属矿业经济区

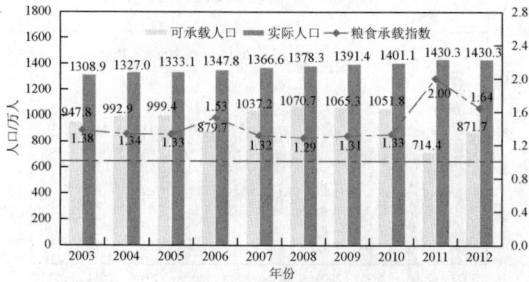

(e) 贵州黔中磷铝煤矿业经济区

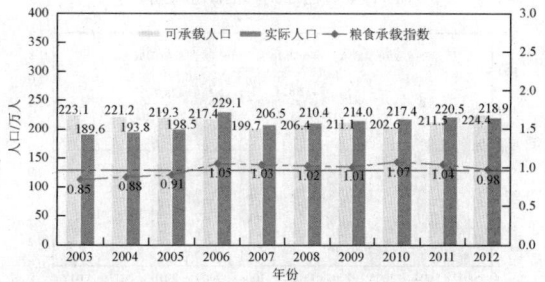

(f) 海南西部铁油页岩矿业经济区

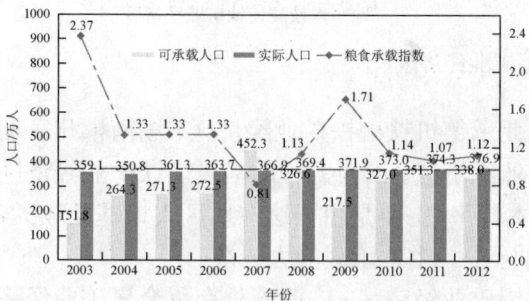

(g) 河北承德钒钛磁铁矿业经济区

(h) 河南煤铝矿业经济区

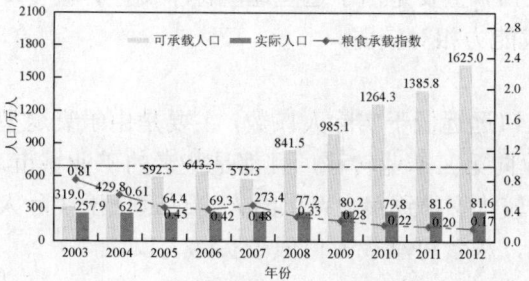

(i) 黑龙江大庆石油化工矿业经济区

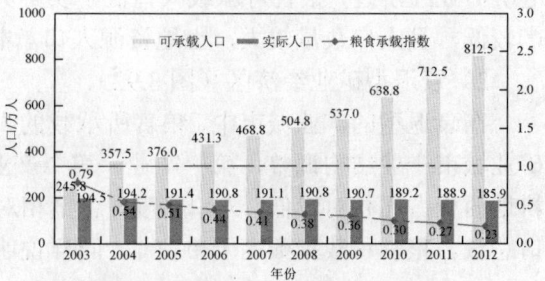

(j) 黑龙江鸡西煤电化石墨矿业经济区

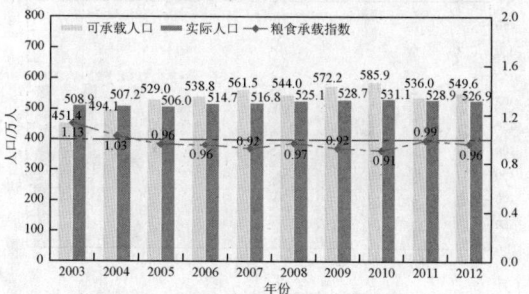

(k) 云应—天潜盐膏硝矿业经济区

(l) 湖南郴州—衡阳有色金属矿业经济区

(m) 江西赣西煤钨稀土矿业经济区

(n) 山西太行山南段煤铁矿业经济区

(o) 陕西凤太铅锌金矿业经济区

(p) 四川攀枝花钒钛矿业经济区

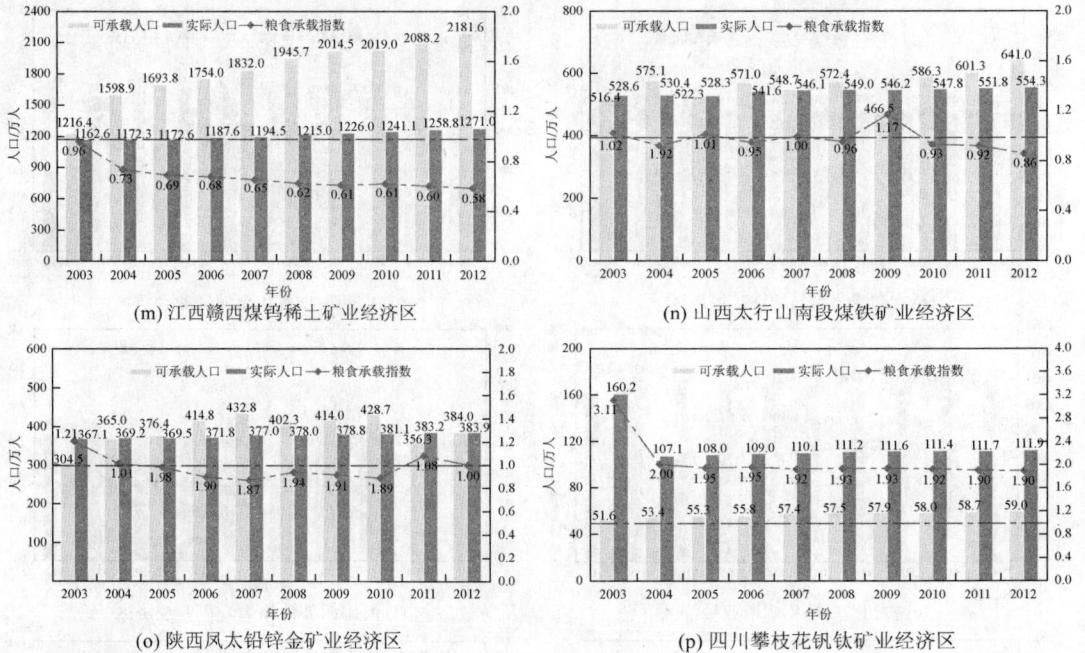

图 3.91　成熟型矿业经济区

在重庆巫山—奉节煤赤铁矿业经济区、河北承德钒钛磁铁矿业经济区、湖南郴州—衡阳有色金属矿业经济区、云应—天潜盐膏硝矿业经济区、山西太行山南段煤铁矿业经济区等矿业经济区，粮食可承载人口和实际人口基本持平，主要是由于这些地区人口基数较大，人均粮食占有量相对较少，在成熟型矿业经济区中，土地承载能力一般。

而在四川攀枝花钒钛矿业经济区、河南煤铝矿业经济区、广西南丹有色金属矿业经济区等矿业经济区，粮食可承载人口低于实际人口，主要是由于这些地区位于山区，粮食单产较低，且人口数量较大，土地资源人口承载能力相对较弱。

2）衰退型矿业经济区（图 3.92）

在衰退型的矿业城市中，粮食所承载的人口远远低于实际人口数，主要是由于衰退型矿业城市产业结构调整，第一产业、第二产业向第三产业转移，且都是些老的矿业城市，耕地面积占比相对较低，人口密度、总量相对较大，导致粮食可供给人口远远低于实际人口总量。粮食承载指数高于单位 1，同样说明，粮食可承载人口低于实际人口。

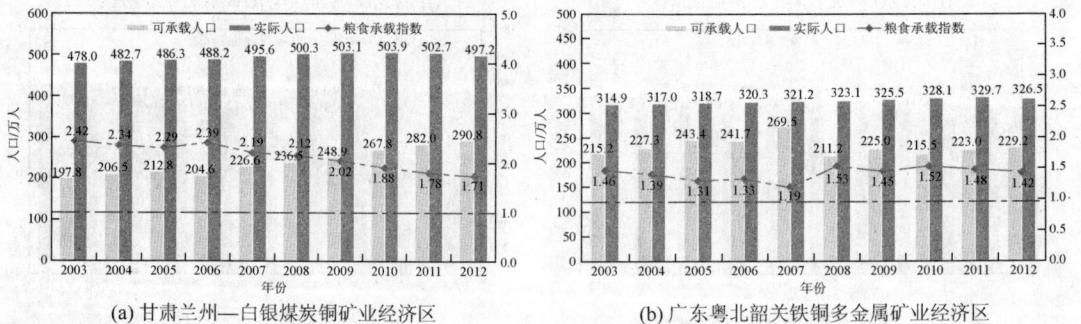

(a) 甘肃兰州—白银煤炭铜矿业经济区

(b) 广东粤北韶关铁铜多金属矿业经济区

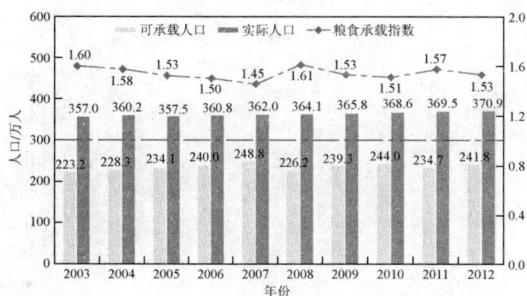

(c) 鄂州—黄石铜金矿业经济区

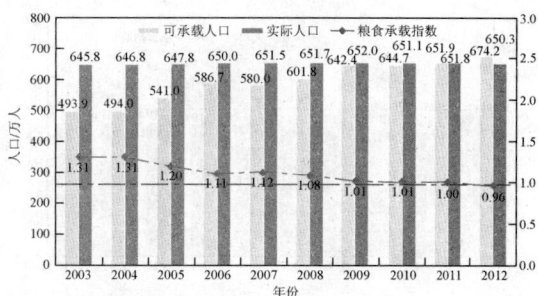

(d) 山东烟台贵金属矿业经济区

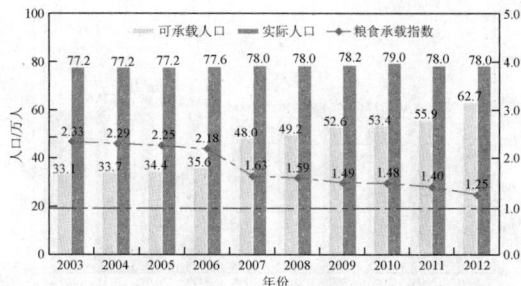

(e) 云南个旧—文山多金属矿业经济区

图 3.92   衰退型矿业经济区

3）再生型矿业经济区（图 3.93）

在再生型矿业经济区，除云南昆明—玉溪磷矿业经济区粮食可承载人口低于实际人口总量外，其他矿业经济去粮食可承载人口与实际人口基本持平，或者高于实际人口（如宁夏银川煤炭矿业经济区）。

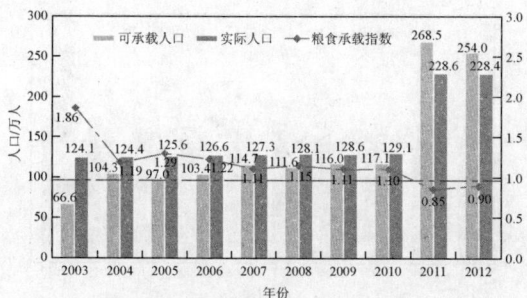

(a) 安徽马鞍山钢铁矿业经济区

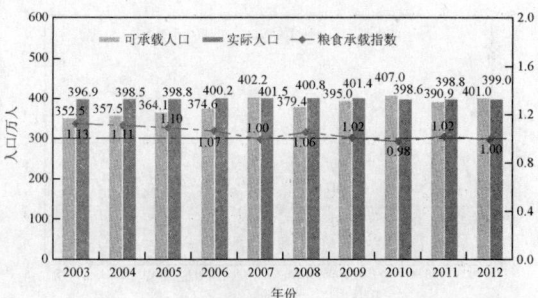

(b) 宜昌磷矿业经济区

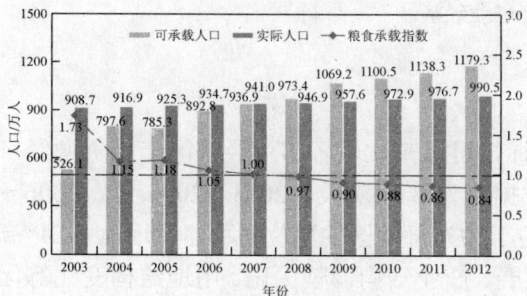

(c) 江苏徐州煤炭矿业经济区

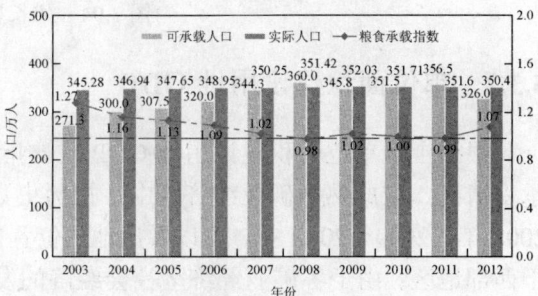

(d) 辽宁鞍山铁矿业经济区

(e) 内蒙古包头稀土黑色金属矿业经济区

(f) 宁夏银川煤炭矿业经济区

(g) 云南昆明—玉溪铁磷矿业经济区

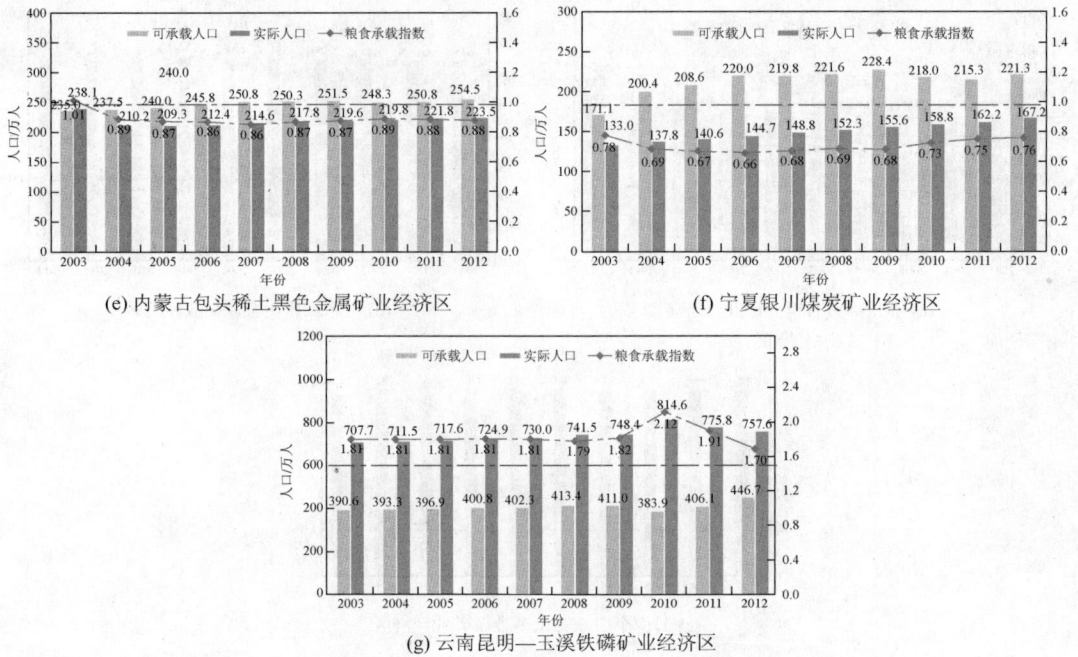

图 3.93　再生型矿业经济区

4）成长型矿业经济区（图 3.94）

在成长型矿业经济区，粮食可承载人口高于实际人口总量，主要是由于这些矿业经济区处于初始开发阶段，产业结构主要以第一产业为主，而且这两个区域地广人稀，因此粮食总产量较高，土地的承载能力较强。

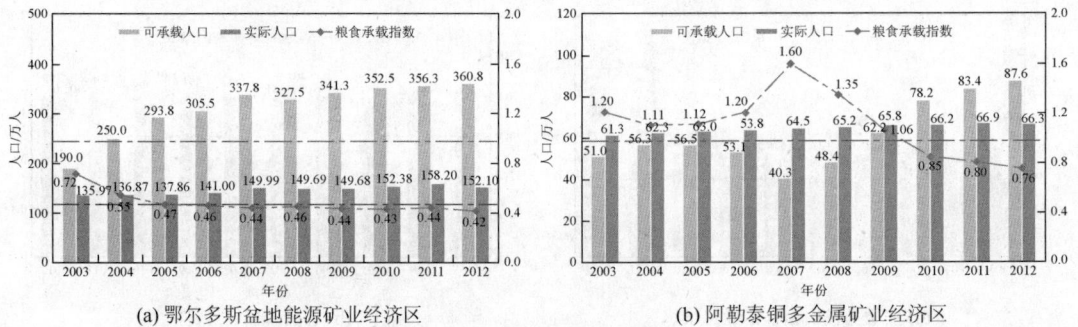

(a) 鄂尔多斯盆地能源矿业经济区

(b) 阿勒泰铜多金属矿业经济区

图 3.94　成长型矿业经济区

3.3.2　单位面积建设用地 GDP

根据土地单位面积建设用地 GDP 这一指标，可以来比较各矿业经济区土地资源经济承受情况。在成熟型矿业经济区中，把历史数据分为 3 个阶段，2003～2005 年，2006～2008 年，2009～2013 年。可以看出地理位置位于中东部地区的单位面积建设用地 GDP 高于西部地区；由于各矿业经济区社会经济的发展、产业结构调整优化、用地结构变化等因素的影响，单位面积建设用地 GDP 增加，其中安徽淮南煤-煤化工矿业经济区、河南煤铝矿业经济区、海南西部铁油页岩矿业经济区等增长较快，而贵州黔中磷铝煤矿业经济区、重庆巫山—奉节煤赤铁矿业经济区、江西赣西煤钨稀土矿业经济区增长较慢，主要是这些经济区位于丘陵山区，单位面积建设用地 GDP 相对较小。如图 3.95 和图 3.96 所示。

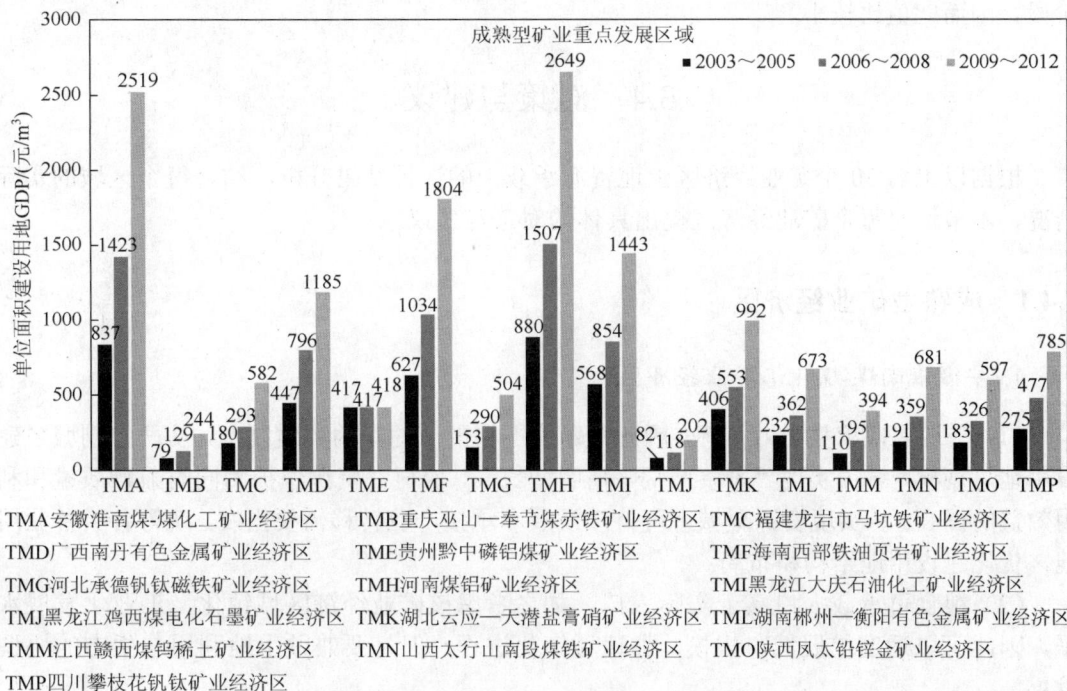

TMA安徽淮南煤-煤化工矿业经济区　　　TMB重庆巫山—奉节煤赤铁矿业经济区　　　TMC福建龙岩市马坑铁矿业经济区
TMD广西南丹有色金属矿业经济区　　　　TME贵州黔中磷铝煤矿业经济区　　　　　　TMF海南西部铁油页岩矿业经济区
TMG河北承德钒钛磁铁矿业经济区　　　　TMH河南煤铝矿业经济区　　　　　　　　　TMI黑龙江大庆石油化工矿业经济区
TMJ黑龙江鸡西煤电化石墨矿业经济区　　TMK湖北云应—天潜盐膏硝矿业经济区　　　TML湖南郴州—衡阳有色金属矿业经济区
TMM江西赣西煤钨稀土矿业经济区　　　　TMN山西太行山南段煤铁矿业经济区　　　　TMO陕西凤太铅锌金矿业经济区
TMP四川攀枝花钒钛矿业经济区

图 3.95　成熟型矿业经济区土地单位面积建设用地 GDP

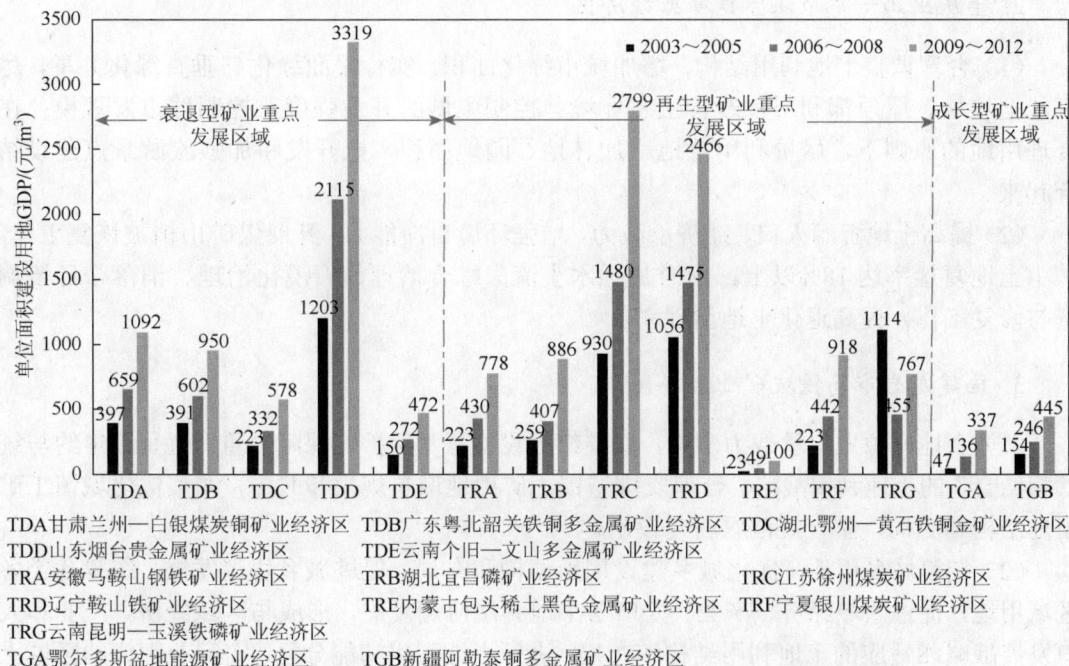

TDA甘肃兰州—白银煤炭铜矿业经济区　　TDB广东粤北韶关铁铜多金属矿业经济区　　TDC湖北鄂州—黄石铁铜金矿业经济区
TDD山东烟台贵金属矿业经济区　　　　　TDE云南个旧—文山多金属矿业经济区
TRA安徽马鞍山钢铁矿业经济区　　　　　TRB湖北宜昌磷矿业经济区　　　　　　　　TRC江苏徐州煤炭矿业经济区
TRD辽宁鞍山铁矿业经济区　　　　　　　TRE内蒙古包头稀土黑色金属矿业经济区　　TRF宁夏银川煤炭矿业经济区
TRG云南昆明—玉溪铁磷矿业经济区
TGA鄂尔多斯盆地能源矿业经济区　　　　TGB新疆阿勒泰铜多金属矿业经济区

图 3.96　衰退型、再生型、成长型矿业经济区土地单位面积建设用地

在衰退型矿业经济区、再生型矿业经济区、成长型矿业重点发展区中，可以明显看出衰退型矿业经济区由于经过长期发展，单位面积建设用地 GDP 远远高于再生型矿业城市和成长型矿业城市；成长型矿业城市在发展区域单位面积建设用地 GDP 值处于初始起步阶段，因而此值比较小。

3.4　对策与建议

根据以上对 30 个矿业经济区土地资源承载力的评价结果分析，结合每个区域的实际情况，本节针对每个矿业经济区提出具体的对策与建议。

3.4.1　成熟型矿业经济区

1. 安徽淮南煤-煤化工矿业经济区

（1）土地人口承载能力下降，因此要落实严格的节约集约用地制度，从严控制城乡建设用地总规模，城镇实现"紧凑布局，精明增长"，农村在资源保护的同时兼顾质量和利用效益的提高。从实现资源型城市可持续发展和承接产业转移需要出发，统筹各类各业用地，优化建设用地结构和布局。

（2）粮食可承载人口高于实际人口，加之考虑该矿业经济区城镇化，工业化发展水平，因此可以适度扩展城市规模，加速城镇化进程，但是要兼顾土地利用与生态的协调发展。

2. 重庆巫山—奉节煤赤铁矿业经济区

（1）合理调整土地利用结构，增加城市绿化面积，实行平面绿化与垂直绿化并举，尽可能把坡坎、屋顶都利用，改善生态环境；控制主城的开发强度，控制城市发规模；在合理用地的原则下，尽量利用荒地增加林地、园地面积，把开发和加强旅游景点建设结合起来。

（2）提高土地资源人口、经济承载力，增强环境自净能力。开展煤矿山植被恢复工作，矿山土地复垦率达 18%以上，同时加强水土流失综合治理、石漠化治理、消落带环境调查与修复工作，提高退化土地治理率。

3. 福建龙岩市马铁坑矿业经济区

（1）土地资源人口承载力下降，要继续建设实行"保护与保障并重，优化、集约与统筹相结合"的土地利用战略。合理安排城镇工矿地增长规模和时序，调整优化城镇工矿用地结构和布局，整合规范农村建设用地。

（2）统筹城乡用地，优化城乡建设用地结构和布局，促进城乡协调发展；统筹各类各区域用地，促进区域经济、产业、人口与土地利用协调发展，形成与区域经济、产业和人口发展战略相适应的土地利用结构和布局。进行土地利用功能分区，实行差别化的区域土地利用调控措施。

4. 广西南丹有色金属矿业经济区

（1）推动产业结构优化升级，促进经济发展方式转变。协调各类各业各区域用地矛盾，优化土地利用结构和布局，合理引导人口和产业集聚，推进工业化、城镇化发展进程，促进城乡和区域协调发展。

（2）严格控制建设占用耕地，合理调整农用地结构和布局，积极防治灾毁耕地，有效控制耕地流失。

（3）尾矿开发主体切实履行保护生态环境和土地复垦的责任和义务，落实污染防治和土地复垦资金，坚决抵制以牺牲生态环境来换取短期经济利益的做法。

5. 贵州黔中磷铝煤矿业经济区

（1）土地资源人口承载力，经济承载力都出现下降，因此要建立节约集约用地的奖惩机制，走新型城镇化和工业化道路，提高土地利用效率，推动土地利用方式由外延扩张向内涵挖潜、由粗放低效向集约高效转变，引导和促进经济发展方式的转变。

（2）针对该矿业经济区土地利用状况，对未利用土地进行合理开发和综合利用，提高土地利用率，将矿业经济区内土地利用率提高到 90%以上。同时要严格保护耕地特别是基本农田，加大土地整理复垦开发补充耕地力度，确保耕地数量的稳定与质量的逐步提高，加强基本农田保护和建设，进一步提高农业综合生产能力。

6. 海南西部铁油页岩矿业经济区

（1）在土地利用潜力、土地供需分析和基本农田调整的基础上，根据耕地和基本农田约束性指标，编制耕地和基本农田保护方案，明确耕地增减变化的数量，拟定耕地占补平衡、基本农田保护的实施途径；促进农业结构调整向有利于保护耕地的方向进行；园地、林地、牧草地和养殖水面等农用地确需扩大的，应充分利用荒山、荒坡、荒滩地等，除改善生态环境、灾毁等用地外，其他均不得占用耕地。

（2）优先安排生态屏障用地。依自然地貌的连续性，稳定区域内森林、河流湖泊、滩涂及海岸线等生态网络体系，保护具有生态功能的耕地、园地、林地、牧草地及水面等生态用地，形成基本生态屏障；划定矿业经济区内重要流域、重大灾害与重点污染治理区域，保障环境基础设施建设用地。

7. 河北承德钒钛磁铁矿业经济区

（1）加强建设用地总量控制，按照严控增量、盘活存量、管住总量、集约高效的原则，着力调整建设用地结构，保障重点建设项目必要用地，加大存量建设用地盘活力度，提高土地利用效益，切实推进土地利用向集约型利用方式转变。以承德市土地利用调控指标为"红线"，到 2020 年控制全市建设用地总规模 99500 公顷，其中城乡建设用地总规模控制在 75800 公顷以内。

（2）加大城镇工矿集约用地引导。严格执行国家建设项目用地控制指标，优先发展节地型的工业产业，有效控制工业用地规模。为提高土地资源经济承载力，鼓励适度提高建筑高度和建筑容积率。坚持以工业化推动城镇化，强化城镇产业支撑，合理安排城镇工矿用地规模、结构与时序，引导大中小城市和小城镇协调发展，防止城镇工矿用地过度扩张，按照"一核三带"的城镇体系结构，布置承德市城镇发展布局。

8. 河南煤铝矿业经济区

（1）全面推行矿产资源有偿使用，提高规模化、集约化利用水平。在规范矿业权市场秩序的基础上，合理确定采矿权价款，推行矿业权市场化运作，新出让采矿权全部实行有偿使用制度。在多渠道落实矿山环境整治资金的基础上，通过实行矿山环境恢复治理保证金制度、建立矿山土地复垦制度和新办开山采石矿山诚信准入制度，加强山体资源规划保护，推动废弃矿山环境治理，不断完善矿山环境的生态补偿机制。

（2）通过全面落实经营性用地和工业用地公开出让制度，以市场运作推进土地节约集约合理利用，通过发挥土地价格杠杆作用，促进经济增长方式转变。建立"多渠道进水，一个水池蓄水，一个龙头出水"的土地收储供应机制。进一步强化政府对土地一级市场的垄断和调控。通过实施土地储备制度，将盘活国有企业资产与推动旧城改造和加快城市化进程三方面实施对接，达到整体推进，协调发展。

9. 黑龙江大庆石油化工矿业经济区

（1）严格执行节约集约用地指标，至 2020 年人均城镇用地指标控制在 313.6 平方米以内，新增农村宅基地户均标准控制在 350 平方米以内，工业用地建设容积率在 0.6 以上。

（2）进一步优化土地利用结构和布局，农用地保持稳定增长，建设用地得到有效控制，其他土地开展整理开发，使土地利用格局与全市自然环境容量和经济社会发展相适应。农用地、建设用地、其他土地比例由 2005 年的 73.2∶7.0∶19.8 调整到 2020 年的 74.9∶8.3∶16.8，土地利用结构和布局更加趋于合理。

10. 黑龙江鸡西煤电化石墨矿业经济区

（1）鸡西市作为资源型城市，市区工矿废弃地较多，废弃煤矿堆积物的处理可以采取废物回填的方法回填到原矿石挖取处，或者与当地的砖瓦取土坑的复垦相结合。对于矿区内破坏相对较严重的地区，通过简易的平整后，采用植树种草等方式保护裸露的土层，并通过植物对附近的地块进行改良和保护。

（2）严格保护森林、草原、湿地、沼泽、滩涂、水域等基础性生态用地，坚持利用与培育并举，发展与保护并重，加强自然保护区、森林公园保护和建设，进一步发展水源地、交通设施防护林地等生态用地，协调土地利用与生态环境建设，保障合理的生态用地规模，构建良好的土地生态环境基础。

11. 湖北云应—天潜盐膏硝矿业经济区

（1）调整产业结构，转变经济发展方式，减少对土地功能的需求。生态经济建设是湖北云应—天潜石油盐膏硝矿业经济区今后产业发展的主要趋向。优化土地利用结构，保护和合理利用耕地，应稳步扩大农用地面积，优化各类农业用地结构，努力提高农用地综合生产能力和利用效益，巩固和加强农业基础地位。

（2）严格控制非农建设占用耕地，加强对各类非农建设占用耕地的控制和引导，尽量少占或不占耕地；大力开展土地整理，开展田、水、路、林、村综合整治，改善农村生产生活条件，增加有效耕地面积，提高耕地质量；确保补充耕地质量，加强对占用和补充耕地的评价，从数量和质量两个方面考核耕地占补平衡，对补充耕地质量未达到被占耕地质量的，按照质量折算增加补充耕地面积。

12. 湖南株洲—衡阳有色金属矿业经济区

（1）防治耕地土壤退化，加强耕地质量建设。应该在积极推进工业化过程中，充分发挥科技的作用，改善现有被污染的耕地。切实保护耕地，确保耕地总量动态平衡。湖南省是传统的农业大省，土地利用率已经很高，后备资源严重不足，可开发土地少。保护和合理利用现有耕地是解决耕地问题最根本也是最有效的措施。转变片面追求规模观念，盘活存量土地。提高农业技术，增强土地的承载能力。

（2）提高土地资源经济承载力。加大投入力度，包括对劳动者的投入和基础设施投入。加强对农民的培训，提高农民的科技、文化水平；加强水利设施建设，提高灌溉水平。加强专业化生产，促进规模发展。要充分发挥湖南自然条件优势，提高土地集约利用水平，进一步降低成本，提高单产，改变"广种薄收"的状况。

13. 江西赣西煤钨稀土矿业经济区

（1）科学合理开发利用土地资源，强化土地利用规划的宏观调控工作。一方面从保护区域生态系统的角度出发，制定科学合理的利用与保护相结合政策，另一方面加强生态绿化建设，改善区域小气候。

（2）建立土地集约利用机制，提高土地利用效率。采用高新技术，高效利用现有资源存量，改变过去的定式思维，发挥清洁生产、高新技术及环保产业等在经济效益方面存在的巨大潜力。

14. 山西太行山南段煤铁矿业经济区

（1）大力发展经济，达到通过经济资源的积累来提高人口承载力的目标。实现耕地总量动态平衡是经济、社会可持续发展的要求，也是支撑人口增长的可靠保证。严格控制非农建设占用耕地，加强对各类非农建设占用耕地的控制和引导，建设项目选址应加强多方案比较论证，尽量少占或不占耕地。

（2）优化土地利用结构，合理增加建设用地规模，为保障经济社会发展合理用地需求，大力优化建设用地结构和布局，增强建设用地保障经济社会发展的能力；适度开发其他土地，为增加耕地后备资源；完善土地管理体制、机制和法制，实行土地用途分区管制，使土地资源得到合理充分的利用，实现资源浪费型向现代科技管理型的转变。

15. 陕西凤太铅锌金矿业经济区

（1）土地节约集约利用水平显著提高。农用地规模化、集约化、产业化发展不断推进，利用效益显著提高；闲置和低效建设用地进一步盘活，建设用地就业容纳力和经济产出率明显提高。

（2）城乡用地结构和空间布局得到有效优化，用地的空间整合明显加强。围绕大宝鸡都市圈发展规划，按照布局集中、用地集约、产业聚集的基本思路，优化城乡用地结构与用地布局，确保城镇建设和基础设施建设用地需求。

（3）加强土地生态建设，适当增加林地面积，加强湿地保护，提高城市"绿心"的生态保育功能，初步建立环境友好型的土地利用模式，土地生态建设取得明显成效。

16. 四川攀枝花钒钛矿业经济区

优先保障优势矿产资源开发及相关产业发展用地，重点保障攀西钒钛产业基地建设用地，发展黑色、有色金属产业集群；适当安排居民住宅建设用地和第三产业建设用地，促进经济和人口的合理集聚；加大资源勘查力度，推进资源开发，调整优化矿产资源开发用地布局与结构，加大采矿用地的监督和管理力度，支持矿业集中发展区域和矿山生态建设，防止矿产资源开发对土地资源和生态环境的破坏。

3.4.2 衰退型矿业经济区

1. 甘肃兰州—白银煤炭铜多金属矿业经济区

（1）加大土地开发投入，改善土地利用的投资和生态环境，充分提高土地利用率和利用效益；加快引入大灌区及其他灌区的渠系配套建设步伐，提高单位面积产出，依托中心城市经济的辐射作用发展高新技术产业和现代化农业，逐步做到全市土地资源的优化配置和合理利用。

（2）创新土地利用模式。探索"耕地面积不减少、建设用地足额用"土地利用新模式，开发利用低丘缓坡荒滩等未利用地作为城市空间拓展和工业经济发展的主战场，白银市开发低丘缓坡荒滩等未利用地 59.08 平方公里，还计划再开发未利用荒地 96.72 平方公里，有效缓解了各类建设用地紧缺与坚守耕地红线任务之间的突出矛盾。

2. 广东粤北韶关铁铜多金属矿业经济区

（1）优化城乡用地结构与空间布局，采取城镇点轴发展模式，重点保障中心城市、有发展潜力的次中心城市和重点中心城镇用地。结合工业化和城市化进程，规划和实施好"城中村"等"三旧"用地改造。

（2）坚持城镇用地增加与农村居民点用地减少相挂钩，开展城中村、城乡结合部和村庄用地整理，以及工矿废弃地整理，推行工业向园区集中、农民向村镇集中、土地向业主集中，提高用地效率。

3. 湖北鄂州—黄石铁铜金矿业经济区

加大矿区的土地治理和保护，提高土地资源供给量，明确设置土地开发的限制"红线"和适宜开发的土地资源。改善生态环境和农业生产条件，加强农田水利基本建设，治理改造中低产田，为决策指明未来经济建设的优先开发区域提高适宜建设土地的利用效率。加强土地政策管理，调整土地利用结构。

4. 山东烟台贵金属矿业经济区

（1）按照"管住总量、严控增量、盘活存量"的原则，完善土地产权、用途管理、市场配置、收益分配等制度建设，提高土地对城镇化发展的保障能力。在保护耕地，确保粮食、油菜等主要农产品的生产用地的前提下，结合经济区内土地资源的实际和各部门预测的用地需求，使土地利用结构调整符合当地实际。

（2）土地节约利用，清理整顿闲置土地，鼓励对低效利用土地开展"二次开发"，支持建设多层厂房，规范土地投资强度和效益标准。坚决制止矿产资源的非法开采，强化典型山体景观管理；对尾矿渣进行综合利用，提高小流域综合治理力度，大面积营造水土保持林，控制水土流失。

5. 云南个旧—文山多金属矿业经济区

（1）加强坝区耕地保护，把坝区优质耕地划入基本农田，调高基本农田中坝区耕地比例。通过完善县乡级土地利用总体规划，把坝区 4289.99 公顷优质耕地划为基本农田，使个旧市坝区耕地划入基本农田比例达到 63%以上。

（2）城镇建设应运用内部挖潜、边缘控制、外部疏导等节地途径，加强土地集约化水平，杜绝城镇建设的盲目扩张。工业用地向园区集中，集中布局，严格按照工业用地建设标准用地。农村居民点用地引导向中心村集中，加强农村居民点整治和中心村建设。

3.4.3　再生型矿业经济区

1. 安徽马鞍山钢铁矿业经济区

（1）严格控制非农建设占用耕地，因选址无法避让确需占用的，必须严格按国家规定实行耕地占补平衡制度，确保耕地保有量不减少。坚持耕地数量和质量保护并重，建立补充耕地储备制度，实行建设占用耕地先补后占。

（2）围绕承接产业转移，调整土地利用结构与布局，为承接产业转移腾出必要的用地空间。结合市域土地利用功能分区，优化土地布局，形成合理的土地利用空间结构。

（3）保护生态环境，提高生态用地的比例，提升土地生态功能。加大矿区复垦及环境整治力度，逐步改善矿区生态环境。禁止高污染项目用地，限制中低污染项目建设。

2. 湖北宜昌磷矿业经济区

强化土地利用总体规划的控制作用。在土地利用总体规划中，要突出耕地保护和节约集约用地原则，从严控制建设用地规模。严格审查各类建设用地。要结合实际研究制定具体措施，建立目标责任制和激励、制约机制，认真清查闲置土地，努力推进存量建设用地盘活工作。切实加强对建设用地的监督管理。

3. 江苏徐州煤炭矿业经济区

（1）优先保障基础设施、先进制造业和现代服务业发展用地，严格控制低端落后产业用地，优化区域和城乡土地利用结构。理性扩展中心城区和重点城镇建设用地空间，促进人口向中心城区和重点镇转移，引导产业集中布局、集聚发展，增强城镇的集聚与带动作用。明确区域功能定位和发展方向，注重区域土地利用功能的协调和耦合，使人口、资源、环境相互协调。

（2）加大采煤塌陷地治理力度，统筹产业转型、生态修复、环境整治和土地综合利用，根据塌陷地自然条件，采取恢复耕种、种养结合、立体开发等措施，增加粮食生产能力和农民收入。加快矿山环境治理进度，重点推进中心城区核心区、城市窗口区、风景名胜区的废弃露采矿山生态修复（重建），盘活利用关闭破产矿山土地，提高土地资源基础支撑能力。

4. 辽宁鞍山铁矿业经济区

（1）在发展经济的同时，也同样要提高环境保护的意识，作为经济相对落后的地区应以经济发达地区的经验为教训，正确、科学地协调经济发展与土地资源保护之间的关系，实现传统周期波动模式向现代可持续发展模式转变。

（2）实现资源浪费型向现代科技管理型的转变，就要完善土地管理体制、机制和法制，实行土地用途分区管制，使土地资源得到合理充分的利用。

5. 内蒙古包头稀土黑色金属矿业经济区

（1）将现代农业示范区、粮、油、蔬菜生产基地、有良好的水利与水土保持设施、正在改造或已列入改造规划的中、低产田、农业科研、教学试验田等高等级、质量优的耕地优先划为基本农田。基本农田的划定应与农业生产结构调整、生态环境建设以及各项非农建设占用耕地通盘考虑，综合平衡，统筹规划。

（2）调整城镇体系布局，实现核心突出、层次完善的城镇发展格局，强化中心城区核心作用，形成中心城区-辅城-旗（县、区）中心镇与工矿区-一般建制镇-乡集镇五级城镇体系。划定基本农田集中区、一般农业发展区、城镇村发展区、独立工矿区、生态环境安全控制区、自然与文化遗产保护区、林业发展区、牧业发展区，并制定差别化的土地利用政策，体现功能分区与空间管制的有机结合。

6. 宁夏银川煤炭矿业经济区

（1）银川市农用地保持稳定，建设用地面积适度增加，其他土地面积略有减少。2020年年底，市耕地保有量为 170.76 万亩，基本农田保护面积 132.62 万亩，建设用地总规模80.25 万亩，其中新增建设用地控制在 23.3 万亩以内。

（2）明确在土地利用上要处理好保障建设用地、保护耕地和生态用地的关系，提高土地利用强度，优化土地利用布局，构建银川市"一核一圈两翼"土地利用总体格局，促进土地资源的可持续利用，支持社会经济的可持续发展。

7. 云南昆明—玉溪贴磷矿业经济区

（1）宜垦后备土地大多具有地形坡度较大、干旱缺水、土层薄、地力贫瘠、位置偏远等种种限制因素，开发难度大，大多数开发后效果不理想。因此，土地整理和复垦将是今后矿业经济区补充耕地的主要来源，是实现耕地占补平衡的主要途径。

（2）水土流失问题较为突出。为防止土地生态环境进一步恶化，实现资源节约型和环境友好型社会目标，在今后土地利用中必须要提高环境保护意识，加强土地生态环境建设，改进土地利用方式。

3.4.4　成长型矿业经济区

1. 鄂尔多斯盆地能源矿业经济区

实施"以工哺农、以城带乡"的方针，逐步形成推进城镇化与建设新农村"双轮驱动"的新型城镇化。可以加速城镇化建设，扩大矿业经济区开采力度。积极发挥"以工哺农、以城带乡"的功能作用：一方面实行"多予、少取、放活"的方针，启动公共财政支农，积极推进农村税费改革，减轻农民税负等；另一方面，利用现代城市工业的产业优势和科技力量，通过统筹城乡产业空间布局和结构调整，对农村实施积极的产业带动方针，激发农村经济发展的内在活力。

2. 新疆阿勒泰铜多金属矿业经济区

阿勒泰地区的自然条件优越，是新疆少有的丰水区之一。阿勒泰地区应坚持环保优先、生态立区，坚持在发展中保护、在保护中发展。阿勒泰地区应结合生态功能区定位，科学合理确定发展战略、目标任务。高起点、高水平、高效益地编制各项规划，确定生态建设和环境保护的底线。

第4章 水资源承载力评价

水资源承载力（water resources carrying capacity，WRCC）的定义具有代表性的有两种：施雅风等认为水资源承载力是指某一地区的水资源，在一定社会和科学技术发展阶段，在不破坏社会和生态系统时，最大可承载的农业、工业、城市规模和人口水平，是一个随社会经济和科学技术水平发展变化的综合目标；惠泱河等认为水资源承载力是指在某一具体的历史发展阶段下，以可预见的技术、经济和社会发展水平为依据，以可持续发展为原则，以维护生态环境良性发展为条件，经过合理的优化配置后，水资源对该地区社会经济发展的最大支撑能力。本研究在借鉴中国科学院地理科学与资源研究所谢高地、周海林等研究成果的基础上，根据水资源承载力的内涵和特性，用简单明确的模型来定义和估算我国不同矿业经济区水资源承载能力。

4.1 主要数据来源

本节研究中所需数据包括水资源、人口和社会经济的部分数据，基础数据主要来自《中国城市统计年鉴2003～2012》《中国环境统计年鉴2003～2012》，以及各矿业经济区所属省市的水资源公报、环境状况公报和其他公开出版的报告。上述各详细数据经过整理、提取、计算和分析得出水资源人口承载力，水资源对工业和农业的承载力，进而可进行水资源承载力评价。此外，为便于数据的可得性，在本研究中，矿业经济区的数据收集主要是以各矿业经济区所属的行政区域为依据。

4.2 矿业经济区水资源承载力评价

矿产资源开发利用都要经过探矿、采矿、选矿、冶炼等工序，都要消耗大量的水资源，在此过程中产生的废石、尾矿、废水、废气及生态破坏等均对地表水和地下水环境产生污染。在我国众多的矿业经济区中，部分地区已经出现了水资源短缺、水环境恶化等现象，对矿产资源开发、水资源环境保护以及区域的可持续发展带来了严峻的考验。因此，探讨矿业经济区水资源承载力对区域的可持续发展有重要意义。运用第2章构建的水资源承载力评价指标体系，分别对本研究中选取的30个典型矿业经济区水资源承载力进行测算。

4.2.1 成熟型矿业经济区

1. 安徽淮南煤-煤化工矿业经济区

1）基本情况

安徽淮南煤-煤化工矿业经济区位于长江三角洲腹地，安徽省中北部，淮河之滨，属亚热带季风性气候，年平均气温偏高，夏季高温多雨。全年降水量893.4mm，季节性降水分布不均。2012年，淮南地区降水量 $2.7068×10^{10}m^3$，水资源总量 $8.697×10^9m^3$，其中地表水资源量 $8.296×10^9m^3$，地下水资源量 $1.888×10^9m^3$，地表水与地下水不重复量 $4.01×10^8m^3$。总供水量 $5.687×10^9m^3$，其中地表水源供水量 $5.475×10^9m^3$，地下水源供水量 $1.87×10^8m^3$，其他水源供水量 $2.5×10^7m^3$。

2）水资源承载力评价

如果保持现有的耗水水平，那么2012年安徽淮南地区水资源理论上自然承载力为 $5.3245×10^6$ 人，这是将全部水资源100%利用的情况下才能达到的数据。但由于各地水资源开发利用的实际水平有限，这样能够实现的水资源实际人口承载力为 $2.3301×10^6$ 人，低于当前的实际水平 $2.4378×10^6$ 人。具体计算结果如表4.1所示。

表 4.1　安徽淮南矿业经济区 2012 年水资源承载能力和水资源超载状况

	自然承载力	实际承载力	承载状态
人口承载力/万人	532.45	233.01	超载
人口承载率/%	118.41	−4.42	—
工业发展承载力/亿元	1300	877.23	可承载
工业承载率/%	159.47	75.08	+
农业灌溉承载力/亿元	—	225.78	可承载
农业承载率/%	—	272.51	+
污水容纳量/万吨	—	20800	超载
污水容纳率/%	—	−9.37	—

注：超载是指对实际承载力的超载；"+"表示可承载，"−"表示超载

2012年淮南地区水资源人口承载力已经处于满载状态，人口承载率为−4.42%，水资源工业和农业承载力都在可承载的状态，尤其是农业灌溉承载力较强，盈余较大，污水承载量也超出了实际的污水排放量。

区域水资源支撑的经济规模是区域水资源承载力主要宏观指标之一，它是区域国内生产总值GDP与生产这些GDP所消耗的水量之比。当所消耗的水量等于区域水资源可利用量，此时水资源承载的经济规模就是最大经济规模。定义：当前经济规模的实际值（GDP）与能够承载的最大经济规模的比值为经济承载指数；当前人口规模的实际值与能够承载的最大人口规模的比值为人口承载指数，比值大于1，表示超载；比值等于1，表示满载；比值小于1，表示可承载。比值越小，表明承载的空间越大，承载状况越好。

计算结果表明，淮南矿业经济区水资源承载的最大经济规模和人口规模只有个别年份略低于实际水平，2002～2005年间波动较明显，其余年份水资源承载力均在可承载的范围内。表明该地区水资源利用空间较大，应加大开发当地的水资源，提高水资源可利用量。如图4.1和图4.2所示。

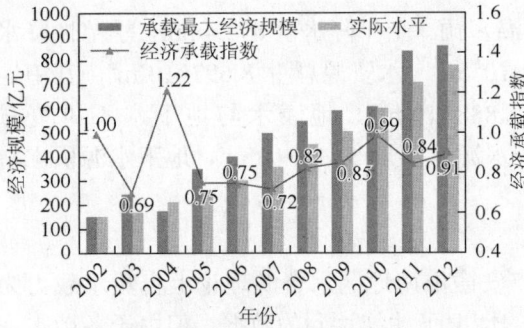

图 4.1　水资源经济承载指数比较

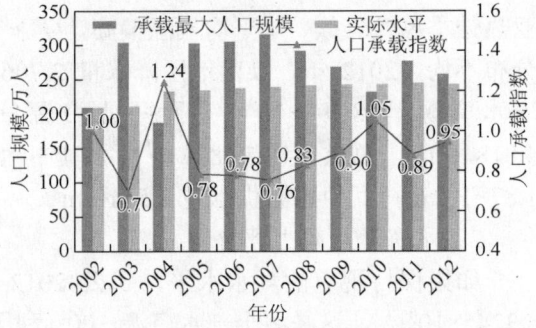

图 4.2　水资源人口承载指数比较

2. 重庆巫山—奉节煤赤铁矿业经济区

1）基本情况

重庆巫山—奉节地区属中亚热带湿润季风气候区，具有夏热冬暖、光热同季、无霜期长、雨量充沛等特点。2012 年平均气温 18.3℃，年总降雨量 1104.4 毫米，折合降水量 $5.729×10^9 m^3$。

2）水资源承载力评价

由表 4.2 可知，2012 年重庆巫山-奉节地区水资源人口承载力、工业发展承载力、农业灌溉承载力和污水容纳量均处于可承载状态，尤其是对工业和农业承载力较强，实际承载力高于当前的实际水平。

表 4.2　巫山—奉节矿业经济区 2012 年水资源承载能力和水资源超载状况

	自然承载力	实际承载力	承载状态
人口承载力/万人	339.44	238.2	可承载
人口承载率/%	98.63	39.39	+
工业发展承载力/亿元	287.64	175.28	可承载
工业承载率/%	624.89	341.73	+
农业灌溉承载力/亿元	—	150.2	可承载
农业承载率/%	—	234.52	+
污水容纳量/万吨	—	12431.9	可承载
污水容纳率/%	—	43.65	+

注：超载是指对实际承载力的超载；"+"表示可承载，"-"表示超载

计算结果表明，重庆巫山—奉节矿业经济区水资源承载的最大经济规模和人口规模均高于当前的实际水平，承载状况较好，但是近年来水资源人口承载指数不断提高，水资源所承载的最大人口规模下降。如图 4.3 和图 4.4 所示。

3. 福建龙岩市马坑铁矿业经济区

1）基本情况

马坑铁矿业经济区地处福建龙岩市，地势东高西低，北高南低，属亚热带海洋性季风气候，全年气候温和，雨量充沛，年均降水量 1031～1369mm。市内溪河众多，分别属于汀江、九龙江北溪、闽江沙溪、梅江水系。集水面积达到或超过 50 平方公里的溪河共有 110 条，河川年径流量 $1.9×10^{10} m^3$。2012 年，福建龙岩市年降水量 $3.955×10^{10} m^3$，地表

水资源量 $2.2991 \times 10^{10} \mathrm{m}^3$，地下水资源量 $7.282 \times 10^9 \mathrm{m}^3$，人均水资源量 $8206 \mathrm{m}^3$。

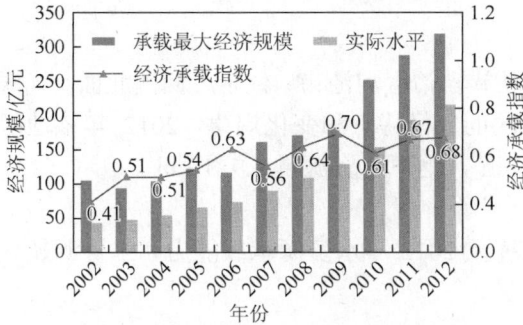

图 4.3　水资源经济承载指数比较

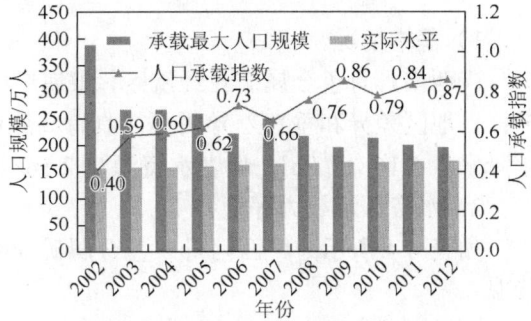

图 4.4　水资源人口承载指数比较

2）水资源承载力评价

如表 4.3 所示为福建龙岩马坑铁矿业经济区 2012 年水资源承载能力和水资源超载状况。

表 4.3　福建龙岩马坑铁矿业经济区 2012 年水资源承载能力和水资源超载状况

	自然承载力	实际承载力	承载状态
人口承载力/万人	847.73	271.71	超载
人口承载率/%	184.76	−8.73	—
工业发展承载力/亿元	1372.94	467.65	超载
工业承载率/%	75.04	−67.72	—
农业灌溉承载力/亿元	—	184.6	可承载
农业承载率/%	—	14	＋
污水容纳量/万吨	—	498904.7	可承载
污水容纳率/%	—	604.47	＋

注：超载是指对实际承载力的超载；"＋"表示可承载，"−"表示超载

由表 4.3 可知，2012 年福建龙岩市水资源人口承载力和工业承载力已经处于超载状态，人口承载率为−8.73%，工业承载率为−67.72%，水资源对农业和污水的承载力都在可承载的状态，尤其是对污水承载力较强，盈余较大，表明该地区对污水的承载潜力较大。

计算结果表明，福建龙岩马坑矿业经济区水资源承载的最大经济规模和人口规模均高于当前的实际水平，承载状况较好，但波动较为明显。表明该地区水资源利用空间较大，应加大开发当地的水资源，提高水资源可利用量。如图 4.5 和图 4.6 所示。

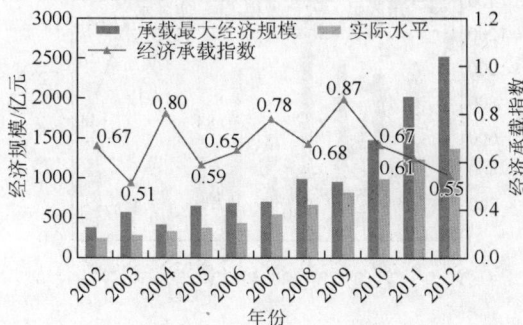

图 4.5　水资源经济承载指数比较

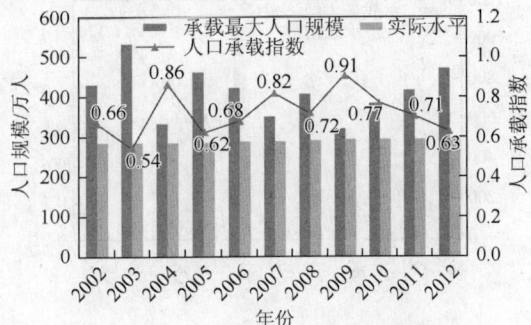

图 4.6　水资源人口承载指数比较

4. 广西南丹有色金属矿业经济区

1）基本情况

广西南丹有色金属矿业经济区，隶属广西壮族自治区河池市，位于广西西北面，气候多样，地区差异和垂直差异明显，具有高原山区的气候特点和变化规律。2012 年该地区年降水量 $5.16×10^{10}m^3$，地表水资源量 $2.56×10^{10}m^3$，地下水资源量 $4.9×10^9m^3$。

2）水资源承载力评价

如表 4.4 所示为广西南丹有色金属矿业经济区 2012 年水资源承载能力和水资源超载状况。

表 4.4　广西南丹有色金属矿业经济区 2012 年水资源承载能力和水资源超载状况

	自然承载力	实际承载力	承载状态
人口承载力/万人	845.98	340.34	超载
人口承载率/%	105.53	−20.94	−
工业发展承载力/亿元	308.25	109.75	超载
工业承载率/%	76.83	−58.83	−
农业灌溉承载力/亿元	—	142.74	可承载
农业承载率/%		12.98	+
污水容纳量/万吨	—	555520	可承载
污水容纳率/%		554.24	+

注：超载是指对实际承载力的超载；"+"表示可承载，"−"表示超载

由表 4.4 可知，2012 年广西南丹地区水资源人口承载力和工业承载力已经处于超载状态，人口承载率为−20.94%，工业承载率为−58.83%，水资源对农业和污水的承载力都在可承载的状态，尤其是对污水承载力较强，盈余较大，表明该地区对污水的承载潜力较大。

结合表 4.4 和图 4.7、图 4.8 可知，广西南丹有色金属矿业经济区水资源承载的最大经济规模和人口规模从 2010 年开始低于当前的实际水平，承载指数大于 1，表明近年来该地区水资源承载力下降，应提高水资源的利用效率，增加水资源可利用量。

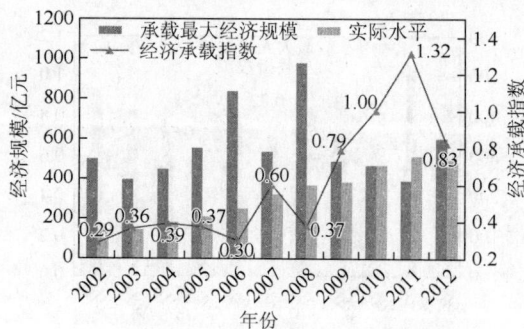

图 4.7　水资源经济承载指数比较

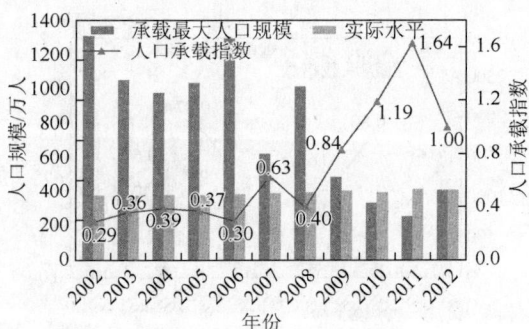

图 4.8　水资源人口承载指数比较

5. 贵州黔中磷铝煤矿业经济区

1）基本情况

贵州黔中磷铝煤矿业经济区位于贵州省中部，包括贵阳、遵义和安顺，大部分地区属云贵高原的喀斯特丘陵地貌，位于乌江流域，水资源十分丰富。由于地处山区，空气流动性较弱，大气环境质量一般，二氧化硫排放超过大气环境容量较为严重。大部分地区处在石漠化敏感地区，生态系统较为脆弱。2012 年黔中地区年降水量 $5.0888×10^{10}m^3$，地表水资源量 $2.6234×10^{10}m^3$，地下水资源量 $6.755×10^9m^3$，人均水资源占有量 $2081m^3$。总用水量 $3.607×10^9m^3$，其中工业用水量 $9.82×10^8m^3$，农业用水量 $1.901×10^9m^3$。

2）水资源承载力评价

如表4.5所示为贵州黔中磷铝煤矿业经济区2012年水资源承载能力和水资源超载状况。

表 4.5　贵州黔中磷铝煤矿业经济区 2012 年水资源承载能力和水资源超载状况

	自然承载力	实际承载力	承载状态
人口承载力/万人	2635.85	1407.33	超载
人口承载率/%	84.26	−1.6	−
工业发展承载力/亿元	3457.96	941.42	超载
工业承载率/%	136.75	−35.54	−
农业灌溉承载力/亿元	—	390.61	可承载
农业承载率/%	—	27.35	+
污水容纳量/万吨	—	569284.31	可承载
污水容纳率/%	—	247.52	+

注：超载是指对实际承载力的超载；"+"表示可承载，"−"表示超载

由表 4.5 可知，2012 年贵州黔中地区水资源人口承载力和工业承载力已经处于超载状态，人口承载率为−1.6%，工业承载率为−35.54%，水资源对农业和污水的承载力都在可承载的状态，尤其是对污水承载力较强，盈余较大，表明该地区对污水的承载潜力较大。

结合表 4.5 和图 4.9、图 4.10 可知，贵州黔中磷铝煤矿业经济区水资源经济承载指数和人口承载指数起伏较大，2003～2006 年以及 2009～2011 年承载指数都超过 1，说明该地区经济、人口规模已经超出了水资源所能承载的最大规模，水资源承载力形势不容乐观。应提高水资源的利用效率，适当控制人口规模，增加水资源可利用量。

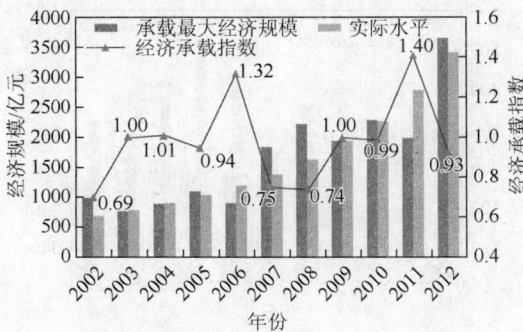

图 4.9　水资源经济承载指数比较

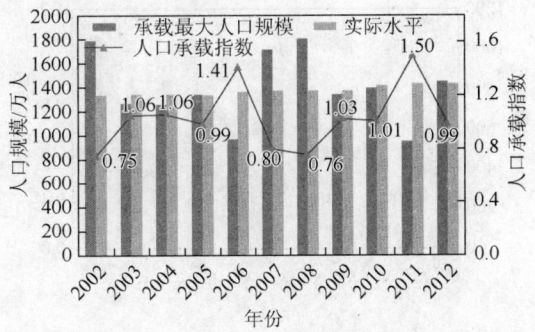

图 4.10　水资源人口承载指数比较

6. 海南西部铁油页岩矿业经济区

1）基本情况

海南西部铁油页岩矿业经济区主要包括儋州市、东方市、白沙县和昌江县等，地势东高西低，属热带海洋性气候区，年降水量丰富，多年平均降雨量为1815mm，年地表径流量 $1.89×10^9m^3$。2012年该地区年降水量 $1.973×10^{10}m^3$，地表水资源量 $8.945×10^9m^3$，地下水资源量 $2.54×10^9m^3$。总用水量 $1.543×10^9m^3$，其中工业用水量 $1.71×10^8m^3$，农业用水量 $8.53×10^8m^3$，人均综合用水量471m^3。

2）水资源承载力评价

如表 4.6 所示为海南西部铁油页岩矿业经济区 2012 年水资源承载能力和水资源超载状况。

表 4.6　海南西部铁油页岩矿业经济区 2012 年水资源承载能力和水资源超载状况

	自然承载力	实际承载力	承载状态
人口承载力/万人	539.28	327.6	可承载
人口承载率/%	206.8	86.38	+
工业发展承载力/亿元	359.6	113.24	超载
工业承载率/%	20.14	−62.16	−
农业灌溉承载力/亿元	—	109.08	超载
农业承载率/%	—	−31.9	−
污水容纳量/万吨	—	194106.5	可承载
污水容纳率/%	—	224.73	+

注：超载是指对实际承载力的超载；"+"表示可承载，"−"表示超载

由表 4.6 可知，2012 年海南西部地区水资源工业承载力和农业承载力已经处于超载状态，工业承载率为−62.16%，农业承载率为−31.9%，水资源对人口和污水的承载力都在可承载的状态，尤其是对污水承载力较强，盈余较大，表明该地区对污水的承载潜力较大。

计算结果表明，海南西部铁油页岩矿业经济区从 2002~2012 年水资源承载的最大经济规模和人口规模均高于当前的实际水平，表明该地区水资源承载状况较好。如图 4.11 和图 4.12 所示。

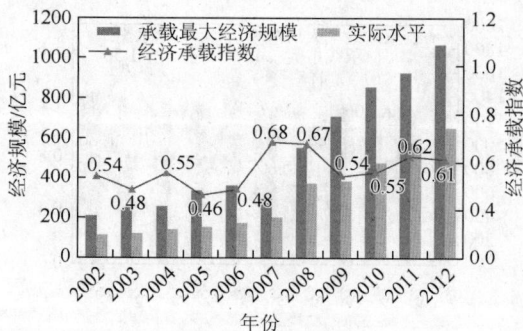

图 4.11　水资源经济承载指数比较

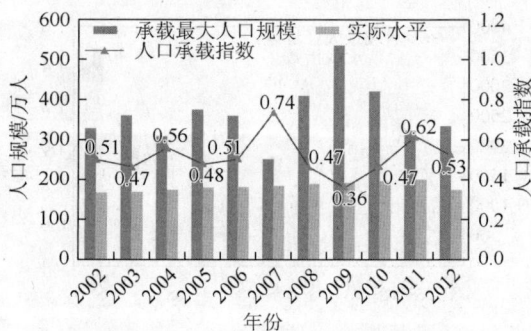

图 4.12　水资源人口承载指数比较

7. 河北承德钒钛磁铁矿业经济区

1）基本情况

河北承德钒钛磁铁矿业经济区位于河北承德市内，地处河北省东北部，南邻京津，北倚辽蒙，是环京津、环渤海和冀辽蒙交界地区的重要城市，是连接华北、东北两大经济区的交通枢纽。境内有滦河、潮河、辽河、大凌河四大水系，年产水量 $3.76×10^9m^3$，是京津唐的重要供水源地（占潘家口水库年入库总水量的 93.4%、密云水库入库总水量的 56.7%）。2012 年该地区年降水量 $1.64×10^9m^3$，地表水资源量 $9.84×10^8m^3$，地下水资源量 $5.42×10^8m^3$。总用水量 $8.35×10^8m^3$，其中工业用水量 $4.81×10^8m^3$，农业用水量 $1.67×10^8m^3$，人均综合用水量 $387m^3$。

2）水资源承载力评价

如表 4.7 所示为河北承德钒钛磁铁矿业经济区 2012 年水资源承载能力和水资源超载状况。

表 4.7　河北承德钒钛磁铁矿业经济区 2012 年水资源承载能力和水资源超载状况

	自然承载力	实际承载力	承载状态
人口承载力/万人	322.2	215.76	超载
人口承载率/%	−8.22	−62.5	−
工业发展承载力/亿元	393.86	226.88	超载
工业承载率/%	−40.6	−144.08	−
农业灌溉承载力/亿元	—	57.98	超载
农业承载率/%		−219.35	−
污水容纳量/万吨		21352.8	可承载
污水容纳率/%	—	36.6	+

注：超载是指对实际承载力的超载；"+"表示可承载，"−"表示超载

由表 4.7 可知，2012 年河北承德地区水资源人口承载力、工业承载力和农业承载力已经处于超载状态，人口承载率为−62.5%，工业承载率为−144.08%，农业承载率为−219.35%，说明该地区人口、工业和农业对水资源需求量大，可利用水资源量出现短缺；水资源对污水的承载力仍在可承载的范围，表明该地区对污水的承载潜力较大。

计算结果表明，河北承德钒钛磁铁矿业经济区水资源承载的最大经济规模和人口规模一直保持在较高水平，说明水资源承载的最大经济、人口规模与实际水平相差较小，而且自 2008 年来，该地区水资源经济承载指数和人口承载指数不断提高，超过 1，这说明该地区水资源承载能力已经超过了当前的实际发展水平和规模，水资源短缺现象逐步凸显。如图 4.13 和图 4.14 所示。

8. 河南煤铝矿业经济区

1）基本情况

河南煤铝矿业经济区地处河南省中西部地区，主要包括郑州、洛阳、平顶山、三门峡等，属于温带大陆性季风气候，全年降水量集中在夏季，年平均降水量 640mm。2012 年

该区域总人口 2384.5 万人，水资源总量为 $5.8843 \times 10^9 m^3$，其中地表水资源量 $4.7334 \times 10^9 m^3$，地下水资源量 $3.309 \times 10^9 m^3$。总用水量为 $5.3295 \times 10^9 m^3$，其中工业用水量 $2.3366 \times 10^9 m^3$，农业用水量 $1.3067 \times 10^9 m^3$，人均综合用水量 $412 m^3$。

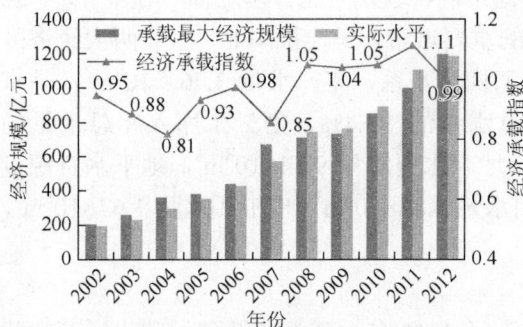

图 4.13　水资源经济承载指数比较　　　　　图 4.14　水资源人口承载指数比较

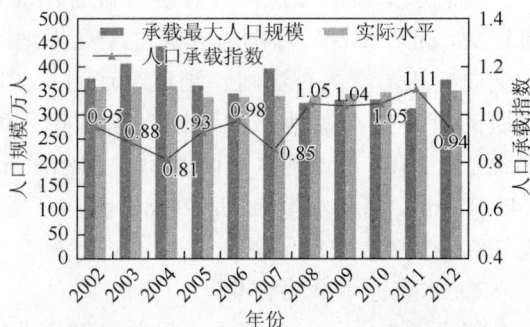

2）水资源承载力评价

如表 4.8 所示为河南煤铝矿业经济区 2012 年水资源承载能力和水资源超载状况。

表 4.8　河南煤铝矿业经济区 2012 年水资源承载能力和水资源超载状况

	自然承载力	实际承载力	承载状态
人口承载力/万人	1428.23	1293.56	超载
人口承载率/%	−66.95	−84.33	−
工业发展承载力/亿元	12324.27	5250.78	超载
工业承载率/%	84.66	−27.1	−
农业灌溉承载力/亿元	—	580.11	超载
农业承载率/%	—	−3.88	−
污水容纳量/万吨	—	58843	可承载
污水容纳率/%	—	1.63	+

注：超载是指对实际承载力的超载；"+"表示可承载，"−"表示超载

从表 4.8 可以得出结论：河南煤铝矿业经济区水资源利用形势严峻，水资源对人口、工业和农业的承载能力都已经超出了目前的现状水平，处于超载状态，尤其是该地区人口较多，水资源需求量大，水资源人口承载力超载较为严重；水资源环境承载力也处在临界状态，污水容纳量与当前的实际水平几乎持平。总体看来，河南煤铝矿业经济区水资源承载能力不容乐观，要不断提高水资源的利用效率，增加水资源供给。

同时，还可以计算出该地区水资源能够承载的最大经济规模和人口规模，从而可以看出该地区水资源利用的潜力，为提高水资源承载力提供依据。如图 4.15 和图 4.16 所示。

结合图 4.15 和图 4.16 可以看出，河南煤铝矿业经济区水资源经济承载指数和人口承载指数波动较为明显，近两年经济承载指数和人口承载指数有提高的趋势，表明该地区水资源承载空间降低。

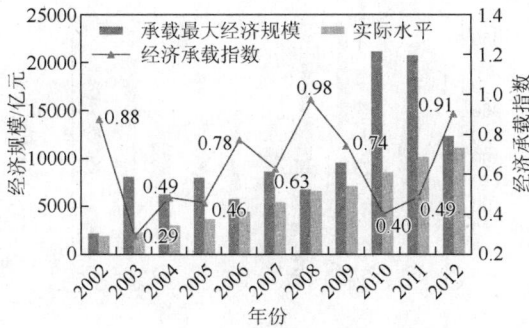

图 4.15　水资源经济承载指数比较

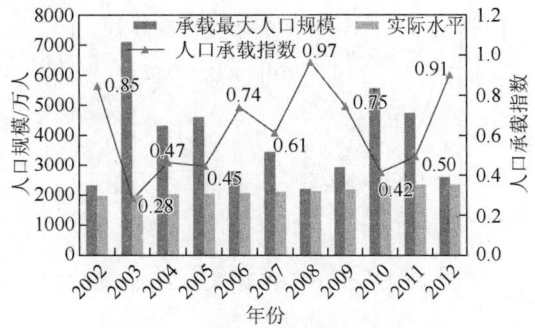

图 4.16　水资源人口承载指数比较

9. 黑龙江大庆石油化工矿业经济区

1）基本情况

黑龙江大庆市位于黑龙江省西南部，全年无霜期较短。雨热同季。大庆光照充足，降水偏少，年降水量在 400～550mm。2012 年该地区年降水量 $2.231×10^9 m^3$，地表水资源量 $4.8×10^8 m^3$，地下水资源量 $1.679×10^9 m^3$。总用水量 $1.235×10^9 m^3$，其中工业用水量 $7.68×10^8 m^3$，农业用水量 $3.62×10^8 m^3$，人均综合用水量 $344 m^3$。

2）水资源承载力评价

如表 4.9 所示为黑龙江大庆石油化工矿业经济区 2012 年水资源承载能力和水资源超载状况。

表 4.9　黑龙江大庆石油化工矿业经济区 2012 年水资源承载能力和水资源超载状况

	自然承载力	实际承载力	承载状态
人口承载力/万人	501.16	359.01	可承载
人口承载率/%	77.91	27.44	+
工业发展承载力/亿元	1959.09	872.73	超载
工业承载率/%	−61.16	−261.78	−
农业灌溉承载力/亿元	—	155.36	—
农业承载率/%	—	0.75	临界状态
污水容纳量/万吨	—	37410.8	可承载
污水容纳率/%	—	142.91	+

注：超载是指对实际承载力的超载；"+"表示可承载，"−"表示超载

从表 4.9 可以得出结论：2012 年黑龙江大庆地区水资源工业承载力已经处于超载状态，承载率为−261.78%，超载较为严重；水资源对人口和污水的承载力都在可承载的状态，尤其是对污水承载力较强，盈余较大，表明该地区对污水的承载潜力较大；水资源对农业承载力与当前实际水平基本持平，处在临界状态。

计算结果表明，黑龙江大庆石油化工矿业经济区除 2002 年之外，水资源承载的最大经济规模和人口规模均高于当前的实际水平，承载状况较好，但波动较为明显。表明该地区水资源利用空间较大，应加大开发当地的水资源，提高水资源可利用量。如图 4.17 和图 4.18 所示。

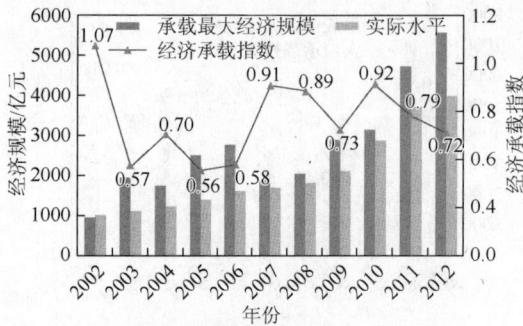

图 4.17　水资源经济承载指数比较

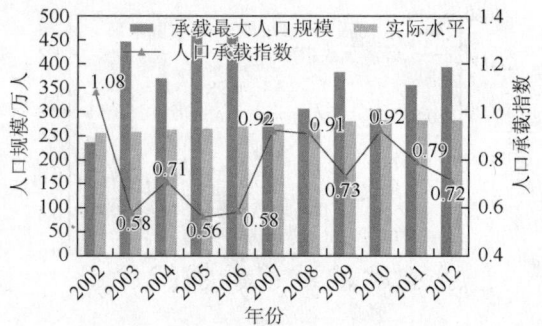

图 4.18　水资源人口承载指数比较

10. 黑龙江鸡西煤电化石墨矿业经济区

1）基本情况

鸡西市地处中纬度亚洲大陆东岸，黑龙江省东南部，境内地势起伏。全市年平均降水量为 520～550mm，夏季降水占全年降水量 60% 以上。境内有 4 条主要河流，均属乌苏里江水系，其中，穆棱河由西南向东北纵贯全境。全市河川年均径流量 $4.09×10^8m^3$。

2012 年该地区水资源总量 $3.922×10^9m^3$，地表水资源量 $2.846×10^9m^3$，地下水资源量 $1.69×10^9m^3$。总用水量 $1.025×10^9m^3$，其中工业用水量 $6.41×10^8m^3$，农业用水量 $2.17×10^8m^3$，人均综合用水量 $412m^3$。

2）水资源承载力评价

如表 4.10 所示为鸡西煤电化石墨矿业经济区 2012 年水资源承载能力和水资源超载状况。

表 4.10　鸡西煤电化石墨矿业经济区 2012 年水资源承载能力和水资源超载状况

	自然承载力	实际承载力	承载状态
人口承载力/万人	867.7	248.78	可承载
人口承载率/%	366.75	33.82	+
工业发展承载力/亿元	753.67	471.32	可承载
工业承载率/%	216.26	97.78	+
农业灌溉承载力/亿元	—	101.4	超载
农业承载率/%	—	−62.91	−
污水容纳量/万吨	—	85107.4	可承载
污水容纳率/%	—	770.2	+

注：超载是指对实际承载力的超载；"+"表示可承载，"−"表示超载

由表 4.10 可知，2012 年黑龙江鸡西地区水资源人口承载力、工业发展承载力和污水容纳量均处于可承载范围内，尤其是对污水容纳量的承载力较强，远远高于当前实际的排放量，主要是因为该地区农业用水量过大、利用效率不高导致的水资源对农业灌溉承载力的低下。

计算结果表明，黑龙江鸡西煤电化石墨矿业经济区水资源承载的最大经济规模和人口

规模均高于当前的实际水平，承载状况较好。如图 4.19 和图 4.20 所示。

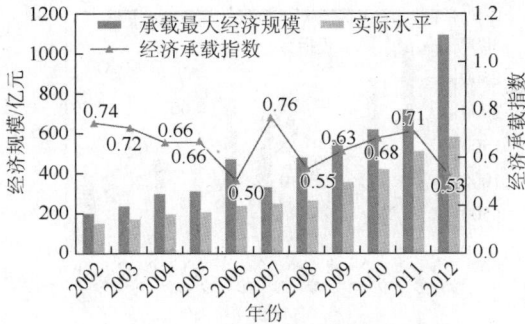

图 4.19 水资源经济承载指数比较

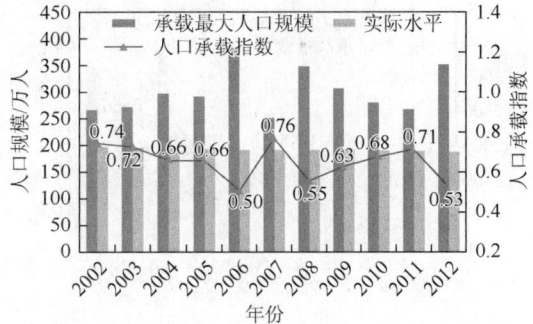

图 4.20 水资源人口承载指数比较

11. 湖北云应—天潜盐膏硝矿业经济区

1）基本情况

云应—天潜矿业经济区地处长江中下游，境内有长江、汉水等河流，属于亚热带季风性气候，降水量丰富。境内河湖交错，水利资源丰富，孝感市大小河流总长度 4812 公里。该区域多年平均水资源总量 $3.814 \times 10^9 \text{m}^3$，折合径流深 428.4mm，其中地表水资源量 $3.673 \times 10^9 \text{m}^3$，地下水资源量 $6.59 \times 10^8 \text{m}^3$，地表水与地下水不重复计算量 $1.41 \times 10^8 \text{m}^3$。2012 年该地区平均降水深约 1000mm，折合降水量 $1.2693 \times 10^{10} \text{m}^3$，比多年平均降水（1112mm）减少 20.9%，比上年增加 16.3%。

2）水资源承载力评价

如表 4.11 所示为 2012 年水资源承载能力和水资源超载状况。

表 4.11 2012 年水资源承载能力和水资源超载状况

	自然承载力	实际承载力	承载状态
人口承载力/万人	1872.12	704.87	超载
人口承载率/%	162.84	−1.03	−
工业发展承载力/亿元	2272.46	844.03	可承载
工业承载率/%	229.92	59.68	+
农业灌溉承载力/亿元	—	615.7	可承载
农业承载率/%		73.79	+
污水容纳量/万吨		78120	可承载
污水容纳率/%		59.01	+

注：超载是指对实际承载力的超载；"+"表示可承载，"−"表示超载

从表 4.11 可以看出，云应—天潜地区自然承载力明显高于实际承载力，这表明该地区水资源承载力的潜力很大。但是该地区水资源人口承载力处于超载状态，承载率为−1.03%，水资源对工业、农业和污水容纳量的承载状况较好，都存在承载盈余。

计算结果表明，云应—天潜地区水资源经济承载指数和人口承载指数都小于 1，说明该地区水资源对经济和人口规模的承载能力较强。但水资源所能承载的最大经济规模和最

大人口规模变化比较明显，波动较大。如图 4.21 和图 4.22 所示。

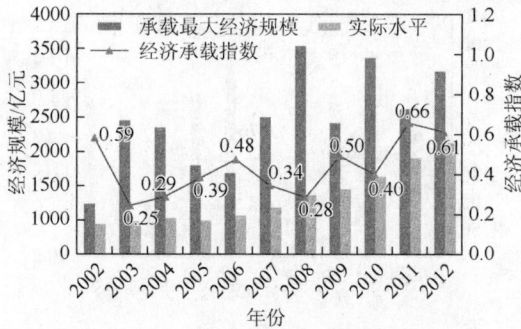

图 4.21　水资源经济承载指数比较

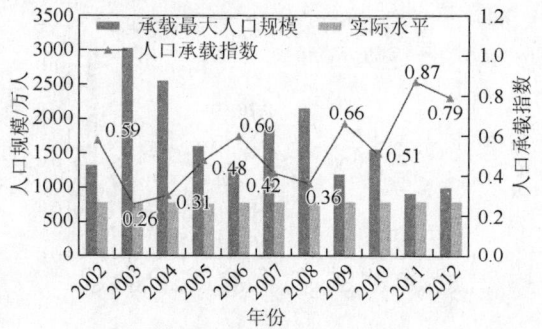

图 4.22　水资源人口承载指数比较

12. 湖南郴州—衡阳有色金属矿业经济区

1）基本情况

湖南郴州—衡阳位于湖南省东南部，地处南岭山脉与罗霄山脉交错、长江水系与珠江水系分流的地带，境内地貌复杂多样，山地丘陵面积约占总面积的近 3/4。该区域属大陆性气候，四季分明，春季降水量最大，占全年降水量的 37.3%。该区域属分属长江和珠江两大流域，三大水系，即赣江、湘江和北江，境内河流众多，呈放射状密布。

2012 年郴州—衡阳地区水资源年均降水量 1636.9mm，水资源总量 $5.71 \times 10^{10} m^3$，其中地表水资源量 $3.221 \times 10^{10} m^3$，地下水资源量 $8.102 \times 10^9 m^3$。总用水量 $5.718 \times 10^9 m^3$，其中工业用水量 $1.744 \times 10^9 m^3$，农业用水量 $3.245 \times 10^9 m^3$，人均综合用水量 $489 m^3$。

2）水资源承载力评价

如表 4.12 所示为湖南郴州—衡阳矿业经济区 2012 年水资源承载能力和水资源超载状况。

表 4.12　湖南郴州—衡阳矿业经济区 2012 年水资源承载能力和水资源超载状况

	自然承载力	实际承载力	承载状态
人口承载力/万人	1722.37	1168.13	超载
人口承载率/%	31.47	−10.83	−
工业发展承载力/亿元	2173.3	1041.19	超载
工业承载率/%	18.88	−43.05	−
农业灌溉承载力/亿元	—	654.23	可承载
农业承载率/%	—	36.33	+
污水容纳量/万吨	—	57100	可承载
污水容纳率/%	—	29.64	+

注：超载是指对实际承载力的超载；“+”表示可承载，“−”表示超载

由表 4.12 可知，2012 年湖南郴州—衡阳矿业经济区水资源人口和工业发展的实际承载力已经处于超载状态，农业灌溉承载力和污水承载力仍有盈余，说明该地区工业发展对水资源需求量较大，人均综合用水量指标过大。

湖南郴州—衡阳地区单位水量支撑的经济规模不断提高,说明水资源利用效率在不断增强。该地区水资源经济承载指数和人口承载指数都在 0.8 以上,并且在 2008 年之后开始上升,2010 年后经济和人口的实际水平超过所能承载的最大规模说明该地区水资源人口承载力在下降。如图 4.23 和图 4.24 所示。

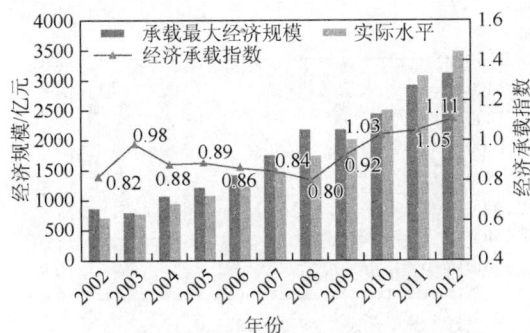

图 4.23　水资源经济承载指数比较

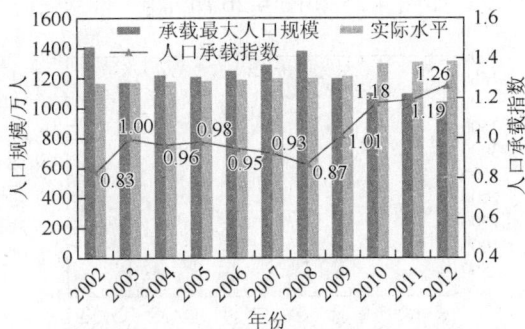

图 4.24　水资源人口承载指数比较

13. 江西赣西煤钨稀土矿业经济区

1) 基本情况

江西赣西煤钨稀土矿业经济区地理区位包括宜春、萍乡和新余市,地处亚热带湿润季风气候区,气候温和、雨量充沛。2012 年,赣西地区供水总量 $5.48 \times 10^9 \mathrm{m}^3$,占整个地区全年水资源总量的 16.06%,其中地表水源供水量 $52.7 \times 10^8 \mathrm{m}^3$,地下水源供水量 $2.1 \times 10^8 \mathrm{m}^3$。在地表水源供水量中,蓄水工程供水量占 36.85%,引水工程供水量占 16.86%,提水工程供水量占 46.29%。总用水量 $5.48 \times 10^9 \mathrm{m}^3$,其中农业灌溉用水量 $2.736 \times 10^9 \mathrm{m}^3$,工业用水量 $2.022 \times 10^9 \mathrm{m}^3$。

2) 水资源承载力评价

如表 4.13 所示为江西赣西矿业经济区 2012 年水资源承载能力和水资源超载状况。

表 4.13　江西赣西矿业经济区 2012 年水资源承载能力和水资源超载状况

	自然承载力	实际承载力	承载状态
人口承载力/万人	1118.23	905.29	可承载
人口承载率/%	26.21	2.17	+
工业发展承载力/亿元	3197.95	1179.97	超载
工业承载率/%	13.76	−138.22	−
农业灌溉承载力/亿元	—	556.09	可承载
农业承载率/%		82.92	+
污水容纳量/万吨	—	553990	可承载
污水容纳率/%		605.54	+

注:超载是指对实际承载力的超载;"+"表示可承载,"−"表示超载

由表 4.13 可知,江西赣西煤钨稀土矿业经济区水资源人口实际承载力略高于现状水平,盈余为 2.17%;对农业和污水的支撑能力较强,尤其是对污水容纳的承载力是目前排污量的 6.05 倍;而对工业发展的承载力已经处于超载状态,且超载现象较为严重,这主

要是因为工业发展对水资源需求量过大导致的。

计算结果表明：江西赣西煤钨稀土矿业经济区水资源经济承载指数变化明显，在 2011 年达到最大，表明该地区水资源对经济的承载能力不稳定；水资源人口承载指数的变化趋势和经济承载指数基本相同，也在 2011 年达到 2.11，表明该地区水资源人口承载力形势严峻。如图 4.25 和图 4.26 所示。

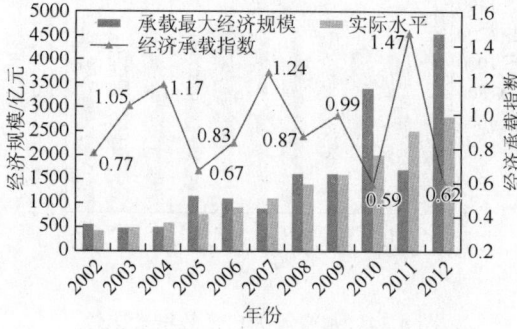

图 4.25　水资源经济承载指数比较

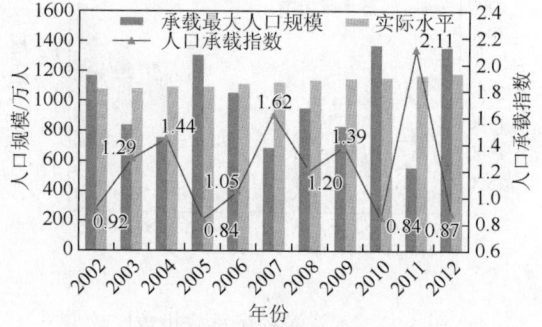

图 4.26　水资源人口承载指数比较

14. 山西太行山南段煤铁矿业经济区

1）基本情况

太行山南段位于山西东南部，该矿业经济区主要包括长治和晋城两个地区。2012 年该地区降水量 $1.4285\times10^{10}\mathrm{m^3}$，其中地表水资源量 $1.788\times10^9\mathrm{m^3}$，地下水资源量 $1.744\times10^9\mathrm{m^3}$。总用水量 $9.25\times10^8\mathrm{m^3}$，其中工业用水量 $3.43\times10^8\mathrm{m^3}$，农业用水量 $3.12\times10^8\mathrm{m^3}$，人均综合用水量 $183\mathrm{m^3}$。

2）水资源承载力评价

如表 4.14 所示为山西太行山南段矿业经济区 2012 年水资源承载能力和水资源超载状况。

表 4.14　山西太行山南段矿业经济区 2012 年水资源承载能力和水资源超载状况

	自然承载力	实际承载力	承载状态
人口承载力/万人	768.85	505.46	超载
人口承载率/%	38.71	−9.66	−
工业发展承载力/亿元	2759.09	779.54	超载
工业承载率/%	86.47	−89.8	−
农业灌溉承载力/亿元	—	157.97	可承载
农业承载率/%	—	64.17	+
污水容纳量/万吨	—	42850	超载
污水容纳率/%	—	−47.34	−

注：超载是指对实际承载力的超载；"+"表示可承载，"−"表示超载

由表 4.14 可知，山西太行山南段煤铁矿业经济区水资源承载力形势不容乐观，水资源人口、工业和对污水的承载力都已经处于超载状态，尤其是对工业发展的承载力，超载达到 89.8%，表明工业发展中万元 GDP 用水量较高；农业灌溉承载力目前仍在可承载的

范围内，农田灌溉亩均用水量较低。

2002～2012 年山西太行山南段矿业经济区单位水量支撑的经济规模在不断提高，说明水资源利用效率不断提高；2002～2010 年水资源承载的最大经济规模和人口规模都高于实际发展水平，2011 年之后低于实际发展水平，主要是近两年该区域水资源可利用量减少，人均生活用水量增加导致的。如图 4.27 和图 4.28 所示。

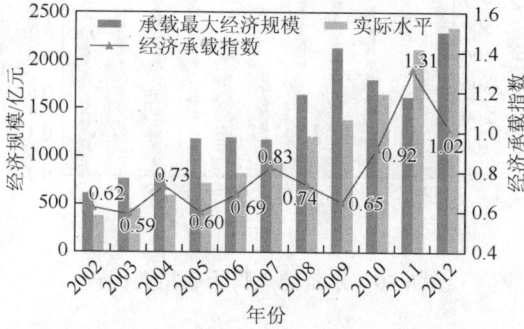

图 4.27 水资源经济承载指数比较

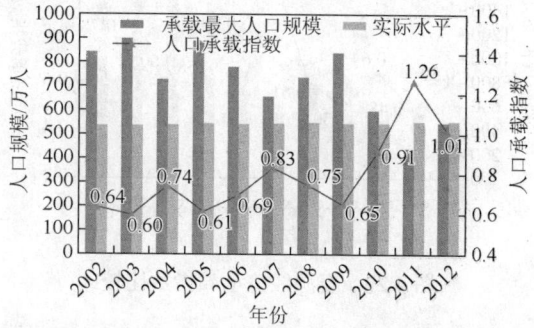

图 4.28 水资源人口承载指数比较

15. 陕西凤太铅锌金矿业经济区

1）基本情况

陕西凤太铅锌金矿业经济区主要宝鸡市凤县和太白县两个地区，位于陕西省西南部。2012 年该地区水资源总量 $3.861 \times 10^9 m^3$，其中地表水资源量 $3.495 \times 10^9 m^3$，地下水资源量 $1.713 \times 10^9 m^3$。总用水量 $7.13 \times 10^8 m^3$，其中工业用水量 $8.5 \times 10^7 m^3$，农业用水量 $3.94 \times 10^8 m^3$，人均综合用水量 $190.9 m^3$。

2）水资源承载力评价

如表 4.15 所示为陕西凤太铅锌金矿业经济区 2012 年水资源承载能力和水资源超载状况。

表 4.15 陕西凤太铅锌金矿业经济区 2012 年水资源承载能力和水资源超载状况

	自然承载力	实际承载力	承载状态
人口承载力/万人	555.78	373.49	超载
人口承载率/%	44.77	−2.78	—
工业发展承载力/亿元	1409.09	167.98	超载
工业承载率/%	88.91	−344.04	—
农业灌溉承载力/亿元	—	163.89	可承载
农业承载率/%		27.7	+
污水容纳量/万吨	—	83783.7	可承载
污水容纳率/%		570.84	+

注：超载是指对实际承载力的超载；"+"表示可承载，"−"表示超载

由表 4.15 可知，2012 年陕西凤太铅锌金矿业经济区水资源人口承载力和工业承载力已经处于超载状态，人口承载率为−2.78%，工业承载率为−344.04%，水资源工业承载力已经处于严重超载的状态；水资源对农业和污水的承载力都在可承载的状态，尤其是对污水承载力较强，盈余较大，表明该地区对污水的承载潜力较大。

结合表 4.15 和图 4.29、图 4.30 可知，陕西凤太铅锌金矿业经济区水资源经济承载指数和人口承载指数起伏较大，除 2007 年之外，均在 1 以下，说明该地区水资源所能承载的最大经济、人口规模都高于当前的实际水平，该地区水资源承载状况较好。

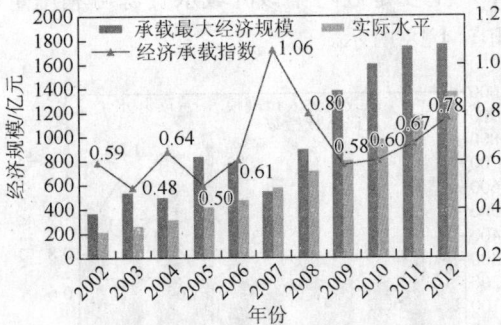
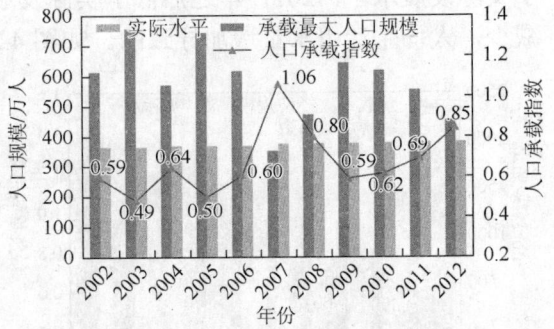

图 4.29　资源经济承载指数比较　　　　　图 4.30　水资源人口承载指数比较

16. 四川攀枝花钒钛矿业经济区

1）基本情况

攀枝花位于四川西南部、川滇交界处，属长江水系，河流多，境内有大小河流 95 条，分属金沙江水系、雅砻江水系，两江在此汇合。年过境径流量达 $1.102 \times 10^{11} \mathrm{m}^3$，流域控制面积较大的有安宁河、三源河、大河三大支流，其中流域面积大于 500 平方千米以上的 6 条，100～500 平方千米的 26 条，50～100 平方千米的 18 条，5～50 平方千米的小河流直接汇入金沙江、雅砻江的共 45 条。2012 年，攀枝花市年降水量 $1.047 \times 10^{10} \mathrm{m}^3$，地表水资源量 $5.43 \times 10^9 \mathrm{m}^3$，地下水资源量 $1.05 \times 10^9 \mathrm{m}^3$，人均水资源量 $4852.5 \mathrm{m}^3$。

2）水资源承载力评价

如表 4.16 所示为四川攀枝花钒钛矿业经济区 2012 年水资源承载能力和水资源超载状况。

表 4.16　四川攀枝花钒钛矿业经济区 2012 年水资源承载能力和水资源超载状况

	自然承载力	实际承载力	承载状态
人口承载力/万人	477.4	163.85	可承载
人口承载率/%	326.63	46.42	+
工业发展承载力/亿元	1014.18	477.3	超载
工业承载率/%	90.25	−10.46	−
农业灌溉承载力/亿元	—	19.71	超载
农业承载率/%	—	−23.51	−
污水容纳量/万吨	—	117831	可承载
污水容纳率/%	—	402.22	+

注：超载是指对实际承载力的超载；"+"表示可承载，"−"表示超载

由表 4.16 可知，2012 年四川攀枝花钒钛矿业经济区水资源工业承载力和农业承载力已经处于超载状态，人口承载率为−10.46%，工业承载率为−23.51%；水资源对人口和污

水的承载力都在可承载的状态，尤其是对污水承载力较强，盈余较大，表明该地区对污水的承载潜力较大。

结合表 4.16 和图 4.31、图 4.32 可知，四川攀枝花钒钛矿业经济区水资源经济承载指数和人口承载指数比较稳定，均低于 1，表明该地区水资源承载状况较好，水资源能较好满足经济发展和人口的需求。

图 4.31　水资源经济承载指数比较

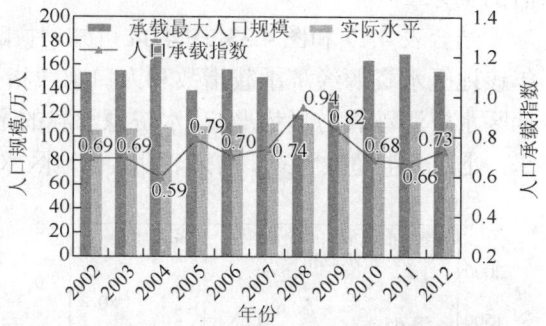

图 4.32　水资源人口承载指数比较

4.2.2　衰退型矿业经济区

1. 甘肃兰州—白银煤炭铜矿业经济区

1）基本情况

兰州—白银煤炭铜矿业经济区位于黄河上游甘肃省中部地带，地势由东南向西北倾斜，气候类型为中温带半干旱区向干旱区的过渡地带，年降雨量 180～450mm，多集中在 7～9 月，占全年降水量的 60% 以上。2012 年该地区年降水量 $7.788 \times 10^9 m^3$，地表水资源量 $2.4 \times 10^8 m^3$，地下水资源量 $1.85 \times 10^8 m^3$，水资源总量 $4.3 \times 10^8 m^3$。总用水量 $2.528 \times 10^9 m^3$，其中工业用水量 $8.23 \times 10^8 m^3$，农业用水量 $1.345 \times 10^9 m^3$。

2）水资源承载力评价

如表 4.17 所示为甘肃兰州—白银矿业经济区 2012 年水资源承载能力和水资源超载状况。

表 4.17　甘肃兰州—白银矿业经济区 2012 年水资源承载能力和水资源超载状况

	自然承载力	实际承载力	承载状态
人口承载力/万人	212.21	659.19	可承载
人口承载率/%	−152.09	23.22	+
工业发展承载力/亿元	345.71	470.28	超载
工业承载率/%	−124.17	−64.79	−
农业灌溉承载力/亿元	—	234.73	可承载
农业承载率/%	—	152.04	+
污水容纳量/万吨	—	9331	超载
污水容纳率/%	—	−141.14	

注：超载是指对实际承载力的超载；"+"表示可承载，"−"表示超载

由表 4.17 可知 2012 年甘肃兰州—白银煤炭铜矿业经济区水资源工业承载力和污水容纳量已经处于超载状态，人口承载率为 –64.79%，工业承载率为 –141.14%，但该地区人口和工业的自然承载力均低于实际承载力，说明该地区水资源总量远远低于实际用水量，水资源短缺现象严重；在当前的用水水平下，水资源对人口和农业的承载力都在可承载的状态，表明该地区要加大水资源补给量来满足当地工农业和生活的需求。

结合表 4.17 和图 4.33、图 4.34 可知，甘肃兰州—白银煤炭铜矿业经济区从 2002～2012 年该地区水资源经济承载指数和人口承载指数一直在 1.3 以上（除个别年份外），表明该地区水资源承载力形势严峻，水资源承载的最大经济规模和人口规模均低于当前的实际水平，处于严重超载状态。结果表明，该地区水资源短缺严重，制约了当地社会经济的发展。

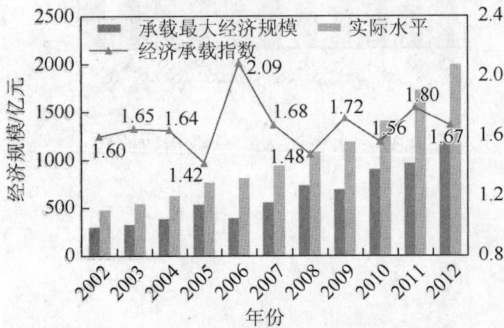

图 4.33　水资源经济承载指数比较　　　　图 4.34　水资源人口承载指数比较

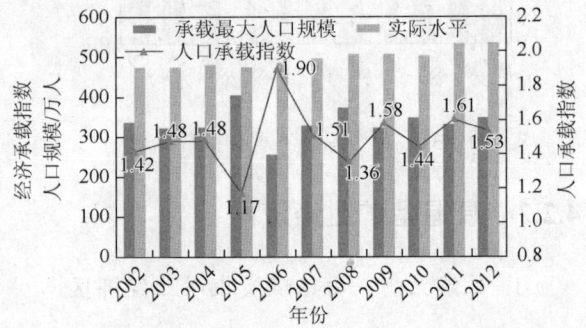

2. 广东粤北韶关铁铜多金属矿业经济区

1）基本情况

广东粤北韶关铁铜多金属矿业经济区地处广东省北部，南岭山脉南部，以山地丘陵为主，河谷盆地分布其中，平原、台地面积约占 20%。属中亚热带湿润型季风气候区，气候宜人。全市有集雨面积 100 平方公里以上的河流 62 条，其中 1000 平方公里以上的河流 8 条。多年平均年径流深 945mm，多年平均年径流总量约为 $1.76 \times 10^{10} \mathrm{m}^3$，过境水量 $2.85 \times 10^9 \mathrm{m}^3$。2012 年韶关市年降水量 $3.8878 \times 10^{10} \mathrm{m}^3$，地表水资源量 $2.2681 \times 10^{10} \mathrm{m}^3$，地下水资源量 $5.408 \times 10^9 \mathrm{m}^3$。

2）水资源承载力评价

结合粤北韶关地区水资源的实际情况，可计算出粤北韶关铁铜多金属矿业经济区 2012 年水资源对人口、工业、农业和污水容纳的承载能力，具体结果见表 4.18。

表 4.18　粤北韶关铁铜多金属矿业经济区 2012 年水资源承载能力和水资源超载状况

	自然承载力	实际承载力	承载状态
人口承载力/万人	747.99	285.89	超载
人口承载率/%	129.09	–14.2	—
工业发展承载力/亿元	887.12	302.15	超载
工业承载率/%	133.73	–25.61	—

	自然承载力	实际承载力	承载状态
农业灌溉承载力/亿元	—	206.35	可承载
农业承载率/%	—	67.64	+
污水容纳量/万吨	—	49217.7	可承载
污水容纳率/%	—	41.83	+

注：超载是指对实际承载力的超载；"+"表示可承载，"–"表示超载

2012 年粤北韶关地区水资源人口承载力和工业承载力已经处于超载状态，人口承载率为–14.2%，工业承载率为–25.61%，水资源对农业和污水的承载力都在可承载的状态，表明该地区人口和工业发展对水资源的需求量较大。

计算结果表明，粤北韶关铁铜多金属矿业经济区水资源承载的最大经济规模和人口规模均高于当前的实际水平，表明该地区承载状况较好，水资源利用空间较大，应加大开发当地的水资源，加强水资源管理。如图 4.35 和图 4.36 所示。

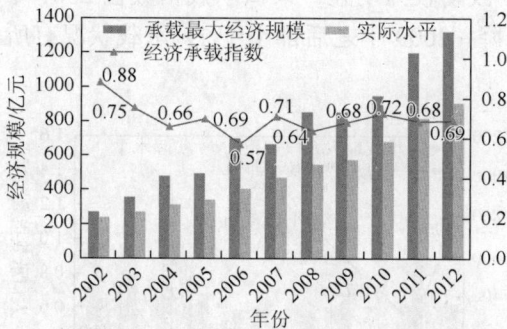

图 4.35　水资源经济承载指数比较

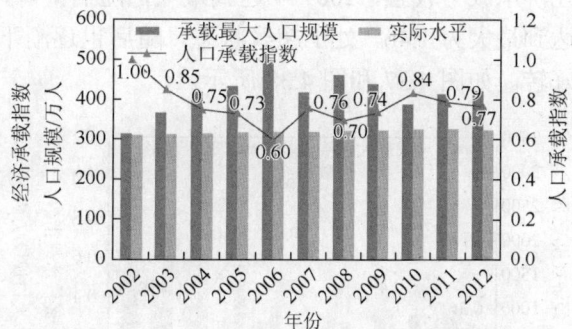

图 4.36　水资源人口承载指数比较

3. 湖北鄂州—黄石铁铜金矿业经济区

1）基本情况

鄂州—黄石地区地处长江中下游，属于亚热带湿润性季风气候，夏季湿热，冬季寒冷，降水量充沛，多年平均降水量为 $4.008×10^9m^3$。该区域境内湖泊众多，江河纵横，境内有河港 150 多条，湖泊 200 多处，大小水库千余座，地下水资源储量也极为丰富。2012 年该地区平均降水深 147.8mm，折合降水量 $6.710×10^9m^3$，比上年增加 22.1%。降水量在空间分布上由西南向东北递减，降水较大区域主要集中在富水流域上游，变化量在 1200～1800mm。2012 年鄂州—黄石地区总人口为 349.42 万人，水资源总量为 $4.787×10^9m^3$，总供水量为 $2.395×10^9m^3$，供水能力系数为 0.5，人均综合用水量为 630m³。总用水量为 $2.395×10^9m^3$，其中工业用水量为 $1.526×10^9m^3$，农业用水量为 $6.47×10^8m^3$。

2）水资源承载力评价

如表 4.19 所示为鄂州—黄石地区 2012 年水资源承载能力和水资源超载状况。

由表 4.19 可知，2012 年鄂州—黄石地区水资源对人口、工业和污水容纳的承载力仍处在可承载的状态，但是人口承载力和工业发展承载力与实际水平相差较小，污水容纳量的实际承载力则高于实际排放水平。

表 4.19　鄂州—黄石地区 2012 年水资源承载能力和水资源超载状况

	自然承载力	实际承载力	承载状态
人口承载力/万人	759.84	379.92	可承载
人口承载率/%	117.45	8.72	+
工业发展承载力/亿元	1580.85	1007.26	可承载
工业承载率/%	61.07	2.63	+
农业灌溉承载力/亿元	—	145.72	超载
农业承载率/%	—	−6.06	−
污水容纳量/万吨	—	103877.9	可承载
污水容纳率/%	—	218.06	+

注：超载是指对实际承载力的超载；"+"表示可承载，"−"表示超载

　　鄂州—黄石地区单位水量支撑的经济规模在不断提高,水资源所能承载的最大经济规模和最大人口规模变化比较明显。该地区经济承载指数全都小于 1,说明该地区水资源对经济承载力较强,2007 年达到最大,随后下降,波动较为明显;人口承载指数在 2007 年达到最大为 1.46,处于超载状态,随后也逐渐下降,2009 年之后都小于 1,承载状况有所好转。如图 4.37 和图 4.38 所示。

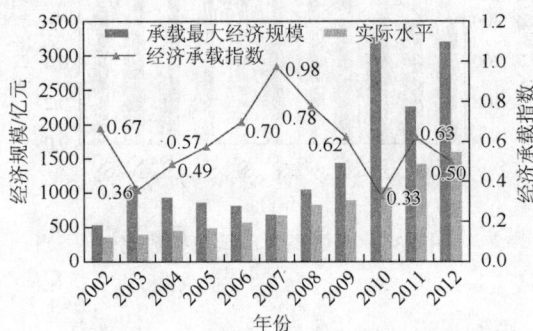

图 4.37　水资源经济承载指数比较

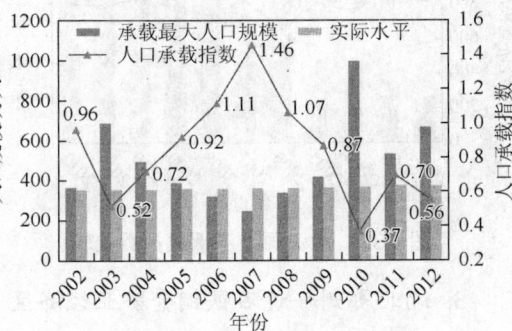

图 4.38　水资源人口承载指数比较

4. 山东烟台贵金属矿业经济区

1）基本情况

　　山东烟台贵金属矿业经济区地处山东半岛东北部,东连威海,南邻青岛,西接潍坊,北濒渤海、黄海。主要河流以绵亘东西的昆嵛山、牙山、艾山、罗山、大泽山所形成的"胶东屋脊"为分水岭,南北分流入海。向南流入黄海的有五龙河、大沽河;向北流入黄海的有大沽夹河和辛安河;流入渤海的有黄水河、界河和王河。2012 年,烟台市年降水量 $8.763 \times 10^9 m^3$,地表水资源量 $2.13 \times 10^9 m^3$,地下水资源量 $1.315 \times 10^9 m^3$,水资源总量 $2.557 \times 10^9 m^3$。总用水量 $9.55 \times 10^8 m^3$,其中工业用水量 $1.24 \times 10^8 m^3$,农业用水量 $6.44 \times 10^8 m^3$。

2）水资源承载力评价

　　如表 4.20 所示为山东烟台贵金属矿业经济区 2012 年水资源承载能力和水资源超载状况。

　　由表 4.20 可知,2012 年山东烟台地区水资源对人口、工业和农业的承载力都已处在超载的状态,尤其是工业承载率为−280.46%,表明水资源对工业的支撑已经严重超过其

实际水平；污水容纳量的承载力仍然在可承载的范围。

表 4.20　山东烟台贵金属矿业经济区 2012 年水资源承载能力和水资源超载状况

	自然承载力	实际承载力	承载状态
人口承载力/万人	830.19	310.06	超载
人口承载率/%	18.88	−125.21	−
工业发展承载力/亿元	1905.68	784.3	超载
工业承载率/%	−56.58	−280.46	−
农业灌溉承载力/亿元	—	287.5	超载
农业承载率/%	—	−32.26	−
污水容纳量/万吨	—	55486.9	可承载
污水容纳率/%	—	73.02	+

注：超载是指对实际承载力的超载；"+"表示可承载，"−"表示超载

　　如图 4.39 和图 4.40 所示，山东烟台地区单位水量支撑的经济规模不断提高，说明水资源利用效率在不断增强，且单位水资源利用效率保持较高水平；水资源经济承载指数变化明显，从 2007 年开始，水资源经济承载指数和人口指数开始提高，2008 年之后大于 1，表明 2008 年之后该地区水资源承载力开始下降。

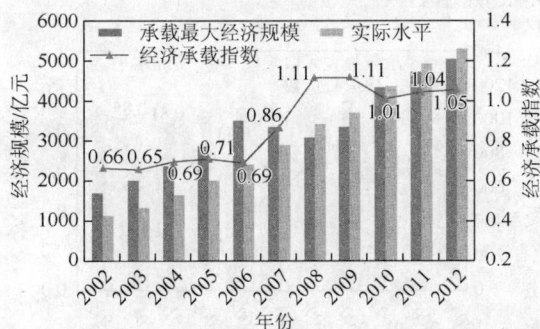

图 4.39　水资源经济承载指数比较　　　　图 4.40　水资源人口承载指数比较

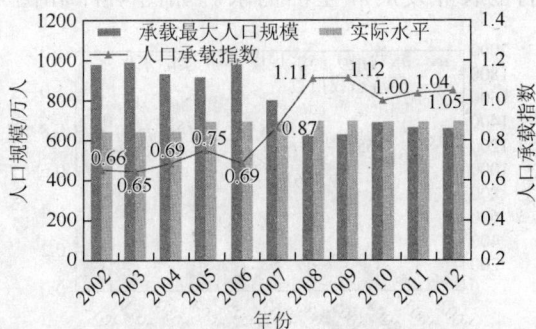

5. 云南个旧—文山多金属矿业经济区

1）基本情况

　　云南个旧—文山多金属矿业经济区位于云南省东南部的红河哈尼族彝族自治州和文山壮族苗族自治州境内，地势西北高、东南低，山区和半山区占土地面积的 97%。2012 年该地区年降水量 $3.231×10^{10}m^3$，地表水资源量 $2.9057×10^{10}m^3$，地下水资源量 $4.657×10^9m^3$。总用水量 $2.41×10^9m^3$，其中工农业用水量 $2.87×10^8m^3$，农业用水量 $1.846×10^9m^3$，人均综合用水量 $528.4m^3$。

2）水资源承载力评价

　　结合云南个旧—文山多金属矿业经济区的实际情况，可以测算出该区域 2012 年水资源对人口的自然承载力和实际承载力，水资源对工业、农业的承载能力，以及水资源的污水容纳量。计算结果见表 4.21。

表 4.21　云南个旧—文山多金属矿业经济区 2012 年水资源承载能力和水资源超载状况

	自然承载力	实际承载力	承载状态
人口承载力/万人	1076.26	456.09	超载
人口承载率/%	32.51	−78.07	−
工业发展承载力/亿元	1442.55	372.89	超载
工业承载率/%	164.41	−46.3	−
农业灌溉承载力/亿元	—	525.9	可承载
农业承载率/%	—	94.41	+
污水容纳量/万吨	—	290129	可承载
污水容纳率/%	—	254.05	+

注：超载是指对实际承载力的超载；"+"表示可承载，"−"表示超载

2012 年云南个旧—文山地区水资源对人口、工业的承载力都已处于超载的状态，人口承载率为−78.07%，工业承载率为−46.3%，表明水资源对人口和工业的支持已经严重超过其实际水平，人口和工业需水量过大；水资源对农业和污水容纳量的承载力仍然在可承载的范围，能较好地满足农业需水量。

结果表明：云南个旧—文山地区 2002～2012 年水资源经济承载指数和人口承载指数都小于 1，表明该地区水资源对经济和人口的承载状况较好，能较好地满足该地区的工农业发展和生活需求。如图 4.41 和图 4.42 所示。

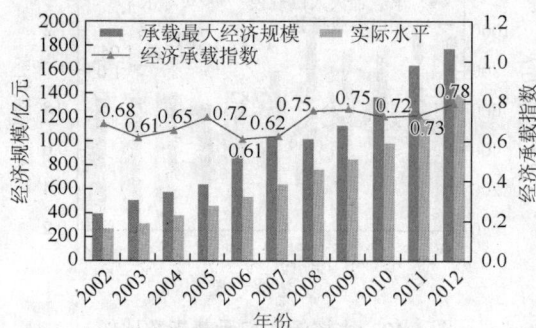

图 4.41　水资源经济承载指数比较

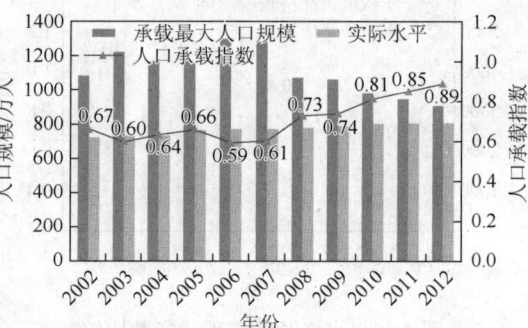

图 4.42　水资源人口承载指数比较

4.2.3　再生型矿业经济区

1. 安徽马鞍山钢铁矿业经济区

1）基本情况

马鞍山位于安徽省东部，长江下游南岸，是中国十大钢铁基地之一。长江流经市区西部，平均年过境径流量高达 9794 亿立方米，境内长江水面达 21 平方公里左右。其他河流、湖泊、水库总面积约 19 平方公里，其中湖泊面积 1.51 平方公里，池塘面积 11.67 平方公里，河流水面积 5.7 平方公里。地下水资源丰富，其流速约 0.525 厘米/昼夜，流量为 0.22 立方米/昼夜。2012 年，安徽马鞍山市年降水量 $4.077×10^9 m^3$，地表水资源量 $1.47×10^9 m^3$，地下水资源量 $3.79×10^8 m^3$，人均水资源量 $727.5 m^3$。

2) 水资源承载力评价

如表 4.22 所示为马鞍山钢铁矿业经济区 2012 年水资源承载能力和水资源超载状况。

表 4.22 马鞍山钢铁矿业经济区 2012 年水资源承载能力和水资源超载状况

	自然承载力	实际承载力	承载状态
人口承载力/万人	467.81	345.49	可承载
人口承载率/%	113.12	57.4	+
工业发展承载力/亿元	1645.35	1075.4	可承载
工业承载率/%	120.74	44.28	+
农业灌溉承载力/亿元	—	206.28	可承载
农业承载率/%	—	180.8	+
污水容纳量/万吨	—	88470.9	可承载
污水容纳率/%	—	305.83	+

注：超载是指对实际承载力的超载；"+"表示可承载，"−"表示超载

由表 4.22 可知，2012 年安徽马鞍山市水资源对人口、工业、农业和污水容纳量都在可承载的范围，表明该地区水资源承载状况比较好，水资源能较好地满足工农业和人口的需求，这与该地区水资源量丰富、水资源利用效率高有关，表明该地区对水资源的承载潜力较大。

结果表明：安徽马鞍山地区 2002~2012 年水资源经济承载指数和人口承载指数变化趋势基本相同，但波动较大，2009 和 2010 年承载力指数最大，随后下降，表明该地区水资源对经济和人口的承载状况极不稳定，但潜力较大。如图 4.43 和图 4.44 所示。

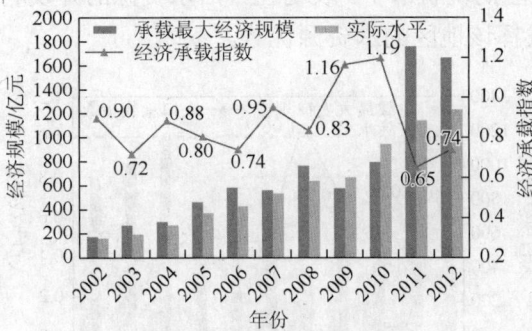

图 4.43 水资源经济承载指数比较

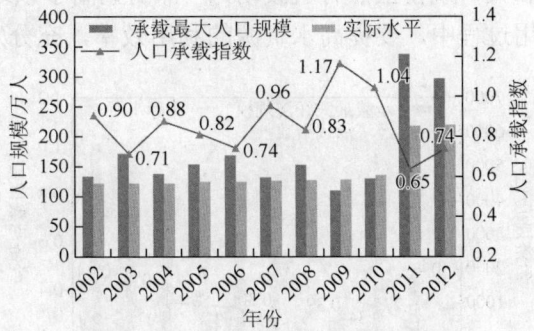

图 4.44 水资源人口承载指数比较

2. 湖北宜昌磷矿业经济区

1) 基本情况

宜昌地处鄂西山区与江汉平原交汇过渡地带，属于亚热带季风性湿润气候，四季分明，水热同季，多年平均降水量 1215.6mm。宜昌境内水系均属长江流域，可分为长江上游干流水系、长江中游水系以及清江水系、洞庭湖水系和澧水水系五大水系。除长江、清江干流外，集雨面积在 30 平方公里以上的境内河流有 164 条，占境内集雨面积的 91.5%。河流总长 5089 公里，河网密度 0.24 公里/平方公里。集雨面积大于 300 平方公里的一级支流

14 条，其中大于 1000 平方公里的有 4 条（沮漳河、黄柏河、香溪河、渔洋河）。

2）水资源承载力评价

如表 4.23 所示为宜昌地区 2012 年水资源承载能力和水资源超载状况。

从表 4.23 可以看出，宜昌磷矿业经济区水资源人口承载力已处于临界状态，工业和农业承载率也处于超载状态，承载率分别为−47.41%和−12.35%，污水容纳量的承载空间较大。这说明，宜昌矿业经济区水资源承载力总体形势严峻，已经处于下降阶段。

表 4.23　宜昌地区 2012 年水资源承载能力和水资源超载状况

	自然承载力	实际承载力	承载状态
人口承载力/万人	2259.41	408.31	临界状态
人口承载率/%	452.65	−0.12	—
工业发展承载力/亿元	2492.54	1319.4	超载
工业承载率/%	0.65	−47.41	—
农业灌溉承载力/亿元	—	143.35	超载
农业承载率/%	—	−12.35	—
污水容纳量/万吨	—	223500	可承载
污水容纳率/%	—	573.76	+

注：超载是指对实际承载力的超载；"+"表示可承载，"−"表示超载

如图 4.45 和图 4.46 所示，宜昌磷矿业经济区水资源承载潜力较大，尤其是水资源经济承载潜力大，水资源经济承载指数优于人口承载指数。水资源能够承载的最大经济规模和人口规模虽然有所波动，但都明显高于该地区的现状水平。表明在今后水资源的开发利用过程中，要提高水资源的利用效率，充分发挥该地区的水资源优势。

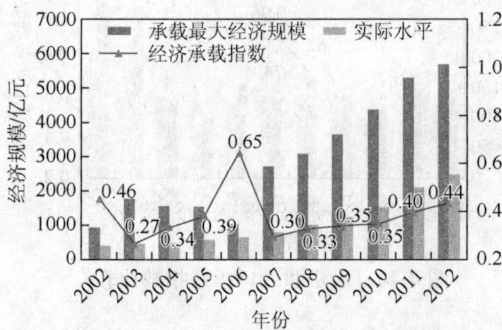

图 4.45　水资源经济承载指数比较　　图 4.46　水资源人口承载指数比较

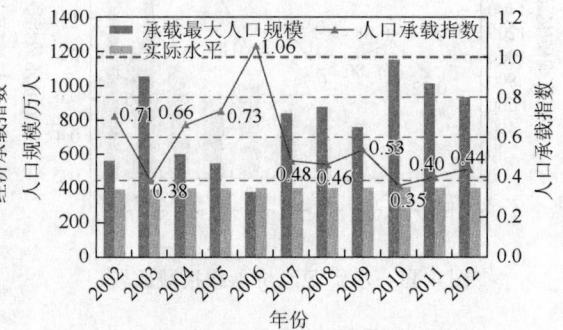

3. 江苏徐州煤炭矿业经济区

1）基本情况

徐州地处苏、鲁、豫、皖四省接壤地区，长江三角洲北翼，以平原为主，地势由西北向东南降低，属暖温带半湿润季风气候，四季分明，降水充沛，年均气温 14℃，年均降水量 800～930mm，雨季降水量占全年的 56%。2012 年，江苏徐州市年降水量

$7.591×10^9\text{m}^3$，地表水资源量 $1.446×10^9\text{m}^3$，地下水资源量 $1.988×10^9\text{m}^3$，人均水资源量 339.5m^3。总用水量 $43.2×10^8\text{m}^3$，其中工业用水量 $3.78×10^8\text{m}^3$，农业用水量 $3.51×10^9\text{m}^3$。

2）水资源承载力评价

如表 4.24 所示为徐州煤炭矿业经济区 2012 年水资源承载能力和水资源超载状况。

表 4.24　徐州煤炭矿业经济区 2012 年水资源承载能力和水资源超载状况

	自然承载力	实际承载力	承载状态
人口承载力/万人	1014.08	789.43	超载
人口承载率/%	2.38	−25.47	−
工业发展承载力/亿元	2320.1	697.89	超载
工业承载率/%	17.86	−182.06	−
农业灌溉承载力/亿元	—	966.9	可承载
农业承载率/%	—	152.87	+
污水容纳量/万吨	—	164724.7	可承载
污水容纳率/%	—	232.53	+

注：超载是指对实际承载力的超载；"+"表示可承载，"−"表示超载

从表 4.24 可以看出，徐州煤炭矿业经济区水资源对人口和工业已经处于超载状态，承载率分别为−25.47%和−182.06%，水资源对农业和污水容纳量的承载空间较大。这说明，徐州煤炭矿业经济区人口和工业水资源需求量较大，导致其水资源承载力下降。水环境状况较好，承载空间较大。

结果表明：江苏徐州地区从 2005 年开始，水资源经济承载指数和人口承载指数在不断提高，2008 年之后承载指数大于 1，说明该地区水资源承载力在不断下降，水资源不能满足正常的生产和生活需要。如图 4.47 和图 4.48 所示。

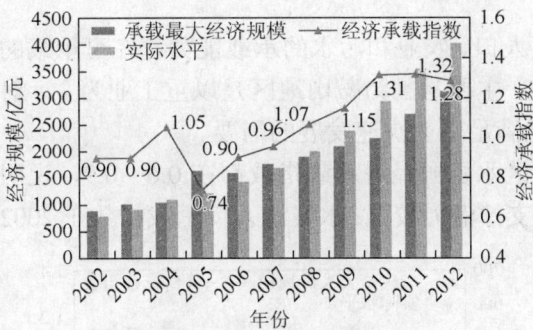

图 4.47　水资源经济承载指数比较　　　　　　图 4.48　水资源人口承载指数比较

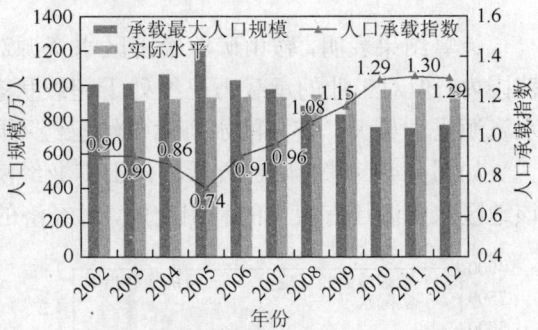

4．辽宁鞍山铁矿业经济区

1）基本情况

辽宁鞍山矿业经济区地处中纬度的松辽平原的东南部边缘，境内水资源总量为 $4.248×10^9\text{m}^3$。其中，地表水 $2.701×10^9\text{m}^3$，占水资源总量的 63.6%；地下水 $1.547×10^9\text{m}^3$，占水资源总量的 36.4%。可利用的水资源量为 $1.524×10^9\text{m}^3$，占水资源总量的 36%。

其中，地表水为 $2.11\times10^8\mathrm{m}^3$，占地表水资源总量的 8%；地下水为 $1.313\times10^9\mathrm{m}^3$，占地下水资源总量的 85%。目前鞍山城市水源地地下水已严重超采，形成了较大面积的超采区，地表水体污染和因矿山开采引起的水土流失问题也十分严重，加剧了水资源的短缺，导致鞍山市资源型、水质型、工程型缺水并存，水资源供需矛盾日益突出，水资源供给不足已成为制约鞍山老工业基地调整、改造、振兴和社会进步的主要"瓶颈"。

2）水资源承载力评价

2012 年鞍山市总人口 350.4 万人，水资源总量 $6.13\times10^9\mathrm{m}^3$，总供水量 $1.245\times10^9\mathrm{m}^3$，供水能力系数为 0.2。工业用水量为 $3.62\times10^8\mathrm{m}^3$，农业用水量 $5.87\times10^8\mathrm{m}^3$，人均综合用水量 $285\mathrm{m}^3$。根据水资源承载力的内涵，可计算出鞍山矿业经济区 2012 年水资源人口、工业和农业承载力，并与现状水平进行对比，从而可得出该地区水资源的承载状态。如表 4.25 所示。

表 4.25　鞍山矿业经济区 2012 年水资源承载能力和水资源超载状况

	自然承载力	实际承载力	承载状态
人口承载力/万人	748.42	436.84	可承载
人口承载率/%	113.59	24.66	+
工业发展承载力/亿元	3178.95	1905.26	超载
工业承载率/%	30.85	−27.51	−
农业灌溉承载力/亿元		316.61	可承载
农业承载率/%		154.55	+
污水容纳量/万吨		61300	可承载
污水容纳率/%		73.84	+

注：超载是指对实际承载力的超载；"+"表示可承载，"−"表示超载

计算结果表明，鞍山矿业经济区水资源对人口、农业和污水的承载能力都在可承载的范围内，但对工业的承载力已经处于超载状态，主要是因为鞍山地区是以重工业为主，对水资源需求量大，有限的水资源供给已经不能满足工业快速发展的需要。

如图 4.49 和图 4.50 所示，鞍山矿业经济区水资源经济承载指数都在 0.6～0.9，说明该地区水资源还有很大的利用空间，对经济的支撑潜力较强；水资源人口承载指数在 2002

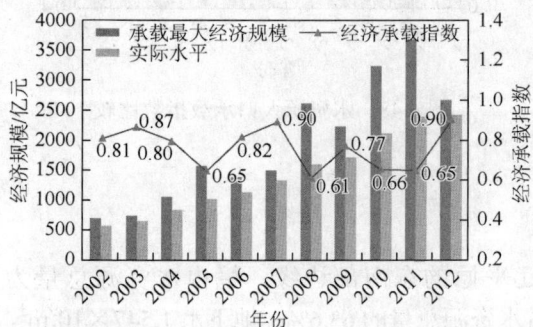

图 4.49　水资源经济承载指数比较

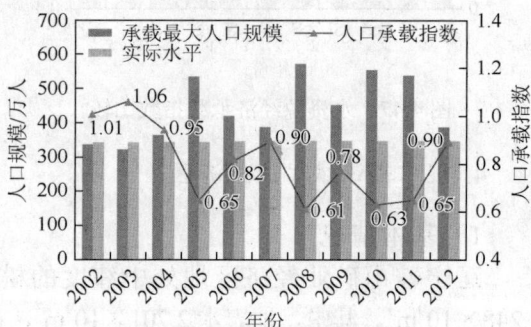

图 4.50　水资源人口承载指数比较

年和 2003 年大于 1，随后下降到 1 以下，这说明随着水资源利用效率不断提高，对人口的承载能力也在增强。

5. 内蒙古包头稀土黑色金属矿业经济区

1）基本情况

包头稀土黑色金属矿业经济区属于内蒙古包头市。属于半干旱温带大陆性季风气候，气温适宜，年均气温 8.5℃。充足的水资源是包头经济赖以发展的重要条件。黄河流经包头境内 214 公里，年平均径流量为 $2.6×10^{10}m^3$，是包头地区工农业生产和人民生活的主要水源。此外，艾不盖河、哈德门沟、昆都仑河、五当沟、水涧沟、美岱沟等河流，水流量可观，也是可以利用的重要水资源。2012 年该地区降水量为 $8.997×10^9m^3$，地表水资源量 $1.76×10^8m^3$，地下水资源量 $8.18×10^8m^3$，水资源总量 $8.96×10^8m^3$。

2）水资源承载力评价

2012 年该地区总用水量 $1.037×10^9m^3$，其中工业用水量 $2.91×10^8m^3$，农业用水量 $5.29×10^8m^3$。根据水资源承载力的内涵，可计算出内蒙古包头稀土黑色金属矿业经济区 2012 年水资源人口、工业和农业承载力，并与现状水平进行对比，从而可得出该地区水资源的承载状态。如表 4.26 所示。图 4.51 和图 4.52 分别为该地区的水资源经济承载指数比较和水资源人口承载指数比较。

表 4.26　包头稀土黑色金属矿业经济区 2012 年水资源承载能力和水资源超载状况

	自然承载力	实际承载力	承载状态
人口承载力/万人	212.82	246.31	超载
人口承载率/%	−22.08	−9.89	−
工业发展承载力/亿元	2800	909.37	超载
工业承载率/%	46.74	−39.02	−
农业灌溉承载力/亿元	—	186.92	可承载
农业承载率/%	—	51.98	+
污水容纳量/万吨	—	19443.2	可承载
污水容纳率/%	—	126.53	+

注：超载是指对实际承载力的超载；"+"表示可承载，"−"表示超载

计算结果表明，包头稀土黑色金属矿业经济区水资源对人口和工业已经处于超载状态，主要是因为该地区是以重工业为主，矿产资源开发对水资源需求量大，有限的水资源供给已经不能满足工业快速发展的需要；水资源对农业和污水容纳量仍在可承载的范围。

如图 4.51 和图 4.52 所示，包头稀土黑色金属矿业经济区水资源经济承载指数和人口承载指数变化趋势基本相同。2002～2007 年，水资源承载指数不断提高。自 2007 年开始在 1.1～1.6 范围波动，说明该地区水资源形势不容乐观，水资源承载的最大经济规模和人口规模均低于当前实际水平，处于超载状态，制约了当地的经济发展。

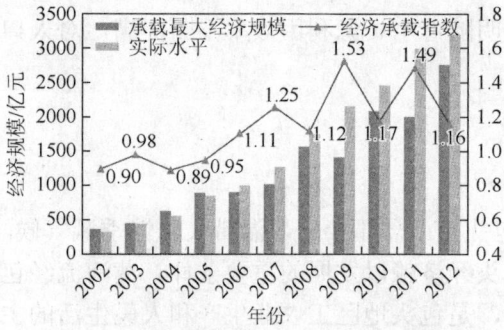

图 4.51　水资源经济承载指数比较

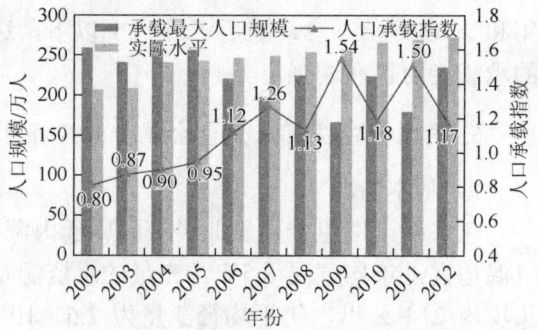

图 4.52　水资源人口承载指数比较

6. 宁夏银川煤炭矿业经济区

1）基本情况

银川地处中国西北地区宁夏平原中部，西倚贺兰山、东临黄河，是发展中的区域性中心城市，地形分为山地和平原两大部分。西部、南部较高，北部、东部较低，略呈西南—东北方向倾斜。属中温带大陆性气候，四季分明，雨雪稀少，年平均降水量 200mm。2012 年，宁夏银川市年降水量 $2.156 \times 10^9 m^3$，地表水资源量 $1.227 \times 10^8 m^3$，地下水资源量 $7.39 \times 10^8 m^3$，人均水资源量 $122.07 m^3$。

2）水资源承载力评价

如表 4.27 所示为宁夏银川煤炭矿业经济区 2012 年水资源承载能力和水资源超载状况。

表 4.27　宁夏银川煤炭矿业经济区 2012 年水资源承载能力和水资源超载状况

	自然承载力	实际承载力	承载状态
人口承载力/万人	87.31	204.66	可承载
人口承载率/%	−91.5	22.4	+
工业发展承载力/亿元	1138.2	203.25	超载
工业承载率/%	83.85	−204.59	−
农业灌溉承载力/亿元	—	224.42	可承载
农业承载率/%	—	340.21	+
污水容纳量/万吨	—	46800.39	可承载
污水容纳率/%	—	116.98	+

注：超载是指对实际承载力的超载；"+"表示可承载，"−"表示超载

由表 4.27 可知，2012 年该地区水资源对人口和工业的自然承载力均低于实际承载力，说明该地区水资源总量远远低于实际用水量，主要靠跨区域调水来满足生产和生活需要，但是工业承载仍然超载，农业灌溉的承载状况较好，污水容纳量也在可承载的范围内。

银川地区从 2002～2012 年该地区水资源经济承载指数和人口承载指数都大于 1，水资源支撑的最大经济规模和人口规模都低于实际发展水平，表明水资源已经超出了实际承载的范围，水资源利用形势严峻，这主要与该地区水资源短缺有较大关系。如图 4.53 和图 4.54 所示。

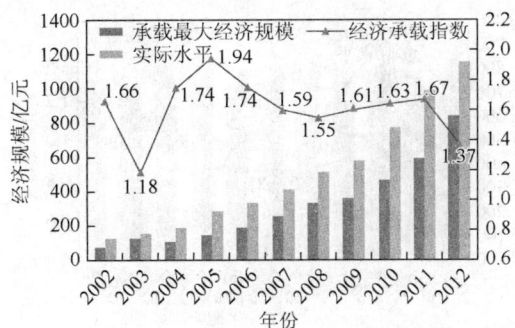

图 4.53   水资源经济承载指数比较

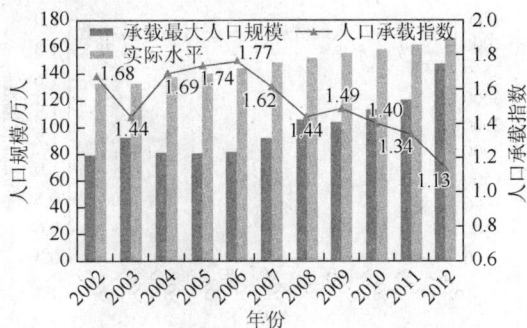

图 4.54   水资源人口承载指数比较

7. 云南昆明—玉溪铁磷矿业经济区

1）基本情况

云南昆明—玉溪矿业经济区地处云贵高原中部，以湖盆岩溶高原地貌形态为主，红色山原地貌次之。大部分地区海拔在 1500～2800m 之间。属亚热带-高原山地季风气候，受印度洋西南暖湿气流的影响，气候温和，年降水量 1035mm，具有典型的温带气候特点。2012 年昆明—玉溪地区平均降水量 784mm，折合降水量 $6.264×10^9m^3$，总用水量 $1.943×10^9m^3$，其中工业用水量 $4.56×10^8m^3$，农业用水量 $1.314×10^9m^3$，人均综合用水量 $366m^3$。

2）水资源承载力评价

如表 4.28 所示为云南昆明—玉溪矿业经济区 2012 年水资源承载能力和水资源超载状况。

表 4.28   云南昆明—玉溪矿业经济区 2012 年水资源承载能力和水资源超载状况

	自然承载力	实际承载力	承载状态
人口承载力/万人	1131.42	627.32	超载
人口承载率/%	49.34	−17.2	−
工业发展承载力/亿元	1799.15	1370.58	超载
工业承载率/%	−10.15	−31.55	−
农业灌溉承载力/亿元	—	337.35	可承载
农业承载率/%		31.41	+
污水容纳量/万吨	—	130970	可承载
污水容纳率/%		167.52	+

注：超载是指对实际承载力的超载；"+"表示可承载，"−"表示超载

由表 4.28 可知，昆明—玉溪地区水资源人口承载力和工业发展承载能力已经超出了实际能够承载的范围，处在超载状态；农业灌溉承载力和污水容纳量对农业和污水的承载能力较强仍在可承载的范围。

由图 4.55 和图 4.56 所示，云南昆明—玉溪地区 2008 年之前，水资源承载的最大经济规模高于实际发展水平，2008～2012 年，水资源承载的最大经济规模开始下降，低于实际水平，说明水资源对工业发展承载力在下降；水资源支撑的最大人口规模在近两年出现下滑，低于该地区实际人口数量，表明水资源人口承载力也在下降。

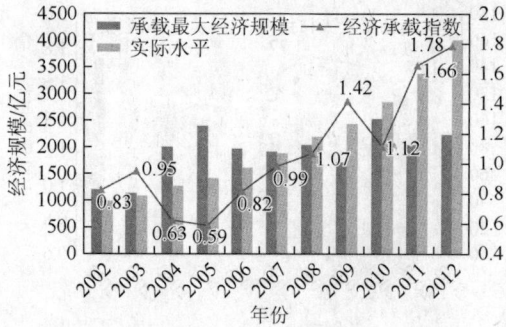

图 4.55　水资源经济承载指数比较

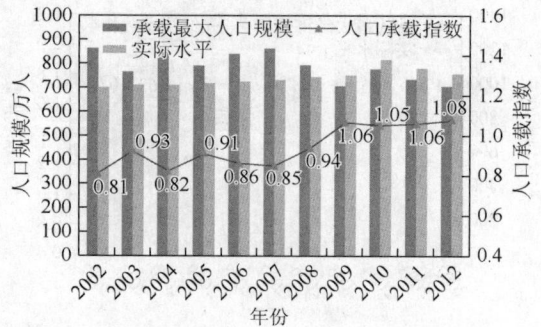

图 4.56　水资源人口承载指数比较

4.2.4　成长型矿业经济区

1. 鄂尔多斯盆地能源矿业经济区

1）基本情况

鄂尔多斯盆地北起阴山、大青山，南抵秦岭，西至贺兰山、六盘山，东达吕梁山、太行山，总面积 37 万平方公里，属温带大陆性气候。干旱丘陵区面积 $15365km^2$，干旱少雨，地貌支离破碎，水土流失严重，水资源贫乏，生态系统脆弱。多年品均降水量 325～402mm，天然降水本身不足，降水主要集中在夏季。气候干旱的特点使得本区的年蒸发量达 2000～2500mm，是降水量的 6 倍以上，有效降水少，雨量、强度的变化大。盆地地下水资源较丰富，且水质良好。年地表径流总量 $60847m^3$，有限的地表水资源，使得丘陵区长期以来始终处在缺水状态。2012 年鄂尔多斯地区总人口 200.42 万人，水资源总量为 $4.233\times10^9m^3$，总供水量为 $1.604\times10^9m^3$，其中地表水源供水量 $7.23\times10^8m^3$，地下水源供水量 $8.62\times10^8m^3$，供水能力系数为 0.37。工业用水量为 $2.49\times10^8m^3$，农业用水量 $1.235\times10^9m^3$，人均用水量 $335m^3$。

2）水资源承载力评价

如表 4.29 所示为鄂尔多斯盆地 2012 年水资源承载能力和水资源超载状况。

表 4.29　鄂尔多斯盆地 2012 年水资源承载能力和水资源超载状况

	自然承载力	实际承载力	承载状态
人口承载力/万人	863.5	591.88	可承载
人口承载率/%	330.84	195.3	+
工业发展承载力/亿元	597.34	513.96	超载
工业承载率/%	230.04	−283.62	−
农业灌溉承载力/亿元	—	202.12	可承载
农业承载率/%	—	124.22	+
污水容纳量/万吨	—	45610	超载
污水容纳率/%	—	−23.45	

注：超载是指对实际承载力的超载；"+"表示可承载，"−"表示超载

从表 4.29 可以看出，由于降水量不足，导致鄂尔多斯地区水资源承载力下降，该地区水资源对人口承载能力较强，对工业发展承载力和污水容纳量已处于超载状态，对农业发展承载力也在可承载范围内。

如图 4.57 和图 4.58 所示，鄂尔多斯盆地 2002～2012 年，水资源承载的最大经济规模和人口规模都要明显高于该地区的实际水平，这表明，鄂尔多斯地区水资源开发潜力较大，要提高水资源可开发利用量和利用效率，从而提高水资源承载力。

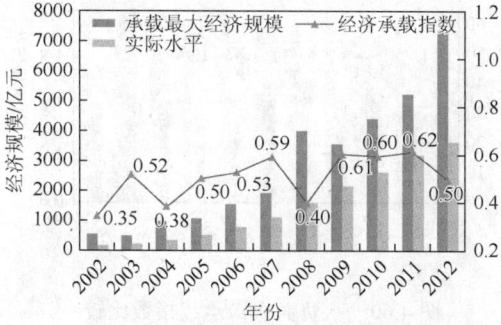

图 4.57　水资源经济承载指数比较

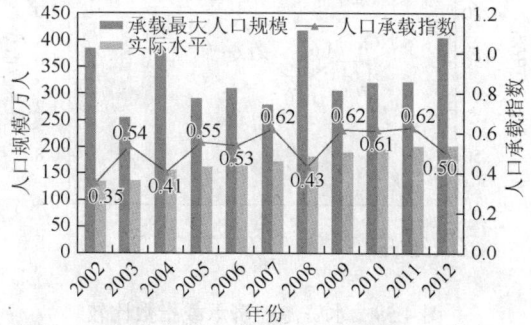

图 4.58　水资源人口承载指数比较

2. 新疆阿勒泰铜多金属矿业经济区

1）基本情况

阿勒泰地区地处欧亚大陆中心腹地，阿尔泰山南麓，远离海洋，属于温带大陆性气候区，冬季漫长寒冷，夏季气温平和，年平均降水量为 200mm 左右，山区可达 400～600mm。阿勒泰地区是新疆丰水区之一。有额尔齐斯河、乌伦古河、吉木乃山溪三大水系，大小河流共 56 条，年总径流量 $1.337×10^{10}m^3$，其中，地表径流量为 $1.225×10^{10}m^3$，占自治区地表径流量的 14.7%。开发利用的地表径流量仅 $2.8×10^9m^3$，其余都流入哈萨克斯坦共和国境内。

2）水资源承载力评价

如表 4.30 所示为新疆阿勒泰矿业经济区 2012 年水资源承载能力和水资源超载状况。

表 4.30　新疆阿勒泰矿业经济区 2012 年水资源承载能力和水资源超载状况

	自然承载力	实际承载力	承载状态
人口承载力/万人	171.56	80.23	可承载
人口承载率/%	158.6	20.93	+
工业发展承载力/亿元	190.4	44.28	超载
工业承载率/%	75.87	−144.48	
农业灌溉承载力/亿元	—	218.5	可承载
农业承载率/%	—	277.7	+
污水容纳量/万吨	—	89140	超载
污水容纳率/%	—	−5.11	

注：超载是指对实际承载力的超载；"+"表示可承载，"−"表示超载

由表 4.30 可知，阿勒泰地区水资源人口承载力和农业灌溉承载力情况较好，仍处在可承载的范围之内，而工业承载力和污水承载量已经处于超载状态，这主要是由于技术原

因，该地区万元工业产值用水量一直保持较高水平，水资源利用效率低；环保投资较少，污水治理水平有待提高。

阿勒泰地区除 2011 年之外，水资源经济承载指数和人口承载指数都大于 1，水资源支撑的最大经济规模和人口规模都低于实际发展水平，表明水资源已经超出了实际承载的范围，水资源利用形势严峻。如图 4.59 和图 4.60 所示。

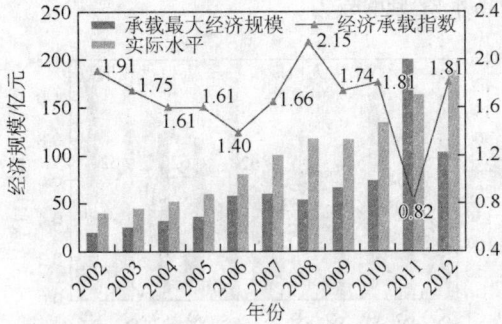

图 4.59　水资源经济承载指数比较　　　　图 4.60　水资源人口承载指数比较

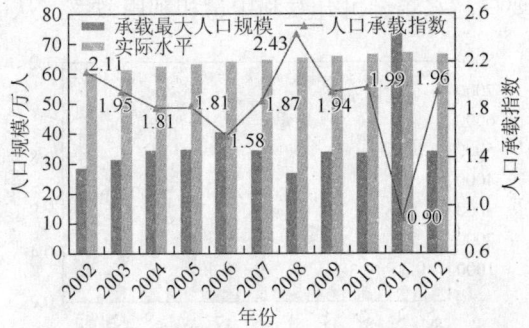

4.3　各矿业经济区水资源承载力差异性分析

根据以上对各类型矿业经济区水资源承载力的评价结果，可以判断每个地区在过去十年间水资源承载力的发展变化，从而对未来矿业经济区的发展与规划、产业结构布局以及政策调整提供指导性的作用。由于各类型的矿业经济区所处的发展情况不一样，要分类型对每个类型的矿业经济区进行比较。

4.3.1　不同类型矿业经济区水资源承载力差异性分析

1. 成熟型矿业经济区比较

本研究中选择的 30 个典型矿业经济区中有 16 个是属于成熟型的，资源开发处于稳定阶段，资源的保障能力强，经济社会发展水平较高，是现阶段我国能源安全保障的核心区。结合以上评价结果，对这 16 个典型矿业经济区 2012 年的水资源人口承载力、工业发展承载力、农业灌溉承载力与污水容纳量这四个指标来进行比较。如图 4.61 所示。

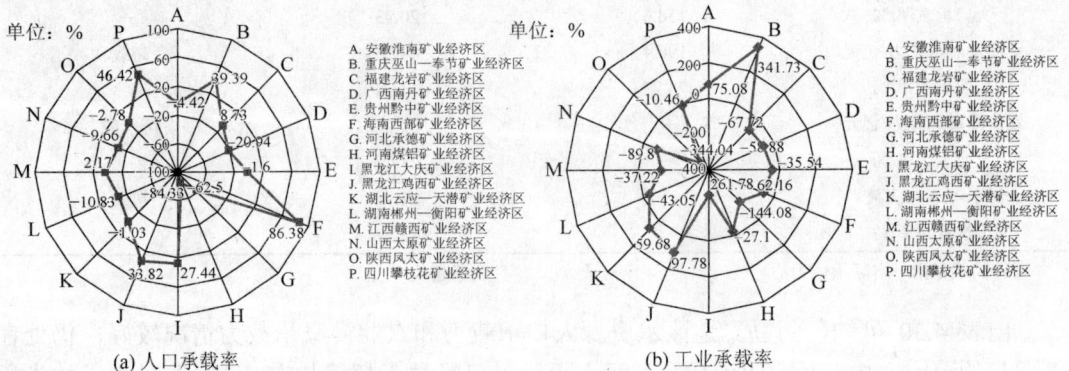

(a) 人口承载率　　　　　　　　　　　　(b) 工业承载率

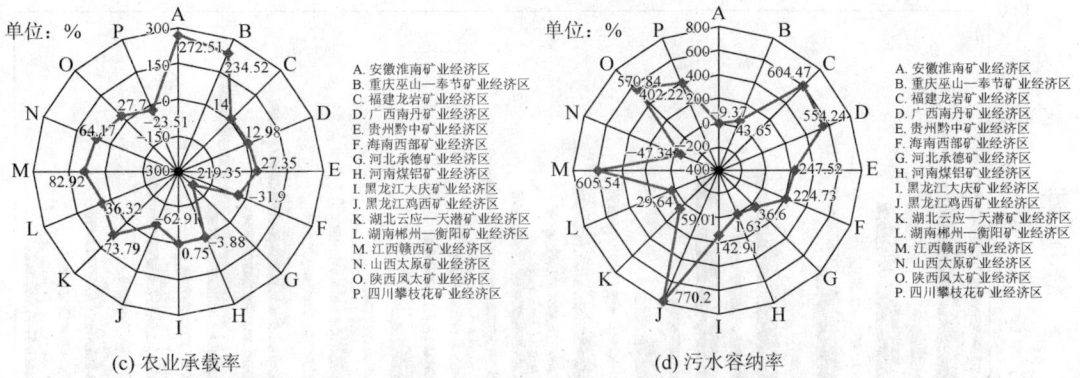

(c) 农业承载率

(d) 污水容纳率

图 4.61　2012 年成熟型矿业经济区不同指标比较

结果表明：在这 16 个成熟型典型矿业经济区中，人口超载最严重的是河南煤铝矿业经济区，该地区人口基数大，分布集中，水资源无法满足人口的需求，水资源人口承载情况最好的是海南西部铁油页岩矿业经济区；工业超载最严重的是陕西凤太铅锌金矿业经济区，该地区水资源短缺严重，无法满足工业需水量，导致水资源工业承载率低下，水资源对工业承载情况最好的是重庆巫山—奉节煤赤铁矿业经济区；水资源对农业超载最严重的是河北承德钒钛磁铁矿业经济区，该地区属于严重缺水地区，农业用水量严重不足，水资源对农业承载情况最好的是安徽淮南煤-煤化工矿业经济区；16 个地区中水环境状况整体较好，污水容纳出现超载的只有安徽淮南和山西太原这两个矿业经济区，最好的是黑龙江鸡西煤电化石墨矿业经济区。

由于年份较多，本研究中只选取了 2002 年、2006 年、2009 年和 2012 年，对这 16 个成熟型典型矿业经济区的水资源经济承载指数和人口承载指数进行横向比较，可以看出每个地区经济承载指数和人口承载指数的变化情况以及 16 个地区之间的差异。如图 4.62 和图 4.63 所示。

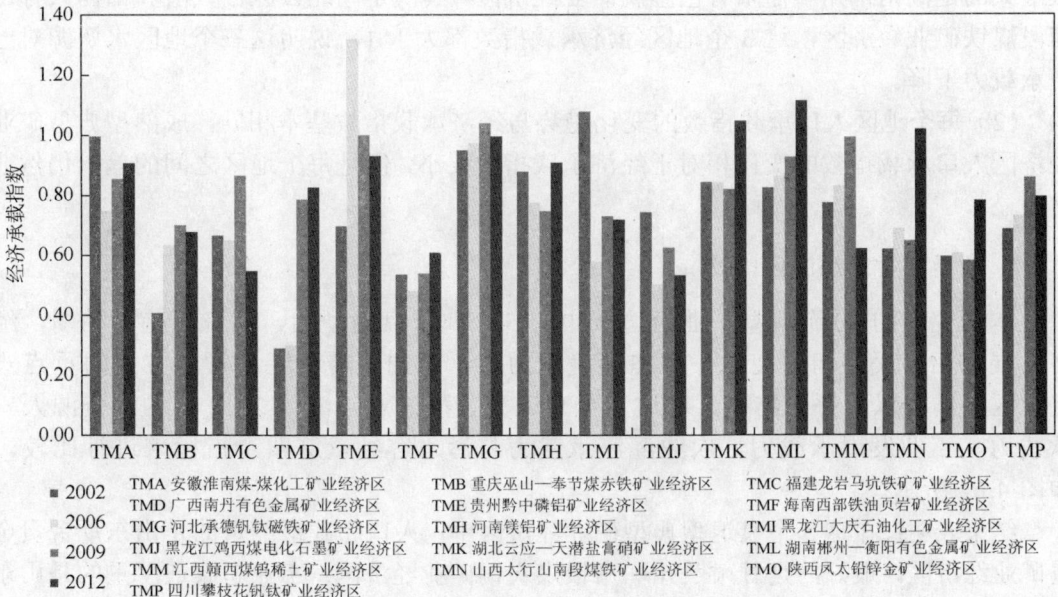

图 4.62　成熟型矿业经济区水资源经济承载指数比较

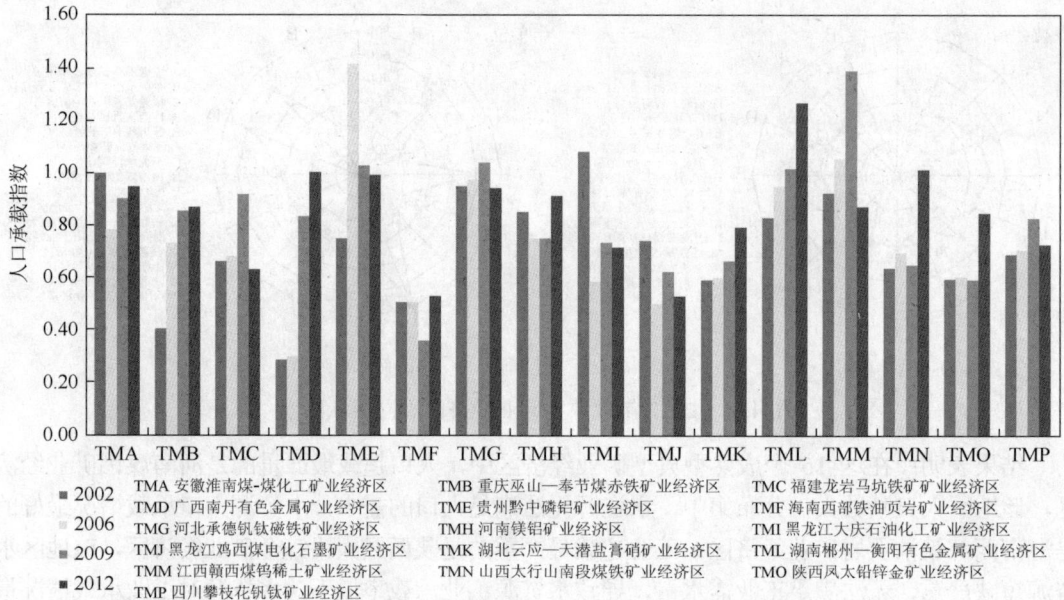

图 4.63 成熟型矿业经济区水资源人口承载指数比较

从比较结果可以得出以下结论。

（1）整体来看，成熟型典型矿业经济区经济承载指数较好，每个地区及各个地区之间承载指数变化较大。2002 年经济承载指数最大的是黑龙江大庆石油化工矿业经济区，其次是安徽淮南煤-煤化工矿业经济区，2006 年经济承载指数最大的是贵州黔中磷铝矿业经济区，最小的是广西南丹有色金属矿业经济区，2009 年经济承载指数最大的是河北承德钒钛磁铁矿业经济区，其次是贵州黔中和江西赣西矿业经济区，2012 年经济承载指数最大的是湖南郴州—衡阳有色金属矿业经济区，其次是湖北云应—天潜和山西太行山南段煤铁矿业经济区，这 3 个地区经济承载指数都大于 1，说明这三个地区水资源对经济承载力下降。

（2）每个地区人口承载指数的变化趋势与经济承载指数基本相同，成熟型典型矿业经济区人口承载指数的变化相对于经济承载指数要小，但是每个地区之间的差异仍然非常明显。

2. 衰退型矿业经济区比较

本研究中的 30 个典型矿业经济区中有 5 个属于衰退型的，其资源趋于枯竭，经济发展滞后，民生问题突出，生态环境压力大，是加快转变经济发展方式的重点难点地区。结合以上评价结果，对这 5 个衰退型典型矿业经济区 2012 年的水资源人口承载力、工业发展承载力、农业灌溉承载力与污水容纳量这四个指标来进行比较。如图 4.64 所示。

结果表明：在这 5 个衰退型典型矿业经济区中，人口超载最严重的是山东烟台贵金属矿业经济区，最好的是甘肃兰州—白银煤炭铜矿业经济区；工业超载最严重的是山东烟台贵金属矿业经济区，该地区工业用水量占总用水量比重较大，最好的是甘肃兰州—

白银煤炭铜矿业经济区；水资源对农业超载的是山东烟台贵金属矿业经济区和湖北鄂州—黄石铁铜金矿业经济区，承载情况较好的是甘肃兰州—白银煤炭铜矿业经济区；污水容纳出现超载的只有甘肃兰州—白银煤炭铜矿业经济区，其余 4 个地区污水容纳情况都较好。

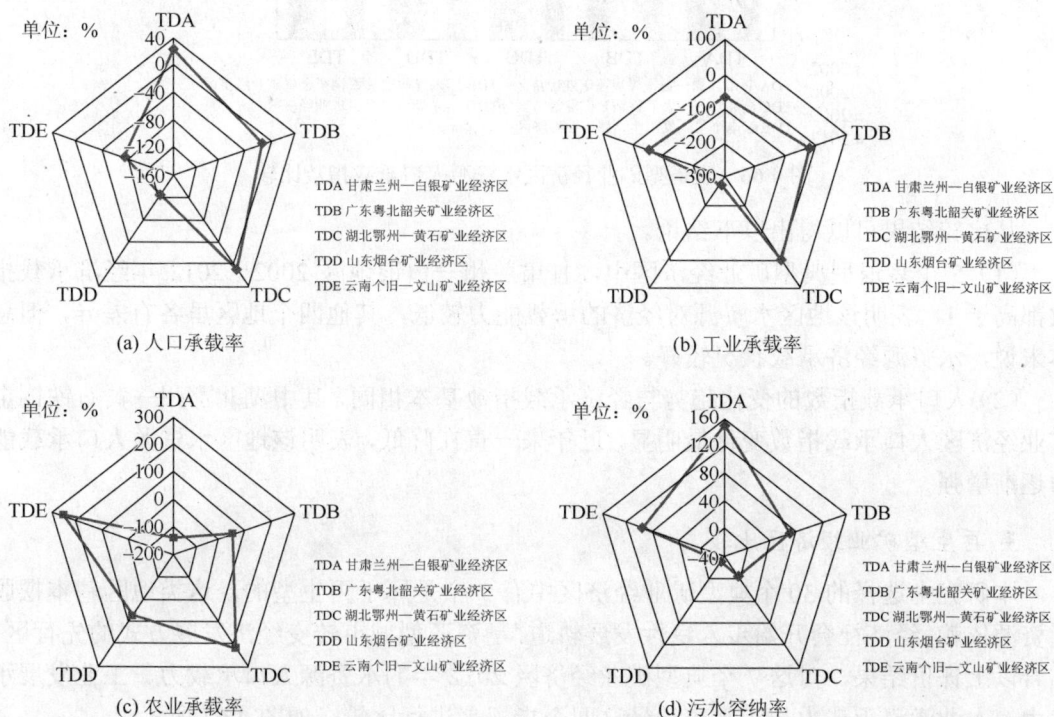

(a) 人口承载率　　(b) 工业承载率

(c) 农业承载率　　(d) 污水容纳率

图 4.64　2012 年衰退型矿业经济区不同指标比较

　　由于年份较多，本研究中只选取了 2002 年、2006 年、2009 年和 2012 年，对这 5 个衰退型典型矿业经济区的水资源经济承载指数和人口承载指数进行横向比较，可以看出每个地区经济承载指数和人口承载指数的变化情况以及地区之间的差异。如图 4.65 和图 4.66 所示。

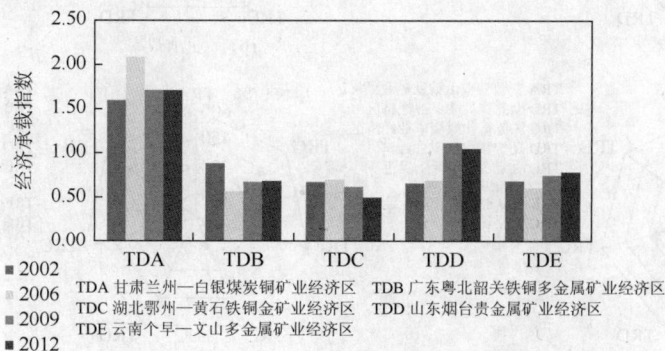

图 4.65　衰退型矿业经济区水资源经济承载指数比较

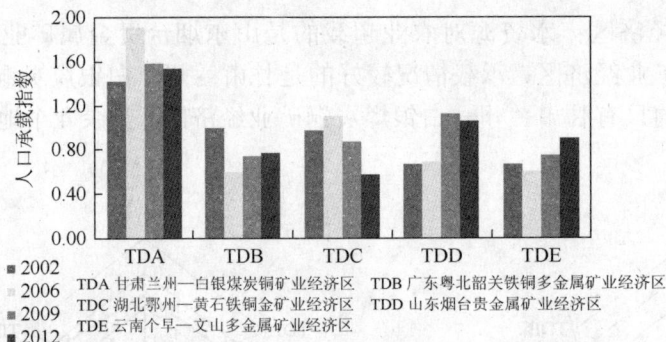

图 4.66　衰退型矿业经济区水资源人口承载指数比较

从比较结果可以得出以下结论。

（1）5 个衰退型典型矿业经济区中，甘肃兰州—白银地区 2002～2012 年经济承载指数都高于 1，表明该地区水资源对经济的承载能力较低，其他四个地区虽各有差异，但总体来说，水资源经济承载状况较好。

（2）人口承载指数的变化趋势与经济承载指数基本相同，其中湖北鄂州—黄石铁铜金矿业经济区人口承载指数变化最明显，近年来一直在降低，表明该地区水资源人口承载能力逐渐增强。

3. 再生型矿业经济区比较

本研究中选择的 30 个典型矿业经济区中有 7 个是属于再生型的，这类地区基本摆脱了资源依赖，经济社会开始步入良性发展轨道，是资源型城市转变经济发展方式的先行区。结合以上评价结果，对这 7 个典型矿业经济区 2012 年的水资源人口承载力、工业发展承载力、农业灌溉承载力与污水容纳量这四个指标来进行比较。如图 4.67 所示。

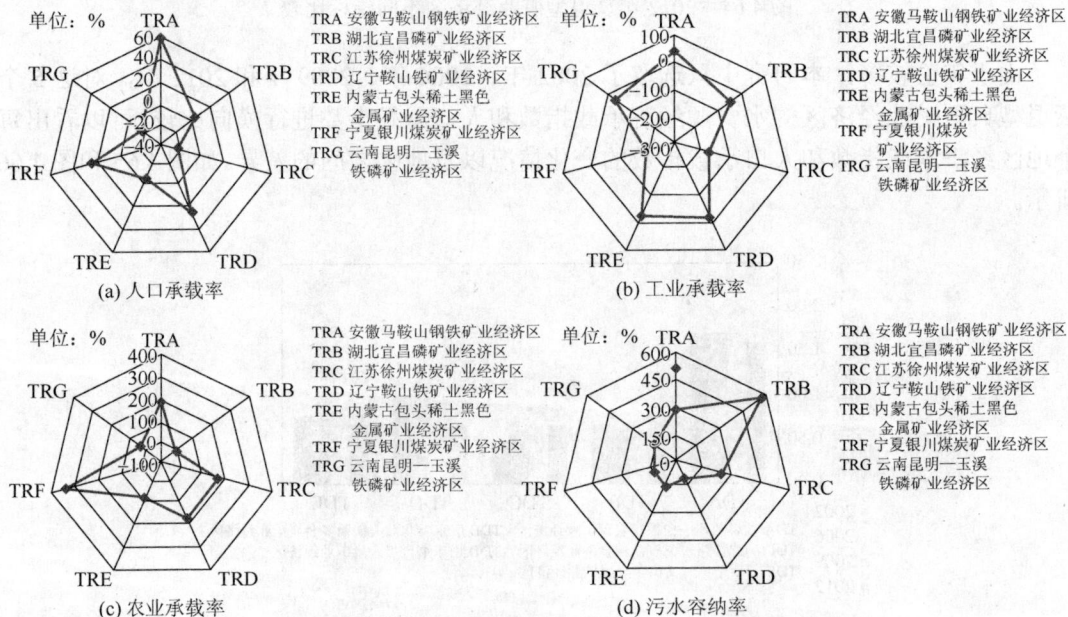

图 4.67　2012 年再生型矿业经济区不同指标比较

结果表明：再生型典型矿业经济区相对于成熟型和衰退型矿业经济区，人口承载率大大降低，其中人口超载最严重的是江苏徐州煤炭矿业经济区，为-25.47%；水资源工业承载状况较好，7 个再生型矿业经济区中只有安徽马鞍山钢铁矿业经济区，没有超载，其余都处于超载状态；水资源对农业的承载状况较好，除湖北宜昌磷矿业经济区外，其余都处在可承载的范围之内；7 个地区中水环境状况整体较好，污水容纳没有出现超载的情况，最好的是湖北宜昌磷矿业经济区，其次是安徽马鞍山钢铁矿业经济区。

本研究中只选取了 2002 年、2006 年、2009 年和 2012 年，对这 7 个再生型典型矿业经济区的水资源经济承载指数和人口承载指数进行横向比较，可以看出每个地区经济承载指数和人口承载指数的变化情况以及每个地区之间的差异。如图 4.68 和图 4.69 所示。

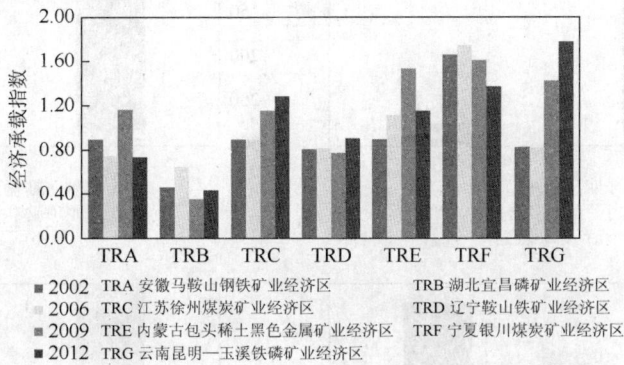

■ 2002　TRA 安徽马鞍山钢铁矿业经济区　　　　　　　　TRB 湖北宜昌磷矿业经济区
　 2006　TRC 江苏徐州煤炭矿业经济区　　　　　　　　　TRD 辽宁鞍山铁矿业经济区
■ 2009　TRE 内蒙古包头稀土黑色金属矿业经济区　　　　TRF 宁夏银川煤炭矿业经济区
■ 2012　TRG 云南昆明—玉溪铁磷矿业经济区

图 4.68　再生型矿业经济区水资源经济承载指数比较

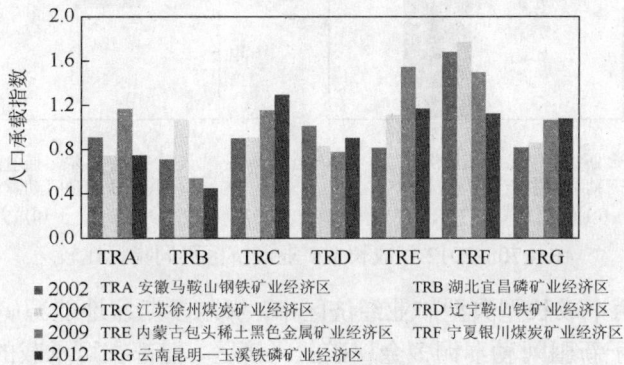

■ 2002　TRA 安徽马鞍山钢铁矿业经济区　　　　　　　　TRB 湖北宜昌磷矿业经济区
　 2006　TRC 江苏徐州煤炭矿业经济区　　　　　　　　　TRD 辽宁鞍山铁矿业经济区
■ 2009　TRE 内蒙古包头稀土黑色金属矿业经济区　　　　TRF 宁夏银川煤炭矿业经济区
■ 2012　TRG 云南昆明—玉溪铁磷矿业经济区

图 4.69　再生型矿业经济区水资源人口承载指数比较

从比较结果可以得出以下结论。

（1）7 个再生型典型矿业经济区中，宁夏银川地区 2002～2012 年经济承载指数都高于 1，表明该地区水资源对经济的承载能力较低，但近年来有所下降；云南昆明—玉溪地区经济承载指数在不断提高，水资源承载状况恶化。其他地区起伏较大，变化明显。总体来看，南方矿业经济区水资源承载力优于北方矿业经济区。

（2）人口承载指数的变化趋势与经济承载指数基本相同，宁夏银川地区属于水资源严重短缺地区，可利用水资源量不能保证正常的人口生活需求；人口承载指数逐渐降低的是湖北宜昌、辽宁鞍山等矿业经济区。

4. 成长型矿业经济区比较

本研究中选择的 30 个典型矿业经济区中只有 2 个是属于成长型的，这类地区资源开发处于上升阶段，资源保障潜力大，经济社会发展后劲足，是能源资源的供给和后备基地。结合以上评价结果，分别对这 2 个典型矿业经济区 2012 年的水资源人口承载力、工业发展承载力、农业灌溉承载力与污水容纳量这四个指标来进行比较。如图 4.70 所示。

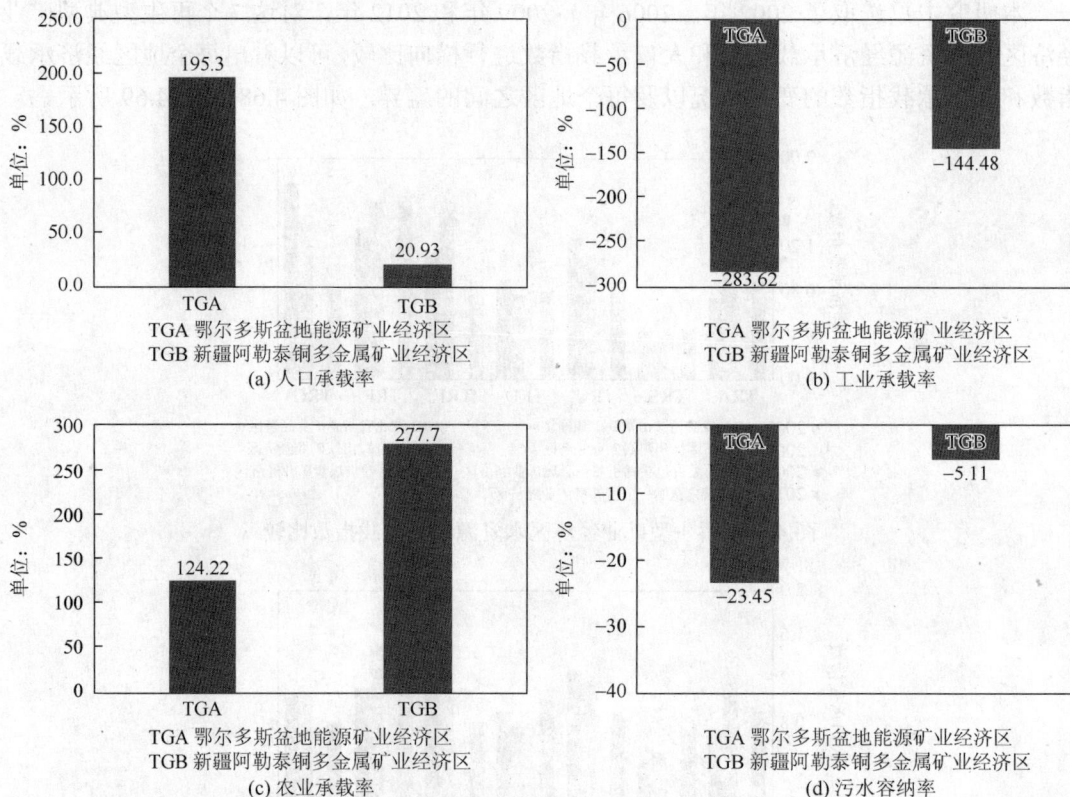

图 4.70 2012 年成长型矿业经济区不同指标比较

结果表明：这两个成长型典型矿业经济区中，鄂尔多斯盆地能源矿业经济区水资源对人口的承载能力高于新疆阿勒泰铜多金属矿业经济区，但都在可承载的范围内；水资源对工业的承载已经超载，尤其是鄂尔多斯盆地能源矿业经济区；水资源对农业的承载能力较强，都在可承载的范围内；两地的污水承载都已经超过其实际的污水排放水平，处于超载状态，鄂尔多斯盆地能源矿业经济区的污水超载率超过了新疆阿勒泰地区。

同时，本研究中选取了 2002 年、2006 年、2009 年和 2012 年，对这 2 个成长型典型矿业经济区的水资源经济承载指数和人口承载指数进行横向比较，可以看出两个地区经济承载指数和人口承载指数的变化情况以及两个地区之间的差异。如图 4.71 和图 4.72 所示。

从比较结果可以得出以下结论。

（1）新疆阿勒泰铜多金属矿业经济区经济承载指数明显高于鄂尔多斯盆地能源矿业经济区，且从这几年的数据来看，新疆阿勒泰地区水资源经济承载一直处于超载状态，形势

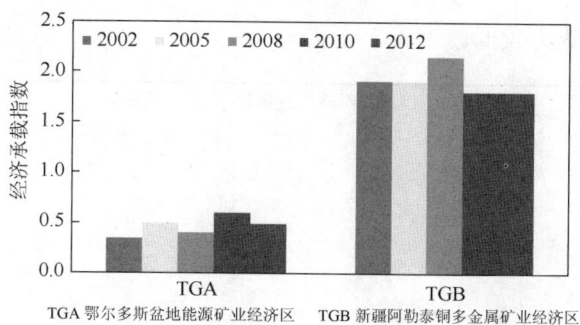

图 4.71　成长型矿业经济区水资源经济承载指数比较

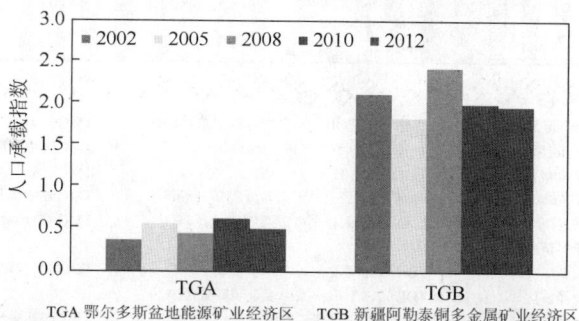

图 4.72　成长型矿业经济区水资源人口承载指数比较

严峻,这主要与该地区水资源严重不足有关。鄂尔多斯盆地能源矿业经济区水资源经济承载指数低于 1,说明该地区水资源经济承载状况较好。

(2)人口承载指数的变化趋势与经济承载指数基本相同,新疆阿勒泰铜多金属矿业经济区经济承载指数高于鄂尔多斯盆地能源矿业经济区,鄂尔多斯盆地能源矿业经济区水资源承载情况优于新疆阿勒泰地区。

4.3.2　整体差异性分析

通过对 30 个典型矿业经济区水资源经济和人口承载力的计算,可得出每个地区当前水资源所能承载的最大经济规模与人口规模,以及 2002～2012 年每个地区的经济承载指数和人口承载指数。为了便于比较,取每个地区 2002～2012 年水资源经济承载指数和人口承载指数的平均值,对这 30 个典型矿业经济区进行比较,如图 4.73 和图 4.74 所示。

从比较结果可以得出结论。

(1)成熟型典型矿业经济区经济承载指数全都低于 1,表明这 16 个矿业经济区水资源经济承载的平均状况要好于其他类型的矿业经济区,衰退型矿业经济区中甘肃兰州—白银煤炭铜矿业经济区水资源平均经济承载指数最高,说明该地区水资源经济承载力低;再生型矿业经济区水资源经济承载指数整体高于其他地区;成长型典型矿业经济区中的新疆阿勒泰铜多金属矿业经济区水资源经济承载状况低于鄂尔多斯盆地能源矿业经济区。

(2)水资源人口承载指数的变化趋势和经济承载指数大致相同,平均值最高的是新疆阿勒泰铜多金属矿业经济区,在成熟型矿业经济区中,人口承载指数高于经济承载指数。在其他类型的矿业经济区中,人口处于超载状态的基本都分布在北方缺水地区,水资源短缺导致水资源人口承载力较低。

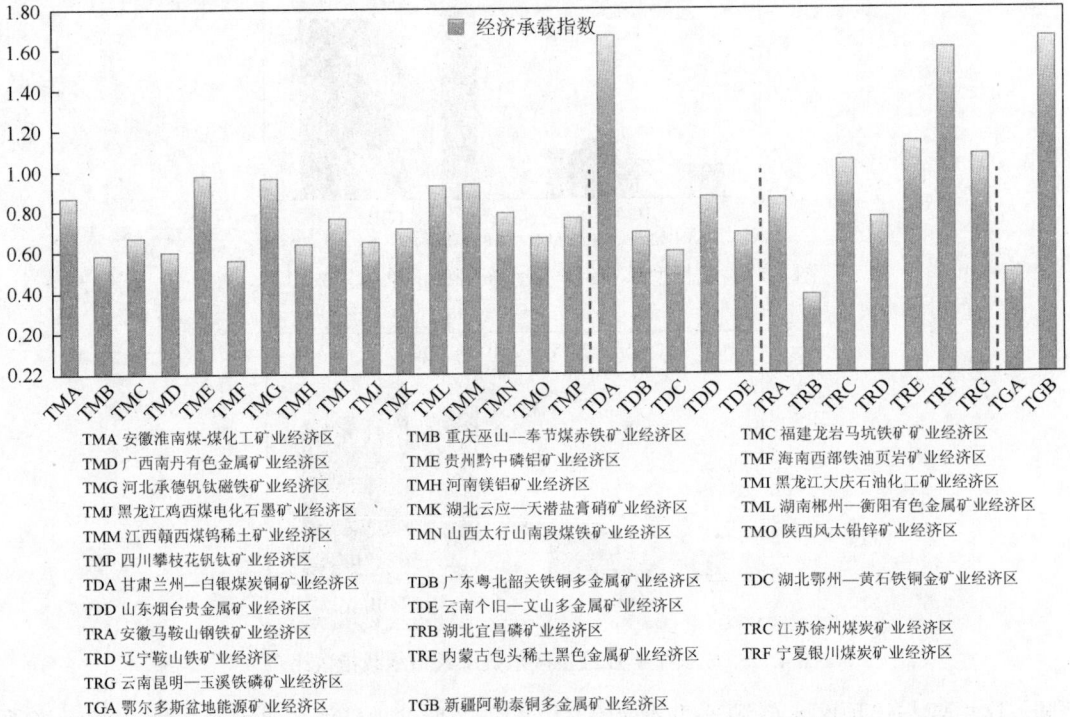

图 4.73　30个典型矿业经济区水资源经济承载指数比较

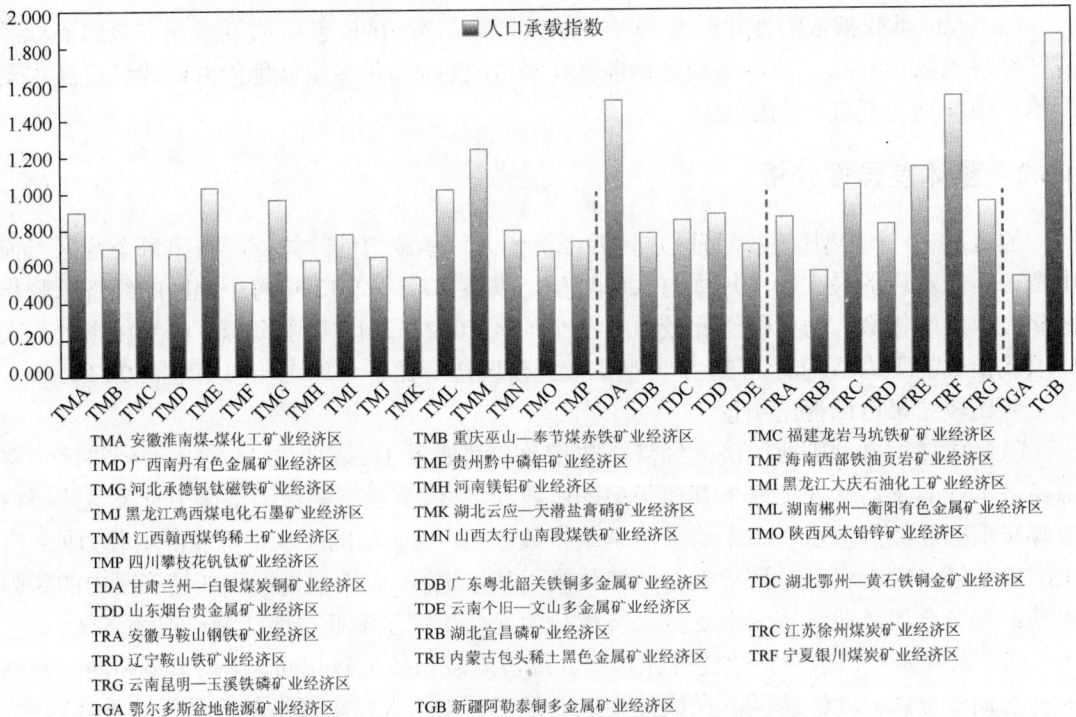

图 4.74　30个典型矿业经济区水资源人口承载指数比较

4.4　对策与建议

根据以上对四种类型的矿业经济区水资源承载力进行测算及预测,结合每个地区资源禀赋与经济发展的实际情况,针对每个矿业经济区城市处在不同的发展阶段及各发展阶段所面临的问题,从不同的方面提出改进水资源承载力的对策与建议。

4.4.1　成熟型矿业经济区

1. 安徽淮南煤-煤化工矿业经济区

(1)积极发展节水型经济,提高水资源利用率。向节水型经济转变是解决该矿业经济区水资源可持续利用问题的长期战略方针。在农业节约用水方面,应推广节水高效的农业用水措施,主要是充分利用当地的水资源,包括充分利用降水、回收回归水和处理利用劣质水,最大限度地利用地表水和地下水,重视农业节水技术的应用,因地制宜鼓励发展不同类型的农业节水灌溉模式,有计划地发展喷灌和滴灌。在工业节约用水方面,关键要制定工业行业的用水标准和定额,对各用水企业实行计划供水和考核制度,特别是对耗水大户要严格考核奖惩制度,促进节约用水,提高工业用水重复利用率。

(2)合理规划矿业发展与勘探开发,进一步规范矿业权市场,制定成熟型矿业经济区矿产资源开发战略规划,实施保护性开采战略,减少矿产资源开发与利用中水资源的浪费,延长资源开发的期限,促进成熟型矿业经济区的合理转型。

2. 重庆巫山—奉节煤赤铁矿业经济区

(1)要切实改善城区水资源环境,保护三峡水库水质,有序开发和利用规划区水资源,促进城乡社会、经济、环境的持续健康快速发展。改革水管理体制、加强水资源统一管理,是实现水资源合理开发、有效保护和高效利用的保障。坚持适度利用过境水资源和开发利用当地优质水资源并举,在适度扩大"两江"提水量的同时,在主城区近郊支流建设一批大中小型水库,以解决部分城市用水和本流域的部分农业用水。

(2)推进产业结构转型,以延伸产业链为主线,发挥资源优势,壮大经济实力。注重从资源开采向初加工深加工综合加工转化,不断提高产品技术含量,推进经济增长方式由粗放型向集约型转变,是提高成熟型矿业经济区可持续发展能力的重要方面。不同类型的资源城市有不同的产品延伸链条,可根据城市的具体情况延伸产业链,发挥资源优势,推进产业结构转型。

3. 福建龙岩市马坑铁矿业经济区

(1)农业用水量过大是影响该矿业经济区水资源承载力的主要原因,因此要大力发展节水农业,不断推广节水技术的应用,降低农业生产的用水量,提高农业用水的效率,最终不断提高该地区的水资源承载力。

(2)加大科技投入,提高工业水资源利用效率。该地区近年来水资源承载力在不断增强,这与该地区丰富的水资源密切相关,同时福建龙岩地区严格按照"先生活、后生产,先节水、后调水，先地表、后地下，先重点、后一般"的原则，统筹安排生活、生产和生态环境用水，统筹考虑跨地区跨流域的水资源配置，对水资源进行统一管理，对水工程进行统一规划、分期建设，使水资源安全保障与经济社会发展相协调，使经济社会发展与水资源承载能力相协调，实现水资源可持续利用。

4. 广西南丹有色金属矿业经济区

（1）近年来该矿业经济区水资源承载力处于超载状态，矿产资源勘探开发耗水量不断加大，表明要适当减小该地区的矿业权，缩减矿业开发规模，提高现有勘探开发中水资源利用效率，依法取缔一批高耗水、高污染的小矿山开发。

（2）该矿业经济区水资源较为丰富，但水资源利用率不高，导致该地区水资源承载力下降，因此，要提高在矿产资源开发利用及其他工业利用中水资源利用率，提高水资源可利用量，同时加强对水资源的管理，实行工程技术措施与管理措施并用的方针来提高水资源承载力。

5. 贵州黔中磷铝煤矿业经济区

（1）贵州黔中磷铝煤矿业经济区位于贵州省中部，大部分地区属云贵高原的喀斯特丘陵地貌，水资源十分丰富，但是由于地形地貌的限制，水资源可利用量较低，要提高该地区水资源承载力，增加水资源可利用量是关键。

（2）加大产业结构调整，延长矿业产业加工链，同时适当控制矿业开发规模。贵州黔中地区主要以矿业开发为主导产业，矿产资源开发耗水量大，水污染也严重制约了该地区水资源承载力的提高，随着工业发展和城市化规模的日益扩大，污水排放量增加，因此，必须要优化产业结构，严格控制高耗水、高污染产业比重。

（3）一方面水资源短缺，另一方面水资源利用效率低，水资源浪费现象普遍存在。建议积极推进水资源综合管理的体制改革和制度创新，打破地区分割、部门分割，改变目前"多龙治水、各自为政"的局面，以流域水资源综合管理为核心，对现行水管理体制进行重大改革和制度创新。

6. 海南西部铁油页岩矿业经济区

（1）海南省的水资源天然分布与各区域的社会经济发展存在相当的矛盾，西部水少耕地多，东部水多耕地少，对农业发展造成一定局限。水资源却相对匮乏，制约了工业发展中对水资源的需求；同时工业用水重复利用率较低，要提高科技投入量和居民节水意识，减少水资源的浪费。

（2）优化产业结构布局，适当控制矿业开发规模，结合自身地理区位，大力发展旅游产业，扩大城市发展规模，提升城市竞争力。海南西部地区经济发展相对滞后，加上技术因素的制约，不适宜扩大矿业权的开发，必须紧抓当地旅游经济的特色，把矿山建设融入到旅游景区之中，把绿色矿山生态建设发展成为一种产业，与旅游发展相结合。

7. 河北承德钒钛磁铁矿业经济区

（1）水资源严重不足是制约河北承德钒钛磁铁矿业经济区水资源承载力的关键因素。

必须采取工程措施加大跨区域水资源配置，增加水资源供给量，保证经济发展的生产生活用水；同时，提高水资源利用效率，发展节水农业，有计划地调整农作物种植结构，适当种植用水量少和耐旱高产作物。

（2）严格加强水资源的保护，超标准的污水、污物不得随意排放。对已污染和受到破坏的水资源，必须采取有效措施进行治理。加强水环境污染治理是提高水资源承载力的有效手段。严格控制高耗水、高污染等小企业的发展，提高工业用水中的利用效率，企业实行严格的污水排放标准，对不达标的企业依法关闭。

8. 河南煤铝矿业经济区

（1）以保护和合理利用矿产资源为出发点，统筹经济、社会、资源和环境效益，以人为本，建立生态矿业，实现矿业经济可持续发展；以市场需求为导向，发挥市场配置资源的基础作用，利用"两种资源"，开拓"两个市场"，保障经济和社会发展对矿产资源的需求；以改革开放和科技进步为动力，提高矿业科技创新水平，努力实现矿产资源勘查的重大突破和开发利用方式的根本转变。

（2）人口和工业用水量需求较大是河南煤铝矿业经济区水资源承载力的主要影响因素，因此，必须要加大工程措施增加水资源可利用量，同时严格实施节能减排的目标，加强城市地下水管理和城市公共供水企业的管理。

9. 黑龙江大庆石油化工矿业经济区

（1）大庆位于黑龙江西部干旱区，水资源总量严重不足，地下水过量开采。一是调整产业结构，推进清洁生产，对有污染的企业增设监测断面，对用水和排污进行有效监控，对没有达标的污水坚决不能排放，实施污水排放总量的严格控制。二是加强对水资源的保护工作，使部分已丧失使用功能的水体质量得到改善，这样既保护了生态环境，同时也增加了可用水量。

（2）坚持"在保护中开发，在开发中保护"的总方针，从国情、省情、矿情出发，着力提高基础地质工作程度和研究水平，加强大、小兴安岭等重要成矿带以岩金和有色金属为主的矿产资源勘查，提高重要矿产资源开发利用水平，优化矿业布局与结构，完善矿产资源优化配置机制，巩固石油、煤炭等能源产业优势地位，推进矿山地质环境保护与恢复治理。

10. 黑龙江鸡西煤电化石墨矿业经济区

（1）该矿业经济区农业需水量较大，明确水资源开发现状，做好科学规划，在农业灌溉、工业用水上大力开发浅层地下水，深层地下水作为城市生活用水。节水是供水战略的首选。工业生产应严格按定额分配水量，对工艺设备进行改良，推广清洁生产，推行从末端治理到源头控制的战略性转变。对居民生活及公共用水，应改变无计划、无定额、包费制的用水方式，大力推广节水设备、设备和器具的应用。

（2）加大矿产资源调查评价与勘查力度，依靠科技进步和体制创新，提高急需矿产资源的可供性；建设以石油、天然气、煤炭、煤层气等能源矿产，金、铜、铅锌、钼等金属矿产，石墨、水泥用大理岩、饰面石材等非金属矿产为主的矿产资源重点开采区，为东部煤电化基地等重点经济区建设提供资源保障；调控矿产资源开发利用总量，调整优化矿产资源开发利用结构和布局，实现矿产资源利用方式从粗放向集约转变；改善矿山地质环境现状，促进矿山建设与地质环境保护协调发展；强化规划的实施管理，保证各项目标顺利实现。

11. 湖北云应—天潜盐膏硝矿业经济区

（1）充分利用降雨水资源，努力利用过境水资源，湖北云应—天潜盐膏硝矿业经济区年均降水量 1100～1300mm，70%的降水量来自气温较高的 4～9 月。在没有过境水资源可利用的中北部，应加强蓄水保水工程建设，即大力加强修建大塘小堰，山区小型河坝、小水井等；努力利用过境水资源。过境水资源中，主要是汉江水资源，具有量大质好的优势。云应—天潜盐膏硝矿业经济区地处江汉平原，河流较多，水资源丰富，可通过改善水资源利用技术，如灌溉技术等，提升水资源利用效率。

（2）完善矿业权市场运行机制，明确矿业权市场准入条件，规范中介评估机构，构建矿业权有形市场，加强矿业权市场监管，推进矿业权信息公开，营造良好的市场环境，发挥市场配置资源的基础性作用，促进矿业资本市场繁荣发展。重点建设矿业权一级市场，形成政府对矿业权一级市场的宏观调控机制；完善矿业权转让管理制度，规范矿业权二级市场，促进矿产资源优化配置，形成勘查、开采有效进入与退出机制。

12. 湖南郴州—衡阳有色金属矿业经济区

（1）以"在保护中开发、在开发中保护"为方针，切实保护优势矿产资源和暂难利用矿产资源。加强矿产资源勘查，努力实现资源储量新增与消耗动态平衡；集约节约利用矿产资源，提高开发利用技术水平，提高利用效率，发展循环经济。将矿产资源勘查、开发利用与全省经济和社会发展的要求紧密结合起来，充分发挥全省矿业的基础性产业和支柱性产业的作用与优势，服务于全省工业化、城镇化、农业产业化和新农村建设，促进资源优势转化为经济优势。

（2）加强水资源管理，提高水资源利用率，水资源管理的目的在于使有限的水资源发挥更大的社会经济效益。要保障国民经济的可持续发展，合理配置和保护水资源，就必须加强水资源的统一管理，加快与水法配套的有关政策出台。同时要加强水资源的基础工作，大力开展计划用水、节约用水工作，城乡用水统一调度，地表水、地下水联合运行，促使水资源利用方式由粗放型向集约型转变。要加大洞庭湖和湘、资、沅、澧四水的治理以及病险水库除险加固、灌溉供水工程更新改造力度，提高水资源利用率；要加快城镇供水、人畜饮水、城市防洪和排涝等水利工程建设，要以水利工程安全来保障水资源安全，以合理开发和高效利用水资源来促进经济社会的可持续发展。

13. 江西赣西煤钨稀土矿业经济区

（1）采取节约与开源并重的方针，应积极推广各种节水措施；调整水资源利用结构，发展节水产业；开发利用水资源，应当统筹安排，优先开发利用地表水，合理开采地下水。

开发利用地下水，应当符合地下水开发利用规划的要求，控制超采、滥采地下水，防止地面沉降、地面塌陷等地质环境灾害的发生。

（2）调整用水结构和产业结构，在水资源紧缺地区，应当限制耗水量高的工业、农业和服务业项目。水资源紧缺地区的范围由县级以上人民政府在水资源规划中确定。积极推行节水农业技术，鼓励低污染、低耗水的高新技术产业，依法取缔一些污染排放超标的小企业。推广节水工艺和节水设备、产品，组织开展节水技术的研究和指导工作，培育和发展节水产业，推进污水处理及再生利用。

（3）延长矿业产品加工链，当前主要矿种矿产品加工转化率显著提高，精深加工产品、高附加值产品比例增大，产业链不断延伸。初步形成了以鹰潭为中心的铜采、选、冶炼加工基地；赣州钨采、选、冶炼加工基地以及稀土矿产品与分离冶炼产品基地；新余、昌北为中心的硅产业基地。江西省已成为全国重要的铜、钨、稀土、硅材料矿业基地，产业集聚效应进一步显现。

14. 山西太行山南段煤铁矿业经济区

（1）加快产业结构和布局调整，提高用水效率和效益，发展低耗能、耗水产业。从传统粗放型农业用水模式转变为节水高效的现代农业用水模式。同时，必须要加大科技投入，保护现有的可利用的水资源，合理规划水资源的利用、加强水资源的管理，从技术上和管理上来提高水资源利用效率。

（2）山西省煤炭资源丰富，但地处北方，水资源短缺，加上技术因素，制约了山西省矿产资源的开发利用。因此，采取工程措施加大跨区域的调水，增加可利用的水资源供给量，充分利用降雨水资源，努力利用过境水资源，合理利用地下水资源。同时，加大技术投资，降低矿产资源开发耗水量，节约用水。

15. 陕西凤太铅锌金矿业经济区

（1）根据陕西省经济社会的实际情况，贯彻"预防为主，综合防治"的方针，针对水资源纳污能力尚宽余的区域，应合理安排产业结构布局，限制污染物排放，避免造成新污染；对纳污能力不足的区域，应优化产业结构布局，严格控制污染物排放量，使水体水质满足水功能区要求；对污染物排放量已超过了纳污能力的区域，调整产业结构，大力削减现有污染物排放量，遏止水污染进一步发展。

（2）坚持资源开发与环境保护并重。在矿产资源开发利用过程中，严格执行环境保护的一系列政策措施和标准，将矿产资源开发对环境的影响降到最低；切实保护矿山地质环境和耕地，发展绿色矿业。加强治理矿产资源开发导致的水环境污染，是提高水资源承载力的有效手段。

16. 四川攀枝花钒钛矿业经济区

（1）水资源利用效率低，尤其是农业灌溉有效利用系数低是制约该地区水资源承载力的关键因素。必须采取有力措施加大节水型社会建设力度，转变用水方式与用水结构，抑制不合理的用水需求，提高水资源利用效率；以节水促减排，改善水环境；以水资源的高效、可持续利用促进经济社会的可持续发展。

（2）转变增长方式，提高矿业开发利用的自主创新能力。矿产资源勘查开发要加快由粗放型向集约型转变。加强综合勘查、综合开采和资源保护，发展矿产资源领域的循环经济，提高节约与综合利用资源的水平。加强矿区的地质环境恢复治理和废弃土地复垦，最大限度减少资源勘查开发活动的环境代价。鼓励原始创新、集成创新和再创新，增强自主创新能力，推进矿产资源勘查、开采和综合利用等环节的科技进步和结构调整，提升矿产资源勘查开发综合竞争力，促进矿产资源勘查开发走创新型发展道路。

4.4.2　衰退型矿业经济区

1. 甘肃兰州—白银煤炭铜矿业经济区

衰退型矿业经济区自然资源趋于枯竭，经济发展滞后、民生问题突出、生态环境压力大，提升衰退型矿业经济区水资源可持续发展能力可以从三个方面着手。

（1）衰退型典型矿业经济区中甘肃兰州—白银煤炭铜矿业经济区水资源承载力已经处于严重超载状态，其余地区较好。甘肃地区地处我国西北地区，气候干旱，降水量少是导致其水资源承载力低的主要原因。对短缺性的资源应采取节约与开源并重的方针，应积极推广各种节水措施，提高水资源利用效率与效益。

（2）适度控制矿产资源勘探开发规模，重新规划矿业发展。由于过度、超强度开发资源，衰退型矿业经济区已经进入城市发展的后期，加大衰退型矿业经济区城市转型是关键，合理规划水功能分区，不适宜扩大矿业权，应减小矿产资源开发力度，同时加大尾矿、伴生矿的利用，减少废渣等固体废弃物的污染，加强生态环境的治理与保护。

2. 广东粤北韶关铁铜多金属矿业经济区

（1）人口和工业需水量过大是影响该矿业经济区水资源承载力的主要因素。人口和规模过大，对水资源需求量也在扩大，因此一方面要增加水资源可利用量，保证生产和生活的需求，另一方面要推广节水技术的应用，提高水资源利用效率，鼓励居民生活节约用水。

（2）加快产业结构和布局调整，发展替代产业，重点扶持电子信息、生物工程等十大高新产业示范项目，加大推广水源热泵、风力发电等节水产业，发展低耗能、耗水产业。产业结构不合理，资源型产业比重大，不利于城市的可持续发展。接续替代产业发展滞后，一旦资源开发接近枯竭以后，就会出现"矿竭城衰"的现象。因此，必须要建立长效发展机制，解决衰退型矿业经济区的失业矿工再就业、废弃坑矿、沉陷区等地质灾害隐患等问题。

3. 湖北鄂州—黄石铁铜金矿业经济区

（1）加大水环境污染治理，严格矿山开发利用的污染排放标准和矿业企业的污水处理标准，依法取缔不合格的矿山开采。鄂州—黄石地区水资源较为丰富，但是近年来该地区水污染非常严重,影响了居民生活和工业生产活动,也制约了该地区水资源承载力的提高。因此必须要加大环境投资,整治水环境污染。

(2)合理调整用水结构,提高水资源利用效率与集约利用。该矿业经济区矿产资源开发和农业用水量所占比重较大,影响了工业规模的扩大和居民的生活用水,要不断优化水资源利用结构,同时提高在矿产资源开发和农业生产中水资源利用率,大力推行节水技术的应用,减少水资源的浪费。

4. 山东烟台贵金属矿业经济区

(1)烟台市应当利用滨海之利,加大海水利用量,鼓励工业企业直接利用海水做间接冷却水和水产品加工的洗涤用水,烟台市是海滨城市,海水资源丰富,随着淡水价格的不断提高,海水淡化必将具有经济可行性并成为烟台市重要的淡水来源;建立节约型生产体系,提高水资源的利用效率。从全市用水情况看,农业用水占全部用水量的 67.15%,节水潜力巨大。目前,农村采用传统的渠道漫灌方式,使 30%~60% 的水不能被农作物吸收,而白白地蒸发和渗入地下。

(2)近年来该矿业经济区水资源承载力明显下降,逐渐出现超载的状态。这主要与该地区水资源供需矛盾日益凸显,严重制约了经济的发展,要努力提高水资源可利用量和水资源利用效率。

5. 云南个旧—文山多金属矿业经济区

实施资源保护与节约战略,延长主体资源生命周期。主体资源开发是资源型城市和地区经济赖以发展的优势所在,也是资源型城市可持续发展能力的核心支撑。成熟期是资源型地区竞争战略调控的转折点,必须要加大资源节约保护力度,在采矿业的发展过程中,要提高水资源利用效率,节约用水量,增加水资源可利用量。加大资金和技术投入,提高水资源可利用量和利用率。近年来该地区水资源承载力较低,但并不是资源型缺水,而是工程型和管理型缺水,所以必须要加大科技投入,保护现有的可利用的水资源,合理规划水资源的利用、加强水资源的管理,从技术上和管理上来提高水资源利用效率。

4.4.3 再生型矿业经济区

1. 安徽马鞍山钢铁矿业经济区

再生型矿业经济区基本摆脱了资源依赖,经济社会发展开始步入良性发展轨道,是资源型城市转变经济发展方式的先行区。促进再生型矿业经济区可持续发展可从以下几方面考虑。

(1)进一步优化经济结构,提高经济发展的质量和效益,改造提升传统产业,培育发展战略性新兴产业,加快发展现代服务业。提高用水效率和效益,发展低耗能、耗水产业。从传统粗放型农业用水模式转变为节水高效的现代农业用水模式。同时,必须要加大科技投入,保护现有的可利用的水资源,合理规划水资源的利用、加强水资源的管理,从技术上和管理上来提高水资源利用效率。

（2）充分利用水资源，提高水资源利用率；加强水资源管理，要加快城镇供水、人畜饮水、城市防洪和排涝等水利工程建设，要以水利工程安全来保障水资源安全，以合理开发和高效利用水资源来促进经济社会的可持续发展。对水资源短缺的地区，应加强蓄水保水工程建设，即大力加强修建大塘小堰，山区小型河坝、小水井等；努力利用过境水资源，具有量大质好的优势；合理利用地下水资源。

2. 湖北宜昌磷矿业经济区

（1）严格水功能分区，分别对水功能区进行全因子评价和水功能及纳污红线主要控制指标项目评价，保护饮用水源水质合格，加强水污染治理与水资源保护并举，对各区市下达红线控制目标，实行严格的水资源管理制度。

（2）磷矿的开发导致水资源污染情况比较严重，由于水污染破坏了水资源应有的使用功能，可用水资源量减少，"有水不能用"的严峻事实加重了水资源的供需矛盾。鼓励节约用水和保护水环境，划定水源保护区，进行严格保护，保护和改善生态环境，改变发展模式，植树造林，增加水源涵养能力，建设生态农业。加强水环境污染治理，加大废水、废弃物处理设施建设，保证水质安全，加快矿区及其影响区城镇污水处理设施建设，加强固体废物、工业废水污染源治理以及矿区治理工作，全面强化矿区及影响区生态环境建设和保护，维护和改善矿区水质。

3. 江苏徐州煤炭矿业经济区

（1）加大转变经济发展方式，优化产业结构布局。针对河北地区水资源短缺的实际情况，要加大引进第三产业如电子、生物制药等高科技、低污染产业，降低矿产资源开发利用规模，减少矿产开发的耗水量，依法关闭污染严重、排放不达标的小型矿山，延长矿业产品加工链。

（2）资源开发与保护并重。严格矿产资源开发准入。合理安排开发时序，调控矿产资源开发利用总量，提高开发利用效率，发展循环经济，保护资源、保障发展。

4. 辽宁鞍山铁矿业经济区

（1）强化用水和供水管理，加强供水和用水的管理，深化水资源产权制度改革，努力探索水资源市场化管理的运行机制。长期以来在供水和用水之间形成分散的管理模式，不适合客观形势的需要，不能科学地协调好水资源、输水、净水、供水、用水诸环节的统一规划、建设、监督和运行操作，应予以改进。同时，要积极探索合理的水价形成机制。

（2）建立健全省市县三级矿产资源规划体系，大力加强矿业权设置管理和市场建设，全面推进整顿和规范矿产资源开发秩序，增强矿产资源勘查开采总量调控能力，不断优化开发利用布局，提高规模开发集约经营程度，合理规划矿业权市场，加大矿产资源开发利用力度，建设资源接替区，促进优势资源转化。

5. 内蒙古包头稀土黑色金属矿业经济区

根据全区水资源分布特点、开发利用现状、经济发展及生产结构布局的要求，以水资源优化配置为基础，合理开发利用为方向，以经济、社会、环境协调发展为目标，在统筹分析水资源需求的基础上，促进流域与区域、城市与农村牧区、东中西部地区水利协调发展。合理开发、优化配置、全面节约、有效保护水资源。规划供水、调水工程、合理开发地下水工程建设和其他水资源利用。

6. 宁夏银川煤炭矿业经济区

（1）农业用水占总用水量的 90%以上，而有效利用率却低于全国的平均值，农业节水潜力巨大。为此宁夏应大力实施高效节水灌溉、大型灌区节水改造等工程，调整种植结构，建设一批规模化高效节水灌溉示范区；调用黄河水资源，用黄河的水来解决工农业、生产用水，把生产用水余下来用于生活用水。通过优水优用、节水措施，减少地下水的开采量，使地下水漏斗逐步减小，地下水位向上回升，可以保证地下水的动态平衡。

（2）宁夏大部属严重干旱地区，地表水量少，质量差，且分布不均，加上黄河近年来水明显减少，所以要加大跨区域水资源调配，增加可利用水资源量。

7. 云南昆明—玉溪铁磷矿业经济区

（1）加大水资源开发利用率。该地区地处岩溶地区，无自然蓄水条件，主要利用集雨小水窖蓄水，有效水资源开发利用率，因此要加大水资源的开发，提高水资源可利用量。

（2）农业用水量过大，发展节水农业，减少农业用水量。该地主要用水为农业灌溉，占总用水量的 61.9%，并且农业用水中浪费现象严重。推广节水农业灌溉技术，减少农业灌溉中水资源的浪费。

4.4.4 成长型矿业经济区

1. 鄂尔多斯盆地能源矿业经济区

（1）应结合成长型矿业经济区未来城市发展定位，科学合理确定矿业发展战略、目标任务，确定生态建设和环境保护的底线，大力发展循环经济，强化技术创新，推广节能减排技术，努力实现低消耗、低排放、低污染。还应统筹利用地表水、地下水，合理安排生产、生活和生态用水，保障水资源的优化配置和可持续利用。

（2）提高水资源供给能力，合理规划现有水资源量及区域调水工程。坚持适度利用过境水资源和开发利用当地优质水资源并举，在适度扩大跨区域调水量的同时，加强水利基础设施建设，以解决部分城市用水和本流域的部分农业用水。成长型矿业经济区水资源短缺严重，必须合理利用水资源量，提高水资源利用效率，充分发挥资金与技术优势。

2. 新疆阿勒泰铜多金属矿业经济区

（1）阿勒泰地区应结合生态功能区定位，科学合理确定发展战略、目标任务。高起点、高水平、高效益地编制各项规划，确定生态建设和环境保护的底线，应大力发展循环经济，强化技术创新，推广节能减排技术，努力实现低消耗、低排放、低污染。还应统筹利用地表水、地下水，合理安排生产、生活和生态用水，保障水资源的优化配置和可持续利用。

（2）首先，要依靠法律和经济手段，规范资源的勘查和开采权，避免因争资源、抢地盘造成对资源的破坏，并促成企业实行保护性开采，延长主体资源的保有储量。其次，要推进集约经营与综合开发利用，避免单打一开采、弃贫采富、粗放经营造成的资源损失与浪费，依靠科技进步和加强管理，提高资源回收利用率，巩固传统主体产业优势，推动新型工业化和城镇化发展。

主要参考文献

陈军，成金华. 2015. 中国矿产资源开发利用的环境影响[J]. 中国人口·资源与环境，03：111-119.

陈修谦，夏飞. 2011. 中部六省资源环境综合承载力动态评价与比较[J]. 湖南社会科学，01：106-109.

成金华，陈军，易杏花. 2013. 矿区生态文明评价指标体系研究[J]. 中国人口·资源与环境，02：1-10.

董文，张新，池天河. 2011. 我国省级主体功能区划的资源环境承载力指标体系与评价方法[J]. 地球信息科学学报，02：177-183.

段春青，刘昌明，陈晓楠，等. 2010. 区域水资源承载力概念及研究方法的探讨[J]. 地理学报，01：82-90.

范英英，刘永，郭怀成，等. 2005. 北京市水资源政策对水资源承载力的影响研究[J]. 资源科学，27（5）：113-119.

封志明，杨艳昭，张晶. 2008. 中国基于人粮关系的土地资源承载力研究：从分县到全国[J]. 自然资源学报，05：865-875.

傅鼎，宋世杰. 2011. 基于相对资源承载力的青岛市的主体功能区区划[J]. 中国人口·资源环境，21（4）：148-152.

郭欢欢，李波，侯鹰. 2011. 基于土地功能的土地资源承载力研究——以北京市海淀区为例[J]. 北京师范大学学报（自然科学版），04：424-427.

郭艳红. 2011. 基于均方差分析法的北京市土地资源承载力评价[J]. 资源与产业，06：62-66.

郭志伟. 2008. 北京市土地资源承载力综合评价研究[J]. 城市发展研究，05：24-30.

国土资源部. 2014. 中国矿产资源报告[R]. 北京：地质出版社.

国土资源规划司，中国国土资源经济研究院. 2013. 矿产资源规划手册[M]. 北京：地质出版社.

何敏. 2003. 江苏省相对资源承载力与可持续发展问题研究[J]. 中国人口·资源与环境，13（3）：80-85.

侯华丽. 2007. 矿产资源承载力研究现状及展望[C]//中国地质矿产经济学会. 资源·环境·和谐社会——中国地质矿产经济学会 2007 年学术年会论文集. 北京：中国地质矿产经济学会：4.

胡静锋，张世全. 2011. 矿产资源最优消耗效率模型及实证研究[J]. 求索，5：16-19.

黄秋香. 2009. 矿区资源环境承载力评价指标体系及评价方法[J]. 矿业研究与开发，01：62-64.

惠泱河，蒋晓辉，黄强，等. 2000. 水资源承载力评价指标体系研究[J]. 水土保持通报，21（1）：30-34.

蒋晓辉，黄强，惠泱河，等. 2001. 陕西关中地区水环境承载力研究[J]. 环境科学学报，03：312-317.

李华姣，安海忠. 2013. 国内外资源环境承载力模型和评价方法综述——基于内容分析法[J]. 中国国土资源经济，08：65-68.

李堂军，刘金辉，孙承爱. 2003. 矿区可持续发展能力的实证分析与对策研究[J]. 中国软科学，10：124-128.

李悦，成金华，席晶. 2014. 基于 GRA-TOPSIS 的武汉市资源环境承载力评价分析[J]. 统计与决策，17：102-105.

刘佳骏，董锁成，李泽红. 2011. 中国水资源承载力综合评价研究[J]. 自然资源学报，02：258-269.

刘兆德，马传栋. 2006. 基于相对资源承载力的山东省区域可持续发展研究[J]. 中国人口·资源与环境，16（5）：52-56.

龙腾锐，姜文超，何强. 2004. 水资源承载力内涵的新认识[J]. 水利学报，01：38-45.

卢新海. 2004. 开发区土地资源的利用与管理[J]. 中国土地科学，02：40-44.

罗健夫，周进生. 2015. 我国主要矿业经济区评价及未来发展战略研究[J]. 中国软科学，06：175-183.

罗雁文，魏晓，王良健，等. 2009. 湖南省各市（州）土地资源承载力评价[J]. 经济地理，02：284-289.

吕贻峰，李江风，周伟，等. 1999. 阳新县矿产资源现状优势评价及资源承载力分析[J]. 长江流域资源与
　　环境，04：386-390.

毛汉英，余丹林. 2001. 环渤海地区区域承载力研究[J]. 地理学报，03：363-371.

毛汉英，余丹林. 2001. 区域承载力定量研究方法探讨[J]. 地球科学进展，04：549-555.

孟旭光. 2010. 国土资源与环境承载力评价[M]. 北京：中国大地出版社.

齐亚彬. 2005. 资源环境承载力研究进展及其主要问题剖析[J]. 中国国土资源经济，05：7-11，46.

秦成，王红旗，田雅楠，等. 2011. 资源环境承载力评价指标研究[J]. 中国人口·资源与环境，S2：335-338.

邱鹏. 2009. 西部地区资源环境承载力评价研究[J]. 软科学，06：66-69.

宋岭，张磊. 2009. 新疆矿产资源开发利用的综合承载力研究[J]. 新疆大学学报（哲学人文社会科学版），
　　04：11-17.

宋伟，周进生，闫晶晶，等. 2014. 矿业经济区的特征、划定原则与方法研究[J]. 中国矿业，08：62-66.

汤万金，高林，李祥仪. 1999. 矿区可持续发展指标体系与评价方法研究[J]. 系统工程理论与实践，12：
　　114-119.

王晶，周进生，沙景华，等. 2014. 矿业经济区的发展定位研究[J]. 中国矿业，09：46-49.

王凯，周进生，郭艳芳. 2011. 我国矿业经济区划分方案初探[J]. 中国矿业，01：14-18.

王书华，毛汉英. 2001. 土地综合承载力指标体系设计及评价——中国东部沿海地区案例研究[J]. 自然资
　　源学报，03：248-254.

王友贞，施国庆，王德胜. 2005. 区域水资源承载力评价指标体系的研究[J]. 自然资源学报，04：597-604.

王玉平. 1998. 矿产资源人口承载力研究[J]. 中国人口·资源与环境，8（3）：19-22.

王志宏，王冲，牛文庆. 2011. 矿业城市劳动力就业状况分析[J]. 中国人口·资源与环境，S2：174-177.

魏景明. 2006. 黑龙江矿产资源承载力竞争力及可持续力分析[J]. 中国矿业，11：102-106.

吴青，周进生，潘习平，等. 2014. 矿业经济区发展阶段划分与可持续发展模式研究[J]. 中国矿业，09：
　　50-52，101.

夏军，朱一中. 2002. 水资源安全的度量：水资源承载力的研究与挑战[J]. 自然资源学报，03：262-269.

谢高地，周海林. 2005. 我国自然资源的承载力分析[J]. 中国人口·资源与环境，15（5）：93-98.

谢高地，周海林，甄霖，等. 2005. 中国水资源对发展的承载能力研究[J]. 资源科学，04：2-7.

徐大富，渠丽萍，张均. 2004. 贵州省矿产资源承载力分析[J]. 科技进步与对策，05：56-58.

徐强. 1996. 区域矿产资源承载能力分析几个问题的探讨[J]. 自然资源学报，11（2）：135-141.

闫军印，赵国杰. 2006. 区域矿产资源开发利用的最优耗竭量问题研究[J]. 中国人口·资源与环境，16（1）：
　　77-82.

闫旭骞，徐俊艳. 2005. 矿区资源环境承载力评价方法研究[J]. 金属矿山，06：56-59.

严也舟，成金华. 2014. 重点矿业经济区矿产资源承载力评价[J]. 国土资源科技管理，04：29-33.

余敬，高谋艳. 2007. 矿业城市矿产资源可持续力比较评价[J]. 地球科学，32（1）：123-129.

余敬，姚书振. 2002. 矿产资源可持续力及其系统构建[J]. 地球科学，1（1）：85-89.

岳晓燕，宋伶英. 2008. 土地资源承载力研究方法的回顾与展望[J]. 水土保持研究，01：254-257.

张燕，徐建华，曾刚，等. 2009. 中国区域发展潜力与资源环境承载力的空间关系分析[J]. 资源科学，

31（8）：1328-1334.

中国国土资源经济研究院. 2013. 国土资源经济形势分析与展望[M]. 北京：地质出版社..

中国科学院水资源领域战略研究组. 2009. 中国至 2050 年水资源领域科技发展路线图[M]. 北京：科学出版社.

周进生，潘习平，吴青，等. 2014. 矿业经济区发展建设情况评价指标体系设计[J]. 中国矿业，08：67-70.

朱一中，夏军，谈戈. 2003. 西北地区水资源承载力分析预测与评价[J]. 资源科学，04：43-48.

Bernard F E，Thom D J. 1981. Population pressure and human carrying capacity in selected locations of Machakos and Kitui Districts [J]. Journal of Developing Areas，15（3）：381-406.

Bernhard S，Boni H，Schluep M，et al. 2010. Assessing computer waste generationin chile using material flow analysis[J]. Waste Management，（3）：473-482.

Gerst M D. 2009. Linking material flow analysis and resource policy via future scenarios of in-use stock：an example for copper[J]. Environ. Technol，（16）：6320-6325.

Lei K P，Zhou S Q. 2012. Per capita resource consumption and resource carrying capacity：A comparison of the sustainability of 17 mainstream countries[J]. Energy Policy，42：603-612.

Mckeon G M，Stone G S，Syktus J I，et al. 2009. Climate change impacts on northern Australian rangeland livestock carrying capacity：A review of issues[J]. The Rangeland Journal，（1）：1-29.

Motesharrei S，Rivas J，Kalnay E，et al. 2014. Human and nature dynamics（HANDY）：Modeling inequality and use of resources in the collapse or sustainability of societies[J]. Ecological Economics，101：90-102.

Sleeser M. 1990. Enhancement of Carrying Capacity Options ECCO[M]. Beijing：The Resource Use Institute.

Wackenage M，Monfreda C，Schulz N B，et al. 2004. Calculating national and global ecological foot print time series：resolving conceptual challenges [J]. Land Use Policy，（3）：271-278.

Wang C F. 2014. Evaluation of carrying capacity of city clusters in China with the example of the Blue Economic Zone of Shandong Peninsula[J]. Chinese Journal of Population Resources and Environment，12（2）：178-184.

Zeng X L，Li J H. 2013. Implications for the carrying capacity of lithium reserve in China[J]. Resources，Conservation and Recycling，80：58-63.

Zhang Z，Lu W X，Song W B. 2014. Development tendency analysis and evaluation of the water ecological carrying capacity in Siping area of Jilin Province in China based on system dynamics and analytic hierarchy process[J]. Ecological Modelling，275：9-21.